Ações de Direito de Família

A185   Ações de Direito de Família / coord. Rolf Madaleno; Ana Cristina Brenner
        ... [et al.] – Porto Alegre: Livraria do Advogado Ed., 2006.
        295 p.; 23 cm..
        ISBN 85-7348-429-2

        1. Direito de Família. I. Brenner, Ana Cristina. II. Madaleno, Rolf, coord.

CDU – 347.6

Índice para o catálogo sistemático:

Direito de Família

(Bibliotecária responsável: Marta Roberto, CRB-10/652)

Rolf Madaleno
Coordenador

AÇÕES DE DIREITO DE FAMÍLIA

Ana Cristina Brenner
Ana Laura González Poittevin
Ana Maria Simões Lopes Quintana
Douglas Fischer
Felipe Jakobson Lerrer
Flávia do Canto Pereira
Guilherme Beux Nassif Azem
Helenira Bachi Coelho
Liane Maria Busnello Thomé
Luiz Gustavo Lovato
Marcelo Soares Vianna
Rafael Fernandes Estevez
Rolando Raul Moro
Rolf Madaleno
Rosane Alves Teixeira
Vivian Rigo

livraria
DO ADVOGADO
editora

Porto Alegre, 2006

©
Ana Cristina Brenner, Ana Laura González Poittevin,
Ana Maria Simões Lopes Quintana, Douglas Fischer, Felipe Jakobson Lerrer,
Flávia do Canto Pereira, Guilherme Beux Nassif Azem, Helenira Bachi Coelho,
Liane Maria Busnello Thomé, Luiz Gustavo Lovato, Marcelo Soares Vianna,
Rafael Fernandes Estevez, Rolando Raul Moro,
Rosane Alves Teixeira, Vivian Rigo e
Rolf Madaleno (Coord.)
2006

Capa
Ana Carolina Carpes Madaleno

Projeto gráfico e composição
Livraria do Advogado Editora

Revisão
Rosane Marques Borba

Direitos desta edição reservados por
Livraria do Advogado Editora Ltda.
Rua Riachuelo, 1338
90010-273 Porto Alegre RS
Fone/fax: 0800-51-7522
editora@livrariadoadvogado.com.br
www.doadvogado.com.br

Impresso no Brasil / Printed in Brazil

Sumário

Apresentação – José Maria Rosa Tesheiner ... 7

1. Dano moral e infidelidade
   Ana Laura González Poittevin ... 11

2. Da reparação civil dos alimentos. Da possibilidade de ressarcimento frente à paternidade biológica
   Helenira Bachi Coelho ... 25

3. Responsabilidade civil nos esponsais
   Rafael Fernandes Estevez ... 35

4. Do cabimento do dano moral na separação, aspectos psicológicos
   Rosane Alves Teixeira ... 55

5. A capacidade processual dos cônjuges
   Guilherme Beux Nassif Azem e Vivian Rigo ... 75

6. Eficácia probatória do comportamento das partes no Direito de Família
   Ana Maria Simões Lopes Quintana ... 97

7. Os pactos pós-nupciais incidentais e os registros públicos
   Liane Maria Busnello Thomé ... 113

8. O uso do regime de bens no casamento para fraudar terceiros credores – O "cônjuge laranja"
   Luiz Gustavo Lovato ... 125

9. Ação de anulação de investigação de paternidade soberanamente transitada em julgado
   Rolando Raul Moro ... 153

10. O registro civil e o apelido de casada
    Flávia do Canto Pereira ... 171

11. Prova ilícita na ação de destituição do poder familiar - uma investigação à luz da hermenêutica constitucional
    Douglas Fischer ... 181

12. As uniões homoafetivas e seus aspectos patrimoniais
    Ana Cristina Brenner ... 209

13. Execução contra o companheiro na união estável
    Felipe Jakobson Lerrer ... 227

14. Aspectos processuais da desconsideração da personalidade jurídica no Direito de Família
Marcelo Soares Vianna 243
15. A separação de corpos e o direito de estar só
Rolf Madaleno 273

Apresentação

Advogado, professor e jurista, Rolf Madaleno reuniu, na Pontifícia Universidade Católica do Rio Grande do Sul, este grupo de profissionais do Direito, para o estudo de temas de vanguarda, no âmbito do Direito de Família. Daí resultou esta obra, que tenho a honra de apresentar.

É corrente a idéia de que a ação é abstrata, por configurar pedido de tutela jurisdicional do Estado. Sob esse aspecto, todas as ações são idênticas, não cabendo sequer classificá-las. Contudo, inepta seria a petição inicial que se limitasse a pedir prestação jurisdicional. A indicação do pedido e da causa de pedir de certo modo concretiza a ação, estabelecendo vínculo entre o Direito processual e o material. Transparece, assim, a instrumentalidade do processo.

Entre o instrumento utilizado e o resultado que se busca, há necessariamente de se estabelecer uma relação de adequação. É por isso que o processo civil, aplicado ao Direito de Família, sofre como que deformações, quando comparado, em sua aplicação, ao Direito das Obrigações, por exemplo.

Justifica-se, pois, uma obra que não se limite ao Direito de Família, nem ao Processo, mas trate também dos momentos de conjunção desses campos do Direito.

Indicado o objeto geral da obra, passemos à indicação dos temas nela tratados.

Ana Laura Gonzáles Poittevin examina o cabimento de indenização por dano moral, fundada no adultério do cônjuge, dano diverso do que determinou o fim do enlace. Conclui que a humilhação, o desgosto e o sofrimento devem ser reparados.

Helenira Bachi Coelho trata dos alimentos pagos por quem foi havido como pai, para afirmar seu direito de ressarcir-se, em ação contra quem veio a ser declarado pai biológico.

Rafael Fernandes Estevez afirma indenizáveis os danos materiais e morais decorrentes da quebra de promessa de casamento, ainda que não tenha havido noivado formal.

Rosane Alves Teixeira assevera que a separação, decorrente de grave infração aos deveres conjugais, autoriza condenação em danos morais, não apenas para fins compensatórios, mas também punitivos e desestimuladores da conduta repreensível, se comprovado que a vida de casado foi martirizante para o autor ou autora.

Guilherme Beux Nassif Azem e Vivian Rigo detêm-se no estudo das repercussões do novo Código Civil sobre a capacidade processual dos cônjuges.

Segundo Ana Maria Simões Lopes Quintana, a parte, especialmente nas questões de família, precisa ser avaliada, não só pelo que declara em seu depoimento pessoal ou em interrogatório, mas também pelo modo como se comporta em juízo relativamente aos fatos da causa, ou como, no processo, repercute o seu comportamento extraprocessual.

Liane Maria Busnello Thomé propõe que se excluam do âmbito judicial as alterações de regime de bens entre cônjuges, realizando-se nas serventias notariais e de registros públicos.

Luiz Gustavo Lovato discorre sobre fraude contra credores, realizada mediante disposições relativas ao regime de bens entre os cônjuges.

Rolando Raul Moro questiona a imutabilidade da coisa julgada, especialmente quando decorrido o prazo de dois anos para a propositura de ação rescisória.

Flávia do Canto Pereira ataca o velho costume de se acrescer, ao seu, o sobrenome do cônjuge, por ocasião do casamento. Mostra que: a melhor opção é conservar-se o nome de família, de solteiro.

Douglas Fischer justifica, com a aplicação do princípio da proporcionalidade, o uso de provas ilícitas, em situações extremas, com vistas à proteção da criança e do adolescente.

Ana Cristina Brenner disserta sobre a união de pessoas do mesmo sexo, para concluir que as relações homoafetivas constituem uma realidade que reclama tutela jurídica.

Felipe Jakobson Lerrer versa sobre a responsabilidade patrimonial do companheiro, na união estável, com suas conseqüências, na execução requerida por terceiro.

Marcelo Soares Vianna discute a aplicação da doutrina da desconsideração da personalidade jurídica no âmbito do Direito de Família.

Finalmente, Rolf Madaleno, o organizador da coletânea, brinda-nos com valioso estudo sobre o instituto da separação de corpos.

A indicação dos temas é suficiente para despertar o interesse dos "operadores", ou melhor, "construtores" do Direito, que, enfrentando quotidianamente questões de família, pretendam pôr-se em dia, com alguns de seus desdobramentos pós-modernos.

José Maria Rosa Tesheiner

Desembargador aposentado, Professor de Processo Civil
nos Cursos de Pós-Graduação da PUCRS

1. Dano moral e infidelidade

ANA LAURA GONZÁLEZ POITTEVIN

Advogada, Especialista em Processo Civil e Mestranda em Direito pela PUC/RS.

Sumário: 1. Introdução; 2. Deveres do casamento; 3. Infidelidade e adultério; 4. Conseqüências da infidelidade: separação litigiosa com base na culpa; 5. Culpa concorrente e compensação de culpas; 6. Penas pela culpa na separação; 7. Dano moral decorrente da infidelidade; 8. Argumentos favoráveis e argumentos contrários à indenização; 9. Considerações finais.

1. Introdução

A despeito de sermos uma sociedade monogâmica, não são raros os casos de adultério verificados no dia-a-dia. Como fica o cônjuge traído? Há reparações a serem feitas pelo cônjuge adúltero? Quais as conseqüências da infidelidade, além das sanções decorrentes da culpa na separação?

O presente trabalho ocupar-se-á do dano moral decorrente de uma das causas da separação, a infidelidade, mais especificamente, o adultério.

É imprescindível que se realize uma distinção entre dano moral e dano material, sendo necessário, também, que se verifique se o dano é decorrente das causas da separação, ou da separação em si. O que se pretende demonstrar neste trabalho é o dano causado pela traição, que pode ter sido a causa da ruptura, mas trata-se de dano diverso do decorrente do fim do enlace.

Para tal análise, verificar-se-á o entendimento da doutrina pátria e da doutrina estrangeira acerca do cabimento da indenização por dano moral decorrente do adultério, com análise minuciosa das diferentes correntes, favoráveis e contrárias.

Elaborar-se-á o pensamento a partir do estudo dos tipos de separação, de suas causas, da discussão da culpa e dos fundamentos da responsabilidade civil e do dano moral para, ao final, concluir pela possibilidade, ou não, da indenização.

2. Deveres do casamento

Com o casamento, os cônjuges passam a ter deveres decorrentes da lei[1] e do enlace. São efeitos jurídicos do casamento: fidelidade recíproca, vida em comum no domicílio conjugal, mútua assistência, sustento, guarda e educação dos filhos e dever de respeito e considerações mútuos.

Interessa, em especial, a fidelidade conjugal, a qual, em nome de interesses superiores, é o mais importante dos deveres. Trata-se da expressão natural da monogamia e é da essência do casamento, de modo que não pode ser afastada mediante pacto antenupcial ou outro acordo posterior.

Sendo a fidelidade o dever mais importante a ser respeitado pelos cônjuges, a infidelidade representa a mais grave das infrações dos deveres conjugais.[2]

De acordo com o artigo 1.576, CC,[3] somente a separação judicial faz cessar o dever de fidelidade recíproca.

Assim, Yussef Cahali entende que a separação de fato não faz cessar o dever de fidelidade dos cônjuges, mesmo tendo havido pacto entre eles, com a liberação recíproca da fidelidade e diz que deve ser considerado nulo.[4]

Entretanto, tal regra tem sido consagrada de modo contrário pela doutrina e pela jurisprudência, as quais têm se pronunciado no sentido de que a separação de fato faz cessar o dever de fidelidade.

Rolf Madaleno entende que a separação de fato desobriga os cônjuges do dever de fidelidade, uma vez que já não existe mais a vontade de ter uma vida em comum;[5] já se perdeu a essência do casamento.

Ademais, em relação à existência de acordo entre as partes acerca da liberação do dever de fidelidade, mesmo que considerado nulo, não se pode falar em configuração de dano moral decorrente de adultério, uma vez que o cônjuge traído estava ciente e liberou o outro cônjuge para essa prática, permitindo existir o ilícito, mas não se pode argumentar em favor do dano moral.

---

[1] Art. 1566, CC: São deveres de ambos os cônjuges: I – fidelidade recíproca, II – vida em comum, no domicílio conjugal, III – mútua assistência, IV – sustento, guarda e educação dos filhos e respeito e considerações mútuos.

[2] CAHALI, Yussef Said. *Divórcio e Separação*. São Paulo: Revista dos Tribunais, 2005, p. 307.

[3] Art. 1576, CC: A separação judicial põe termo aos deveres de coabitação e fidelidade recíproca e ao regime de bens.

[4] CAHALI, Yussef Said. *Divórcio e Separação*. São Paulo: Revista dos Tribunais, 2005, p. 308-309.

[5] MADALENO, Rolf. *Direito de Família: aspectos polêmicos*. Porto Alegre: Livraria do Advogado, 1999, p. 101.

3. Infidelidade e adultério

Antes de prosseguir na análise da infidelidade como causa de indenização baseada em dano moral, cabe distinguir adultério e infidelidade, podendo ser citados alguns conceitos encontrados na doutrina:

Para Tito Fulgêncio, "(...) objetivamente considerado, o adultério é a conjunção carnal entre duas pessoas de sexo diferente, uma das quais, pelo menos, vinculada a um terceiro pelo laço matrimonial".[6]

Já, de acordo com Yussef Cahali, "O adultério, assim, na sua conceituação mais ampla, tem como pressuposto necessário a existência de um casamento vinculando qualquer dos participantes da relação carnal a uma terceira pessoa, e se configura ante a presença de um elemento físico, a cópula, e outro moral, a vontade culpável, a consciência de violar a fé jurada".[7]

Como visto alhures, o adultério configura-se na prática de conjunção carnal com terceiro que não o cônjuge. Entretanto, o dever de fidelidade não se esgota na abstenção de relações sexuais com terceiros. A excessiva intimidade com pessoa de outro sexo, a conduta leviana do cônjuge, a troca de carícias, entre outros, são exemplos de injúria grave e podem ser considerados como quase-adultério, ensejando o direito à separação baseada na infidelidade.

Destarte, infidelidade é uma coisa, e adultério é outra. O dever de fidelidade é amplo, sendo o adultério apenas uma de suas espécies, de modo que ambos constituem quebra dos deveres do casamento e ensejam direito à separação.

Assim dissertou Rolf Madaleno:

> No direito brasileiro, que segue a cultura ocidental, construída à luz dos costumes judeus cristãos e que restringem as relações sexuais à figura dos cônjuges, quebrar o dever de fidelidade num relacionamento que deve ser eminentemente monógamo, é romper com um acordo conjugal que se sustenta no amor, na estima e no mútuo respeito, ofendendo, ademais, a instituição jurídica do casamento.[8]

4. Conseqüências da infidelidade: separação litigiosa com base na culpa

A separação judicial põe termo à sociedade conjugal, extinguindo os deveres de coabitação e fidelidade recíproca e o regime de bens, bem como

---

[6] FULGÊNCIO, Tito. *Do Desquite*. São Paulo: Saraiva, 1923, p. 27.

[7] CAHALI, Yussef Said. *Divórcio e Separação*. São Paulo: Revista dos Tribunais, 2005, p. 308.

[8] MADALENO, Rolf. A infidelidade e o mito causal da separação. *Revista Brasileira de Direito de Família*, n. 13, p.149, out-dez/2001.

acarretando a separação de corpos e a partilha de bens.[9] Pode ser consensual,[10] ou litigiosa.[11] A separação litigiosa pode, ainda, ser subdividida em separação baseada na culpa ou sem discussão de culpa.

No Código de 1916, reconheceu-se apenas o desquite consensual como desquite sem discussão de culpa. As demais hipóteses de dissolução da sociedade conjugal fundavam-se na culpa de um dos consortes.

A Lei do Divórcio manteve a dissolução da sociedade de forma consensual, sem discussão de culpa e a dissolução litigiosa, com discussão de culpa. Neste último caso, quando fosse possível imputar ao outro cônjuge conduta desonrosa ou qualquer ato que importasse em violação dos deveres do casamento ou tornasse insuportável a vida em comum. Ademais, introduziu a possibilidade de separação litigiosa objetiva, permitindo aos cônjuges a dissolução da sociedade conjugal sem discussão de culpa, mesmo não sendo separação consensual, nos casos de irreversível ruptura da vida em comum e por grave doença mental do outro cônjuge, manifestada depois do casamento.

O atual Código Civil reproduziu o que já vinha previsto na Lei do Divórcio, possibilitando a separação consensual, a separação judicial litigiosa com culpa, pela prática de qualquer ato que importe grave violação dos deveres do casamento e torne insuportável a vida em comum ou por conduta desonrosa e a separação judicial litigiosa sem causa culposa, nos mesmos casos da referida lei.

Ainda, o Código Civil vigente possibilitou a separação judicial diante de outros fatos, desde que o juiz considere que eles tornem evidente a impossibilidade de vida em comum.

O art. 1.573, parágrafo único, permitiu a separação judicial baseada na ruptura da *affectio maritalis*. É uma separação sem culpa, mas com causa e pode ser buscada, independentemente do transcurso de tempo.

Atualmente verifica-se uma nova tendência de não ser discutida a culpa na separação judicial. Isto decorre das alterações legislativas, no sentido de ampliar as possibilidades de separação judicial litigiosa sem exame da causa.

---

[9] Art. 1571, III, 1575 e 1576, CC.

[10] Art. 1574, CC: Dar-se-á a separação judicial por mútuo consentimento dos cônjuges se forem casados por mais de um ano e o manifestarem perante o juiz, sendo por ele devidamente homologada a convenção.

[11] Art. 1572, CC: Qualquer dos cônjuges poderá propor a ação de separação judicial, imputando ao outro qualquer ato que importe grave violação dos deveres do casamento e torne insuportável a vida em comum (...). Art. 1573, CC: Podem caracterizar a impossibilidade de comunhão de vida a ocorrência de algum dos seguintes motivos: I – adultério; II – tentativa de morte; III – sevícia ou injúria grave; abandono voluntário do lar conjugal, durante um ano contínuo; condenação por crime infamante; conduta desonrosa (...)..

Todavia, a separação judicial requerida com base no adultério praticado por qualquer dos cônjuges permanece baseada na culpa. Praticado o adultério, o cônjuge inocente poderá requerer a separação judicial litigiosa causal.

Ademais, a fim de responsabilizar o cônjuge pelo dano moral sofrido, é necessário que lhe seja imputada culpa, uma vez que a responsabilidade subjetiva é pressuposto de tal dano. Note-se que a indenização por dano moral decorrente das causas da separação judicial deve partir do pressuposto de que há um inocente e um culpado pela ruptura do matrimônio.

A circunstância da culpa e da inocência não se discute no divórcio direto, na separação consensual e tampouco na separação litigiosa baseada na separação de fato, de modo que nestas hipóteses, não há que ser pleiteado dano moral. Neste sentido, escreveu Rolf Madaleno:

> Portanto, o tempo age corrosivamente contra o consorte que vitimado pela separação culposa, resta inerte e não promove a sua ação de separação judicial causal em prazo hábil, inferior a um ano de fática ruptura física do casal. Ingressando o feito na discussão meramente temporal da separação ou do divórcio, descabe perquirir da culpa e do dano moral, assim como descabe buscar qualquer prestação compensatória que o Direito pátrio não contempla, pois, como estampado no aresto comentado – não há como considerar a circunstância da culpa e da inocência em um processo fundado na simples separação de fato, quando os laços do matrimônio já se afrouxaram pela separação de fato do casal.[12]

O divórcio direto, que pode ocorrer após dois anos de separação de fato,[13] é muito utilizado, devido à praticidade de não necessitar separação judicial prévia. Entretanto, nesta forma de dissolução da sociedade conjugal não se discutem os motivos da quebra do vínculo, sendo mais vantajoso ao cônjuge inocente optar pela separação judicial previamente.

> (...) para que o cônjuge infrator dos deveres conjugais possa sujeitar-se às sanções legais (perda do direito ao sobrenome e de alimentos civis), ao cônjuge inocente só resta a via da separação judicial litigiosa com causa culposa para depois convertê-la em divórcio.[14]

5. Culpa concorrente e compensação de culpas

A doutrina dominante é no sentido de que não há compensação em matéria de adultério, ou seja, o cônjuge que cometeu a infidelidade não está impedido de exercer a ação de separação com fundamento na quebra

---

[12] MADALENO, Rolf. Divórcio e dano moral. *Revista Brasileira de Direito de Família*, n. 2, p.66-67, jul-set/1999.

[13] Art. 1580, § 2°, CC: O divórcio poderá ser requerido, por um ou por ambos os cônjuges, no caso de comprovada separação de fato por mais de dois anos.

[14] CAHALI, Yussef Said. *Divórcio e Separação*. São Paulo: Revista dos Tribunais, 2005, p. 301.

do dever conjugal por parte do demandado. Assim, não há, em matéria de casamento, a *exceptio non adimpleti.*

Yussef Cahali entende que "(..) a fidelidade é de ambos os cônjuges e incondicionada: o procedimento, o caráter, a conduta, os hábitos de um cônjuge, não escusam ao outro o adultério; na ação de separação judicial inadmite-se a defesa fundada em compensação de adultério, ou de qualquer outra falta, devido à regra de que as culpas não se compensam".[15]

Não se admite a compensação de culpas e nem a sua concorrência, principalmente, em se tratando de culpa matrimonial. Havendo descumprimento dos deveres conjugais por ambos os cônjuges, estão eles autorizados a requerer a separação com base na culpa do outro e, ainda, requerer, se for o caso, indenização em danos morais.

Destarte, nada impede a propositura da ação de separação judicial, mesmo em caso de culpa concorrente; o que pode ocorrer é uma eventual compensação dos valores a serem pagos.

Para Inácio de Carvalho Neto, é possível pedir a condenação, mesmo na hipótese de culpa recíproca, mas se os atos forem excludentes, como a infidelidade recíproca, a indenização é descabida.[16]

6. Penas pela culpa na separação

O cônjuge culpado pela separação judicial perde o direito de usar o sobrenome do outro.[17] E, em havendo necessidade do cônjuge inocente, deverá prestar alimentos.[18]

A discussão é se, além da sanção prevista para o culpado pela separação judicial, os danos morais daí decorrentes deveriam ser indenizados ou, se o culpado já teria sido punido com as sanções previstas no Direito de Família. É o que se discutirá a seguir.

7. Dano moral decorrente da infidelidade

O dano moral decorrente do adultério deve ser indenizado segundo as regras comuns (além das sanções previstas para o culpado pela separação judicial), uma vez que a humilhação, o desgosto e o sofrimento devem ser reparados.

---

[15] CAHALI, Yussef Said. *Divórcio e Separação.* São Paulo: Revista dos Tribunais, 2005, p. 316.

[16] CARVALHO NETO, Inácio de. *Responsabilidade Civil no Direito de Família.* Curitiba: Juruá Editora, 2004, p. 129.

[17] Art. 1578, CC: O cônjuge declarado culpado ma ação de separação judicial perde o direito de usar o sobrenome do outro (...)

[18] Na separação judicial litigiosa, sendo um dos cônjuges inocente e desprovido de recursos, prestar-lhe-á o outro a pensão alimentícia que o juiz fixar (...)

Note-se que o Direito de Família não oferece sanções que punam adequadamente o cônjuge culpado. O adultério, por exemplo, causa profundo sofrimento com conseqüências extremamente negativas para o cônjuge traído, que não são reparadas com a perda do direito à utilização do sobrenome e pela obrigatoriedade de prestar alimentos ao cônjuge inocente que deles necessitar.

O artigo 5°, X, CF, que prevê a indenização por dano moral, e os artigos 186 e 927, CC, que tratam da responsabilidade civil, são suficientes para configurar o direito à indenização por dano moral do cônjuge traído.

O artigo 186, CC, é claro ao prever que aquele que, por ação ou omissão voluntária, negligência ou imprudência violar direito e causar dano a outrem, ainda que exclusivamente moral, comete ato ilícito. Praticado o ato ilícito, resta a obrigação de indenizar, nos termos do artigo 927, CC. Assim, não podem ser excluídas as ilicitudes praticadas na relação conjugal.

Como já referido, o presente artigo trata exclusivamente do dano moral decorrente do adultério e de todas as mazelas que o mesmo acarreta.

Importante é a distinção entre o dano resultante da dissolução do casamento e o dano resultante da violação de um dever conjugal, como o adultério, por exemplo.[19] Uma coisa é a solidão que a separação origina (separação consensual, litigiosa, com ou sem culpa) e situação diferente é a do cônjuge traído, que passa pela humilhação de ver seu consorte com outra pessoa, de ser motivo de piadas e de insinuações. Não se pode olvidar que, na maioria das vezes, o cônjuge é o último a descobrir e até então, é visto pela sociedade com piedade.

---

[19] A jurisprudência *francesa* já vinha decidindo desde o início do século XX que, independentemente do divórcio ou da separação de corpos e de suas sanções próprias, o cônjuge pode pleitear a reparação do prejuízo estranho ao divórcio ou à separação de corpos, segundo o Direito Comum. Consagrando a jurisprudência já estabelecida, o Código Civil francês, em seu artigo 266, estabelece: quando o divórcio é pronunciado por culpa exclusiva de um dos cônjuges, este pode ser condenado às perdas e danos de prejuízo material ou moral que a dissolução do casamento ocasionou a seu cônjuge. A regra do artigo 266 é para os prejuízos decorrentes diretamente da dissolução do casamento, e a regra do artigo 1382 é para os danos acarretados por grave violação do dever conjugal, como por exemplo o adultério, e autoriza a reparação em virtude do direito comum. Os danos decorrentes do art. 266 são de ordem moral, como o sofrimento ocasionado pela ruptura do casamento e a solidão em que o cônjuge se enquadra e de ordem material, como as despesas ocasionadas pela mudança de domicílio imposta pelo divórcio. O art. 1382 embasa a reparação de prejuízos decorrentes da própria causa do divórcio, ou seja, descumprimento do dever conjugal (adultério, recusa à coabitação, etc.).
No *direito português*, o artigo 1792 prevê que o cônjuge declarado único ou principal culpado deve reparar os danos não-patrimoniais causados ao outro cônjuge pela dissolução do casamento. O Tribunal português entendeu que somente podem ser pleiteados na ação de divórcio os pedidos de indenização por danos não-patrimoniais decorrentes da ruptura do casamento, sendo que os danos causados pelos fundamentos do divórcio devem ser buscados através da via processual comum.
O *Código Civil peruano* prevê que se os fatos que determinarem o divórcio comprometerem gravemente o interesse pessoal do cônjuge inocente, o juiz poderá conceder-lhe uma soma em dinheiro a título de reparação do dano moral. (CARVALHO NETO, Inácio de. *Responsabilidade Civil no Direito de Família*. Curitiba: Juruá Editora, 2004, p. 249-256)

Além da dor de ter sido traído, trocado por outro, o cônjuge tem que conviver com a vergonha da fama de traído, isso para não mencionar outras formas mais humilhantes utilizadas no dia-a-dia pela sociedade.

Destarte, o mesmo ato ilícito que deu causa à separação judicial, ou seja, o adultério, poderá legitimar, também, uma ação indenizatória dos danos morais sofridos pelo cônjuge inocente, decorrentes da vergonha e da humilhação que a traição, certamente, ocasiona àquele que a sofre, uma vez que o cônjuge traído fica com a imagem e a honra afetadas no meio em que vive.

O Direito de Família trata do afeto e dos sentimentos das pessoas, motivo pelo qual não podem permanecer impunes quaisquer agressões ocorridas na vida conjugal.[20]

Ademais, se são indenizáveis danos praticados por vizinhos, colegas de trabalho, e até mesmo danos praticados por desconhecidos, com muito mais razão deve ser indenizado o dano praticado por um ser amado e com o qual se compartilha a vida.

Oltramari tem visão muito clara nesta direção, pois afirma que: "Ora, se nas relações sociais e profissionais com terceiros, o conceito de culpa impõe ressarcimento, com mais razão na relação conjugal, na qual a fidelidade é recíproca e a assistência, o respeito e a consideração são mútuos".[21]

Deste modo, resta clara a possibilidade de reparação do dano moral decorrente da separação com culpa, mais especificamente do adultério, desde que efetivamente provados os danos à honra e à imagem do cônjuge inocente.

Não se pode esquecer que para a configuração do dano moral é necessária a conduta culposa do cônjuge, afastando-se, portanto, qualquer indenização decorrente do sofrimento causado pela ruptura consensual da sociedade conjugal.

As conseqüências da infidelidade devem ser, minuciosamente, analisadas, verificando-se a intensidade da humilhação a que foi exposto o cônjuge traído e o grau de ofensa à honra que sofreu. Também devem ser consideradas a reprovação da conduta do culpado e a capacidade econômica do ofendido e do ofensor, como ocorre nas demais indenizações por dano moral.

Tal análise é importante, uma vez que a traição pública e notória, nas quais o consorte é substituído por outro, diante de toda a sociedade,

---

[20] OLTRAMARI, Vitor Ugo. *O dano moral na ruptura da sociedade conjugal*. Rio de Janeiro: Forense, 2005, p. 123.
[21] Idem.

certamente, é mais vexatória do que a traição "entre quatro paredes", não publicizada.

A função do dano moral é tripla: compensatória, punitiva e preventiva, de modo que a indenização deve garantir ao ofendido uma compensação pelo sofrimento, assim como deve ser uma sanção ao culpado, punindo-o e prevenindo novas condutas desonrosas.

O valor da indenização por dano moral não pode ser exagerado nem inexpressivo, uma vez que não deve ser nem fonte de enriquecimento e tampouco insignificante. O cônjuge traído deve receber uma indenização que lhe compense a dor e puna o adúltero, considerando a situação econômica de ambos. O caso concreto é que indicará o valor correto.

Finalmente, a competência para o pedido de dano moral decorrente da causa da separação judicial é da Vara de Família, uma vez que o pedido de indenização deriva diretamente do alegado descumprimento do dever conjugal.

É uma ação fundada no artigo 186, CC, baseada nos pressupostos do direito comum, sendo independente da ação de dissolução da sociedade conjugal. Assim, o pedido pode ser feito de forma cumulada com a separação judicial, por economia processual, ou de forma autônoma.

A cumulação está autorizada pelo artigo 292, CPC, pois há compatibilidade entre o pedido de dissolução da sociedade e o de dano moral.

8. Argumentos favoráveis e argumentos contrários à indenização

Como bem salienta Mauricio Mizrahi,[22] há três correntes em relação à possibilidade de indenização por dano moral decorrente da violação dos deveres conjugais.[23]

Uma primeira corrente denegatória da indenização e duas correntes concessivas, uma ampla e outra restrita, como a seguir analisar-se-á. Importante frisar que tal classificação pode ser utilizada para a análise do instituto aqui no Brasil, também.

A corrente denegatória sustenta que não seria possível o deferimento da indenização por danos morais, uma vez que a ação através da qual se pretendesse lucrar com a desonra seria contra a moral e os bons costumes.

---

[22] MIZRAHI, Mauricio Luis. *Familia, matrimonio y divorcio*. Buenos Aires: Editorial Astrea, 1998, p. 487.

[23] O direito argentino mostrou-se evoluído em relação aos danos morais decorrentes da separação, mais precisamente do adultério. Somente a título de informação, os países lindeiros, de maneira geral, têm demonstrado atualidade no direito de família. Em pesquisas anteriores, foi possível verificar a modernidade do Direito de Família uruguaio.

Os que entendem pela negativa da indenização com base na moral e nos bons costumes consideram que a relação pessoal dos cônjuges não pode ser degradada com pretensões ressarcitórias.

Nesse sentido, Mizrahi ensina que: "Los argumentos centrales (...) se basaban en que estaba en juego la preservación de la moral y de las buenas costumbres".[24]

Ademais, nega-se a indenização por falta de previsão legal, uma vez que não há disposição expressa no direito de família que permita a indenização por dano moral. Sustenta o referido jurista argentino, citando jurisprudência de seu país que:

> el silencio que guarda la ley... al establecer los efectos del divorcio, en punto a la acción por daños y perjuicios... constituye una manifestación clara e inequívoca de su voluntad de excluir la aplicación de los principios que rigen la responsabilidad civil extracontratual a los conflictos surgidos del divorcio.[25]

Outro argumento utilizado para a negativa da indenização é que a prestação alimentícia a que é condenado o cônjuge culpado pela separação já ressarciria o dano causado.

Para Mário Moacir Porto, a dívida de alimentos a que é condenado o culpado pela separação é uma indenização por ato ilícito que se cumpre sob a forma de pensão alimentar.[26]

Neste sentido, sustenta-se que, tendo em vista que o cônjuge culpado já estaria sendo punido com o pagamento dos alimentos, a indenização por dano moral configuraria *bis in idem*, ou seja, dupla indenização pelo mesmo fato.

Por fim, os argumentam no sentido de que não caberia indenização por dano moral nos casos de ruptura da sociedade afirmam que o amor não tem preço e que não haveria nem inocente, nem culpado, no fim do afeto.

A culpa pela separação pode ser relativa, ou seja, talvez não exista certeza da culpa exclusiva acerca do abandono do lar, do adultério etc., uma vez que tais atitudes podem ser apenas decorrentes de uma péssima convivência matrimonial.

Atualmente, há uma tendência à relativização da culpa na separação e, muitas vezes, deixa-se de discuti-la. Entretanto, a fim de buscar a indenização por dano moral, a culpa deve ser discutida.

---

[24] MIZRAHI, Mauricio Luis. *Família, matrimonio y divorcio*. Buenos Aires: Editorial Astrea, 1998, p. 488.

[25] MIZRAHI, Mauricio Luis. *Família, matrimonio y divorcio*. Buenos Aires: Editorial Astrea, 1998, p. 490-491.

[26] PORTO, Mário Moacir. *Responsabilidade civil entre marido e mulher*, in: CAHALI, Yussef. (Coord.) Responsabilidade civil; doutrina e jurisprudência. São Paulo: Saraiva, 1984, p. 200.

A doutrina que entende ser cabível a indenização por danos morais assevera que as causas da separação são atos ilícitos e, se ocasionarem prejuízo, dão direito à indenização.

Quanto à alegada ofensa à moral e aos bons costumes, sustentam que a condenação aplicada ao cônjuge traidor seria desestimulante desse tipo de desrespeito aos deveres conjugais.

Ademais, a afirmativa de que a indenização seria contrária à moral e aos bons costumes é matéria vencida desde a Constituição Federal de 88, que trouxe previsão expressa acerca da possibilidade de indenização do dano moral.

A respeito da falta de previsão legal, argumentam que não se faz necessária uma regra específica para o Direito de Família, uma vez que o caráter geral das regras de responsabilidade civil se projeta por todo o ordenamento. Além disso, a regulação deve ser buscada, também, nos princípios gerais da Responsabilidade Civil.[27]

Portanto, a alegação de que não existiria previsão legal expressa também se encontra superada, uma vez que o artigo 5°, X, CF, o qual prevê a indenização por dano moral e os artigos 186 e 927, CC, que tratam da responsabilidade civil, são suficientes para configurar o direito à indenização por dano moral do cônjuge traído.

E, como não há regra que desautorize a indenização por dano moral no âmbito da vida conjugal, nada impede a sua configuração com base nos artigos supramencionados.

Quanto aos alimentos, os danos decorrentes da separação não restam reparados com a prestação alimentícia, uma vez que estes são assistenciais e não se prestam para indenizar a vítima.

Importante frisar que os alimentos não podem ser confundidos com indenização, uma vez que um e outro têm natureza totalmente distinta. A prestação alimentícia tem caráter assistencial e será devida ao cônjuge necessitado, assegurando-lhe a sobrevivência, ao passo que a indenização por dano moral sofrido visa a ressarcir um dano causado culposamente. São pagamentos distintos, decorrentes de feitos com natureza diversa, de modo que não configuram *bis in idem*.

Por fim, em relação ao argumento de que o amor não tem preço e de que não haveria culpa no fim do afeto, deve-se frisar que, uma coisa é o fim do amor e o fim da sociedade conjugal, e outra é o adultério e a ofensa, a humilhação e a dor decorrentes do mesmo, estas sim indenizáveis.

---

[27] O Projeto de Lei n° 6960/2002 prevê a inclusão de um segundo parágrafo ao artigo 927, do Código Civil, com a seguinte redação: os princípios da responsabilidade civil aplicam-se também às relações de família. (OLTRAMARI. *O dano moral na ruptura da sociedade conjugal*. Rio de Janeiro: Forense, 2005, p. 176-177)

AÇÕES DE DIREITO DE FAMÍLIA

Ainda favoráveis à indenização, há doutrinadores que restringem o seu campo de incidência. Sustenta-se que a indenização somente é cabível em relação às causas da separação, e não pela separação em si. Esta distinção é crucial, pois o dano moral não decorre da separação em si, mas sim dos atos ilícitos que o determinam, como a traição. O exemplo que parece ser mais significativo é o adultério, que rompe com a fidelidade entre os cônjuges, dando causa à separação baseada na culpa.

Ao aceitar-se a indenização pela causa da separação, no caso o adultério, e pela separação em si, estar-se-ia indenizando o cônjuge duplamente pelo mesmo fato, o que não deve prosperar.

Ademais, para o cônjuge humilhado, seja pela traição ou por qualquer outra quebra do dever conjugal, o dano maior decorre da convivência com o cônjuge adúltero, do que da própria separação, de modo que a ruptura da sociedade conjugal acaba sendo muito mais uma solução do que um prejuízo.[28]

Outra restrição é o fato de somente ser aceita a indenização se ocorrer gravame autêntico, e não por simples perda do vínculo afetivo, ou seja, somente será indenizável o ato que for além do desamor, que além da quebra do dever conjugal, ocasionar dano ao outro cônjuge. Citem-se os seguintes exemplos: insultos na frente de amigos, adultério notório e manifesto e agressões físicas.

9. Considerações finais

Apesar de a doutrina, em sua maioria, ser favorável à indenização por dano moral decorrente da ruptura da sociedade conjugal, a jurisprudência pátria ainda se mostra muito tímida acerca da matéria.

Entretanto, as decisões judiciais não podem ser indiferentes à evolução da sociedade, de modo que diante dos importantes e modernos argumentos doutrinários, os tribunais pátrios acabarão sensibilizados pela tese da reparação do dano moral.

Não podem ficar impunes os atos que violem deveres conjugais, como o adultério, devido à profunda dor e humilhação que causam. Punir o cônjuge culpado, além de ser medida compensatória para o cônjuge traído, é medida preventiva e educativa.

O Direito pode e deve punir aquele que ocasiona dano a outrem; não há como ignorar o sofrimento apenas porque ele ocorreu no seio da família. Ao contrário, a dor decorrente de um dano causado por um ser amado

---

[28] ZANNONI, Eduardo. *Repensando el tema de los daños y perjuicios derivados del diviorcio.* JA, 1994, p. 822.

é, com certeza, mais intensa do que a ocasionada por um terceiro. Se o direito pune este, com mais razão deve punir o primeiro.

Ninguém é obrigado a permanecer casado, mas enquanto estiver, deve respeitar os deveres conjugais, entre eles, a fidelidade. Não o fazendo, está sujeito a ter que indenizar os danos decorrentes do ato culposo. Afinal de contas, "não se nasce fiel, mas se faz fiel nos seus dois componentes: físico e psíquico".[29]

Bibliografia

CAHALI, Yussef Said. *Dano Moral*. São Paulo: Revista dos Tribunais, 2005.

———. *Divórcio e Separação*. São Paulo: Revista dos Tribunais, 2005.

CARVALHO NETO, Inácio de. *Responsabilidade Civil no Direito de Família*. Curitiba: Juruá, 2004.

FULGÊNCIO, Tito. *Do Desquite*. São Paulo: Saraiva, 1923

MADALENO, Rolf. A infidelidade e o mito causal da separação. *Revista Brasileira de Direito de Família*, n. 13, p.149, out-dez/2001.

———. *Direito de Família: aspectos polêmicos*. Porto Alegre: Livraria do Advogado, 1999.

———. *Direito de Família em pauta*. Porto Alegre: Livraria do Advogado, 2004.

———. Divórcio e dano moral. *Revista Brasileira de Direito de Família*, n. 2, p. 66-67, jul-set/1999.

MIZRAHI, Mauricio Luis. *Família, matrimonio y divorcio*. Buenos Aires: Editorial Astrea, 1998.

OLTRAMARI, Vitor Ugo. *O dano moral na ruptura da sociedade conjugal*. Rio de Janeiro: Forense, 2005.

PORTO, Mário Moacir. *Responsabilidade civil entre marido e mulher*, in: coord, CAHALI, Yussef (Coord.). Responsabilidade civil; doutrina e jurisprudência, São Paulo: Saraiva, 1984.

SANTOS, Regina Beatriz Tavares Papa dos Santos. *Reparação Civil na separação e no divórcio*. São Paulo: Saraiva, 1999.

ZANNONI, Eduardo. *Repensando el tema de los daños y perjuicios derivados del divórcio*. JA, 1994.

---

[29] CAHALI, Yussef Said. *Divórcio e Separação*. São Paulo: Revista dos Tribunais, 2005, p. 308.

AÇÕES DE DIREITO DE FAMÍLIA

2. Da reparação civil dos alimentos. Da possibilidade de ressarcimento frente à paternidade biológica

HELENIRA BACHI COELHO

Bacharel em Direito pela PUCRS, Advogada Associada à Trench, Rossi, Watanabe Advogados, Especialista em Processo Civil pela Academia Brasileira de Direito Processual Civil - ABDPC, Mestranda em Direito pela PUCRS.

Sumário: Intróito; 1. Da obrigação de alimentar; 1.1. Conceito de alimentos; 1.2. Da origem da obrigação alimentar e a disciplina legal reguladora; 1.3. Dos legitimados a prestar e receber alimentos; 2. Da responsabilidade inerente à paternidade biológica; 3. Da reparação civil dos alimentos; 4. Bibliografia.

Intróito

Os incontáveis avanços científicos obtidos ao longo das últimas décadas implicaram alterações substanciais na ordem social e moral da sociedade brasileira. As descobertas feitas por estudiosos nos campos das ciências exatas e naturais se reproduzem em velocidade de freqüência muito superior à capacidade que a sociedade tem de absorvê-las e de adaptar-se.

A sociedade é sensível à revolução tecnológica e científica, entretanto sua transformação é gradativa. Aristóteles, ao mesmo tempo em que desenvolveu a "Dialética", instituto filosófico vivo até hoje, não conseguia precisar o tempo de gestação de uma mulher, chegando a afirmar que seria de 11 (onze meses).[1]

Hoje, pode-se afirmar categoricamente que Aristóteles estava errado em relação ao período de gestação de uma mulher. Poderia ele imaginar que, além de saber a duração precisa da gestação, se pode observar o feto

---

[1] OLIVEIRA, Guilherme. *Critério Jurídico da Paternidade*. Coimbra: Livraria Almedina. 1998, p. 3/6.

no ventre ao longo dos 09 (nove) meses? Ou, ainda, que pode escolher o sexo do filho? Que uma mãe pode engravidar sem ter tido qualquer contato físico e íntimo com o pai?

Entretanto, o lapso temporal compreendido entre a imprecisão do tempo de gestação e o domínio da genética não foi suficiente para que se desenvolvesse uma tese capaz de refutar *in totum* a "Dialética Aristotélica".

Inegável a disritmia entre avanços científicos médico-tecnológicos e a evolução ética-moral da sociedade. O direito, como uma ciência preponderantemente social, caminha nesta esteira evolucionista, tentando dirimir essas distâncias, por meio da ruptura de paradigmas clássicos negados pelas evidências científicas.

A justiça só pode ser alcançada se entendido que "as leis e instituições, por mais eficientes e bem organizadas que sejam, devem ser reformadas ou abolidas se são injustas. Cada pessoa possui uma inviolabilidade que fundada na justiça que nem mesmo o bem estar da sociedade como um todo pode ignorar".[2]

Qualquer mudança legislativa se dá por um processo complexo que consiste na quebra de pilares institucionais ou em sua substituição, o que leva muito tempo. Os trâmites legislativos costumam perdurar anos a fio, permanecendo as reflexões, principalmente durante este período, distantes do dia-dia da sociedade.

Assim, quando aprovada a lei, esta, desde seu nascimento, tem grandes chances de ser ineficaz frente às novas necessidades e defasada em relação às antigas, já que a sociedade ao longo do tempo gestacional legislativo esteve submetida a outras inovações, restando aparente o descompasso entre as necessidades e a lei.

Falar em reforma pressupõe alguma alteração no *status* da sociedade. De forma alguma se pode ignorar o referido pelo sociólogo Manfred Relibinder de que "a sociedade presente é uma sociedade de crise e em transição".[3]

Neste campo, ao Direito cumpre imprimir pela doutrina e pela jurisprudência, desde logo, interpretações inovadoras de normas e institutos de outra época quando postas frente às situações concretas, atuais e inusitadas.

Só assim o Judiciário poderá romper com a idéia posta pelo Ministro Carlos Velloso em uma aula magna prestada perante a Escola da Magistratura do Rio de Janeiro em 1998, em que compara a justiça a uma velha trôpega, cega e surda aos apelos da sociedade.[4]

---

[2] RAWLS, John. *Uma teoria da Justiça.* Trad. Almiro Pisetta e Maria Rímoli Esteves. 2. ed. São Paulo: Martins Fontes. 2002, p. 4.

[3] RELIBINDER, Manfred. *Sociologia dei Diritto,* Radovir, 1982, p. 119.

[4] CABRAL, Bernardo. In *"Reformas do Judiciário e a promessa constitucional de acesso à justiça e de participação popular".* Brasília: Senado Federal, 2002, p. 4.

O presente ensaio, nesta esteira, pretende refletir sobre alguns conceitos e institutos preexistentes do Direito de Família, propondo uma releitura, no sentido de buscar do reconhecimento de um direito flagrante, mas ainda não expressamente reconhecido: a possibilidade de reparação dos alimentos pagos por terceiros de frente ao pai biológico.

1. Da obrigação de alimentar

1.1. Conceito de alimentos

Pacificamente, na doutrina, falar em alimentos remete aos conceitos de alimentos necessários, como sendo aqueles indispensáveis à manutenção da vida da pessoa (*necessarium vitae*), ou seja, comida, saúde, vestuário e moradia, em proporções mínimas à subsistência digna; de alimentos civis, como sendo aqueles que abrangem outras necessidades e padrões pessoais do beneficiário (*necessarium personae*), como intelectuais, morais e de lazer.[5]

O Código Civil disciplina a questão conceitual dos alimentos nos artigos 1694, § 1º, e 1704, de quais a redação limita a prestação alimentar às necessidades do pretenso alimentando aos recursos do suposto alimentário, observado o indispensável à sobrevivência quando o reclamante da prestação tiver aptidão ao trabalho.

Entretanto, em se tratando de alimentado em formação escolar ou acadêmica, a jurisprudência tem entendido que, independentemente da maioridade, há direito ao recebimento de alimentos civis de ordem educacional, em contrariedade ao art. 1701 do CC, que limita esta natureza alimentícia aos menores.[6]

1.2. Da origem da obrigação de alimentar e a disciplina legal reguladora

O dever de prestar alimentos no direito romano se fundava unicamente em valores morais, baseados preponderantemente na solidariedade social (*officium pietatis*). Atualmente, "alimentar" se trata de um instituto que ultrapassa a responsabilidade moral e adentra na esfera da responsabilidade jurídica, sendo largamente regulado pelo Direito.

A obrigação alimentar, de acordo com seu fundamento causal, pode decorrer de lei ou de atos humanos, tidos por declaração de vontade ou ato ilícito. Neste sentido, Eduardo Espindola ensina que: "a dívida alimentar

---

[5] CAHALI, Yussef Said. *Dos alimentos*. 4 ed. rev. amp. atual. de acordo com novo código civil. São Paulo: Revista dos Tribunais, 2002, p. 18/19.

[6] PORTO, Sergio Gilberto. *Doutrina e Prática dos Alimentos*. 3. ed. rev. atual. de acordo com o novo Código Civil. Rio de Janeiro: Editora Revista dos Tribunais. 2004, p. 18/19.

pode ter diversas causas ou fontes, classificadas pela doutrina em três categorias distintas: a) a lei; b) a vontade (contrato ou testamento); c) o delito".[7]

Entretanto, apenas os alimentos legais ou legítimos, aqueles que são devidos em razão dos laços sangüíneos (*ex iure sabguinis*), de parentesco ou do matrimônio, são regulados pelo Direito de Família.[8] Os alimentos decorrentes de atos humanos de vontade são regulados por outros ramos do direito. O dever de alimentar decorrente de contrato *inter vivos* resta compreendido pelo Direito das Obrigações; de declaração de vontade *mortis causa* se regem pelas disposições do Direito das Sucessões; e de ato ilícito pelas normas reguladoras das obrigações *ex delicto*.[9]

Diversas podem ser as causas jurídicas do dever de alimentar, cada uma destas obrigações, embora envolvam o mesmo dever aparente – alimentar -, possuem uma fonte particular, e regula-se por disciplina jurídica e normativa própria.[10] Não há uma unicidade normativa para tratar da obrigação de alimentar, e nem poderia ser já que decorrentes de causas tão distintas. Sobretudo, admite-se uma certa "migração normartiva entre os vários ramos do direito em razão do benefício".[11]

Como dito, embora não se confundam os diferentes deveres de alimentar em razão de sua origem, há casos em que alguns institutos e princípios extrapolam sua esfera de atuação e acabam por produzir efeitos em obrigações alimentares de outra natureza.

No caso, vale referir o REsp 22.549, julgado pela 3ª Turma do STJ em 23/03/1993, na ementa afirma-se que não se confundem alimentos decorrentes de ato ilícito, de caráter indenizatório, com alimentos regulados pelo Direito de Família, entretanto reconhece o cabimento de sua revisão – instituto próprio dos alimentos do Direito de Família – pelo fundamento comum de modificação das condições econômicas.

A distinção entre as disciplinas que regulam cada prestação alimentícia é de suma importância para quando se pretende falar em reparação civil dos alimentos, partindo do prisma da relação entre devedor e credor de alimentos.

Aquele terceiro que paga alimentos a certa criança por um ímpeto de solidariedade provocado neste alimentário frente à ausência de meios de

---

[7] ESPINDOLA, Eduardo. *A família no direito civil brasileiro*. Rio de Janeiro: Gazeta Judiciária. 1954. p. 468.

[8] CAHALI, Yussef Said. *Dos alimentos*. 4. ed. rev. amp. atual. de acordo com novo código civil. São Paulo: Revista dos Tribunais, 2002, p. 18/19.

[9] O texto do art. 948, II, do Código Civil brasileiro não confunde o dano indenizatório com os alimentos, é apenas um parâmetro para quantificação da verba indenizatória.

[10] CAHALI, Yussef Said. *Dos alimentos*. 4. ed. rev. amp. atual. de acordo com novo código civil. São Paulo: Revista dos Tribunais, 2002. p. 23.

[11] Idem, p. 25.

o menor obter, por exemplo, não pode ter esta relação obrigacional regulada exclusivamente pelas normas de Direito de Família, já que os pressupostos causais da obrigação não decorrem da mesma obrigação decorrente do parentesco ou da família.

É claro que aquele que assume com responsabilidade a verba alimentar de um menor, por livre convencimento, deve assumir os encargos de sua deliberação. Entretanto, trata-se de uma relação disciplinada preponderantemente pelo Direito das Obrigações e subsidiariamente pelo Direito de Família.

1.3. Dos legitimados a prestar e receber alimentos

O dever de alimentar decorre da própria natureza do homem, que ao contrário de outros seres, é incapaz de atender suas necessidades elementares sem a participação de outro. O desenvolvimento do feto, desde a concepção, está condicionado ao fornecimento de alimento e abrigo pelo corpo da mãe.

Após o nascimento, embora a criança esteja em uma fase de desenvolvimento mais avançada daquela intra-uterina, ainda, mantém dependência em relação ao alimento e ao abrigo.

Na medida em que esta criança vai evoluindo, outras necessidades mais complexas vão surgindo, ao contrário do processo do desenvolvimento da maioria das outras espécies.

Então, a criança não mais se satisfaz apenas com comida e abrigo, seu desenvolvimento exige a assistência, ao menos, de ordem afetiva e intelectual. Pós-parto, a responsabilidade de prover as condições para o desenvolvimento pleno do gerado, que antes era direta da mãe gestante, estende-se àqueles que tenham relação com a existência desta criança, estabelecendo um vinculo obrigacional e jurídico entre parentes e o gerado.

O direito de assistência é inerente à condição humana, seja enquanto criança ou em outra fase da vida, em que a subsistência esteja condicionada à prestação de outrem, inclusive do próprio Estado. Por regra, o dever de alimentar se segue até que o homem chegue à fase adulta, ou àquele momento em que o alimentando possa manter-se com dignidade. Entretanto, nada impede que um cidadão desenvolvido e capaz, possa merecer assistência alimentar.

O Código Civil preceitua nos artigos 1694, 1696, 1697 e 1698 que dever de prestar alimentos baseia-se no vínculo familiar, atribuindo aos parentes, entre si, a possibilidade de exigirem prestação alimentícia.

Em comentário ao tema, Caio Mário da Silva Pereira dita que: "não tendo o pai condições econômicas para suprir os alimentos ao filho reconhecido, reclamá-los-á este de outros ascendentes, maternos ou paternos, pois em nosso direito o reconhecimento introduza o filho na família, não se restringindo o parentesco apenas ao primeiro grau".[12]

Conforme antes noticiado, o dever de alimentar é dos pais e de todos aqueles com relação parental, familiar ou consangüínea com o alimentando. Entretanto, em face do dever público de garantir a vida, o direito à personalidade,[13] na esteira da dignidade da pessoa humana; subsidiariamente, na ausência dos obrigados por lei a alimentar, o Estado direta ou indiretamente deverá assumir tal responsabilidade pela disponibilização de instituições e outros serviços de ordem sociais.

A natureza jurídica da obrigação alimentar é pública, por estar diretamente ligada à manutenção da vida, questão social de interesse público familiar. Desta concepção publicista da obrigação alimentar, advém que o direito personalíssimo aos alimentos é irrenunciável, impenhorável, imprescritível e irrepetivel, sendo vedada à transação sobre as prestações.

Vale salientar que todas estas características tecidas se referem ao dever de prestar alimentos e decorre da obrigação dos pais e familiares imposta por lei, hipótese regulada pelo Direito de Família. Entretanto, embora os laços biológicos sejam fatores preponderantes quanto ao dever de alimentar, não é a única hipótese de prestação de alimentos.

Há os casos em que a obrigação de alimentar tem por causa decisões judiciais ou a livre vontade das partes. A relação obrigacional estabelecida é diferenciada daquela decorrente do vínculo parental, o que implica diferenças quanto a sua regulação, fundada em normas e princípios do Direito Civil, que não nos de Direito de Família.

Dentre as possibilidades de imputação do dever de prestar alimentos por sentença judicial, temos como causa mais comum o delito. Indiscutível, este dever não decorre de regras e princípios do Direito de Família, e sim de normas de natureza indenizatória ou punitiva.

Entretanto, por vezes, um sujeito pode ser condenado a prestar alimentos sem que tenha cometido delito, sem que tenha relação afetiva com o alimentando, nem tenha laços de consangüinidade com ele. Ou, ainda, mesmo sem relação afetiva com o alimentando, terceiro de livre vontade assume o dever de alimentar frente à ausência do provedor biológico. Estas são hipóteses em que não há paternidade, nem parentesco entre alimentando e alimentário.

A relação estabelecida por estes sujeitos não se regulava pelas regras do Direito de Família, mas sim pelas demais normas de Direito Civil.

---

[12] PEREIRA, Caio Mário da Silva. *Instituições de Direito Civil*. 11. ed. Rio de Janeiro: Forense, 1999, vol. 5, p. 283.

[13] DEGNI. Diritto di Famiglia, § 150, p.476, in Cahali, Yussef Said. *Dos alimentos*. 4. ed. rev. amp. atual. de acordo com o novo código civil. São Paulo: Revista dos Tribunais, 2002, p. 33.

Percebe-se que tanto em um caso quanto em outro, que os prestadores de alimentos cumprem com um dever que naturalmente não é seu.

A obrigação de alimentar solidariamente seria dos pais biológicos, dos parentes, dos familiares e do Estado, como garantidor do direito de assistência. Porém, o dever de alimentar decorrente de imputação judicial e da livre aceitação por parte do alimentário não livra o pai biológico de sua responsabilidade pela concepção.

Como ensina a melhor doutrina civilista, aquele que atende a uma obrigação que não é originalmente sua tem o direito de cobrar do real devedor a reparação de sua situação, sob pena de enriquecimento ilícito do devedor em relação ao pagador.

2. Da responsabilidade inerente a paternidade biológica

As relações familiares modernas comportam inúmeras formas de paternidade de fato. Entretanto, a paternidade biológica, mesmo que livre de relação afetiva com o filho, é um instituto de grande importância à sociedade e para o indivíduo.

O conhecimento e reconhecimento da paternidade biológica "é um direito natural e constitucional de personalidade, que faz parte do princípio da dignidade da pessoa humana, elevado a categoria de fundamento da República do País (artigo 1º, inciso III, da CF), sendo indisponível, inegociável, imprescritível , impenhorável, personalíssimo, indeclinável, absoluto, vitalício, indispensável, oponível contra todos, intransmissível, constituído de manifesto interesse público e essencial do ser humano".[14]

Os deveres de um pai em relação ao filho não nascem do reconhecimento civil ou judicial da paternidade, pelo contrário, antecedem a isso, decorrem da condição natural do homem enquanto agente na concepção daquele ser.

A obrigação de assistência é inerente à relação biológica. Aquele que deu origem ao filho biologicamente, mesmo que não saiba de sua existência ou de seu nascimento, possui deveres decorrentes de sua participação na concepção, e não é suplantado pela assunção destes por terceiro.

Condicionar o dever de cumprir com as obrigações de pai ao reconhecimento legal de sua condição seria o mesmo que privar o filho de se alimentar até que soubesse quem é seu pai. Admitir esta situação seria supervalorizar a lei frente à natureza, ignorando suas fatais conseqüências.

Edson Ferreira da Silva entende que "Não é a lei que vai conferir ao homem o dom da vida e todas as demais faculdades que a própria natureza

---

[14] WELTER, Belmiro Pedro. *Direito de Familia: Questões controvertidas.* Porto Alegre: Síntese, 2000, p. 71.

já se incumbiu de dotá-lo. Logo, não é o direito, mas a natureza que concede ao homem as faculdades que lhe são próprias; ao direito compete apenas dar proteção e assegurar o pleno desenvolvimento dessas faculdades, em condição de equilíbrio do individuo em relação ao grupo e deste em relação a cada individuo (...) O direito natural, por ser inerente á condição humana, é imutável como as leis físicas da natureza, ao passo que o direito positivo é circunstancial e se conforma às necessidades e valores momentâneos de cada sociedade".[15]

O filho nasce em decorrência de um ato bilateral, que desde a sua realização acarreta aos seus agentes responsabilidades inerentes ao seu agir. Logo, deve responder pelos deveres da paternidade aquele que contribuiu geneticamente para o surgimento do filho.

Por questões fisiológicas evidentes, o alimentando não pode ter suas necessidades físicas e psicológicas suspensas até que a lei diga quem é que deve responder por elas. Estas necessidades carecem de atendimento imediato, seja pelo pai biológico, pelo Estado ou por terceiros.

A problemática se demonstra preocupante quando considerados dados estatísticos da realidade brasileira. O IBGE publicou, em estudo realizado com base nos nascimentos de 1988, indicando que, naquele ano, 1,1 milhões de crianças nasceram no País sem reconhecimento de paternidade.[16] Imagine-se como ficariam estas crianças se o Estado, naquele ano, não dispusesse de verba orçamentária para alimentá-las? Ou ainda, em quanto representaria para o déficit interno do País se a cada ano o Estado tivesse que arcar com um acréscimo em sua despesa equivalente à alimentação de 1,1 milhões de crianças até sua idade adulta?

O quadro apenas não se apresenta mais drástico, porque o Estado e estas crianças podem contar com a ajuda de terceiros que, embora não tenham vínculo biológico com elas, passam a adimplir com estes deveres originalmente paternos. Enquanto não se pode cobrar do titular a prestação de tais responsabilidades, outros podem vir adimplir estas obrigações perenes e continuadas, mesmo sem serem os devedores naturais, tal qual o regramento geral do Direito das Obrigações.

Nestes casos, aquele que por livre agir ou por força coercitiva venha a arcar com deveres decorrentes da paternidade de filho que não é seu tem, em relação ao devedor natural, ou seja, o pai, todas as prerrogativas do credor, segundo as regras do diploma civilista, cabendo contra este devedor originário, restituição dos valores pagos, mediante ação de perdas e danos.

---

[15] SILVA, Edson Ferreira da. *Revista dos Tribunais*, p. 694/21.

[16] WELTER, Belmiro Pedro. *Direito de Familia: Questões controvertidas*. Porto Alegre: Síntese, 2000, p. 66.

3. Da reparação civil dos alimentos

Aquele que atende a uma obrigação que não é originalmente sua tem o direito de cobrar do real devedor à reparação de sua situação, sob pena de enriquecimento sem causa do devedor originário em relação ao pagador.

Assim, terceiro que cumpre com obrigação que não é sua, torna-se titular de direito de reparação civil. Assevera-se que os alimentos, por regra geral, não são passíveis de restituição, porém essa regra aplica-se unicamente em relação ao alimentando.

O vínculo entre o pagador da pensão e o devedor natural nasce do adimplemento por um, de uma obrigação de outro, caracterizando uma relação meramente obrigacional, livre da dogmática do Direito de Família, regida pelas regras do Código Civil referentes à matéria.

O terceiro que atende a obrigação de alimentar um filho que não é seu não é o responsável originariamente pela obrigação, age no sentido de atender aos interesses do credor de alimentos, devendo estar a si resguardado direito de regresso, sob risco de proteger-se a irresponsabilidade.

Jorge Leite Areias Ribeiro empresta do Direito Civil português ao Direito Civil brasileiro suas conclusões sobre a estrutura das obrigações "a obrigação é fundamentalmente um instrumento de realização do interesse do credor, logo se compreende a extinção das obrigações, satisfeito que seja o interesse do credor, mesmo que por via da prestação de terceiro. Mais: a lei leva tão longe a idéia da satisfação do interesse do credor enquanto razão de ser da obrigação, que nega ao credor (a menos que haja o seu prejuízo) a faculdade de recusa da prestação por parte de um terceiro (art. 767º)".[17]

O pagamento de alimentos é uma obrigação elementar, assim o alimentando, enquanto credor, tem direito e precisa receber a prestação, independentemente de quem lhe presta.

Deste modo, aquele que atende a esta necessidade básica do credor, elide dois problemas de ordem comum, permitindo o desenvolvimento do menor e desonerando o Estado, ente que seria responsável por prover o menor na ausência de assistência do pai e impossibilidade da mãe.

Assim, diante da relevância das conseqüências sociais do agir deste pagador de alimentos, mesmo sem lhe caber as obrigações de pai biológico ou afetivo, o Judiciário deve garantir-lhe o direito à reparação civil. Não o fazendo, chancela o empobrecimento ilícito dos pagadores e a impunidade dos pais biológicos, relapsos em relação às conseqüências de seus relacionamentos. E ainda, desestimulando a assunção de responsabilidade

---

[17] FARIAS, Jorge Leite Areias Ribeiro. *Direito das Obrigações*. Coimbra: Almedina, 1990. vol. I, p. 49/50.

AÇÕES DE DIREITO DE FAMÍLIA

voluntária sobre o pagamento de alimentos por terceiros, vez que livre de garantias frente aos devedores naturais, e em contrapartida, onerando o erário público com responsabilidades com os menores.

Assim, uma vez terceiro tendo arcado com o pagamento de verba alimentar a filho que não seja seu, a este assiste o direito de buscar em juízo a reparação civil por perdas e danos decorrentes do pagamento desta dívida que não é sua.

Esta ação de natureza reparatória atende ao rito ordinário, devendo ser promovida em face do devedor natural, seja o pai biológico ou afetivo, respeitado o prazo de prescrição geral do Código, e não os atinentes à ação de alimentos.

Neste ínterim, pode-se dizer que o juízo competente para processar e julgar esta ação é o da Vara Cível, não necessariamente o da Vara de Família, como entende parte da doutrina, pois a relação jurídica estabelecida entre o pagador e o devedor não é de natureza familiar.

4. Bibliografia

CABRAL, Bernardo. In *"Reformas do Judiciário e a promessa constitucional de acesso à justiça e de participação popular."*, Brasília: Senado Federal.2002.

CAHALI, Yussef Said. *Dos alimentos*. 4 ed. rev. amp. atual. de acordo com novo Código Civil. São Paulo: Editora Revista dos Tribunais, 2002.

DEGNI. Diritto di Famiglia, § 150, p.476, in CAHALI, Yussef Said. Dos alimentos. 4 ed. rev. amp. atual. de acordo com novo Código Civil. São Paulo: Editora Revista dos Tribunais, 2002.

ESPINDOLA, Eduardo. *A família no Direito Civil brasileiro*. Rio de Janeiro: Gazeta Judiciária. 1954.

FARIAS, Jorge Leite Areias Ribeiro. *Direito das Obrigações*. Coimbra: Almedina. Vol. I 1990.

MIRANDA, Pontes. *Tratado de Direito de Família*. São Paulo: Max Limonad. Vol. III.1947.

OLIVEIRA, Guilherme. *Critério Jurídico da Paternidade*. Coimbra: Livraria Almedina. 1998.

PEREIRA, Caio Mário da Silva. *Instituições de Direito Civil*. 11 ed. Rio de Janeiro: Forense, Vol. 05. 1999.

PORTO, Sergio Gilberto. *Doutrina e Prática dos Alimentos*. 3ª ed. rev. atual. de acordo com o novo Código Civil. Rio de Janeiro: Editora Revista dos Tribunais. 2004.

RAWLS, John. *Uma teoria da Justiça*. Trad. Almiro Pisetta e Maria Rímoli Esteves. 2ª ed. São Paulo: Martins Fontes. 2002.

RELIBINDER, Manfred. *Sociologia dei Diritto. Radovir, 1982*.

SILVA, Edson Ferreira da. *Revista dos Tribunais 694/21*.

WELTER, Belmiro Pedro. *Direito de Familia: Questões controvertidas*. Porto Alegre: Síntese. 2000.

3. Responsabilidade civil nos esponsais

RAFAEL FERNANDES ESTEVEZ
Advogado, Membro da Comissão Especial do Código de Defesa do Consumidor da OAB/RS, Membro da Câmara Americana de Comércio, Especialista em Direito Civil e Processo Civil pela Ritter dos Reis, Mestrando em Processo Civil pela PUC/RS.

Sumário: 1. Dos esponsais; 2. Noções de responsabilidade civil; 3. O Tratamento da responsabilidade civil nos esponsais pelo direito estrangeiro; 4. A responsabilidade civil e o Direito de Família no Brasil; 5. Reparação de danos nos esponsais: argumentos contrários; 6. Reparação de danos nos esponsais: argumentos favoráveis; 7. Danos morais e materiais nos esponsais; 8. Bibliografia;

1. Dos esponsais

A família, núcleo essencial da sociedade, é constituída pelo casamento, que, em regra, é precedido pelos esponsais, que nada mais são do que a promessa recíproca entre duas pessoas de futuramente se casarem. Maria Helena Diniz[1] define os esponsais como sendo o "compromisso de casamento entre duas pessoas desimpedidas, de sexo diferente, com o escopo de possibilitar que se conheçam melhor, que aquilatem suas afinidades e gostos".

Para Inácio de Carvalho Neto,[2] os esponsais equivalem "àquilo que hoje conhecemos por noivado. Mas a questão não se prende necessariamente à existência de noivado, de promessa de casamento, que pode se dar no noivado ou não. E sempre haverá uma promessa que preceda ao casamento, mesmo que não tenha havido noivado formal".

---

[1] DINIZ, Maria Helena. *Curso de Direito Civil brasileiro.* 17ª ed., v. 5. São Paulo: Saraiva, 2002, p. 48.
[2] CARVALHO NETO, Inácio de. *Responsabilidade civil no Direito de Família.* 2ª ed. Curitiba: Ed. Juruá, 2004, p. 393.

Assim, podemos dizer que restam caracterizados os esponsais mesmo que não exista o formal pedido da mão da noiva aos seus pais, bastando certo decurso de tempo em que se estabelece um relacionamento mais íntimo entre os namorados a suas respectivas famílias.

O termo "esponsais" vem do Direito Romano, *sponsalia dicta sunt a spondeo*, significando justamente o contrato[3] através do qual duas pessoas de sexo diferente se prometem uma a outra em casamento.

Inicialmente, para os Romanos, o rompimento dos esponsais gerava direito a uma indenização de quatro vezes a importância empenhada bem como a restituição dos presentes recebidos pelo futuro casamento. Posteriormente, no período Republicano, passou-se a entender que qualquer dos compromissados teria o direito de romper com os esponsais, o que se equipararia ao direito dos cônjuges de romper com o próprio casamento.

No Direito brasileiro, antes do Código Civil de 1916, mais precisamente na Lei de 6 de outubro de 1784, havia a previsão legal dos esponsais, sendo-lhe conferido, expressamente, a natureza contratual, exigindo-lhes a forma de escritura pública e testemunho de no mínimo duas pessoas, sendo que o seu inadimplemento era resolvido em perdas e danos.

Com o advento do Código Civil de 1916 e mais recentemente com o Código Civil de 2002, deixou-se de ter uma referência legal sobre os esposais, o que levou a alguns doutrinadores, inclusive, a negar a existência dos esponsais no direito brasileiro.

Com o passar do tempo, várias foram as conseqüências do rompimento dos esponsais, desde a coação ao casamento, uma composição econômica e, atualmente, a quase total inexistência do próprio instituto, ao menos de forma positivada, sendo, assim, um compromisso puramente ético que, *a priori*, não interessaria ao mundo jurídico, sendo este um dos principais argumentos daqueles que sustentam da impossibilidade de aplicar o direito obrigacional aos esponsais.

O cerne da questão, então, passa em saber da possibilidade de se compelir alguém a cumprir a promessa de casamento feita, existindo respeitáveis posicionamentos que alegam a prática de um exercício regular de um direito, eis que o livre consentimento é um dos requisitos do casamento válido e, de outro lado, existem posicionamentos que levantam a hipótese do abuso do direito, o que possibilitaria ser pleiteada a reparação moral e material pelo rompimento dos esponsais.

---

[3] No direito Romano, ao contrário do que se aceita atualmente, os esponsais tinham a Natureza Jurídica contratual, sendo um contrato verbal – *sponsio* – que podia ser celebrado pelas partes maiores que sete anos, e realizado com o consentimento dos pais dos noivos, perante as famílias e amigos, quando os noivos se presenteavam com o anel que representava o eterno amor entre estes, assim como se realizam os noivados nos tempos atuais.

Todavia, cresce a corrente que entende que a falta de previsão legal não implica a impossibilidade de que a quebra dos esponsais venha a gerar responsabilidade civil, devendo ser aplicada a regra geral das obrigações prevista no artigo 186 do Código Civil. É que, na realidade, entende-se que o legislador, ao excluir os esponsais do direito positivo, busca evitar que se empenhe aos esponsais uma força de obrigar o promitente ao casamento, o que vem de encontro com o espírito do instituto, que deve ser celebrado dentro da mais absoluta liberdade entre os nubentes.

Os esponsais, hoje, têm natureza jurídica extracontratual,[4] até porque para sustentar que a obrigação seria contratual seria necessário admitir que a obrigação tem por conteúdo primário o ressarcimento dos prejuízos, não o dever da prestação, o que seria contraditório.

Além do mais, a natureza contratual não poderia ser levada a cabo, eis que os esponsais seriam despidos do efeito fundamental, próprio de qualquer negócio jurídico, de vincular as partes no que diz respeito ao objeto convencionado.

Desta forma, os esponsais, na doutrina e na jurisprudência brasileira, são reconhecidos como um vínculo extracontratual entre duas pessoas que possuem em comum a promessa mútua e recíproca de futuro casamento, devendo ser tratado pela responsabilidade civil sob esta perspectiva.

2. Noções de responsabilidade civil

Um dos temas mais em voga na atualidade, a Responsabilidade civil, presente em praticamente todas as esferas do Direito, vem encontrando certa resistência em ser aceito e aplicado no âmbito do Direito de Família.

Etimologicamente, conforme anota Sérgio Cavalieri Filho,[5] responsabilidade "exprime a idéia de obrigação, encargo, contraprestação, *enquanto que, juridicamente*, designa o dever que alguém tem de reparar o prejuízo decorrente da violação de um outro dever jurídico originário".

Para Caio Mário Pereira da Silva,[6] a responsabilidade civil "consiste na efetivação da reparabilidade abstrata do dano em relação a um sujeito passivo da relação jurídica que se forma. Reparação e sujeito passivo compõe o binômio Responsabilidade civil, que então se enuncia como princípio que subordina a reparação à sua incidência na pessoa do causador do dano. Não importa se o fundamento é a culpa, ou se é independentemente

---

[4] Antigamente, já foi conferida natureza contratual aos esponsais, hoje afastada, eis que se trata mais de obrigação moral do que contratual.

[5] CAVALIERI FILHO, Sérgio. *Programa de responsabilidade civil*. 6ª ed., São Paulo: Malheiros Editores, 2005, p. 24.

[6] PEREIRA, Caio Mário da Silva. *Responsabilidade civil*. 8ª ed., Rio de Janeiro: Forense, 1997, p. 11.

AÇÕES DE DIREITO DE FAMÍLIA

desta. Em qualquer circunstância, onde houver a subordinação de um sujeito passivo à determinação de um dever de ressarcimento, aí estará a Responsabilidade civil".

Responsabilidade deriva do vocábulo latino *respondere* – responder –, sendo este o seu significado jurídico, tendo sido utilizado neste sentido, originariamente, pelos Romanos na celebração de seus contratos, chamados *stipulatio*.[7]

Somente com a *Lex Aquilia* em 286 a.C. é que houve uma expansão da Responsabilidade civil, consagrando a responsabilidade extracontratual ou "Aquiliana", como também ficou conhecida, sendo acrescido à responsabilidade civil o elemento culpa.

Já no direito contemporâneo, foram elaboradas diversas teorias de reparabilidade do dano moral, desde as que concediam a mais ampla reparabilidade até aquelas que a negavam em razão da impossibilidade de mensurar a dor, admitindo-se a reparação extrapatrimonial apenas para o caso de prévia e expressa previsão de sanção civil pecuniária.[8]

Posteriormente, consagrados os chamados direitos da personalidade, assumiu-se a plena reparabilidade das lesões à pessoa em sua esfera extrapatrimonial.

Importante para o exame da responsabilidade civil nos esponsais é ter em mente a distinção clara da responsabilidade contratual e extracontratual, ou Aquiliana, tendo em vista a discussão da natureza contratual dos esponsais, o que importa para fins de caracterizar a possibilidade da reparação.

Sílvio Rodrigues[9] promove bem esta distinção, quando diz que "uma pessoa pode causar prejuízo a outra tanto por descumprir uma obrigação contratual, como por praticar outra espécie de ato ilícito. De modo que, ao menos aparentemente, existe uma responsabilidade contratual diversa da responsabilidade extracontratual, também chamada de Aquiliana".

Assim, enquanto a responsabilidade contratual deriva obrigatoriamente do descumprimento de um contrato,[10] como a não-conclusão de uma obra no prazo estipulado, ou a não-entrega de determinada coisa dentro das condições preestabelecidas, a responsabilidade Aquiliana estará con-

---

[7] Para os Romanos, a responsabilidade civil tinha como fundamento a culpa contratual, só podendo ser exigida mediante a voluntária obrigação assumida a outrem, por negligência, imprudência ou imperícia, consagrando a responsabilidade subjetiva.

[8] JÚNIOR, Humberto Theodoro. *Dano moral*. 2ª ed., São Paulo: Editora Juarez de Oliveira, 1999, p. 5.

[9] RODRIGUES, Sílvio. *Direito Civil: Responsabilidade civil*. 13ª ed., São Paulo: Saraiva, 1993, p. 6.

[10] Art. 389. Não cumprida a obrigação, responde o devedor por perdas e danos, mais juros e atualização monetária segundo índices oficiais regularmente estabelecidos, e honorários de advogado.

figurada quando o ato ilícito não deriva de nenhum contrato,[11] como é o caso da responsabilização pela quebra dos esponsais.

Outra distinção a ser tomada de forma preliminar é a de responsabilidade civil objetiva e subjetiva. Diz-se responsabilidade subjetiva quando, além do ato – ação ou omissão –, nexo causal e dano, também deve existir a prova de que o agente causador do mal agiu com imprudência, negligência ou imperícia, ou seja, deve ser demonstrada a culpa do agente.

Este é o enfoque do Código Civil de 1916, que privilegia a responsabilidade subjetiva, na contramão de outras codificações mais modernas, que privilegiam a responsabilidade objetiva, como o Código de Defesa do Consumidor, onde a culpa do agente é irrelevante, bastando provar a ação ou omissão, nexo causal e dano.

A responsabilidade civil para o Direito de Família é subjetiva, exigindo, assim, um juízo de censura do agente capaz de entender o caráter de sua conduta ilícita, cabendo ao lesado a busca pela satisfação da responsabilidade civil, podendo vir a exercer este direito ou não – desde que não exista cláusula de não indenizar em tratando-se de responsabilidade contratual –, podendo, ainda, transferir para terceiro o dever de ressarcir, como no caso da existência de cobertura de seguro para o dano ocorrido.[12]

Para existir a responsabilidade civil, é necessário, em regra, a presença dos seguintes requisitos:

2.1. Ação ou omissão do agente, caracterizando-se pela conduta que deu causa ao evento danoso, podendo tanto ser uma ação como uma omissão. A conduta do agente impõe a obrigação de reparação do dano não apenas quando comete um ato ilícito, infringindo um dever legal, mas também quando seu ato, apesar de legal, foge de sua finalidade, existindo, assim, o abuso do direito.

É o exemplo do noivo que, em meio à cerimônia de casamento, indagado se é de sua livre vontade receber sua então noiva como esposa, diz "não", ou da noiva que simplesmente desiste de casar e não comparece à cerimônia. Nestas hipóteses, seja por ação ou omissão, houve um constrangimento ao outro nubente, que terá todo o direito de buscar, além dos danos materiais pelos gastos despendidos com a cerimônia, os danos morais pelos constrangimentos experimentados.

2.2. Dolo ou Culpa do agente, cuja regra geral, expressa no artigo 186 do Código Civil diz que, para existir o dever de indenizar, é necessário demonstrar o dolo ou a culpa do agente causador do dano.

---

[11] Art. 186. Aquele que, por ação ou omissão voluntária, negligência ou imprudência, violar o direito e causar dano a outrem, ainda que exclusivamente moral, comete ato ilícito.

[12] Ressaltando que a cláusula de não indenizar ou a contratação de seguro não se aplicam aos esponsais em razão de o instituto possuir natureza jurídica extracontratual.

Todavia, esta não é regra absoluta, porque existem várias hipóteses em que a culpa ou o dolo do agente são dispensados para efeitos de responsabilidade civil. São as hipóteses de responsabilidade objetiva, culpa presumida ou quando existe a inversão do ônus da prova, que devem estar expressamente previstas em lei, sendo que, para o Direito de Família, deve prevalecer a regra geral, com a prova do dolo ou culpa do agente.

O dolo ocorre quando o resultado danoso foi buscado pelo agente de forma intencional, havendo a intenção de praticar determinado ato e causar o prejuízo. Já no ato culposo, o agente não visou determinado resultado, sendo este resultante de uma atitude negligente, imprudente ou de imperícia.

2.3. Dano, que é o pressuposto básico da responsabilidade civil, sem o qual não pode existir a obrigação reparatória.

Na definição de Caio Mário da Silva Pereira,[13] o dano pode ser caracterizado como *"toda ofensa a um bem jurídico"*.

O dano pode ser tanto material como moral, podendo, ainda, ocorrer de forma direta ou indireta, quando relacionada com fato de terceiro, como a promessa de casamento dos filhos pelos pais, ainda comum entre os ciganos.

O dano material atinge diretamente os bens físicos do lesado, subtraindo-lhe o patrimônio ou diminuindo o seu valor, buscando-se a reconstrução da situação anterior à lesão, mesmo que indiretamente, através da indenização pecuniária.

O dano material pode dar-se não apenas quanto ao patrimônio atual e imediato da vítima, podendo ocorrer também quanto a um ganho futuro que é cessado pelo evento danoso, devendo ser dividido o dano material em:

2.3.1. O dano emergente, decorrente da efetiva e imediata diminuição do patrimônio da vítima em razão do ato ilícito, devendo ser devidamente comprovado, para que a indenização possa ser suficiente para restituir integralmente o prejuízo (*restitutio in integrum*).

2.3.2. O lucro cessante, como reflexo futuro do ato ilícito sobre o patrimônio da vítima, devendo existir maior cuidado para a sua caracterização e devida fixação nos valores devidos.

Já o dano moral, em vez de atingir o patrimônio material da vítima, lesa alguma de suas esferas da personalidade, como sua honra, sua integridade física ou psíquica, seu bem estar íntimo, causando-lhe um mal estar indenizável.

Além do ataque à honra ou à moral do ser humano, todo sofrimento experimentado por alguém no corpo ou no espírito através de atos ilícitos

---

[13] PEREIRA, Caio Mário da Silva. Op. cit., p. 53.

ou praticados em abuso de direito também são fatores geradores de dano moral.

A possibilidade de postulação de danos morais, antigamente até negada por alguns, está positivada no artigo 5º, V e X, da Constituição Federal,[14] bem como no artigo 186 do Código Civil.[15]

No dano moral, de forma diversa do dano material, a reparação não tem como finalidade restaurar as coisas ao *status quo*, mas sim impor um pagamento pecuniário como forma de satisfação compensatória pela dor injustamente experimentada.

Todavia, há preocupação com a banalização do dano moral, ainda mais na esfera familiar, para evitar que meros aborrecimentos, mágoas, irritações ou dissabores do dia-a-dia venham a ser objeto de postulação por danos morais, eis que este só deve existir quando espelha uma dor intensa, um vexame, sofrimento ou humilhação que fogem à normalidade, afetando psicologicamente o ofendido, ou infringindo uma das esferas da personalidade.

Maria Helena Diniz[16] esclarece que o direito não repara a dor, a mágoa, o sofrimento ou a angústia – questões absolutamente normais e comuns no convívio familiar –, posto que o lesado busca, na verdade, um lenitivo que atenue, em parte, as conseqüências do prejuízo sofrido, superando o déficit acarretado pelo dano.

Quanto à quantificação do dano, deverá ser considerada a extensão dos danos experimentados, o grau de culpa das partes, a condição socioeconômica do ofendido e do ofensor, afastando o enriquecimento sem causa, e operando um caráter pedagógico na condenação como forma de que tal ato causador do dano não mais se repita.

2.4. A existência de ilícito, pois no Direito Civil existe um dever legal e amplo de não lesar o patrimônio alheio, configurando a obrigação de indenizar sempre que um comportamento contrário vier a causar prejuízo injusto para alguém.

Humberto Teodoro Júnior[17] define como ilícito "todo ato praticado por terceiro que venha a refletir, danosamente, sobre o patrimônio da vítima ou sobre o aspecto peculiar do homem como ser moral".

---

[14] Art. 5º ...
V – é assegurado o direito de resposta, proporcional ao agravo, além da indenização por dano material, moral ou à imagem;
X – são invioláveis a intimidade, a vida privada, a honra e a imagem das pessoas, assegurado o direito à indenização pelo dano material ou moral decorrente de sua violação;

[15] Art. 186. Aquele que, por ação ou omissão voluntária, negligência ou imprudência, violar direito e causar dano a outrem, ainda que exclusivamente moral, comete ato ilícito.

[16] DINIZ, Maria Helena, Op. cit., p. 75.

[17] JÚNIOR, Humberto Teodoro., Op. cit., p. 2.

2.5. Nexo Causal, que é justamente o elo de ligação entre a ação ou omissão ao dano, caracterizando-se como a demonstração de que determinado ato praticado pelo agente veio a causar determinado dano, moral ou material.

Existem, todavia, diversas situações em que pode ser excluída a responsabilidade civil, o que possui grande relevância para o tema ora em estudo, eis que estas excludentes acabam por tornar o agente não responsável pelo ato danoso.

São excludentes da responsabilidade civil:

2.5.1. Estado de necessidade, previsto no artigo 188, II, do Código Civil,[18] onde a prática de determinado ato que seria ilícito é justificada, eximindo o agente de qualquer responsabilidade de indenizar, tendo em vista que sua ação objetivou afastar perigo iminente.

2.5.2. Legítima Defesa, que está previsto no artigo 188 do Código Civil,[19] é definida como sendo o uso moderado dos meios necessários, para repelir injusta agressão, atual ou iminente, a direito seu ou de outrem.[20]

2.5.3. Cumprimento de um dever legal, onde não existe a responsabilidade de indenizar quando há o estrito cumprimento de um dever legal.

2.5.4. Culpa da vítima, quando o ato praticado pela vítima vem a provocar o evento danoso, como, por exemplo, certa pessoa, embriagada, joga-se de cima de viaduto sobre um veículo, que o atropela e deixa aleijado.

2.5.5. Caso fortuito e força maior, expressamente prevista pelo Código Civil, artigo 393,[21] que ocorre quando o fato ocorrido é de origem natural, sendo imprevisível e inevitável e que não exista culpa do agente.

2.5.6. Fato de terceiro, quando a responsabilidade pode ser imputada a determinado agente em razão de ato de terceiro, como na responsabilidade do pai para com os atos de filho menor, mas também pode servir de causa excludente da responsabilidade nos esponsais, como, por exemplo, desfazer o noivado arranjado pelos pais.

2.5.7. Exercício regular de um direito, sendo esta a excludente de responsabilidade mais importante para o presente estudo, eis que resta

---

[18] Art. 188. Não constituem atos ilícitos: ...
II - a deterioração ou destruição da coisa alheia, ou a lesão a pessoa, a fim de remover perigo iminente.

[19] Art. 188. Não constituem atos ilícitos:
I - os praticados em legítima defesa ou no exercício regular de um direito reconhecido;

[20] Artigo 25 do Código Penal.

[21] Art. 393. O devedor não responde pelos prejuízos resultantes de caso fortuito ou força maior, se expressamente não se houver por eles responsabilizado.
Parágrafo único. O caso fortuito ou de força maior verifica-se no fato necessário, cujos efeitos não era possível evitar ou impedir.

configurada esta excludente, conforme Caio Mário da Silva Pereira,[22] quando "quem usa o direito seu a ninguém causa dano".

Será o caso de indagar: se o livre consentimento é um dos requisitos essenciais a empenhar validade ao casamento, não estava exercendo regular direito um nubente que, no instante da cerimônia, diz que não é de sua livre vontade realizar aquele casamento, diante de familiares, amigos e convidados?

Se por um lado, quem está a exercer regularmente um direito seu não pode ser responsabilizado por eventual dano causado a outro, por outro lado, como bem assinala Inácio de Carvalho Neto,[23] "é preciso que o exercício do direito seja regular; do contrário abrem-se ensanchas ao chamado abuso do direito".

E é justamente neste ínterim, entre o exercício regular de um direito e o abuso de direito, que se trava asperamente a discussão da responsabilização civil na quebra dos esponsais.

3. O tratamento da responsabilidade civil nos esponsais pelo direito estrangeiro

Apesar de não existir no ordenamento jurídico brasileiro um regramento específico para os esponsais, o mesmo não ocorre em diversas legislações estrangeiras, que dispensam tratamento específico aos esponsais, muitos regulando, inclusive, os efeitos de sua ruptura.

De acordo com a lição de Eduardo de Oliveira Leite,[24] quanto à promessa de casamento, na legislação estrangeira, pode ser classificada em quatro espécies:

1. Primeira: Aquelas que reconhecem os esponsais como verdadeiro contrato, gerando a plena obrigação de indenizar. São exemplos os Códigos da Alemanha, Suíça e Anglo-Americano.

2. Segunda: São os que não vislumbram nos esponsais qualquer natureza contratual, não havendo, assim, a obrigação nem de casar nem de satisfazer supostas penas estipuladas pela quebra da promessa de casamento. Todavia, reconhecem a possibilidade de reparação de danos em determinados casos. São exemplos os Códigos da Áustria, Espanha, Portugal e Itália, México, Peru e Venezuela.

3. Terceira: Omite qualquer disposição acerca dos esponsais. São exemplos os Códigos do Brasil e da França.

---

[22] PEREIRA, Caio Mário da Silva. Op. cit., p. 296.

[23] NETO, Inácio de Carvalho. Op. cit., p. 71.

[24] LEITE, Eduardo de Oliveira. *Rompimento da promessa de casamento. Reparação dos danos material e moral*. In Revista da Associação dos Juízes do Rio Grande do Sul. Porto Alegre, 1991, v. 51, p. 70.

4. Quarta: Não silenciam sobre os esponsais, mas, ao contrário, declaram expressamente que não reconhecem os esponsais, não admitindo qualquer espécie de ação de indenização por prejuízos dele resultantes. São exemplos os Códigos de Argentina, Uruguai, Chile e Colômbia.

4. A responsabilidade civil e o Direito de Família no Brasil

Mesmo diante de um tímido reconhecimento pelo Judiciário brasileiro à reparação pecuniária dos ilícitos civis no campo do Direito de Família, não é difícil demonstrar que a responsabilidade civil na órbita familiar vem ganhando diariamente mais adeptos, sendo aceita por uma parcela cada vez mais significativa de operadores do direito.

Muitas são as tendências e os posicionamentos dos juristas familistas sobre a possibilidade de aplicar a responsabilidade civil na órbita familiar, havendo desde posições que inadmitem tal hipótese, e temem pela monetização das relações familiares, até defensores ferrenhos da ampla reparabilidade dos danos morais e materiais na órbita familiar.

Washington de Barros Monteiro[25] sustenta que somente as despesas que efetivamente foram feitas seriam passíveis de reparação, excluindo qualquer outro dano, inclusive o dano moral.

Para Maria Berenice Dias, "revela-se de todo descabida a retrógrada a tentativa de inserir na lei obrigações de caráter indenizatório pelo fim do afeto, pois muitas vezes o desenlace do casamento é o melhor caminho para a felicidade".[26]

Os juristas de hoje manifestam extremo temor de que se banalize a reparação do dano moral na órbita familiar, onde qualquer aborrecimento trivial, ou uma excessiva exposição da sensibilidade subjetiva, seriam fontes de milionárias indenizações, como ocorre nos Estados Unidos.

É esta a clara preocupação de Sérgio Gishkow Pereira,[27] que entende que "o perigo da extensão da indenizabilidade está em deferi-la, indiscriminadamente, para as hipóteses em que somente os cônjuges, ou entre quem – de uma forma mais genérica e abrangente – vivencia relação erótico afetiva, possa ocorrer determinada atitude que se queira como geradora de dano moral, seguindo ainda o Autor dizendo que a pretexto do dano moral, o que se passa a querer é obter vantagens materiais a qualquer título. Começa-se, propositadamente ou por desconhecimento,

---

[25] MONTEIRO, Washington de Barros. *Curso de Direito Civil: Direito de Família.* 34ª ed., v.2, São Paulo: Saraiva, 1997, p. 32/33.

[26] Disponível em www.mariaberenicedias.com.br, publicado em Zero Hora em 07/01/02.

[27] PEREIRA, Sérgio Gishkow. *Dano moral e Direito de Família: o perigo de monetizar as relações familiares.*

a confundir-se qualquer incômodo da vida com fato gerador de dano moral."

Defendendo a possibilidade da aplicação da responsabilidade civil na órbita familiar, em especial quanto aos danos morais, Sérgio Cavalieri Filho[28] só admite o tutelamento jurídico do dano moral representado pela dor efetiva, o vexame, o sofrimento ou a humilhação que, fugindo à normalidade, interfiram intensamente no comportamento psicológico do indivíduo, causando-lhe, conforme arremata, aflições, angústia e desequilíbrio em seu bem-estar.

Clayton Reis,[29] ao narrar especificamente o dano moral em decorrência dos laços de parentesco e de afinidade e que unem as pessoas nos círculos familiares, diz que "se encontram cimentados por fortes e preponderantes elos de natureza sangüínea e afetiva", o que dá bem a dimensão da gravidade moral que pode representar, por exemplo, a negação social, justamente, deste vínculo parental, do pai que expatria o filho gerado fora do casamento.

Também defendendo a possibilidade de integração da responsabilidade civil na órbita familiar, consagrando ainda a reparabilidade da quebra dos esponsais, está Yussef Said Cahali,[30] para quem "vem prevalecendo tanto na doutrina como na jurisprudência que, não ficando comprovados motivos ponderáveis para o desfazimento do noivado, assiste ao prejudicado o direito de ser ressarcido dos prejuízos; rompido sem justa causa o compromisso esponsalístico, configura-se o ato ilícito que dá ensejo à Responsabilidade civil".

Como visto, muitas são as controvérsias quanto à possibilidade de reparação de danos morais no Direito de Família, sendo que a suposta omissão quanto a esta previsão não vem afastando a jurisprudência de reconhecer os danos morais na órbita familiar com base na regra geral das obrigações prevista no artigo 186 do Código Civil, bem como pela norma constitucional, que assegura a reparação do dano moral, não havendo a exclusão da reparação do dano moral na órbita familiar, muito menos quando decorrente da quebra da promessa de casamento, de forma que deve ser eliminada qualquer dúvida quanto ao cabimento do pedido indenizatório.

Conforme ensina Rolf Madaleno,[31] "a responsabilidade civil expande-se por todos os ramos do Direito Civil, e também transita pelo Direito

---

[28] CAVALIERI FILHO, Sérgio. Op. cit., p. 76.

[29] REIS , Clayton. *Dano moral*. 4ª ed., Rio de Janeiro: Forense, 1998.

[30] CAHALI, Yussef Said. *Dano moral*. 2ª ed. São Paulo: Ed. Revista dos Tribunais, 1998, p. 742.

[31] MADALENO, Rolf. *O dano moral na investigação de paternidade. Seleções Jurídicas*, ADVCOAD, Março/98, p. 68/69.

de Família, tanto em seus aspectos pessoais de vínculo familiar, como na esfera patrimonial das relações exsurgentes do estado familiar. No campo da violência familiar é perceptível, quão fértil e importante é encontrar amparo às lesões graves, pelas quais já não é aceito reine o temor sobre o silêncio reverencial do parente ofendido".

5. Reparação de danos nos esponsais: argumentos contrários

Mesmo que perfeitamente cabível a regra geral da responsabilidade civil para embasar suposta indenização por danos morais e materiais pela quebra dos esponsais, esta enfrenta sérias restrições dos que não a vêem com bons olhos e entendem ser impossível "monetizar" o Direito de Família.

São três os principais argumentos que refutam a indenização na quebra dos esponsais:

5.1. A falta de previsão legal no Direito brasileiro quanto aos esponsais;

5.2. O exercício regular de um direito quanto ao arrependimento do cumprimento dos esponsais;

5.3. A possibilidade de indenizar seria uma forma indireta de obrigar a parte ao casamento.

Quanto ao primeiro argumento, resta absolutamente superado, eis que, apesar de não existir previsão legal dos esponsais no Direito brasileiro, devem ser aplicadas as regras gerais das obrigações, em especial o artigo 186 do CCB, que deve abrigar as relações familiares, podendo existir a condenação por danos morais e materiais, desde que preenchidos os requisitos para a indenização.

Também, é de ser considerado que não há no Direito de Família nenhuma excludente que importe na impossibilidade de ser pleiteada indenização por danos moras e materiais entre irmãos ou entre pais e filhos ou, ainda, entre marido e mulher, de forma que não restam dúvidas da possibilidade de aplicação dos dispositivos obrigacionais na órbita familiar.

Quanto ao segundo argumento, de que o arrependimento seria o exercício regular de um direito, também não merece prosperar, eis que, apesar de não existir a obrigação de cumprir com os esponsais, determinadas condutas ou a forma como ocorre este rompimento é que pode gerar um abuso de direito, e o ilícito indenizável.

Humberto Theodoro Júnior[32] afirma que o "uso abusivo do direito, isto é, aquele feito com desvio de sua função natural, para transformar-se em veículo do único propósito de lesar outrem, equipara-se ao ato ilícito

---

[32] THEODORO JÚNIOR, Humberto, Op. cit., p. 23.

e, como tal, enquadra-se na hipótese prevista no artigo 159 do Código Civil, acarretando para o agente o dever de reparar integralmente o prejuízo injustamente imposto ao ofendido."

Efetivamente, várias são as decisões que julgam improcedente o pedido indenizatório reconhecendo que aquele que se arrependeu do casamento agiu no exercício regular de um direito,[33] existindo, também, casos onde se vislumbra o abuso do direito, caracterizando o ilícito indenizável.[34]

Assim, apenas o rompimento injustificado dos esponsais é que seria capaz de gerar a obrigação de indenizar, eis que estaria caracterizado o exercício abusivo de um direito, capaz de gerar o ilícito indenizável.

Quanto ao terceiro argumento, este também não merece prosperar, eis que a liberdade ampla pretendida pelo legislador[35] não é prejudicada pela possibilidade de indenizar a ponto de obrigar ao nubente aceitar um casamento já não mais desejado, até porque é lícita a desistência do casamento com a conseqüente quebra dos esponsais. O que não se permite, são determinadas situações onde pode haver o abuso do direito, que se demonstra indenizável, mas incompatível com uma imposição de aderir ao casamento para fins de ilidir a responsabilidade.

A partir disto, poderiam surgir centenas de pedidos de dano moral com os mais diversos fundamentos, conforme decisão noticiada no Espaço Vital em 29/10/01 em que a noiva abandonada buscava danos morais alegando que teria perdido a virgindade em razão da promessa de casamento.[36]

---

[33] "Responsabilidade civil. Dano Moral. Inocorrência. Hipótese em que o ajuizar da demanda de anulação de casamento, sem que restasse evidenciado abuso ou má fé, não configura o agir culposo do Réu, mormente quando atendido pedido alternativo de decretação da separação judicial do casal, naquele feito. O exercício regular de um direito impede que se cogite de ilícito indenizável. Apelo desprovido." (Apelação Cível nº 70.005259791, Décima Câmara Cível do TJRS, Relator Des. Luiz Ary Vessini de Lima, julgado em 18/12/2003).

[34] "Responsabilidade civil. Indenização. Dano Moral. Rompimento de noivado. Falta de motivo para a ruptura do noivado. Fato que gera a responsabilidade. Afirmação da Autora na petição inicial do rompimento sem motivo plausível. Fato não impugnado pelo Réu na contestação. Presume-se verdadeiro (CPC, art. 302, caput). Réu que muda a versão da causa da ruptura. Conduta das partes. Eficácia probatória. Dano moral pela dor, sofrimento da Autora pelo rompimento do noivado nas vésperas do casamento. Configuração. Fixação do valor do dano moral. Recurso provido." (Apelação Cível nº 52.648-3, Quarta Câmara Cível do TJPR, Rel. Juiz Convocado Lauro Laertes de Oliveira, publicado em 11/05/98).

[35] Segundo disposição do artigo 1.535 do Código Civil, constitui elemento essencial para o casamento válido, a livre manifestação de vontade de ambos os nubentes no ato de celebração do casamento.

[36] A décima oitava Câmara Cível do Tribunal de Justiça do Rio de Janeiro negou reparação de danos morais e indenização por danos morais e danos materiais a uma mulher que entrou na Justiça contra o ex-noivo. O casal tinha cinco anos de namoro quando o relacionamento terminou. A ex-noiva alegou, na Justiça, que "perdeu a virgindade mediante promessa de casamento". Como o ex-noivo rompeu o compromisso, ela queria ser indenizada. A sentença de primeiro grau foi de improcedência, tendo havido apelação.

Alega-se que o rompimento do noivado antes do casamento não poderia ser interpretado como ato ilícito, eis que o pacto assumido pelas partes é puramente moral e ética, não sendo contratual nem extracontratual, de forma que não pode ser objeto de regulação do direito, sendo este o entendimento predominante do Judiciário gaúcho, exposto em diversos acórdãos.[37]

É evidente que a pessoa possui o direito de romper com o noivado antes da celebração do casamento. Todavia, existem modos de isto ocorrer, de forma discreta e sem trazer prejuízos morais a outra parte, sendo certo que o desfazimento de um noivado, às vésperas do casamento, com convites já enviados, gastos realizados com a cerimônia, traz constrangimentos a outra parte que podem, sim, ser perfeitamente indenizáveis, tanto na ordem moral como material.

Desta feita, os argumentos contrários à aplicação da responsabilidade civil na seara familiar demonstram-se frágeis à medida que a questão da reparabilidade dos danos moral e material encontra respaldo em norma constitucional, com a perfeita aplicação da regra geral da responsabilidade civil prevista no artigo 186 do Código Civil, devendo, contudo, existir certa moderação ao uso do instituto, que exige a criteriosa análise casuística.

6. Reparação de danos nos esponsais: argumentos favoráveis

É unânime o entendimento de que, até o momento da celebração do casamento, os noivos são livres para aceitarem ou não o casamento, sendo-lhes lícita a desistência antes da cerimônia.

À primeira vista, a simples ruptura do noivado por qualquer dos noivos não enseja indenização, uma vez que o relacionamento entre duas pessoas, sem qualquer coação, visa a estabelecer vínculos afetivos mais profundos, conduzindo-se ao casamento. Em não existindo mais esta afinidade, nada impede a quebra da promessa de casamento. Todavia, em algumas hipóteses excepcionais em que o rompimento ocorre de forma anormal, havendo indução ao erro, existindo ofensa, humilhação, situação de vexame, estará caracterizado o dano moral.

---

[37] "Danos morais. Noivado. Promessa de casamento. Desfazimento. É incabível dano moral contra o parceiro que desiste de contrair casamento. Improcedência do recurso e condenação da recorrente nos ônus da sucumbência, suspensa a exigibilidade em face da concessão a assistência judiciária gratuita." (Recurso Inominado n° 71.000485318, Terceira Turma Recursal Cível, Relatora Dra. Maria José Schmitt Santanna, publicado em 04/05/04).
"Responsabilidade civil. Dano Material e moral. Rompimento de noivado. Embora inegável a dor e o sofrimento decorrentes do término do relacionamento afetivo e da frustração quanto ao enlace matrimonial, não há como imputar, ao Réu, a prática de ato ilícito. O rompimento é decisão relacionada ao sentimento de cada pessoa, não cabendo ao Judiciário valorá-la. Apelo desprovido." (Apelação Cível n° 70.006731715, Quinta Câmara Cível do TJRS Rel. Des. Leo Lima, publicado em 02/10/03).

É a hipótese, por exemplo, do noivo que, perguntado na cerimônia de casamento se era de sua livre e espontânea vontade receber a noiva em casamento, disse "não" e retirou-se da Igreja. Ora, é direito do nubente reconsiderar sua opção até o momento da celebração, mas também é certo que o noivo tem como obrigação fazê-lo de forma discreta, sem que acarrete ofensas à noiva. No caso em tela, fica evidente que esta noiva sofreu humilhação pública, gerando, assim, o dever de indenizar, conforme é reconhecido por diversos acórdãos proferidos em nossos Tribunais.[38]

Assim, nos casos em que o rompimento dos esponsais dá-se de forma normal e civilizada, não expondo a outra parte a constrangimentos desnecessários, que teriam o condão de ofender a honra e a moral da pessoa, configurando o ilícito indenizável, não haverá a incidência da responsabilidade civil.

Constituem-se, assim, requisitos mínimos dos esponsais para que possa emergir a responsabilização por danos morais pela sua quebra:

6.1. Que a promessa de casamento tenha sido feita de forma livre e pessoal pelos noivos, ou seja, que aquele nubente que se recusou a cumprir com os esponsais tenha sido o mesmo que tenha feito a promessa.[39] Não mais é exigida escritura pública, podendo ser verbal ou até mesmo mediante o comportamento dos nubentes que dão a entender a intenção de casamento, sendo, ainda, necessário que a intenção de casamento parta de ambos os nubentes, existindo a bilateralidade da declaração.

6.2. Que a quebra da promessa, ou arrependimento, não tenha sido feita por justo motivo, constituindo justo motivo para a quebra dos esponsais, o mau comportamento de um dos noivos, como a prática de infidelidade, injúria grave, a falta de honestidade ou aversão ao trabalho, ou, ainda, diante de doença grave de um dos noivos e que o outro ignorava, conhecimento de um estado do nubente diverso do declarado, como o fato de já ser casado, ruína econômica capaz de comprometer o casamento, ou, ainda, qualquer prática capaz de tornar insustentável a vida em comum.

---

[38] "Responsabilidade civil. Indenização. Dano Moral. Rompimento de noivado. Falta de motivo para a ruptura do noivado. Fato que gera a responsabilidade. Afirmação da Autora na petição inicial do rompimento sem motivo plausível. Fato não impugnado pelo Réu na contestação. Presume-se verdadeiro (CPC, art. 302, *caput*). Réu que muda a versão da causa da ruptura. Conduta das partes. Eficácia probatória. Dano moral pela dor, sofrimento da Autora pelo rompimento do noivado nas vésperas do casamento. Configuração. Fixação do valor do dano moral. Recurso provido." (Apelação Cível n° 52.648-3, Quarta Câmara Cível do TJPR, Rel. Juiz Convocado Lauro Laertes de Oliveira, publicado em 11/05/98).

[39] Não pode ser exigido o cumprimento da promessa de casamento se esta não partiu daquele que se recusou a cumprir com a promessa. Todavia, caracterizando-se o abuso de direito, é gerada a obrigação de indenizar, podendo ser dirigida a ação contra o terceiro que prometeu o casamento, com base legal no artigo 439 do CCB: Aquele que tiver prometido fato de terceiro responderá por perdas e danos, quando este não o executar.

A quebra pode ser ainda explícita ou tácita, como na hipótese de um dos noivos já ter contraído anteriormente outro noivado ou até mesmo núpcias, bem como quando o noivo, por exemplo, ausenta-se ou viaja por longa data sem qualquer justificativa. Todavia, esta quebra deve ser clara e inequívoca para fins de reparação civil.

6.3. Que exista a caracterização do dano, que pode ser moral ou material. Não havendo o dano, desaparece qualquer forma de responsabilização. Assim, apesar da possibilidade de interposição de ação reparatória por danos morais e materiais pela quebra dos esponsais, não são todos os casos suscetíveis à reparabilidade, mas apenas aqueles em que se constatam excessos indenizáveis, ou a falta de justo motivo, como em qualquer situação em sociedade, pouco importando se o agente causador do dano é o noivo ou outro familiar qualquer, eis que não se vislumbra qualquer excludente neste sentido.

7. Danos morais e materiais nos esponsais

Mesmo que não regulado pelo ordenamento jurídico brasileiro, eis que não há a previsão da figura jurídica dos esponsais tanto no Código Civil de 1916 como no Código Civil de 2002, é pacífico o entendimento de que, em se caracterizando o dever de indenizar nos esponsais, este ocorrerá com base na regra geral da Responsabilidade civil, prevista no artigo 186 do Código Civil, onde, aquele que por ação ou omissão voluntária, negligência, imprudência ou imperícia, causar prejuízo a outrem, fica obrigado a reparar o dano, inclusive o moral.

Junto à regra civil, figura o fundamento do artigo 5º, V, da Constituição Federal de 1988, que assegura indenização por dano moral e material à imagem das pessoas.

Assim, para que exista a reparação civil na órbita familiar, basta a existência de um dano, não havendo diferença se este ocorreu no âmago do lar, ou que este venha a atingir o patrimônio material ou imaterial, ocasionando prejuízo moral através da ofensa de atributos da esfera da personalidade do ofendido, como sua honra, seu nome, sua fama e a reputação social que goza e desfruta no seu círculo social e familiar, na exata dimensão da sua riqueza moral.

O dano moral, neste aspecto, revela-se de muito maior importância na sua proteção, eis que os bens materiais podem ser substituídos por outros, sendo fácil a sua valoração. Agora, quanto à dor moral, esta será apenas diminuída pela condenação do ofensor ao pagamento de quantia em dinheiro, não sendo mais possível o retorno ao *status quo*.

Desta forma, no que pese os respeitáveis posicionamentos em sentido oposto, e mesmo não havendo a previsão legal dos esponsais no direito brasileiro, demonstra-se a nítida possibilidade de enquadrar a responsabilidade civil no âmbito familiar através da regra geral do artigo 186 do Código Civil, eis que se trata de regra geral não excluída por regra especial do Direito de Família.

O consentimento ao casamento deve ser dado no instante da sua celebração, sendo que, até aquele momento, pode o nubente "retirar sua palavra" sem receio de molestar-se judicialmente, eis que, via de regra, está promovendo um regular exercício de direito, sendo impossível o ingresso de uma demanda visando a compelir o noivo ao cumprimento da promessa de casamento. Todavia, presentes determinados requisitos, têm-se aceitado por parte da doutrina e da jurisprudência a responsabilização por danos morais e materiais daquele que, injustamente, provocou a quebra dos esponsais.

Maria Helena Diniz,[40] tratando da Responsabilidade civil nos esponsais, entende que "no moderno Direito Civil a promessa de esponsalístico não cria nenhum vínculo de parentesco nem de família entre os noivos, nem entre cada um deles e os consangüíneos do outro, nem mesmo faz surgir impedimentos matrimoniais, tendo, unicamente, o efeito de acarretar responsabilidade extracontratual, dando lugar a uma ação de indenização por ruptura injustificada".

Como visto, para que exista o dever de indenizar, deve estar presente o ilícito, que, neste caso, é representado *lato sensu* pelo rompimento injustificado, gerando o dever de indenizar com base na responsabilidade civil geral.

São fortes a doutrina e a jurisprudência em dar plena liberdade de desfazimento da promessa de casamento, todavia, sempre restam no ar algumas dúvidas, como se existirá indenização pelo "injusto" rompimento dos esponsais ou se pode a parte "lesada" reclamar os gastos realizados em razão do futuro casamento ora frustrado?

O dano moral, caracterizado pela ofensa aos direitos subjetivos da personalidade da pessoa, restaria caracterizado pelo rompimento injustificado dos esponsais, sendo mais comum a ofensa à honra em sentido amplo, incluindo a diminuição da auto estima e todo o sofrimento moral decorrente da situação, que, não muitas vezes, vem acompanhado de declarações ofensivas e, não raras vezes, agressões físicas.[41]

---

[40] DINIZ, Maria Helena. Op. cit., p. 48.

[41] "Desfazimento de namoro. Dano material, moral e estético. Castigo de ordem moral. Aquele que infringe um dever jurídico, causando dano a outrem, fica obrigado a indenizar. Na Responsabilidade civil extracontratual ocorre a violação de um dever jurídico preexistente que manda respeitar a pessoa e os bens alheios. O nexo etiológico estabelece o vínculo entre o comportamento do agente e o evento danoso. Namorado que, com o desfazimento do relacionamento amoroso, imobiliza a namorada e corta os seus 'vaidosos' cabelos para castiga-la. Castigo de ordem moral. Reparação. Lesões compro-

Assim, presentes os requisitos da pessoalidade dos esponsais, do rompimento injustificado e do dano, pode-se falar pelo noivo repudiado na existência de dano moral ou material pela quebra dos esponsais.

Quanto à caracterização do ato ilícito, com o qual se baseia o pedido de dano moral, este deve ser interpretado de forma ampla, ou seja, o rompimento injustificado dos esponsais representaria ato ilícito capaz de ensejar o pedido reparador.

Nesta linha, interessante caso citado pelo Jornal do Brasil em 11/08/1996, comentando decisão que concedeu a indenização por danos morais à noiva "enganada": "Abandonada pelo noivo depois de 17 anos de namoro, a costureira Nair Francisca de Oliveira está comemorando um ganho inusitado: o Tribunal de Alçada de Minas Gerais condenou o motorista aposentado Otacílio Garcia dos Reis, de 54 anos, a pagar à ex-noiva uma indenização de 20 salários mínimos por danos morais. Ela receberá ainda 30% do valor da casa que os dois estavam construindo juntos, em Passos, sudoeste de Minas. 'Estou cobrando pelo tempo que fui enganada', diz ela. Ao romper com a noiva, ele disse que, além de não gostar dela, sabia que não tinha sido o primeiro homem de sua vida. 'Me caluniou e humilhou minha família', lamenta Nair, que não consegue explicar como pôde ficar tantos anos ao lado de uma pessoa que ela diz, agora, não conhecer. Otacílio foi longe ao explicar o motivo do fim do relacionamento. Disse à ex-noiva que tinha por ela apenas um 'vício carnal' e que nenhum homem seria capaz de resistir aos encantos de seu corpo bem feito. A costureira confessa que nunca teve vontade de terminar o namoro, mesmo tendo-o iniciado sem gostar muito de Otacílio. Ele teria insistido no relacionamento. 'Eu dei tempo ao tempo e acabei gostando dele', afirma, frustrada com o tempo perdido, especialmente pelo fato de não ter tido filhos".

Quanto aos danos materiais indenizáveis, estes podem ser aqueles decorrentes das despesas com a viagem de núpcias, preparo de documentos, aquisição de imóvel novo para fins da futura moradia, compra do vestido de noiva e contratação de *buffet*. Quanto a estes, não existe a menor dúvida de que são indenizáveis, bastando ser apresentada a comprovação dos gastos através da nota fiscal das despesas efetivadas.[42]

---

vadas em exame de corpo de delito. Dano emergente e lucro cessante. Inexistência de comprovação de ocorrência de danos patrimoniais. Fixação do dano moral. Princípio da razoabilidade. Desprovimento dos apelos." (Apelação Cível n° 16.056/99, Oitava Câmara Cível do TJRJ, Relatora Juíza de Direito Substituta Letícia Sardas, julgado em 23/03/2000).

[42] "Apelação Cível. Ação de indenização por danos materiais e morais julgada improcedente. Noivos. Rompimento do compromisso. Demonstração de esforços comuns na construção da casa e aquisição de móveis. Indenização devida pela metade." (Apelação Cível n° 2.002.01.28.200, 7ª Câmara Cível do TJRJ, Relator Des. José Motta Filho, em 11/03/2003).

Todavia, nem toda despesa pode gerar dano, como bem observa Inácio de Carvalho Neto,[43] como aquelas despesas que resultem em bom negócio ou utilidade aos noivos, como a aquisição de um imóvel para futura moradia que se demonstrou ter sido um ótimo negócio.

Também outros danos, que não imediatos, demonstram-se indenizáveis, como, por exemplo, no caso de a noiva deixar o emprego planejando mudar-se para outra cidade para residir com o marido e, frustrado o casamento, vê-se desempregada. Neste caso, não restam dúvidas de que também existiria a obrigação de indenizar em razão dos lucros cessantes.

Para que exista a obrigação de reparação por danos materiais, é de ressaltar, deve existir a prova explícita do dano, não sendo indenizáveis a mera expectativa de enriquecimento ou de direito, ou, ainda, o prejuízo hipotético e não comprovado.[44]

É de ser citado o artigo 546 do atual Código Civil, que diz que se tiver ocorrido doação, feita em contemplação de casamento futuro, ficará sem efeito se o casamento não se realizar. É o caso em que os pais de um dos noivos lhes doam a casa em que o futuro casal irá residir. Em não havendo a celebração do casamento, esta doação ficará sem efeito, restituindo-se ao estado anterior.

De forma analógica, aplica-se este dispositivo também aos presentes dados aos noivos, como eletrodomésticos e utilidades domésticas, que devem ser ressarcidos aos adquirentes em razão do rompimento dos esponsais.

Por fim, é de ser ressaltado, que, conforme Súmula 37 do Superior Tribunal de Justiça, são passíveis de cumulação os danos moral e material, podendo, entretanto, ser reconhecido apenas um dos pedidos, dependendo da prova a ser produzida, que deve ser individual para cada dano.

8. Bibliografia

CAHALI, Yussef Said. *Dano moral*. 2ª ed. São Paulo: Ed. Revista dos Tribunais, 1998.

CARVALHO NETO, Inácio de. *Responsabilidade civil no Direito de Família*. 2ª ed. Curitiba: Ed. Juruá, 2004.

---

[43] NETO, Inácio de Carvalho. Op. cit., p, 413.

[44] Ação de indenização. Rito ordinário. Autor e Ré vinculados por laço de noivado. Construção de futura moradia do casal. Terreno de propriedade da noiva. Administração da obra e financiamento dos materiais ditos como de responsabilidade do noivo. Autor. Rompimento da promessa de casamento. Indenização pleiteada pelo varão. Ação procedente em parte. Falta de provas suficientes do pagamento dos materiais por parte do Autor. Indubitável participação laborativa deste na edificação e administração da obra. Trabalho a ser indenizado. Apelações manifestadas e improvidas (Apelação Cível n° 13.865-6, Primeira Câmara Cível do TJPR, Relator Des. Oto Luiz Sponholz, publicado em 26/02/91).

AÇÕES DE DIREITO DE FAMÍLIA

CAVALIERI FILHO, Sérgio. *Programa de responsabilidade civil.* São Paulo: Malheiros, 2005.

DINIZ, Maria Helena. *Curso de Direito Civil brasileiro.* 17ª ed., v. 5, São Paulo: Saraiva, 2002.

LEITE, Eduardo de Oliveira. *Rompimento da promessa de casamento. Reparação dos danos material e moral.* In Revista da Associação dos Juízes do Rio Grande do Sul, v. 51, Porto Alegre, 1991.

MADALENO, Rolf. *O dano moral na investigação de paternidade: Seleções Jurídicas,* ADV-COAD, Março/98.

MONTEIRO, Washington de Barros. *Curso de Direito Civil: Direito de Família.* 34ª ed., v. 2, São Paulo: Saraiva, 1997.

PEREIRA, Caio Mário da Silva. *Responsabilidade civil.* 8ª ed., Rio de Janeiro: Forense, 1997.

PEREIRA, Sérgio Gishkow. *Dano moral e Direito de Família: o perigo de monetizar as relações familiares.*

REIS, Clayton. *Dano Moral.* 4ª ed., Rio de Janeiro: Forense, 1998.

RODRIGUES, Sílvio. *Direito Civil: Responsabilidade civil.* 13ª ed., São Paulo: Saraiva, 1993.

ROLIM, Luiz Antônio. *Instituições de Direito Romano.* São Paulo: Revista dos Tribunais, 2000.

THEODORO JÚNIOR, Humberto. *Dano moral. 2ª ed., São Paulo: Editora Juarez de Oliveira, 1999.*

4. Do cabimento do dano moral na separação, aspectos psicológicos

ROSANE ALVES TEIXEIRA

Especialista em Processo Civil pela UNISINOS. Mestranda em Processo Civil – PUC/RS. Advogada.

Sumário: Introdução; 1. Responsabilidade e dano moral; 2. Do casamento e seus deveres; 2.1. Da separação judicial; 2.2. Da união estável; 3. Do cabimento do dano moral na separação – Aspecto psicológico; 3.1. Reparação e quantificação; Conclusão; Bibliografia.

Introdução

Dano moral é um tema que vem se afirmando no Direito de Família, repercutindo gradativamente na jurisprudência, que ruma à adoção da reparabilidade. O ressarcimento desta espécie de dano encontra justificativa na liberdade de atuação do homem, enquanto ser social, e na sua racionalidade. Busca a satisfação dos interesses do lesado, com vistas a restaurar seu patrimônio ou compensar seu sofrimento, conforme o caso (art. 186, CC). Distingue-se entre a fundada na lei e a que se origina nas possíveis relações contratuais firmadas antes da efetivação da união entre os cônjuges, recebendo a chancela do Direito Civil brasileiro, sob o fundamento genérico da culpa. No âmbito de seu processo evolutivo, o dano moral está centralizado na reparação de dano à vítima, pelo fundamento presumível da culpa, tutelando o Direito o dever amplo de não lesar, ao qual corresponde à obrigação de indenizar, que se revela sempre que de determinada conduta decorra algum prejuízo material ou ofensa moral para outrem.

Comprometido com o método de enquadramento jurídico do instituto da indenização por dano moral no Direito de Família, o foco deste estudo está direcionado ao fim de distinguir a dimensão da ocorrência e o possível ressarcimento nas separações judiciais, evidenciando o aspecto psicológico, alicerçado no alcance do caráter educativo exemplar, pelo valor ao ato de desestímulo, sem deixar de ser, também, punitivo quando visualizado por ambos os ângulos.

A doutrina moderna avançou para reputar ao dano um direito personalíssimo e, portanto, passível de configurar dano moral, o que durante muito tempo reconheceu apenas como agressão à vida e à honra. Assim, a Constituição de 1988 erigiu a direito constitucional o dano ocorrido na esfera moral e parece não haver campo mais fértil para aplicação de tal direito do que o do Direito de Família.

1. Responsabilidade e dano moral

No Brasil, o tema dano moral passou despercebido por inúmeras décadas, porque a honra e a dignidade do ser humano eram coisas sem prioridade. Indubitavelmente, houve resistência por parte da doutrina e da jurisprudência pátria no tocante ao ressarcimento de danos morais através de indenização, no intuito de prevenir o enriquecimento ilícito. Todavia, tal entendimento foi mudado, seguindo o rumo da história e do melhor direito, adequando-se ao cotidiano. Atualmente, o povo despertou para a cidadania, após a estagnação do atraso intelectual. Bastaram poucos anos para que o Brasil transpusesse esse empecilho e, finalmente, demonstrasse a importância que o ser humano possui como valor, conseguindo, inclusive, gravar na Constituição Federal de 1988 tal princípio (art. 5°, X), fundamental para se ter claro, a importância da dignidade, como estrutura da personalidade do homem.

Por Moral, entende-se que seja "(...) tudo aquilo que está fora da esfera material, patrimonial do indivíduo", como quer crer Luiz Antônio Rizzatto Nunes.[1] Porém, há diferença entre simples Dano e Dano Moral. Este último seria aquele "sofrimento humano que não é causado por uma perda pecuniária". Em casos dessa natureza, feridos são os interesses puramente morais, de mera afeição subjetiva e não econômica, infere Savatier.[2] É o que acontece quando são atentados o bom nome, a vida privada, a honra, a intimidade de alguém e quaisquer outras situações individuais ou pessoais da vida do homem. São situações que tanto podem caracterizar dano moral ou pura e simplesmente ser admitida como perda material, pois a pessoa tanto pode ser lesada no que ela é, quanto no que ela tem. A concepção é de que se deve resguardar todos os interesses legítimos dos titulares de direitos, tanto os patrimoniais como os extra-

---

[1] NUNES, Luiz Antônio Rizzato. *Da responsabilidade civil*. São Paulo:LTr, 1995, p. 737.
[2] SAVATIER, *Traité de la responsabilité civile*, 1951.

patrimoniais, sancionando-se, por conseqüência, todas as transgressões havidas na prática, qualquer que seja a lesão.[3]

Falando de modo mais específico, dano é uma lesão a bens juridicamente protegidos, como a vida, a liberdade, a saúde, a honra, o nome, a imagem, o crédito comercial e a propriedade.[4] E, para sua caracterização jurídica, é absolutamente fundamental que seja composto de dois elementos: a) o prejuízo (elemento de fato); b) a lesão jurídica (elemento de direito).[5] Por conseqüência, dano moral ocorre na esfera da subjetividade ou no plano dos valores da pessoa enquanto ser social, e deriva de práticas atentatórias à personalidade, traduzindo-se em sentimento de pesar íntimo do ofendido, capaz de gerar alterações psíquicas ou prejuízo no aspecto afetivo ou social do seu patrimônio moral.

Indiscutivelmente, a palavra *indenizar*, quando utilizada na relação com o dano material, tem como função reparar o dano causado, repondo o patrimônio desfalcado, levando-o de volta ao *status quo ante*. Portanto, os prejuízos experimentados pelas pessoas, físicas ou jurídicas, que não constituam dano material ou de cunho eminentemente econômico, podem caracterizar o dano moral. De maneira ampla, o dano moral é aquele que se manifesta na ofensa ao patrimônio (*lato sensu*) ideal da pessoa, em contraposição ao dano material.

Pressuposto da responsabilidade civil, o dano, como entende a melhor doutrina, é qualquer lesão experimentada pela vítima em seu complexo de bens jurídicos. Esclarece-se que alguns dos bens da vida e valores integram o patrimônio (*stricto sensu*)[6] da pessoa; outros, a própria personalidade desta. Manter a integridade destes é direito que o ordenamento jurídico não pode negar aos seus tutelados, pois que se constituem em essenciais e indisponíveis.

Maria Helena Diniz[7] argumenta que, "a aplicabilidade dos princípios da responsabilidade civil ao direito de família tem amplo respaldo constitucional, precisamente na cláusula geral de proteção à dignidade humana, constante do art. 1º, inciso III da Lei Maior". No contexto da responsabilidade civil, portanto, inegável reconhecer que pode ser definida, a princípio, como a obrigação de alguém indenizar o direito alheio vulnerado ou o prejuízo sofrido por outrem, em virtude da prática de ato ilícito ou lícito, seja de natureza contratual ou extracontratual, tenha ou não concor-

---

[3] BITTAR, Carlos Alberto. *Reparação civil por danos morais*. São Paulo:LTr, 1999, p. 19.

[4] GOMES, Orlando. *Obrigações*. São Paulo. Saraiva, 1976. p. 315-16.

[5] LOPES, Miguel Maria de Cerpa Lopes. *Curso de Direito Civil*. São Paulo: Saraiva, 1964. p. 256.

[6] Faz-se a ressalva ante o sentido amplo com que muito freqüentemente tem sido empregada a expressão "patrimônio", mesmo entre aqueles que bem conhecem o seu real significado.

[7] DINIZ, Maria Helena. *Direito Civil Brasileiro – Responsabilidade civil*. 7.ed. São Paulo:Saraiva, 2004, p. 172.

rido com culpa *lato sensu* (que abrange o dolo e a culpa, *stricto sensu*). A mesma autora[8] adverte que a Responsabilidade Civil surge a partir da concorrência de três pressupostos indispensáveis para sua configuração:

> a) Existência de uma ação, comissiva ou omissiva, qualificada juridicamente, isto é, que se apresenta como um ato ilícito ou lícito, pois ao lado da culpa, como fundamento da responsabilidade, temos o risco. [...] b) Ocorrência de um dano moral ou patrimonial causado à vítima por ato comissivo ou omissivo do agente ou de terceiro por quem o imputado responde, ou por um fato de animal ou coisa a ele veiculada. [...] c) Nexo de causalidade entre o dano e a ação, pois a responsabilidade civil não poderá existir sem o vínculo entre ação e o dano.

A culpa, nestes termos, constitui um dos fundamentos da responsabilidade civil. No entanto, a jurisprudência tem se inclinado no sentido do ressarcimento do "prejuízo causado, mesmo que isento de culpa", uma vez que a responsabilidade é imposta por lei independentemente de culpa.[9]

2. Do casamento e seus deveres

À medida que a reparação por dano moral pode ser reivindicada por aquele que, por motivos diversos, se sentir injuriado, agredido e/ou ameaçado em sua integridade por comportamentos de outrem, neste mesmo fundamento se alicerça a admissibilidade de ser aplicada aos cônjuges na vigência do casamento, desde que atenda aos mesmos requisitos essenciais de ocorrência do prejuízo: o ato culposo do agente, o nexo causal entre o referido ato e o resultado lesivo. Remissão deve ser feita ao artigo 186 do atual Código Civil, que estabelece: "Aquele que, por ação ou omissão voluntária, negligência ou imprudência, violar direito e causar dano a outrem, ainda que exclusivamente moral, comete ato ilícito".

Direito de Família está definido como "o complexo dos princípios que regulam a celebração do casamento, sua validade e os efeitos que dele resultam, as relações pessoais e econômicas da sociedade conjugal, a dissolução desta, as relações entre pais e filhos, o vínculo de parentesco e os institutos complementares da tutela e curatela", conceito aprovado e consagrado pelo mestre Clóvis Beviláqua.[10] É nesta instituição civil, a Família, que o instituto do dano moral também pode ter assentados seus fundamentos. Impossível falar em dano moral, neste âmbito, sem antes enfocar esta entidade natural e suas obrigações, da qual, todo homem, ao nascer, torna-se membro. As normas do Direito de Família afetam o indivíduo dentro desse núcleo social relativamente pequeno, disciplinando suas relações de ordem pessoal e patrimonial. Essas regras regulam direi-

---

[8] DINIZ, Maria Helena. Op. cit., p. 42-3.

[9] DINIZ, Maria Helena. Op. cit., p. 55.

[10] BEVILÁQUA, Clóvis. *Direito de Família*. São Paulo:Francisco Alves, 1945, p. 76.

tos pessoais do indivíduo e têm como finalidade proteger não só a integridade de seus elementos, mas também atender à tarefa de preservar da própria célula *mater* da sociedade.

No âmbito do território nacional, a formação da família decorre, essencialmente, das regras do Direito Natural, pelo efeito instintivo de preservação e perpetuação da espécie humana. A própria Constituição da República[11] situa a família como "base da sociedade", digna e de especial proteção do Estado, conforme os princípios básicos que enuncia. Lembra-se que a família formou-se tendo como fundamento a religiosidade e que, no início da história, as pessoas ficavam juntas não por afetividade, mas sim por necessidade de sustento, preservação física e instinto natural.[12] Embora muitos desses objetivos e sentimentos ainda façam parte do cotidiano de muitas das situações de casamento nos dias de hoje, o elemento de mudança está configurado na possibilidade de um dos cônjuges ingressar com ação de ressarcimento por dano moral, quando se sentir prejudicado em sua integridade patrimonial ou pessoal, por motivo de descuramento dos deveres do matrimônio que foram se firmando com o passar do tempo.

Em vista destas transformações, o casamento e a união estável passaram a trazer legalmente em seu bojo normas traçadas com a finalidade de proporcionar segurança aos pares na sociedade, expressos através dos deveres que cada cônjuge deve cumprir (art. 1566 e 1724, C.C.). Obrigações estas que, no caso de serem descumpridas, podem gerar ação indenizatória por danos morais, pois que ocasionam conseqüências, daí advindo lesões que afetam "sentimentos", vulnerando "afeições legítimas", rompendo o "equilíbrio espiritual, produzindo angústia, humilhação, dor", caracterizando dano moral.[13] Porém, nas palavras de Maria Berenice Dias,[14] a violação do dever de "fidelidade recíproca", a "mantença de vida em comum" e a "obrigação de manter relações" entre os cônjuges, "por si só", não caracterizam "ofensa à honra e à dignidade do consorte a ponto de gerar obrigação indenizatória por danos morais". Obviamente, a mútua assistência, o sustento, guarda e educação dos filhos e o respeito e consideração mútua estão circunscritos ao princípio da humanidade, aos quais o ser humano, por dever de solidariedade, não poderá fugir.

Com efeito, em contexto familiar a indenização por dano moral possui outro significado, que não aquele de recompor o patrimônio (para isso existem outras formas), mas de compensar a vítima pelo sofrimento que

---

[11] Arts. 226 a 230, Constituição Federal de 1988.

[12] PONTES DE MIRANDA. *Tratado de Direito Privado*. 1971, p. 208.

[13] SANTOS, Antônio Jeová. *Dano moral indenizável*. 2. ed. São Paulo:Lejus, 1999, p. 77.

[14] DIAS, Maria Berenice. *Direito das famílias*. Porto Alegre:Livraria do Advogado, 2005, p. 116.

lhe foi causado na prática de lesões na esfera personalíssima de sua pessoa. Seu objetivo é duplo: satisfativo-punitivo. A paga em pecúnia deverá aliviar o gasto com possíveis procedimentos para restaurar, psicologicamente, o *status quo* anterior, por exemplo, proporcionando ao ofendido uma satisfação que seja capaz de amenizar a dor sentida.[15]

2.1. Da separação judicial

A ação de separação judicial poderá ser proposta por qualquer um dos cônjuges casados há mais de um ano, caso prove que houve ruptura da vida em comum há mais de 1 (um) ano, que não haja possibilidade de sua reconstrução ou sob a alegação de que a vida em comum já não é mais possível, em virtude de graves violações aos deveres do casamento (art. 1572, CC). Caso após o casamento uma das partes demonstrar sintomas de doença grave, que dure dois anos e que tenha sido reconhecida como de cura improvável, tornando impossível a vida normal em comum, este fato poderá ensejar pedido de separação judicial pelo outro cônjuge. A separação judicial também pode ser proposta de comum acordo, se já passado um ano do casamento, denominada separação consensual, uma vez que os cônjuges acordam sobre a partilha dos bens, guarda dos filhos, pensão etc.

Surge, então, o questionamento sobre a admissibilidade do cônjuge inocente na separação ter ou não direito à indenização por dano moral ou patrimonial, a ser prestada pelo denominado "cônjuge culpado" no momento em que a dissolução da sociedade conjugal venha a causar grave dano moral ao primeiro, frente ao prejuízo que sofreu. Entende-se por "cônjuge inocente" aquele que não deu motivo à separação.

2.2. Da união estável

Classificada como uma relação de puro afeto entre homem e mulher e considerada como espécie de entidade familiar, só pode perdurar e existir enquanto esta relação de puro afeto subsistir. Constitui um caminho que dispensa registros formais, não deixando, por isso, de fortalecer-se como entidade familiar que pode vir a ser um casamento, no propósito de formação de uma família.[16]

Na formação da união estável, a Constituição Federal de 1988 (artigo 226, § 3º) estatui que a legislação deve facilitar a sua transformação em casamento. Por certo que não procura submeter este tipo de organização

---

[15] NUNES, Luiz Antônio Rizzato. Op. cit., p. 737.

[16] CAHALI, Yussef Said. (coord.). *Família e Casamento: doutrina e jurisprudência*. São Paulo: Saraiva, 1988, p. 302.

familiar aos requisitos da casamento, mas exige como único elemento essencial o requisito da heterossexualidade. Na Lei nº 8.971/94 (art. 1º) constam fundamentos pessoais relativos ao estado civil dos companheiros. Porém, a Lei nº 9.278/96 (art. 1º) modificou a conceituação da união estável, silenciando a respeito desse aspecto. Predominante se mostra o entendimento doutrinário e jurisprudencial de necessária distinção entre casamento e união estável, não obstante as controvérsias que o tema suscita para que a esta se apliquem unicamente os impedimentos matrimoniais absolutos, decorrentes de parentesco (incesto) ou de anterior casamento (bigamia), com as exceções decorrentes de separação de fato ou judicial de um ou de ambos os conviventes.

A matéria foi disciplinada pelo Código Civil atual, no art. 1.723, § 1º da Lei 10.406, de 10 de janeiro de 2002. Mesmo as uniões com base no concubinato não podem deixar de ser caracterizadas como "famílias-de-fato", mantendo-se por si só, sem concepção jurídica e sem a cobertura da lei. Mas produzindo efeitos no campo do direito, inclusive no seio do próprio núcleo dessa formação de indivíduos, revelando como um tipo de união estável paralela à comunidade na qual se insere. Neste espaço, há que ser garantida a defesa de seus direitos, assegurando aos parceiros o reconhecimento de plenos e igualitários direitos aos seus descendentes, para que se preservem os frutos dessa intangível relação de afeto, subsidiariamente perene e muito acima da sempre mutável disposição normativa.

Em caso de dissolução desta, não considerada sociedade matrimonial, a jurisprudência tem cuidado de produzir alguns efeitos jurídicos.[17] Embora em alguns de nossos Tribunais, no passado, tenham decidido por conceder indenizações à mulher quando do término das relações de concubinato, hoje, com a elevação da relação estável ao *status* de casamento, tal entendimento já não se admite. O convivente não terá reparação pela simples ruptura, mas poderá pleitear indenização por eventual prejuízo moral ou patrimonial. Ainda neste mesmo pensamento, Maria Helena Diniz leciona que "o concubinato, em si mesmo, não fundamenta nenhum direito do amante repudiado, mas nada obsta que pleiteie uma indenização pelo rompimento de concubinato que lhe tenha causado prejuízo de ordem moral ou patrimonial".[18] Outros posicionamentos partilham do não-cabimento ou da impossibilidade da comprovação para admitir a indenização por serviços prestados:

> [...] transportar esta visão (do pagamento por danos morais) para o mundo erótico-afetivo é terminar com a paixão, é liquidar com o amor, é aprisionar a libido, é abafar a força do sexo, é implantar manuais vitorianos para regerem a conduta sexual e

---

[17] Revista de Jurisprudência, 69/177 e RJTJSP 29/157.
[18] DINIZ, Maria Helena. Op. cit., p. 115.

amorosa, é impor um puritanismo retrógado, é querer um direito para santos e anjos, e não para seres humanos, é calar os poetas, é concretizar a pior, mais cruel e mais profunda das censuras, é medir sentimentos com parâmetros lógico-formais e legalistas.[19]

Mesmo que a tese que pretenda o cabimento da indenização por serviços domésticos prestados ao companheiro tenha como fonte o contrato civil de prestação de serviços, verdadeira retribuição do trabalho executado no lar, implicaria salário durante o período de vida em comum. Portanto, o fundamento principal do deferimento do ressarcimento é o princípio geral que coíbe o enriquecimento ilícito. O conteúdo fático se expressa através dos serviços domésticos com cuja prestação se beneficiou o outro companheiro. Isto quer dizer que, afastada a pretensão indenizatória em casos tais, restaria configurado verdadeiro desprestígio ao princípio que veda o locupletamento indevido, já que um dos concubinos se beneficiou com os serviços prestados pelo outro durante o período da vida em comum? De outro ângulo, não seria de reconhecer que os serviços prestados beneficiaram tanto a um como a outro convivente na vida em comum? Parece corroborar com a postura em defesa do trabalho da mulher, nas atividades do lar, cuidando da criação e educação dos filhos e administrando as atividades domésticas, embora sem uma avaliação material, constitui fonte de retaguarda indispensável para que o homem possa exercer suas atividades profissionais em toda sua plenitude. É exatamente a segurança e a certeza de que, no lar, tudo caminha com segurança, pela firmeza da atuação da mulher que deixa o homem com serenidade e despreocupação, para enfrentar o seu trabalho e construir o patrimônio. Atualmente, é majoritária a corrente de pensamento que defende a prestação de alimentos, em vez de ressarcimento por serviços prestados, com base na aplicação dos arts. 1.702 e 1.704 do Código Civil vigente e como demonstra a Súmula 379 do STF.

Com efeito, o Superior Tribunal de Justiça assim se posiciona: "A concessão de uma indenização pelos serviços prestados, prática de longa data consagrada pela jurisprudência, não se afeiçoa à nova realidade constitucional que reconhece 'a união estável entre o homem e a mulher como entidade familiar' (art. 226, § 3º)", que envolve "afinidade comportamental, comunhão de interesses e vontades dirigidas à consecução de um objetivo comum", da mesma forma que ocorre no casamento, não se assemelhando à relação empregatícia.[20]

Os defensores desta tese têm como fundamento básico o fato de ser um dever natural que, em nossa cultura, cabe à mulher e de seu desempe-

---

[19] PEREIRA, Sérgio Gischkow. *Estudos de Direito de Família*. Porto Alegre: Livraria do Advogado, 2004, p. 82.

[20] Recurso Especial n. 38.657-8-SP, 4ª Turma, julgado em 22.03.1994, Rel. Min. Sávio de Figueiredo.

nho colhem benefícios, além dela própria, o companheiro e a prole. Em tese, é sobremaneira arriscado afiançar-se que singelamente da atividade no lar a mulher concorra, decisivamente, para aquele efeito, na hipótese alcançada à conta exclusiva do concubinato. No próprio regime comunitário, a comunicação do domínio e posse dos bens que o concubino venha a adquirir se faz por ministério legal, e não necessariamente pelo trabalho doméstico da mulher. Ademais, as ocupações domésticas desempenhadas vieram não exclusivamente em benefício do concubino, mas de toda a família, inclusive da concubina, não passando, portanto, dos deveres e vantagens da vida em comum. É um paradoxo admitir-se indenização remuneratória à concubina por simples e ordinários trabalhos caseiros, quando não a tem e nunca a ela teria direito nem mesmo à esposa legítima. Por este prisma, simples prestações de serviços de mera rotina da vida em comum, na qual se pressupõe auxílio mútuo, não pode encerrar indenizações por serviços domésticos, sem esquecer que da união concubinária ordinariamente os partícipes auferem proveito mútuo, auxiliando-se e socorrendo-se um ao outro. Não há de ser, assim, a simples nuanças à prestação de algumas atividades domésticas por parte de um deles, que há de ensejar direito à indenização por serviços prestados quando da dissolução do concubinato. Mas, porém, está à disposição a ação de alimentos.[21]

Guido Fernando Silva Moraes[22] externa postura desfavorável ao pagamento pecuniário de danos morais em casos de traição, descumprimento do débito conjugal, culpa específica na separação, infidelidade virtual pelo agravamento que tais circunstâncias acabariam gerando aos conflitos de separação e rompimento da união estável, que significa piorar o "quadro de mercantilização das relações existenciais".

Não é outro o pensamento de Cahali,[23] quando reconhece a inocorrência de dano moral na união estável, pois que é concebida como relação de risco, em que a tristeza, o choque e o abalo psíquico, por se situarem no contexto do ego não ensejam qualquer contraprestação pecuniária, portanto, sem correspondência no Código de 2002. Isso não quer dizer que em alguns casos especiais, por circunstâncias ímpares, os tribunais são sensíveis à reparabilidade de danos morais, quando se referirem ao concubinato puro e à união estável. Porém, estas causas especiais estão associadas ao direito comum, como a agressão física praticada por ex-companheiro.[24]

---

[21] SCAPINI, Marco Antonio Bandeira. *Concubinato: Uma Visão Alternativa* In: Ajuris n. 53. Porto Alegre: Associação dos Juízes do Rio Grande do Sul, 1991, p. 305-314.

[22] MORAES, Guido Fernando Silva. *Common Law – Introdução ao Direito dos EUA*. Rio de Janeiro: Revista dos Tribunais, 1999, p. 412-3.

[23] CAHALI, Yussef Said. Op. cit. p. 751.

[24] 7ª Câmara do TJSP: Dano moral – Agressão física praticada por ex-companheiro – atos sucessivos. [...] feriram o amor próprio, causando dor, constrangimento e humilhação (03.02.1999, JTJ 216/102).

3. Do cabimento do dano moral na separação – aspecto psicológico

Com o aumento generalizado da demanda jurídica de casais que, ao término da relação amorosa, ingressam com o pedido de separação litigiosa, cada vez mais se verificam demandas remontando ao dano moral voltadas ao pleito indenizatório nas relações familiares. O número de dissoluções de união estável ou de separação judiciais vem se elevando gradativamente no território brasileiro. De 1993 a 2003, o volume de separações subiu de 87.885 para 103.529, ou seja, 17,8%.[25]

A tese reparatória no Direito de Família desponta no art. 226, § 8º, da Constituição Federal ao estabelecer que "o Estado assegurará a assistência à família na pessoa de cada um dos que a integram, criando mecanismos para coibir a violência no âmbito de suas relações".

Vale relembrar que há autores que buscam distinguir o dano moral com reflexos patrimoniais do dano puramente moral. Os que pretendem distinguir dano moral com reflexo patrimonial do dano moral puro, os quais, via de regra, visam a defender a tese da restrição da reparabilidade do dano moral ao primeiro caso, é forçoso reconhecer defeito lógico na definição de dano moral com reflexo patrimonial. Ora, se há reflexo patrimonial, o dano é patrimonial, e não moral. É o mesmo que dizer: não importa o encadeamento lógico que constitui o nexo causal entre ato lesivo e dano, importa o resultado patrimonial ou não. Exemplifica-se, abaixo, um posicionamento nessa linha de raciocínio:

> A distinção [...] (dano puro e reflexo), tirante o aspecto técnico, na prática acaba por perder sua significação, se se considerar que o dano é, no fundo, moral ou material, conforme os reflexos produzidos na hipótese fática, mesmo quando puro ou reflexo.[26]

E quando da separação judicial ou rompimento da união estável provocar seqüelas psicológicas em um dos cônjuges, de difícil superação, com comprometimentos profundos na saúde, que impliquem a impossibilidade de levar uma vida normal e saudável, caberá ação por dano moral?

Um estudo conduzido pela Organização Mundial da Saúde,[27] em 1992, demonstrou que no Brasil e no exterior, pessoas que sofreram separação conjugal se comportaram da mesma forma como se perdessem por morte um ente querido, o emprego ou sofressem um acidente com lesão e que este fato trouxe dificuldades quase impossíveis de serem sanadas por um longo período de tempo, necessitando de cuidados médicos constantes, em vista do sofrimento que se abateu sobre elas.

---

[25] IBGE. Título: Estatísticas do registro civil 2003 v.30, Brasília: CD p. 1-273.

[26] CARMO, Júlio Bernardo do. O dano moral e sua reparação no âmbito do direito civil e do trabalho. *Revista do Tribunal Regional do Trabalho da 3ª Região*. Vol. 25, n. 54, jul de 1994. p. 105.

[27] Organização Mundial da Saúde. Classificação de Transtornos Mentais e de comportamento da CID-10. Porto Alegre: Artes Médicas, 1993.

Outros aspectos foram detectados pelo estudo: a depressão parece ser mais freqüente entre pessoas divorciadas ou separadas, do que entre solteiros e casados; as pessoas que ficam sozinhas após casamento ou união frustrada parecem estar em maior risco para depressão; quando acompanhadas por marido/mulher ou companheiro, menor a chance de apresentar questões psicológicas graves; a existência de suporte social e ausência de conflitos parecem ser agentes altamente protetores das chamadas doenças sociais. Enfim, a grande maioria dos estudos epidemiológicos mostrou uma correlação entre o evento da separação, considerado negativo, com a ocorrência da depressão médica e distúrbios psicológicos graves. Por suporte social está considerada uma série de fatores protetores significantes e apropriados, capazes de prover o indivíduo de ambiente saudável, habilitando-os a lidar com estressores contextuais.

O estudo ainda mostrou que fatores como carência de um companheiro(a), isolamento social e falta de uma pessoa confidente associam-se a maior ocorrência de depressão; que é mais comum nas mulheres, divorciadas ou separadas e as que vivem sozinhas. Por óbvio, pessoas nestas condições são mais sujeitas a consultarem médicos e a serem hospitalizadas. O custo e a eficácia dos tratamentos para depressão devem ser balanceados com o alto custo individual e social associados à enfermidade.

Pesquisas epidemiológicas conduzidas nas últimas duas décadas pela OMS[28] têm proporcionado uma compreensão mais ampla da ocorrência e do curso destes transtornos que, além de permitir que se avaliem conseqüências diretas e indiretas das doenças, como prejuízo no funcionamento individual, familiar e social, alcançam aos meios jurídicos suportes elementares para decisões mais justas. Essas informações podem servir de fundamento para considerações nas decisões jurídicas em ações de pedido de ressarcimento por dano moral nas separações e nas dissoluções de união estável. Será possível ao Judiciário avaliar os transtornos de humor provocados no autor da demanda com complementação geral do quadro de investigação clínica, na amplitude e dimensão temporal do caso. Seriam imprescindíveis essas informações para a essencial e adequada compreensão da história natural da situação vivenciada pelo autor do processo, uma vez que fornecem dados sobre outros aspectos das doenças, tais como fatores de risco, transtornos mais graves e/ou persistentes e prognósticos, além de tendências históricas. Poderá o magistrado concluir se outros eventos podem estar associados aos fatores clínicos de curta duração, fatores de risco que possam ser os agravantes dos sintomas apresentados pelo autor, e não unicamente o sejam a separação judicial ou término da união estável.

---

[28] *Revista de Psiquiatria*. Clínica. vol. 32, supl. 1. São Paulo, 2005.

Portanto, provar que a situação de distúrbio psicológico grave tem ligação direta com a ocorrência de separação ou rompimento de união estável não será tarefa fácil. Trata-se aqui de algo imaterial. Não é de se exigir que o dano moral seja provado "pelos mesmos meios utilizados para a comprovação do dano material". Seria impossível querer-se provar que alguém sentiu dor efetiva, ou "tristeza, humilhação através de documentos, atestados médicos, perícia ou com depoimento de testemunhas. Jamais poderia demonstrar o descrédito, repúdio, desprestígio através de meios probatórios tradicionais". Portanto, não há que ser provado o dano moral, mas sim provar o fato que gerou a dor psicológica, o sofrimento, como atesta "a decisão do Tribunal de Justiça de São Paulo, que admitiu o prosseguimento de uma ação indenizatória promovida por mulher abandonada pelo companheiro, depois de ela aparecer grávida, ter perdido o emprego e, como seqüela, ter abortado involuntariamente (RT 765/191). Aqui se reuniram fatos de extrema gravidade, capazes de autorizar a indenização por dano moral".[29]

Em ângulo contrário, quem não pode nada provar é como se nada tivesse, porque o que não é provado não existe. Assim, parece certo que a falta de provas prejudica o suposto lesado em sua pretensão. A sentença, neste caso, apreciará o fato como inexistente, pois não provado. Pensar que se pode requerer indenização por dano moral com meras alegações é absurdo. A produção de provas é inerente ao rito da ação proposta, com petição inicial, que deverá reunir as causas de pedir e o próprio pedido. Obviamente que deverá ser provado, por todos os meios, o prejuízo ao patrimônio moral da vítima, "observando-se as variáveis de ordem pessoal, relacionadas com o nível de vida e influenciadoras do comportamento". À outra parte, ao réu, "restará a produção de provas que possam modificar, extinguir ou impedir o direito do autor".[30]

Certo é que a prova do dano moral é de extrema dificuldade. Porém, sem dúvida, o médico do autor poderá servir de testemunha de fato, por exemplo, aproveitando-se de seus conhecimentos profissionais, para demonstrar o abalo psicológico ocasionado pelo cônjuge ao seu paciente, sendo possível juntar declarações confirmadas em Juízo por testemunhas, que presenciaram descontroles emocionais ou demonstrações psicológicas de sofrimento extremo relacionados ao evento em pauta.

Porém, na mesma medida em que há orientação doutrinária dominante favorável ao ressarcimento de danos morais entre cônjuges, constata-se posição jurisprudencial majoritária contrária ao pagamento do dano moral

---

[29] PEREIRA, Sérgio Gischkow. Op. cit., p. 88.

[30] VEIGA JR. Celso Leal. *A Competência da Justiça do Trabalho e os Danos Morais*. São Paulo: LTr, 2000. p. 73.

no contexto do direito familiar. Isto porque teme a tendência de que a construção doutrinária que admite pedidos indenizatórios por dano moral, aplicável aos cônjuges e já estendida à união estável, passe a ser requerida, definitivamente, a qualquer das relações "erótico-afetivas".[31] A propósito, Cahali[32] ressalta que o TJSP "considerou devida a indenização por dano moral decorrente da simulação do estado de gravidez para fins escusos, pela esposa, com repercussão negativa – perturbação das relações psíquicas do ex-marido".

Cabível se mostra a afirmação de Luiz Antônio Rizzato Nunes e Mirela D'Angelo Caldeira,[33] que com propriedade conceituam: "[...] o dano moral é aquele que afeta a paz interior de uma pessoa, atingindo-lhe o sentimento, o decoro, o ego, a honra, enfim, tudo o que não tem valor econômico, mas que lhe causa dor e sofrimento. É, pois, a dor física e/ou psicológica sentida pelo indivíduo".

Fica estabelecida, assim, a natureza jurídica do dano moral, satisfatória ou compensativa, constituindo assim, nas palavras de Zannoni,[34] uma compensação ao dano e injustiça sofridos pela vítima, suscetível de atenuar, em parte, seu sofrimento e a sua admissibilidade nos casos de separação judicial e dissolução de união estável, desde que submetida à análise do juiz. Importante destacar existir, ainda, decorrente do dano moral, natureza penal de caráter punitivo, quando os comportamentos de um dos cônjuges forem eivados de elementos que podem ser classificados como criminosos, tais quais sevícias e agressões.

3.1. Reparação e quantificação

Cahali[35] ressalta que da mesma forma que "a doutrina [...] vem se manifestando no sentido da admissibilidade da indenização" por quebra dos deveres matrimoniais, a jurisprudência "vem ensaiando a indenizabilidade do dano moral sofrido pelo cônjuge inocente, em razão da causa que provocou a dissolução do matrimônio".

Tarefa árdua esta de mensurar a indenização para os casos de danos morais. A mesma não pode ser muito grande, beirando à injustiça e gera uma indústria de indenização; mas também não pode ser ínfima, sob pena de que as ofensas morais continuem a ser praticadas. A indenização por dano moral não é o preço da dor, porque essa nenhum dinheiro paga.

---

[31] PEREIRA, Sérgio Gischkow. Op. cit., p. 79.

[32] CAHALI, Yussef. Op. cit., p. 756.

[33] NUNES, Luiz Antônio Rizzato e CALDEIRA, Mirella D'Angelo. *O dano moral e sua interpretação jurisprudencial*. São Paulo: Saraiva, 1999, p. 1.

[34] ZANNONI, Eduardo A. *El dano em la responsabilidad civil*. Buenos Aires: Astrea, 1982, p. 129.

[35] CAHALI, Yussef. Op. cit., p. 759.

Contudo, pode atenuar as conseqüências maléficas que tenha sofrido o trabalhador lesado. A indenização é meramente compensatória, porque não pode restituir a coisa ao seu *status quo ante*, mesmo que seja no restabelecimento da saúde psíquica, pois o estado anterior dificilmente voltará.

O caráter punitivo e desestimulador das indenizações por danos morais, que não se esqueça, devem ser suportadas pelo próprio causador do dano, de forma que o funcione com muito mais eficácia, impedindo a impressão de que com o valor indenizatório estaria impingindo um prejuízo ao causador do dano, com carga vingativa, estritamente emulativa, o que absolutamente não se coaduna com o sistema de responsabilidade civil do Direito brasileiro.

O artigo 953, parágrafo único, do Código Civil, confere amplos poderes ao juiz para buscar a indenização do dano moral. Por estar ele dirigindo o processo, é imprescindível que tenha pleno conhecimento dos fatos e respectivas circunstâncias, devendo diligenciar na busca da verdade real. Por sua vez, o Código de Processo Civil preceitua que "*O juiz só decidirá por eqüidade nos casos previstos em lei*" (art. 127). A Lei de Introdução ao Código Civil estabelece que "na aplicação da lei, o juiz atenderá aos fins sociais a que ele se dirige e às exigências do bem comum" (art. 5º).

A corrente predominante é a que entende que deve ser aplicada a eqüidade. O montante da indenização deve servir de advertência ao lesante e à sociedade, de que comportamento dessa ordem não se pode tolerar. Portanto, o *quantum* deverá ter como objetivo reprimir a ação delituosa do ofensor. A fixação em dinheiro pelo dano moral servirá para estabelecer uma forma de respeito ao lesado, tais como a dignidade, a honra, a honestidade, reputação e personalidade. O importante é que os danos sejam bem reparados.[36]

Julgando caso relativo a danos morais, e vindo à baila o tema do *preço da dor*, o Ministro Néri da Silveira[37] referiu em seu voto à seguinte passagem doutrinária:

> [...] o que se busca, na verdade, é uma satisfação simbólica, [...] visto que não há como mensurar a dor sentida pelos mesmos. No entanto, a dificuldade na fixação do *quantum* a ser ressarcido pelo dano não há que ser argumento suficiente para obstar a reparação, [...] e no próprio ressarcimento do dano material, em que o valor de uso e o valor de troca raramente coincidem, o ressarcimento nunca é perfeito, completo, integral, satisfatório do prisma do lesado, havendo sempre, por parte deste, a sensação de injustiça, como pretender que o dano moral seja ressarcido de modo total, completo, justo? E, se isto é praticamente impossível, pela natural dificuldade do

---

[36] Conforme autoriza o artigo 5º, inciso XLVI, alínea *d*, da Constituição Federal, 1988.

[37] RE nº 222.795, Rel. Min. Néri da Silveira, julgado em 08.04.02, DJ 24.05.02, unânime.

cálculo, não se deve erigir tal barreira como argumento contrário à reparação total, ou pelo menos se faça tentativa sincera para a obtenção desse *desideratum*.

Afirma-se, então, não ser uma satisfação absoluta, mas relativa, o valor da compensação. Porém, ressalta-se também, nesta linha de argumentação, que a indenização deve corresponder somente ao montante correspondente ao dano *efetivamente* sofrido, e isso a título unicamente *compensatório*, eis que encontrando limites na Constituição Federal e no artigo 944 do atual Código Civil. Primeiro, porque a Carta Magna, no artigo 5°, X, refere-se à indenização decorrente do dano moral, e haveria aí a imposição de limite, quiçá dentro dos lindes do valor compensatório. Depois, porque o artigo 944 do Código Civil vigente manda medir a indenização pela extensão do dano, daí se abstraindo limite também para a indenização por danos morais.

Ora, a Constituição não impõe qualquer limite ao valor das indenizações, sejam elas por dano moral ou material. Não é dado ao intérprete restringir onde texto da lei não restringe expressamente. Assim, se a Constituição garante a indenização por danos morais, e não impõe qualquer limite expresso, é porque a indenização deve ser ampla, segundo a extensão do dano e aferida a sua amplitude por arbitramento do juiz. Está assegurado o direito à indenização por *decorrência* da violação dos direitos (art. 5°, X, da CF), mas não prevê ou impõe *correspondência* com a extensão do dano. Trata o texto constitucional apenas da *valoração* abstrata dos fatos hábeis a ensejar um dano moral, mas nunca se referindo à *extensão* do dano e muito menos dispondo sobre a *quantificação* da indenização ou sobre critérios para a sua aferição. Assim, a Carta Magna também não restringe a indenização à mera *compensação* pelos danos morais sofridos e menos ainda cuida ou, sob qualquer ângulo, delimita a quantificação das indenizações, mas apenas trata da qualificação de certos fatos que, abstratamente, são tidos como aptos a ensejar a obrigação de indenizar. O termo *extensão*, por suposto, não significa *limite*.

O já citado acima artigo 944, ao contrário de limitar, conferiu amplitude ilimitada ao valor das indenizações por danos morais, colocando-o sob o crivo do arbitramento equânime, eqüitativo e fundamentado do magistrado. Tratando do tema da amplitude e da limitação das indenizações por danos morais, assentou o Superior Tribunal de Justiça, em acórdão relatado pelo Ministro Sálvio de Figueiredo Teixeira, REsp 153512 – data do julgamento 25/08/1998, data de publicação DJ 05.10.1998, p. 99:

> Segundo se tem assinalado, a vigente Constituição, ao prever indenização do dano moral por ofensa à honra, pôs fim à responsabilidade tarifada prevista na referida lei especial, que previa um sistema estanque, fechado, de responsabilidade dos danos praticados pela imprensa. O mencionado Arruda Miranda, a refletir a doutrina, se põe com tal posicionamento, sustentando que a Constituição Federal de 1988 acabou com as limitações de tempo e valor para as ações de reparação de danos materiais

AÇÕES DE DIREITO DE FAMÍLIA

e morais, ao dispor, em seu artigo 5°, X, que *são invioláveis a intimidade, a vida privada, a honra e a imagem das pessoas, assegurado o direito de indenização pelo dano material e moral decorrente de sua violação.*

No campo da responsabilidade civil, o comando punitivo vigora de forma diversa, e quem assim não observa desconsidera, já em ponto inicial, a existência de um preceito genérico punitivo contido no artigo 927,[38] parágrafo único, do Código Civil. Este artigo encerra o comando genérico da reparação civil dos danos com carga punitiva, sem necessidade de enumeração das hipóteses de fato e de direito hábeis a ensejar a obrigação da pena pecuniária indenizatória.

A atribuição do valor da causa é uma decorrência do princípio da legalidade (arts. 258 e ss do CPC). Atento à questão, Cahali[39] argumenta:

> No que contesta a reparabilidade do dano moral, argumenta-se que, se concedida a indenização no caso, esta teria caráter de *pena*, incompatível assim com o direito privado, na medida em que não visaria a recomposição do patrimônio ofendido... Aliás, na jurisprudência de nossos tribunais, afirma-se que 'o direito possui valor permutativo, podendo-se, de alguma forma, lenir a dor com a perda de um ente querido pela indenização, que representa também *punição* (grifo nosso) e desestímulo do ato ilícito'; o que também transparece nítido no caráter admonitório e circunstancial da carga indenizatória.

No domínio estritamente civil, a multiplicidade e a complexidade das relações estabelecidas no convívio social são tamanhas, que não seria possível enumerar previamente, com tal taxatividade descritiva, todas as condutas omissivas ou comissivas revestidas de potencial suficiente ao cometimento de ilícito hábil à geração de dano moral e da obrigação de indenizar pecuniariamente. Ademais, prepondera aqui o interesse particular, sem exclusão, é certo, do interesse social. Assim porque, verificados a culpa (*lato sensu*), o dano e o nexo de causalidade, a sanção recairá não sobre a pessoa do lesante, mas sobre seu patrimônio, apenas.

Caio Mário da Silva Pereira[40] se refere à previsão constitucional ampla e genérica no tocante aos danos morais:

> [...] A Constituição Federal de 1988 veio pôr uma pá de cal na resistência à reparação do dano moral. O art. 5º, no X, dispôs: "são invioláveis a intimidade, a vida privada, a honra e a imagem das pessoas, assegurando o direito da indenização pelo dano material ou moral decorrente de sua violação". Destarte, o argumento baseado na ausência de um princípio geral desaparece. E assim, a reparação do dano material integra-se definitivamente em nosso direito moral. [...] disposições contidas na Constituição de 1988 o princípio da reparação do dano moral encontrou o batismo que o

---

[38] Art. 927: Aquele que, por ato ilícito, (arts. 186 e 187), causar dano a outrem, fica obrigado a repará-lo.

[39] CAHALI, Yussef. Op. cit., p. 33-40.

[40] PEREIRA, Caio Mário da Silva. Responsabilidade Civil. 9.ed. rev. Rio de Janeiro: Ed. Forense, 2001, p. 58.

inseriu em a canonicidade de nosso direito positivo. Agora, pela palavra mais firme e mais alta da norma constitucional, tornou-se princípio de natureza cogente o que estabelece a reparação por dano moral em o nosso direito. Obrigatório para o legislador e para o juiz.

No momento em que se constata a inexistência de critérios objetivos, traçados em lei, para se chegar diretamente ao valor da indenização, e porque é mesmo da essência do dano moral não possuir medida material ou física correspondente, adotou-se o *arbitramento* como melhor forma de liquidação do valor indenizatório. A regra está contida nas hipóteses do artigo 953 do Código Civil. Desse modo, judicializada a lide e, ao cabo da instrução probatória, ocorrendo suficientes elementos para a condenação, desde logo cabe ao juiz, na sentença, proceder ao arbitramento do valor da indenização. Esse arbitramento, embora impropriamente tido como *liquidação* da indenização, dá-se no momento imediatamente posterior à verificação da prova do fato danoso e da obrigação de indenizar, e vem no próprio corpo da sentença. Vigora o consenso jurisprudencial e firmou-se a maioria doutrinária no sentido de que a fixação do valor da indenização, por arbitramento do juiz, deve dar-se na própria sentença condenatória. Porém, sem a prova do dano, descabe a indenização, visto que a orientação moderna considera "indenizáveis os danos morais resultantes da violação da intimidade, da vida privada, da honra e da imagem das pessoas".[41]

Em recente julgado, o Superior Tribunal de Justiça[42] assim reiterou o seu posicionamento:

> [...] o arbitramento da indenização por danos morais pode, sim, ser feito desde logo, mesmo que haja pedido para que o *quantum* seja apurado em liquidação, buscando dar solução definitiva ao caso e evitando inconvenientes e retardamento da solução jurisdicional.

Além do aspecto tributário das custas, onde a base de cálculo precisa ser condizente com o custo, em forma de taxa a ser paga, no serviço público prestado, o valor da causa aparece como um dos requisitos essenciais à inicial, atribuído de acordo com as regras do art. 258 do CPC. Ou seja, pelo menos a princípio, o valor pedido na inicial será em tese o valor a ser recebido pelo autor, que a considerou razoável como indenização do dano, bastando para sua reparação; que, por óbvio, pode ser contestada pelo réu, momento em que será amplamente discutido entre as partes.[43]

---

[41] CAHALI, Yussef Said. Op. cit., p. 813.

[42] REsp n° 331.295, SP, Relator o eminente Ministro Sálvio de Figueiredo Teixeira, DJU de 04.02.2002 e EDcl no EDcl no AgRg no Agravo de Instrumento n° 309.117-SP, Relator o Sr. Ministro Ari Pargendler.

[43] 8ª Câmara do TJSP: O autor não pode fixar arbitrariamente o valor da causa que tem apenas interesse moral; o juiz pode, acolhendo impugnação, dar valor atendendo à relevância e ao significado da causa (19.02.1981, RT, 550/86).

Tal momento decisório, de suma importância nas causas desta espécie – justamente porque materializa a entrega efetiva da prestação jurisdicional reivindicada – enseja o primeiro ponto nodal a ser ultrapassado. Cuida-se, num primeiro momento, de estabelecer os objetivos a serem buscados com a condenação, de modo a adequar o julgamento aos comandos principiológicos da responsabilidade civil. É preciso adequar o julgamento aos objetivos a serem alcançados com a condenação, e adotar critério e modo de se atingir efetivamente tais desideratos. Em resumo, a moderna noção de indenização por danos morais, quanto aos seus objetivos imediatos e reflexos, respectivamente, funda-se no binômio valor de desestímulo e valor compensatório, já exaustivamente exemplificado acima. Vale dizer que o valor a ser fixado pelo juiz deve prestar-se a um só tempo ao atendimento destas duas finalidades atributivas da condenação pecuniária, além do atestatório.

Amadurecido o processo e diante do momento propício para o arbitramento, o juiz fica necessariamente submetido ao princípio inserido no artigo 93, IX, da Constituição Federal e à previsão do artigo 131 do Código de Processo Civil, devendo *fundamentar* e *motivar,* atestando os elementos de sua convicção quanto aos aspectos norteadores do arbitramento em curso, explicitando o caminho percorrido até chegar ao montante indenizatório.

Reafirma-se, por isso, que a indenização em decorrência do dano moral se fundamenta na restauração da moral, servindo como compensação pela inviolabilidade da dignidade e da honra.

Conclusão

Após as considerações de incongruência que afirmam que dano moral não tem medida, e que por isso não pode ser quantificado matematicamente, como tende a ser a redução nominal do valor da indenização, merece ser apontada e dirimida. O que se quer enfatizar é que o dano moral não se mede como objeto material, mas apenas imaterial. Tanto que nunca existiu, por parte dos julgadores, a pretensão de mensurar *o dano moral* em si mesmo, mas apenas a indenização a ele correspondente, compensatória e ao mesmo tempo punitiva.

Quanto ao primeiro termo, tendo em vista a preservação da família como uma das mais consideradas instituições da sociedade, pelo peso nas finanças do ressarcimento causado do dano, objetiva-se dissuadi-lo a não perseverar na prática lesiva, de modo que ele e outros indivíduos cientes da decisão não mais venham a sujeitar outras vítimas à mesma lesão suportada pelo lesado, tudo com vistas ao objetivo maior de preservar a paz social. No que concerne ao segundo termo, busca-se atribuir à vítima um lenitivo para o dano sofrido, ainda que apenas de forma relativa, compensatória, e não absoluta em termos de valor, dado que o dano moral não tem medida física. Isto é, só se atesta a ocorrência do dano.

Comprova-se que, assim, de fato, compreendida a função punitiva como ínsita ao preceito geral da obrigação de indenizar no campo da responsabilidade civil relativo ao direito de família, o valor da indenização deverá abranger ambos os fatores: compensatório e desestimulador. Somente assim a coercitividade terá vida prática, corroborando com a idéia colocada no início destas considerações.

Nestes termos, há que se chegar ao consenso de que o mesmo ilícito que configurou infração grave de deveres conjugais pode prestar-se para legitimar ação de indenização de direito comum sobre danos morais, desde que se prove que a vida de casado tenha sido martirizante para um dos conviventes. A fixação do dano moral é complexa e difícil. De qualquer maneira, a Carta Magna impõe uma indenização e é assim que se procede, oferecendo ao lesado uma compensação econômica. Porém, atente-se também ao fato de que, logicamente, não se daria conseqüência à tese da reparabilidade ou indenizabilidade do dano moral, se fosse admitida a confusão entre este e o dano material. Reconhecer o dano moral e sua indenizabilidade requer e implica reconhecer sua autonomia em relação ao dano material.

Cumpre ressaltar que até a Constituição Federal de 1988 sempre houve resistência, com maior ou menor intensidade, em segmentos da doutrina e da jurisprudência, ao reconhecimento do direito à indenização referente a qualquer dano moral, especialmente nos casos referentes às relações familiares. É insofismável que a quantificação do valor que visa a compensar a dor da pessoa do cônjuge inocente e requeira por parte do julgador grande bom-senso. E mais, a sua fixação deve pautar-se na lógica do razoável, a fim de se evitar valores extremos (ínfimos ou vultosos).

Bibliografia

BEVILÁQUA, Clóvis. *Direito de Família*. São Paulo: Francisco Alves, 1945.

BITTAR, Carlos Alberto. *Reparação civil por danos morais*. São Paulo: LTr, 1999.

CAHALI, Yussef Said. *Dano moral*. São Paulo: Revista dos Tribunais, 2005.

—— (coord.). *Família e Casamento: doutrina e jurisprudência*. São Paulo: Saraiva, 1988.

CARMO, Júlio Bernardo do. O dano moral e sua reparação no âmbito do Direito Civil e do Trabalho. *Revista do Tribunal Regional do Trabalho da 3ª Região*. Vol. 25, n. 54, jul de 1994.

DIAS, Maria Berenice. *Direito das famílias*. Porto Alegre: Livraria do Advogado, 2005.

DINIZ, Maria Helena. *Direito Civil brasileiro – Responsabilidade civil*. 7.ed. São Paulo: Saraiva, 2004.

GOMES, Orlando. *Obrigações*. São Paulo: Saraiva, 1976.

IBGE. *Estatísticas do registro civil 2003*, v.30, Brasília: CD p. 1-273.

LOPES, Miguel Maria de Serpa. *Curso de Direito Civil*. São Paulo: Saraiva, 1964.

MORAES, Guido Fernando Silva. *Common Law – Introdução ao Direito dos EUA*. Rio de Janeiro: Revista dos Tribunais, 1999.

NUNES, Luiz Antônio Rizzatto. *Da responsabilidade civil*. São Paulo: LTr, 1995.

——; CALDEIRA, Mirella D'Angelo. *O dano moral e sua interpretação jurisprudencial*. São Paulo: Saraiva, 1999.

ORGANIZAÇÃO Mundial da Saúde. *Classificação de Transtornos Mentais e de comportamento da CID-10*. Porto Alegre: Artes Médicas, 1993.

PEREIRA, Caio Mário da Silva. *Responsabilidade Civil*. 9.ed. rev. Rio de Janeiro: Ed. Forense, 2001.

PEREIRA, Sérgio Gischkow. *Estudos de Direito de Família*. Porto Alegre: Livraria do Advogado, 2004.

PONTES DE MIRANDA, *Tratado de Direito Privado*. 1971.

REVISTA da Associação dos Juízes do RS, Porto Alegre, 1991.

REVISTA Jurídica do Tribunal de Justiça do Estado de São Paulo, n. 29.

REVISTA de Psiquiatria. Clínica. vol. 32 supl. 1. São Paulo, 2005.

SANTOS, Antonio Jeová. *Dano moral indenizável*. 2.ed. São Paulo: Lejus, 1999.

SAVATIER, René. *Traité de la responsabilité civile*. 1951.

VEIGA JR. Celso Leal. *A Competência da Justiça do Trabalho e os Danos Morais*. São Paulo: LTr, 2000.

ZANNONI, Eduardo A. *El daño en la responsabilidad civil. Buenos Aires: Astrea,1982.*

5. A capacidade processual dos cônjuges

GUILHERME BEUX NASSIF AZEM
Procurador Federal. Mestrando em Direito pela PUC/RS.

VIVIAN RIGO
Defensora Pública do Estado do Rio Grande do Sul. Mestranda em Direito pela PUC/RS.

Sumário: 1. A direção da Sociedade conjugal; 2. A capacidade processual das pessoas casadas; 3. O litisconsórcio entre os cônjuges; 4. O artigo 10 do CPC; 5. O *caput* do artigo 10 do CPC; 6. O § 1º do artigo 10 do CPC; 6.1. Ações reais imobiliárias; 6.2. Ações resultantes de fatos que digam respeito a ambos os cônjuges ou de atos praticados por eles; 6.3. Ações fundadas em dívidas contraídas pelo marido a bem da família, mas cuja execução tenha de recair sobre o produto do trabalho da mulher ou os seus bens reservados; 6.4. Ações que tenham por objeto o reconhecimento, a constituição ou a extinção de ônus sobre imóveis de um ou de ambos os cônjuges; 7. O § 2º do artigo 10 do CPC; 8. O artigo 11 do CPC; 8.1. O suprimento judicial do consentimento; 8.2. Conseqüência da falta de assentimento; 9. O novo Código Civil e o artigo 10 CPC – Pontuais Repercussões; 9.1. Sucinto panorama sobre os regimes de bens do CC; 9.2. O regime da separação de bens; 9.3. A separação de bens e o artigo 10 do CPC; 10. Considerações finais. Bibliografia.

1. A direção da sociedade conjugal

O constituinte de 1988 demonstrou preocupação com questões afetas às relações familiares, rompendo vetustos paradigmas e firmando alicerces para a construção de uma sociedade mais igual. Para Rolf Madaleno, "a revolução sucedida no âmbito do Direito de Família com o advento da Constituição de 1988, retira de sua gênese o seu caráter autoritário, quando elimina as relações de subordinação até então existentes entre os integrantes do grupo familiar".[1]

---

[1] MADALENO, Rolf Hanssen. Direito de Família. Constituição e Constatação. In: *Novas perspectivas no Direito de Família*. Porto Alegre: Livraria do Advogado, p. 22-23, 2000.

AÇÕES DE DIREITO DE FAMÍLIA

Nesse contexto, merece destaque o expresso reconhecimento da isonomia dos cônjuges, afastando a subordinação da mulher em face do homem. O art. 226, § 5°, da CF/88, foi explícito ao determinar a igualdade no exercício dos direitos e deveres referentes à sociedade conjugal. Paulo Heerdt lembra que "enquanto o art. 5°, I, da Carta, assentou, no capítulo Dos Direitos e Deveres Individuais e Coletivos, a igualdade entre homens e mulheres, 'nos termos desta Constituição', a norma inserida no capítulo da Família, da Criança, do Adolescente e do Idoso, igualou, em direitos e deveres, o homem e a mulher na sociedade conjugal, sem qualquer limitação".[2]

Tratando-se da concretização do postulado da igualdade no âmbito da sociedade conjugal, razão assiste a Carlos Alberto Garbi ao apontar a natureza de direito e garantia fundamental do art. 226, § 5°, assim como sua aplicação imediata, por força do art. 5°, § 1°, ambos da Lei Maior.[3]

Dessa forma, a nova ordem constitucional repudiou a supremacia masculina no seio familiar. Humberto Theodoro Júnior, após afirmar que a Constituição de 1988 aboliu a figura da chefia da sociedade conjugal, completa: "Procura-se, portanto, eliminar a família patriarcal, em que a vontade do marido era a última palavra. Adota-se, em substituição, a família corporativa, na qual as decisões de interesses da comunidade doméstica são tomadas por decisão conjunta do marido e da mulher".[4]

Insta referir, assim sendo, que o art. 233 do Código Civil de 1916 não foi recepcionado pela Constituição Federal de 1988.[5] Já o novo Código

---

[2] HEERDT, Paulo. Igualdade entre os cônjuges. Administração dos bens comuns e particulares. Aplicabilidade do art. 226, § 5°, da Constituição Federal. *Revista da Ajuris,* v. 57, p. 279.

[3] GARBI, Carlos Alberto. Igualdade entre os cônjuges – as principais alterações após a Constituição Federal de 1988. *Revista dos Tribunais,* São Paulo, v. 746, p. 38.

[4] THEODORO JÚNIOR, Humberto. Alguns impactos da nova ordem constitucional sobre o direito civil. *Revista dos Tribunais,* São Paulo, v. 662, p. 15.

[5] Não podemos deixar de referir que não se trata de conclusão pacífica. Apenas para ficar em um exemplo, vejamos a anotação de Maria Helena Diniz em relação ao art. 233 do CC/1916: "O artigo ora comentado arrola os direitos e deveres de que é titular o marido, embora o exercício desses direitos e deveres deva ser levado a efeito juntamente com a mulher (CF/88, art. 226, § 5°). Não vislumbramos na nova Constituição Federal uma isonomia entre marido e mulher relativa aos seus direitos e deveres, pois o art. 226, § 5°, da Lei Maior refere-se ao igual *exercício* dos direitos e deveres do marido e da mulher *na sociedade conjugal,* arrolados no Código Civil (arts. 233 e s. e 240 e s.), ainda vigentes. Ante o caráter especial do preceito constitucional, não se poderá afirmar, entendemos, em que pese opiniões em contrário, que não mais há discriminação em separado dos direitos e deveres da mulher e do marido, visto que a Carta Magna não os igualou em direitos e deveres, mas sim no *exercício* desses direitos e deveres, pois tão-somente proclama que na sociedade conjugal os direitos e deveres de cada um, contidos no Código Civil, p. ex., serão exercidos igualmente, ou seja, sem interferência, sem oposições, ou até mesmo conjuntamente, de sorte que, havendo divergências, qualquer deles poderá recorrer ao Judiciário." (DINIZ, Maria Helena. *Código civil anotado.* 6. ed. atual. São Paulo: Saraiva, 2000, p. 246-7).

Civil, no art. 1.511, dispõe que o casamento estabelece comunhão plena de vida, com base na igualdade de direitos e deveres dos cônjuges; e, no art. 1.567, estipula que a direção da sociedade conjugal será exercida, em colaboração, pelo marido e pela mulher, sempre no interesse do casal e dos filhos.

Anota Sônia Barroso Brandão Soares que, "nesta primeira parte da Lei 10.406/2002, podemos, de imediato, observar que foi alterada a tábua axiológica condutora do fazer legislativo no que concerne ao papel desempenhado por homem e mulher na sociedade conjugal. Assim é que, pautando-se no princípio constitucional da igualdade entre homens e mulheres em direitos e obrigações (art. 5º, I, e 226, § 5º da CF/88), busca o novo Código disciplinar a função básica do casamento – antes restrita à constituição de família legítima. [...] Casamento, agora, é comunhão plena de vida, com base na igualdade de direitos e deveres dos cônjuges. Logo, a família que dele surge, muito mais que uma instituição, é uma comunhão de afeto entre pessoas. Perdeu-se, portanto, de vez a velha retórica da supremacia do homem, chefe e senhor da família, sobre a mulher, que a ele devia obediência (art. 223 do antigo CCB)".[6]

Embora reconhecida a igualdade entre os cônjuges, descabendo falar-se na representação da sociedade conjugal pelo marido, há casos em que o ordenamento exige a presença conjunta do homem e da mulher na relação jurídica, assim como há situações nas quais se faz necessária a outorga conjugal, que consiste em uma autorização concedida por um dos cônjuges ao outro para que este possa realizar determinados atos.[7] No âmbito processual, merecem destaque as normas insculpidas nos artigos 10 e 11 do Código de Processo Civil.

2. A capacidade processual das pessoas casadas

A capacidade processual, em sentido amplo, abrange a capacidade de ser parte, a capacidade de estar em juízo e a capacidade postulatória, e, em qualquer das três modalidades, constitui pressuposto processual de validade. A sua ausência pode levar à extinção do processo, conforme disposto no artigo 13 do Código de Processo Civil.[8]

---

[6] SOARES, Sônia Barroso Brandão. O Novo Estatuto Familiar: Novidades e Repetições (apontamentos iniciais ao novo Código Civil – Lei 10.406/2002). In: *O Novo Código Civil Comentado*. Organizadores MELLO, Cleyson de Moraes e FRAGA, Thelma de Araújo Esteves. Rio de Janeiro: Freitas Bastos Editora, 2002, p. 1427.

[7] GUIMARÃES, Luís Paulo Cotrim. *Negócio jurídico sem outorga do cônjuge ou convivente*. São Paulo: Editora Revista dos Tribunais, 2003, p. 13.

[8] Art. 13. Verificando a incapacidade processual ou a irregularidade da representação das partes, o juiz, suspendendo o processo, marcará prazo razoável para ser sanado o defeito. Não sendo cumprido o despacho dentro do prazo, se a providência couber: I – ao autor, o juiz decretará a nulidade do processo; II – ao réu, reputar-se-á revel; III – ao terceiro, será excluído do processo.

Segundo José Maria Rosa Tesheiner, "a capacidade processual vincula-se ao que no direito civil se denomina capacidade de fato ou de exercício. Têm essa capacidade aqueles que podem, por si mesmos, praticar os atos da vida civil. No campo do processo, tem capacidade processual quem pode praticar atos processuais, independentemente de representação ou assistência de pai, mãe, tutor ou curador".[9]

A capacidade para estar em juízo, também denominada capacidade processual em sentido estrito ou *legitimatio ad processum*, consubstancia-se, em síntese, na capacidade para exercitar os direitos atuando processualmente.

É regra que marido e mulher tenham capacidade para a propositura de ações em juízo, sem que um necessite da autorização do outro, ressalvadas as ações referentes a direitos reais imobiliários, nas quais há a necessidade do referido consentimento. Não há exigência, porém, que ambos sejam, conjuntamente, autores.

Assim, relativamente às pessoas casadas, o *caput* do artigo 10 do CPC traz uma restrição à sua capacidade processual. Essa restrição é recíproca, valendo para o marido e para a mulher.

Ao dispor que um cônjuge necessitará do consentimento do outro para propor ações que versem sobre direitos reais imobiliários, o Código de Processo Civil traz uma hipótese de integração da capacidade para estar em juízo. A outorga ou a autorização, pois, são integrativas da capacidade processual, e a sua falta, desde que não suprida pelo juiz, invalida o processo.[10]

Para Daniel Francisco Mitidiero, se não houver atendimento aos §§1º e 2º do artigo 10, o juiz deve abrir prazo oficiosamente para a regularização do feito (art. 47, p. único, CPC). Caso não atendida a exigência, o processo deve ser extinto sem julgamento de mérito, com base no artigo 267, IV CPC, haja vista que a falta de assentimento do cônjuge acarreta a nulidade dos atos processuais praticados, uma vez que a capacidade de estar em juízo é pressuposto processual subjetivo. Na concepção do autor, somente nas hipóteses do artigo 10 que contemplam casos de litisconsórcio necessário, pode-se falar em legitimidade *ad causam*.[11]

Tesheiner, ao tratar do tema, colaciona lição de José Joaquim Calmon de Passos: "Cuida-se de falta suprível, quando verificada pelo juiz ou

---

[9] TESHEINER, José Maria Rosa. *Pressupostos processuais e nulidades no processo civil*. São Paulo: Saraiva. 2000, p. 60.

[10] FRIEDE, Reis. *Comentários ao Código de Processo Civil*. 2. ed. Rio de Janeiro: Forense Universitária. Belo Horizonte, MG: Del Rey. 2000.

[11] MITIDIERO, Daniel Francisco. *Comentários ao Código de Processo Civil*. Tomo I, São Paulo: Memória Jurídica Editora, 2004, p. 155-157.

argüida pela parte. Se não corrigida, o processo será extinto, pois se trata de pressuposto para seu desenvolvimento válido. [...] Se não corrigida, ou se tem a revelia (quando a providência competia ao réu) ou a extinção do processo (sendo a providência de responsabilidade do autor)".[12] Nas palavras do professor gaúcho, "constituído o processo, pelo pedido do autor formulado ao juiz contra o réu, daí por diante os pressupostos a considerar já não dizem respeito à constituição do processo, mas ao seu desenvolvimento válido e regular. [...]. Tudo isso para que se tenha um 'devido processo legal', apto a revestir de juridicidade eventual subtração da liberdade ou de bens do réu".[13]

3. O litisconsórcio entre os cônjuges

Como se sabe, pode ocorrer que, em um mesmo processo, o pólo ativo, o pólo passivo, ou ambos os pólos sejam integrados por mais de uma pessoa. Na lição de Ovídio A. Baptista da Silva, "a essa reunião de duas ou mais pessoas assumindo simultaneamente a posição de autor ou de réu, dá-se o nome de litisconsórcio".[14] Em síntese, o litisconsórcio caracteriza-se pela presença de mais de um autor e/ou mais de um réu na mesma demanda.

Havendo mais de um autor, o litisconsórcio diz-se ativo; sendo mais de um os réus, está-se diante de um litisconsórcio passivo; por fim, existindo pluralidade de autores e de réus, o litisconsórcio será denominado misto.

Nelson Nery Junior e Rosa Maria Andrade Nery assim resumem as classificações do litisconsórcio: "Quanto ao momento de sua formação pode ser inicial ou ulterior; quanto à obrigatoriedade de sua formação poder ser necessário ou facultativo; quanto ao pólo da relação processual pode ser ativo, passivo ou misto (ativo e passivo a um só tempo); quanto ao destino dos litisconsortes no plano do direito material pode ser unitário ou simples".[15]

---

[12] TESHEINER, José Maria Rosa. *Pressupostos processuais e nulidades no processo civil*. São Paulo: Saraiva. 2000, p. 67, *apud* José Joaquim Calmon de Passos. *Comentários ao Código de Processo Civil*. V. III. Rio de Janeiro: Forense, 1998.

[13] Idem, p. 28. Afirma o processualista gaúcho que há pressupostos de existência e de validade do processo, reconhecendo haver divergência doutrinária na sua distinção. Aponta, na esteira da classificação de Galeno Lacerda, como pressupostos processuais de existência a demanda e o órgão investido de poder jurisdicional. Quanto aos pressupostos processuais de validade do processo, classifica-os em a) subjetivos; b) objetivos; c) formais; e d) extrínsecos. Relativamente aos pressupostos processuais subjetivos, subdivide-os em concernentes a) ao juiz (ter jurisdição, competência e imparcialidade); e b) às partes (capacidade de ser parte, capacidade processual e capacidade postulatória).

[14] SILVA, Ovídio A. Baptista da. *Curso de Processo Civil*. 3. ed. Porto Alegre: Sergio Antonio Fabris Editor, 1996, p. 206, v. I.

[15] NERY JUNIOR, Nelson; NERY, Rosa Maria Andrade. *Código de Processo Civil Comentado e legislação processual extravagante em vigor*. 5. ed. rev. e ampl. São Paulo: RT, 2001, p. 444.

Veja-se, desde já, que, enquanto o *caput* do art. 10 do CPC exige apenas o consentimento do cônjuge, os parágrafos primeiro e segundo do dispositivo tratam de hipótese de litisconsórcio, o que traz conseqüências significativas em matéria processual, como será abordado no decorrer do presente ensaio.

4. O artigo 10 do CPC

A matéria prevista no artigo 10 do CPC era regulada pelo Código de Processo Civil de 1939 por meio dos artigos 81 e 82.[16] Com o Código de Processo Civil de 1973, os artigos 81 e 82 passaram a ter nova numeração (artigo 10) e redação.[17]

Cumpre lembrar que a Lei nº 5.925/73, que alterou o CPC mesmo antes de sua entrada em vigor, modificou o inciso I do parágrafo único do artigo 10.[18] Não obstante, a Lei nº 8.952, de 13 de dezembro de 1994, conferiu a redação atual do artigo 10, acrescentando o § 2º ao dispositivo, a fim de estancar as controvérsias doutrinárias sobre a necessidade ou não de consentimento do cônjuge do autor ou a citação do cônjuge do réu nas ações possessórias.[19]

Mediante rápida análise comparativa entre o dispositivo anterior e o atual,[20] verifica-se que "foi alterado *in casu* o *caput* do art. 10 substituindo-se a expressão 'ações que versem sobre bens imóveis ou direitos reais

---

[16] Art. 81. Nas causas que versarem sobre bens imóveis, ou sobre direitos a eles relativos, o marido não poderá demandar sem exibir outorga uxória e, quando réu, sempre citado juntamente com a mulher.
Art. 82. A mulher casada não poderá comparecer a juízo sem autorização do marido, salvo: I – em defesa do mesmo, quando revel, nos casos de citação por edital ou com hora certa; II – nos casos expressos em lei.

[17] Art. 10. O cônjuge somente necessitará do consentimento do outro para propor ações que versem sobre bens imóveis ou direitos reais sobre imóveis alheios.
Parágrafo único. Ambos os cônjuges serão necessariamente citados para as ações: I – fundadas em direito real sobre imóveis.; II – resultantes de fatos que digam respeito a ambos os cônjuges ou de atos praticados por eles; III – fundadas em dívidas contraídas pelo marido a bem da família, mas cuja execução tenha de recair sobre o produto do trabalho da mulher ou os seus bens reservados; IV – que tenham por objeto o reconhecimento, a constituição ou a extinção de ônus sobre imóveis de um ou de ambos os cônjuges.

[18] Art. 10, parágrafo único: I – que versem sobre direitos reais imobiliários;

[19] Art. 10, § 2º Nas ações possessórias, a participação do cônjuge do autor ou do réu somente é indispensável nos casos de composse ou de ato por ambos praticados.

[20] Art. 10. O cônjuge somente necessitará do consentimento do outro para propor ações que versem sobre direitos reais imobiliários. § 1º Ambos os cônjuges serão necessariamente citados para as ações: I – que versem sobre direitos reais imobiliários; II – resultantes de fatos que digam respeito a ambos os cônjuges ou de atos praticados por eles; III – fundadas em dívidas contraídas pelo marido a bem da família, mas cuja execução tenha de recair sobre o produto do trabalho da mulher ou os seus bens reservados; IV – que tenham por objeto o reconhecimento, a constituição ou a extinção de ônus sobre imóveis de um ou de ambos os cônjuges. § 2º Nas ações possessórias, a participação do cônjuge do autor ou do réu somente é indispensável nos casos de composse ou de ato por ambos praticados.

sobre imóveis alheios' por 'ações que versem sobre direitos reais imobiliários'".[21] Além disso, "foi, ainda, transformado o parágrafo único em § 1º, reformulando-se apenas a redação do seu inc. I, mantendo-se, por sua vez, a dos demais e acrescentando ao presente dispositivo legal o § 2º, inexistente na redação originária".[22]

5. O *caput* do artigo 10 do CPC

O art. 10, *caput*, do CPC, refere-se à presença do cônjuge no pólo ativo da demanda, vez que nele consta a expressão "propor ações que versem sobre direitos reais imobiliários". Para que reste perfectibilizada sua *legitimatio ad processum*, necessário será apenas o assentimento de seu consorte, sem necessidade de participação, como parte, no processo.

O referido dispositivo, antes da alteração promovida pela Lei nº 8.950/94, separava as hipóteses de ações que tratavam de bens imóveis das que dissessem respeito a direitos reais sobre imóveis alheios.

A supressão do termo "alheio", por força da alteração legislativa, segundo a doutrina, fez com que ficasse claro que não importa se a ação tem por objeto direitos reais imobiliários do autor ou de outrem, vez que, em ambos os casos, necessária a autorização do outro cônjuge.

Na lição de Mitidiero, direitos reais imobiliários, tendo em conta o princípio da tipicidade, são unicamente aqueles encartados em lei como tais. Ou seja, são os constantes no rol do artigo 1.225 Código Civil: a propriedade; a superfície; as servidões; o usufruto; o uso; a habitação; o direito do promitente comprador do imóvel; o penhor; a hipoteca; e a anticrese.[23]

O *caput* do art. 10 refere-se somente a ações que têm como objeto direitos reais imobiliários,[24] tanto próprios como alheios.[25] Para as demais, desnecessário o consentimento do cônjuge.[26] No caso de um cônjuge liti-

---

[21] FRIEDE, Reis. *Comentários ao Código de Processo Civil.* 2. ed. Rio de Janeiro: Forense Universitária. Belo Horizonte, MG: Del Rey. 2000. p. 112.

[22] Idem, p. 112.

[23] MITIDIERO, Daniel Francisco. *Comentários ao Código de Processo Civil.* Tomo I, São Paulo: Memória Jurídica Editora, 2004, p. 151-152.

[24] V. Código Civil, art. 1225.

[25] "De qualquer sorte, partindo do princípio de que os cônjuges possuem capacidade de estar em juízo pela (indicada pelo 'somente' empregado no texto), importa notar que o *caput* do presente artigo, em sua atual redação, impõe o consentimento de um cônjuge para o outro sempre que a ação tiver arrimo em direitos reais imobiliários (tanto próprios como alheios). Não se pense, aí, em configuração de substituição processual voluntária, como pretendeu Arruda Alvim, *concessa máxima vênia*. O que ocorre é a representação da sociedade conjugal, por qualquer de seus componentes. Não há alguém, aí, pleiteando direito alheio em nome próprio". (MITIDIERO, Daniel Francisco. *Comentários ao Código de Processo Civil.* São Paulo: Memória Jurídica Editora, p. 151, t. I.)

[26] Nesse sentido, Apelação Cível Nº 598241636, Décima Sexta Câmara Cível, Tribunal de Justiça do RS, Relatora: Helena Ruppenthal Cunha, Julgado em 29/09/1999.

gar contra o outro, o consentimento, evidentemente, não será exigido, ainda que a disputa envolva direitos reais imobiliários. O art. 1.642, V, do Código Civil, também excepciona a regra sob análise.

Tratando-se de pressuposto processual, o juiz, diante da ausência de consentimento, suspenderá o processo e marcará prazo razoável para que o defeito seja sanado (CPC, art. 13). Não o sendo, o processo será extinto sem julgamento do mérito (CPC, art. 267, IV).[27]

6. O § 1º do artigo 10 do CPC

O § 1º do artigo 10 do Código de Processo Civil elenca as espécies de ações em que há necessidade de que os cônjuges sejam demandados conjuntamente. Consoante explana Humberto Theodoro Júnior, "trata-se de litisconsórcio necessário, cuja inobservância leva à nulidade do processo. O juiz, porém, tem o poder de determinar a citação do cônjuge, mesmo se a petição inicial for omissa a respeito, cabendo ao autor promovê-la no prazo que lhe for assinado, sob pena de extinguir-se o processo".[28]

Para Arruda Alvim, "o objetivo do art. 10, § 1º, incs. I a IV, é a defesa do patrimônio do casal, no sentido de que as ações hão de ser movidas contra ambos, devendo, portanto, ser sujeitos passivos das ações, marido e mulher, nos casos discriminados pelo legislador. Segue-se, portanto, que um complementa a capacidade processual do outro, em função da própria incapacidade substancial específica para o caso concreto. O regime de bens, nestes casos, até o advento do Código Civil de 2002, era irrelevante. Atualmente, contudo, a providência de que trata o art. 10, do CPC, está dispensada nos casos de matrimônio sob o regime de separação total de bens, em face do art. 1.647, do Código Civil [...]".[29]

Vejamos, brevemente, os principais aspectos dos incisos do art. 10, § 1º, do CPC.

6.1. Ações reais imobiliárias

As ações reais imobiliárias, na didática explicação de Reis Friede, são aquelas cujos pedidos se fundamentam em direitos reais (não-pessoais)

---

[27] Adiante, o ponto será melhor abordado (item 8).

[28] THEODORO JÚNIOR, Humberto. *Curso de direito processual civil*. 30. ed., rev. e atual. Rio de Janeiro: Forense, 1999, p. 81, v. I.

[29] ALVIM, Arruda. *Manual de direito processual civil*. vol. 2. 9. ed. rev., atual. e ampl. São Paulo: Editora Revista dos Tribunais, 2005, p. 51-2. Veja-se que o autor se refere a "incapacidade substancial específica". No ponto, contudo, melhor entender que se trata de "legitimatio ad processum", a despeito de abalizadas opiniões em sentido contrário.

sobre imóveis.[30] Releva destacar que o litisconsórcio passivo[31] é dispensado quando se trata de ações que versam sobre o imóvel, mas que sejam de natureza obrigacional. Como se vê, para que haja necessidade do litisconsórcio, a causa de pedir deve envolver direito real.

Ocorre que o já mencionado art. 1.647, II, do Código Civil, refere-se apenas à *autorização* do cônjuge para pleitear, como autor ou como *réu*, acerca dos bens ou direitos referidos no inciso I do mesmo dispositivo legal (alienar ou gravar de ônus real os bens imóveis), cabendo indagar se subsiste a necessidade do litisconsórcio passivo necessário.

A resposta é afirmativa. Tem-se que a exigência de litisconsórcio visa, basicamente, à proteção do patrimônio familiar, não permitindo seja posto em risco por ato isolado de um dos cônjuges. Veja-se, ademais, que a Constituição Federal considera a família como base da sociedade, conferindo-lhe especial proteção.[32] A interpretação, portanto, deve ser menos liberal e mais protetiva, em homenagem ao sistema. Cabe, no ponto, lembrar a lição de Juarez Freitas, quando define "sistema jurídico como uma rede axiológica e hierarquizada topicamente de princípios fundamentais, de normas estritas (ou regras) e de valores jurídicos cuja função é a de, evitando ou superando antinomias em sentido amplo, dar cumprimento aos objetivos justificadores do Estado Democrático, assim como se encontram consubstanciados, expressa ou implicitamente, na Constituição".[33]

6.2. Ações resultantes de fatos que digam respeito a ambos os cônjuges ou de atos praticados por eles

As ações relativas a atos praticados pelos dois cônjuges ou aquelas que, conquanto praticadas por um deles, sejam da responsabilidade de ambos, necessitam da citação dos dois, consoante dispõe o inciso II do § 1º do artigo 10 do Código de Processo Civil.

Na lição de Pontes de Miranda, "se o fato jurídico lícito ou ilícito, ou o ato-fato jurídico lícito ou ilícito, ou o ato jurídico estrito senso, ou o negócio jurídico, concerne aos cônjuges, e não a um só, a citação há de ser dos dois".[34] Digna de menção, inclusive pela discussão havida, recente decisão do Tribunal de Justiça do Rio Grande do Sul, na qual, por maioria, restou evidenciada a necessidade de formação do litisconsórcio em ação

---

[30] FRIEDE, Reis. Comentários ao Código de Processo Civil. 2. ed. Rio de Janeiro: Forense Universitária. Belo Horizonte, MG: Del Rey. 2000, p. 111.

[31] Assim como a outorga ou a autorização, nas hipótese do art. 10, "caput".

[32] Art. 226.

[33] FREITAS, Juarez. *A interpretação sistemática do direito.* 4. ed. rev. e ampl. São Paulo: Malheiros, 2004, p. 61.

[34] MIRANDA, Pontes de. *Comentários ao Código de Processo Civil.* Tomo I. Rio de Janeiro: Forense, 1996, p. 281.

AÇÕES DE DIREITO DE FAMÍLIA

de cobrança de cotas condominiais em atraso, não sendo possível a aplicação das regras da solidariedade do direito comum.[35]

De qualquer sorte, insta frisar que inexiste, no dispositivo em apreço, limitação da exigência de formação litisconsorcial a atos ou fatos derivados de direitos reais imobiliários, devendo tal regramento ser compreendido de modo abrangente, ou seja, estendido a qualquer fato que diga respeito a ambos os cônjuges ou a atos por eles praticados.

6.3. Ações fundadas em dívidas contraídas pelo marido a bem da família, mas cuja execução tenha de recair sobre o produto do trabalho da mulher ou os seus bens reservados

Segundo José Roberto dos Santos Bedaque, o dispositivo trata de responsabilidade patrimonial de terceiros (CPC, art. 592, IV). Para o autor, "[...] se o credor de obrigações contraídas pelo homem casado, a bem da família, pretender que a responsabilidade patrimonial incida sobre bens exclusivos da mulher, deve incluí-la no pólo passivo da demanda de conhecimento." Em seguida, expressa seu entendimento no sentido da dispensa de citação do marido quando a dívida for contraída pela mulher, nas situações em que o direito material presume a autorização marital e vincula os seus bens particulares.[36]

Melhor o alvitre de Mitidiero: "Após a promulgação da Constituição da República de 1988, a teor de seu art. 226, § 5º, não tem qualquer valor jurídico o art. 10, § 1º, III do CPC, assim como já não tinha o art. 226, parágrafo único, CC/16 (tanto é que o próprio Código Civil de 2002 não traz qualquer regra semelhante ao parágrafo único do art. 246, CC/16). Destarte, não houve novação, pela Constituição de 1988, dos arts. 246, parágrafo único, CC/16 e 10, § 1º, III, CPC, não havendo, portanto, necessidade de litisconsórcio na hipótese".[37]

6.4. Ações que tenham por objeto o reconhecimento, a constituição ou a extinção de ônus sobre imóveis de um ou de ambos os cônjuges

O art. 10, § 1º, IV, do CPC, refere-se às ações que digam respeito ao reconhecimento, constituição ou extinção de ônus reais sobre imóveis.

---

[35] Apelação Cível nº 70007897598, Décima Oitava Câmara Cível, Tribunal de Justiça do RS, Relator: Mario Rocha Lopes Filho, Julgado em 18/03/2004. Em sentido contrário, Apelação Cível nº 70009266495, Décima Oitava Câmara Cível, Tribunal de Justiça do RS, Relator: Pedro Luiz Pozza, Julgado em 12/05/2005.

[36] MARCATO, Antonio Carlos (coordenador). Código de Processo Civil interpretado. 2. ed. São Paulo: Atlas, 2005, p. 72.

[37] MITIDIERO, Daniel Francisco. Comentários ao Código de Processo Civil. t. I. São Paulo: Memória Jurídica Editora, p. 153-4.

Deve-se fazer, segundo Ovídio A. Baptista da Silva, a distinção entre direitos reais sobre imóveis e ônus reais. Pode acontecer que o titular do direito à prestação decorrente de ônus real seja titular do direito real, mas isto não fará do ônus direito real.[38]

Lembra Bedaque que "a previsão abrange também as hipóteses de vínculos e restrições impostos pelo testador ou pelo doador, como inalienabilidade, impenhorabilidade e incomunicabilidade (CC, art. 1.848 e Lei nº 6.015, de 31.12.1973, art. 167, II, nº. 11). Aqui não se trata de ação fundada em direito real, pois a causa de pedir está restrita aos fatos que, no entender do autor, revelem a existência ou o direito à constituição ou extinção de um desses ônus. A pretensão não tem fundamento em direito real".[39]

Destarte, a regra contempla as ações declaratórias pelas quais se busca o reconhecimento da existência de ônus real e as ações de natureza constitutiva que visam à formação ou extinção desses ônus, relativos a imóvel de um ou de ambos os cônjuges.

Para Mitidiero, Ovídio e Friede, desimporta que o imóvel gravado com o ônus real pertença apenas a um ou a ambos os cônjuges. A citação dos dois será sempre necessária, sendo indispensável a formação de litisconsórcio passivo.[40]

7. O § 2º do artigo 10 do CPC

Aplacando, no âmbito do processo, as divergências referentes à natureza jurídica da posse, o diploma instrumental, em seu art. 10, § 2º, determina que, nas ações possessórias, ambos os cônjuges devem participar da demanda (pólo ativo ou passivo) nos casos de composse ou de ato por ambos praticados.

Reis Friede assevera que, consoante a norma, em regra, não há necessidade de autorização ou outorga do outro cônjuge para a propositura ou para a citação nas ações possessórias, salvo nos casos de composse ou de ato por ambos praticados, onde se exige a anuência do cônjuge do autor e a citação do cônjuge do réu como litisconsorte passivo necessário.[41]

---

[38] SILVA, Ovídio A. Baptista da. *Comentários ao Código de Processo Civil.* Volume 1. Editora Revista dos Tribunais. 2000, p. 93-94.

[39] MARCATO, Antonio Carlos (coordenador). *Código de Processo Civil interpretado.* 2. ed. São Paulo: Atlas, 2005, p. 72.

[40] É o que se extrai de: MITIDIERO, Daniel Francisco. *Comentários ao Código de Processo Civil.* t. I. São Paulo: Memória Jurídica Editora, p. 154.; SILVA, Ovídio A. Baptista da. *Comentários ao Código de Processo Civil.* Volume 1. Editora Revista dos Tribunais. 2000, p. 94, e FRIEDE, Reis. *Comentários ao Código de Processo Civil.* 2. ed. Rio de Janeiro: Forense Universitária. Belo Horizonte, MG: Del Rey. 2000, p. 111.

[41] FRIEDE, Reis. *Comentários ao Código de Processo Civil.* 2. ed. Rio de Janeiro: Forense Universitária. Belo Horizonte, MG: Del Rey. 2000, p. 113.

Anota Arruda Alvim que "[...] não foi criada qualquer regra que generalize o litisconsórcio (litisconsórcio necessário, portanto) entre os cônjuges. Pelo contrário, o sentido do dispositivo é inverso: versa sobre a dispensabilidade da participação do cônjuge do autor ou do réu em todas as ações possessórias, excetuados os casos de composse ou de atos praticados por ambos. No entanto, em um primeiro momento de análise desta nova regra, é de se perceber que dificilmente, do ponto de vista prático, não será o caso da formação do litisconsórcio, senão pela composse, pela prática conjunta do ato tido como atentatório à posse de outrem".[42]

8. O artigo 11 do CPC

8.1. O suprimento judicial do consentimento

É regra vigente a livre administração e disposição dos bens entre os cônjuges, sendo exceção as normas que exigem o assentimento do outro cônjuge para a disposição de bens imóveis; ou para a constituição de certas dívidas; ou, ainda, para litigar em juízo, seja na condição de autor ou de réu. Quando exigido, o consentimento[43] pode ser conferido mediante documento público ou particular.[44]

O art. 11 do CPC permite o suprimento judicial do consentimento em dois casos: recusa sem justo motivo ou impossibilidade de concedê-lo.[45] No mesmo sentido, o art. 1.648 do Código Civil.

Para Maria Helena Diniz, "cabe ao magistrado verificar se é justa ou não a recusa de um dos consortes a dar sua autorização para que o outro pratique determinados atos, ponderando as peculiaridades de cada caso".[46] Já a impossibilidade pode decorrer da incapacidade ou da ausência do cônjuge que é instado a concedê-la.

Nessas hipóteses excepcionais, diante do dissenso de vontades entre os cônjuges, é possível o suprimento judicial do assentimento, cabendo ao juiz suplementar a vênia, uma vez examinada a procedência das razões invocadas pelo outro cônjuge.

---

[42] ALVIM, Arruda. *Manual de direito processual civil*. 9. ed., rev., atual. e ampl. Vol. 2. São Paulo: Editora Revista dos Tribunais, 2005, p. 52-3.

[43] Não é nosso propósito ingressar na discussão sobre a diferença entre consentimento, assentimento e autorização.

[44] Vale referir o art. 1.649, parágrafo único, do CC.

[45] Ovídio Baptista de Silva aduz que em dois casos pode haver suprimento da vênia conjugal: quando houver recusa ou quando a autorização ou outorga se tornem impossíveis (SILVA, Ovídio A. Baptista da. *Comentários ao Código de Processo Civil*. Volume 1. Editora Revista dos Tribunais. 2000, p. 94.)

[46] DINIZ, Maria Helena. *Curso de Direito Civil Brasileiro*. 19. ed., rev., aum. e atual. de acordo com o novo Código Civil (Lei n. 10.406, de 10-1-2002) e o Projeto de Lei n. 6.960/2002. São Paulo: Saraiva, 2004, p. 199, v. 5: Direito de Família.

O Poder Judiciário, portanto, deverá aquilatar os valores que permeiam o caso concreto, sempre levando em consideração o dever estatal de proteção à família.

No Código de Processo Civil de 1939, o suprimento do consentimento estava previsto no artigo 83, que dispunha inclusive acerca do procedimento a ser adotado.[47] O Estatuto Processual Civil atual, como visto, dispõe sobre o tema no seu art. 11, não fazendo, porém, referência ao procedimento.[48] Em face da omissão legislativa, existe divergência no tocante ao rito a ser empregado. Alguns doutrinadores, sugerem que a ação deve seguir o rito cautelar dos arts. 801 e seguintes do Código de Processo Civil. Entretanto, a doutrina majoritária[49] sustenta que se aplica o procedimento de jurisdição voluntária, constante nos arts. 1.103 e seguintes do Código de Processo Civil.[50]

Ovídio A. Baptista da Silva, adepto dessa corrente, ressalta que Pontes de Miranda e Egas Moniz de Aragão divergiam desse entendimento ainda ante o CPC anterior. Entretanto, para ele, qualquer que seja o procedimento, a competência para a ação de suprimento de consentimento é das varas de família, e o foro competente é o do domicílio do réu. Sendo processo no qual se faz indispensável a produção de provas, é possível a realização de audiência, assegurando-se o contraditório e a ampla defesa.[51]

8.2. Conseqüência da falta de assentimento

Em verdade, como já visto, o artigo 11 do CPC permite seja superada judicialmente, em duas hipóteses, a limitação à capacidade processual do cônjuge.

Quanto ao disposto no parágrafo único do referido dispositivo, Reis Friede afirma que "deve ser esclarecido que a irregularidade quanto à ausência de representação (autorização conjugal ou sentença do juiz que supere a falta) – na hipótese de apenas um dos cônjuges promover a demanda – deve ser corrigida na primeira fase de saneamento (despacho

---

[47] Artigo 83 do CPC de 1939: Se um cônjuge negar ao outro o seu consentimento, o juiz poderá supri-lo, a requerimento do prejudicado, depois de ouvido o recusante e provada a necessidade ou conveniência da demanda.

[48] Art. 11. A autorização do marido e a outorga da mulher podem suprir-se judicialmente, quando um cônjuge a recuse ao outro sem justo motivo, ou lhe seja impossível dá-la. Parágrafo único. A falta, não suprida pelo juiz, da autorização ou da outorga, quando necessária, invalida o processo.

[49] Dentre outros, Reis Friede, Daniel Francisco Mitidiero, Ovídio A. Baptista da Silva e Levenhagen.

[50] Artigo 1.103 do CPC: "Quando este Código não estabelecer procedimento especial, regem a jurisdição voluntária as disposições constantes deste Capítulo".

[51] SILVA, Ovídio A. Baptista da. *Comentários ao Código de Processo Civil*. Volume 1. Editora Revista dos Tribunais. 2000, p. 94-95.

liminar), outorgando o julgador o prazo de 10 dias para o suprimento da irregularidade, sob pena de indeferimento da inicial (art. 284 c/c art. 13, I, ambos do CPC). Se a irregularidade for constatada após a prolação do despacho liminar positivo (deferimento da inicial), o mesmo prazo deve ser assinalado (aplicação do art. 284 do CPC por analogia) para a regularização da representação sob pena de extinção do processo sem julgamento do mérito (art. 267, IV, c/c art. 13, I, ambos do CPC)". Afirma o autor, ainda, que a ausência de autorização ou outorga deve ser alegada na primeira oportunidade, ou seja, em contestação (art. 301, VIII, do CPC), sob pena de aplicação das sanções previstas no art. 22 do CPC, procedendo-se na forma dos arts. 327 e 329 do CPC. Além disso, defende que a sanção de nulidade somente é aplicável na hipótese de marido ou mulher figurarem como autores, e não como réus.[52]

Comungam do mesmo entendimento outros doutrinadores, ao afirmarem que a outorga conjugal, em direito processual, caracteriza-se como regra de legitimação dos cônjuges, ainda que reconheçam que a legitimação, ao ser examinada no direito processual, tem como base uma relação jurídica preestabelecida no direito material.[53]

Correto, mais uma vez, o pensamento de Mitidiero, para o qual "se o juiz não suprir a ausência do consentimento, há nulidade dos atos processuais praticados, uma vez que a capacidade de estar em juízo é pressuposto processual subjetivo atinente às partes, devendo o processo ser extinto, sem julgamento de mérito, na forma dos art. 267, IV, CPC, consoante indica o parágrafo único do art. 11, mesmo diploma. Não se pense, aí, em extinção do processo com fulcro no art. 267, VI (carência da ação), como alvitrou Celso Agrícola Barbi, confundindo legitimidade *ad causam* com a legitimidade *ad processum*".[54]

Vale lembrar, no âmbito do direito material, que o art. 1.649 do Código Civil estipula que a falta de autorização, não suprida pelo juiz, quando necessária, tornará anulável o ato praticado, podendo o outro cônjuge pleitear-lhe a anulação, até dois anos depois de terminada a sociedade conjugal. Nos termos do art. 1.650, também do diploma substantivo, a decretação de invalidade dos atos praticados sem outorga, sem consentimento, ou sem suprimento do juiz, só poderá ser demandada pelo cônjuge a quem cabia concedê-la, ou por seus herdeiros.

---

[52] FRIEDE, Reis. *Comentários ao Código de Processo Civil*. 2. ed. Rio de Janeiro: Forense Universitária. Belo Horizonte, MG: Del Rey. 2000. p. 120.

[53] GUIMARÃES, Luís Paulo Cotrim. *Negócio jurídico sem outorga do cônjuge ou convivente*. São Paulo: Editora Revista dos Tribunais, 2003, p. 17-18.

[54] MITIDIERO, Daniel Francisco. *Comentários ao Código de Processo Civil*. Tomo I, Memória Jurídica Editora. São Paulo. 2004., p. 157.

9. O novo Código Civil e o artigo 10 CPC – pontuais repercussões

9.1. Sucinto panorama sobre os regimes de bens do CC

Todo o casamento, submete-se a um regime de bens, no qual estão estabelecidas, dentre outras, regras acerca de administração, propriedade e disponibilidade do patrimônio dos cônjuges. "Regime de bens é, pois, o complexo de normas que disciplina as relações econômicas entre marido e mulher durante o casamento".[55]

Embora critique a terminologia utilizada pelo Código Civil, sugerindo fosse empregado o termo "regime patrimonial do casamento", Sílvio Venosa explica que o regime de bens "constitui a modalidade de sistema jurídico que rege as relações patrimoniais derivadas do casamento".[56]

Pela sistemática do Código de 1916, eram quatro os regimes de bens: comunhão universal, comunhão parcial, separação (convencional ou obrigatória) e dotal (arts. 256 e 311 CC/16).

Significativas modificações ocorreram a partir do novo Código Civil (Lei nº 10.406, de 10 de janeiro de 2002, em vigor desde 11 de janeiro de 2003), conforme se verifica dos arts. 1.639 a 1.688.

Exemplo dessas mudanças é o art. 1.639, que confere especial importância à autonomia da vontade dos cônjuges, ao estabelecer que os nubentes podem estipular o que lhes aprouver quanto aos seus bens antes da celebração do casamento. Podem, portanto, os cônjuges, optar por convencionar sobre seus bens, criando alterações, fusões, restrições ou ampliações ou, ainda, aderir a um dos regimes de bens previstos no Código Civil. Igualmente, afigura-se possível a alteração do regime avençado.[57]

Além disso, pelo novo ordenamento jurídico civil, não há mais previsão do regime dotal, que, na realidade, infringia a paridade jurídica entre os cônjuges, tendo sido retirado do sistema também em função de sua quase inutilização.[58]

Assim, permanecem os regimes da comunhão universal, em que se comunicam todos os bens, havidos antes ou depois do casamento, mesmo em casos de doação ou herança; da comunhão parcial, em que somente se comunicam os bens adquiridos onerosamente durante o casamento; e da

---

[55] LEITE, Eduardo de Oliveira. *Direito Civil Aplicado*. Vol. 5. São Paulo: Revista dos Tribunais. 2005, p. 295.

[56] VENOSA, Sílvio de Salvo. *Direito Civil*. Vol. 6. 5ª ed. São Paulo: Atlas. 2005, p. 353-354.

[57] Art. 1.639, § 2º: "É admissível alteração do regime de bens, mediante autorização judicial em pedido motivado de ambos os cônjuges, apurada a procedência das razões invocadas e ressalvados os direitos de terceiros."

[58] Em síntese, pelo regime dotal, a mulher, ou um terceiro por ela, transferia ao marido o dote, que consistia em um bem ou em um conjunto de bens que eram utilizados pelo marido retirar os recursos necessários para manter os encargos da família. O dote, apesar de incomunicável e inalienável, ficava sob a administração do marido e, em caso de dissolução da sociedade conjugal, era restituído à mulher.

separação de bens, convencional (absoluta) ou obrigatória (legal), em que os cônjuges permanecem com a propriedade exclusiva dos bens adquiridos a qualquer tempo.

A par dessas três modalidades de regimes de bens, o novo Código Civil prevê, ainda, uma novidade, qual seja, o regime da participação final nos aqüestos. Por esse regime, durante o casamento, vige o regime da separação de bens e, ao ser dissolvida a sociedade conjugal, vigora o regime da comunhão parcial. Cada cônjuge possui patrimônio próprio, formado pelos bens que possuía ao casar, além de patrimônio comum, composto pelos bens adquiridos onerosamente durante o casamento (bens aqüestos), sendo que, quando da dissolução da sociedade conjugal, far-se-á a partilha dos bens aqüestos.

O regime legal de bens, aplicado na ausência de pacto antenupcial e quando não há motivo para o regime da separação obrigatória, continua sendo o da comunhão parcial de bens, bastando que se reduza a termo no processo de habilitação. A opção por outro regime deve ocorrer antes do casamento, por escritura pública de pacto antenupcial.

Na união estável, os companheiros sujeitam-se ao regime da comunhão parcial de bens, no que couber, salvo se preferirem outra forma de regulamentação de seu patrimônio, mediante contrato escrito (sem as formalidades e requisitos do pacto antenupcial). Dispõe nesse sentido o art. 1.725 do Código Civil.[59] Saliente-se que este regime de bens é aplicável somente na hipótese de dissolução em vida entre os companheiros, pois, no caso de dissolução por morte, a regulamentação é realizada pelo art. 1.790.

9.2. O regime da separação de bens

A legislação civil prevê que o regime da separação de bens consiste na incomunicabilidade dos bens e dívidas anteriores e posteriores ao casamento, desmembrando-se em duas espécies: a) regime da separação total na forma convencional (arts. 1.687 e 1.688 do Código Civil); b) regime da separação total na forma obrigatória (separação legal).

O regime da separação de bens obrigatória ou legal é aquele estabelecido no art. 1.641 do Código Civil, o qual determina que se casarão sob este regime, sem qualquer comunicação dos bens ou dívidas: a) as pessoas casadas com os impedimentos descritos no art. 1.523 do Código Civil (causas suspensivas do casamento); b) a pessoa maior de sessenta anos;[60] c) todos os que dependerem de suprimento judicial para casar.

---

[59] "Na união estável, salvo contrato escrito entre os companheiros, aplica-se às relações patrimoniais, no que couber, o regime da comunhão parcial de bens".

[60] A modificação trazida pelo novo *Codex* está no tratamento igualitário conferido aos nubentes, vez que se unificou em sessenta anos o limite de idade das pessoas sujeitas ao regime da separação

O art. 1.641 do Código Civil é alvo de diversas críticas, por estabelecer restrição à liberdade de escolha do regime de bens por pessoas que são consideradas plenamente capazes para os demais atos da vida civil. Porém, a restrição legal estabelecida pelo referido dispositivo não é desarrazoada. Justifica-se em razão de interesses sociais e éticos, buscando assegurar a proteção patrimonial de pessoas que tenham acumulado algum patrimônio durante a vida e que, em determinado momento de sua existência, venham a ser prejudicadas por indivíduos que pretendem se beneficiar economicamente da relação matrimonial.

Impende referir que a distinção entre os regimes da separação obrigatória ou legal e da separação convencional ou absoluta não se restringe ao fato de uma decorrer de imposição legal e de a outra necessitar de pacto antenupcial. Em verdade, existem outras diferenças mais significativas entre os referidos regimes. A principal delas é que, enquanto na separação convencional os bens de cada um dos cônjuges – sejam anteriores ou posteriores ao matrimônio – não se comunicam, na separação obrigatória os bens adquiridos durante da sociedade conjugal comunicam-se entre os cônjuges. Esse entendimento encontra-se sumulado pelo Supremo Tribunal Federal por meio do Enunciado nº 377.[61]

O regime da separação convencional ou absoluta encontra-se previsto nos arts. 1.687 e 1.688 do Código Civil, sendo que o primeiro dispõe que "estipulada a separação de bens, estes permanecerão sob a administração exclusiva de cada um dos cônjuges, que os poderá livremente alienar ou gravar de ônus real". Dessa forma, na separação convencional, cada cônjuge conserva a plena propriedade e a integral administração de seus próprios bens.[62]

9.3. A separação de bens e o artigo 10 do CPC

O art. 235 do Código Civil de 1916 previa que "o marido não pode, sem consentimento da mulher, qualquer que seja o regime de bens alienar, hipotecar ou gravar de ônus real os bens imóveis, ou direitos reais sobre imóveis alheios", assim como "pleitear, como autor ou réu acerca desses bens e direitos". A exigência desse artigo, revogado pela entrada em vigor do Código Civil de 2002, era endereçada de forma absoluta e indistinta a todos os regimes de bens.

---

obrigatória. Anteriormente, o regime era obrigatório para as mulheres a partir dos cinqüenta anos e aos homens a partir dos sessenta anos.

[61] Súmula 377 do STF: "No regime da separação legal de bens comunicam-se os adquiridos na constância do casamento." Com o advento do Código Civil de 2002, alguns doutrinadores entendem que a Súmula 377 do STF teria sido revogada. Entretanto, o entendimento predominante, encabeçado por Rolf Madaleno e Flávio Tartuce, aponta para sua recepção pelo novo ordenamento civil.

[62] LEITE, Eduardo de Oliveira. *Direito Civil Aplicado*. Vol. 5. São Paulo: Revista dos Tribunais. 2005, p. 361.

Em disposição geral relativa ao regime de bens entre os cônjuges, o assaz referido art. 1.647, II, do Código Civil, estabelece a dispensa do assentimento do cônjuge para, dentre outros, pleitear, como autor ou réu, acerca de bens imóveis ou ônus reais sobre imóveis, quando o regime de bens for o da separação absoluta. Como a regra se refere à "separação absoluta", surgiram vozes defendendo a dispensa da outorga conjugal tanto nos casos em que o matrimônio é regido pela separação convencional, quanto nas hipóteses em que se submete ao regime da separação legal. Ressalvam os defensores desse posicionamento que, quanto à separação legal, a dispensa restringe-se aos bens adquiridos após a constância do casamento.[63]

No entanto, não se pode concluir que o regime da separação legal também se encontra excluído da disposição restritiva. Para que se conclua dessa forma, importante verificar a lição de Arnaldo Rizzardo: "no regime de separação legal, a exegese mais correta é a que sustenta a comunicabilidade dos aqüestos, quando formados pela atuação comum do marido e da mulher. Se na sociedade de fato prevalece tal solução, quanto mais no casamento, que é um *plus,* uma união institucionalizada e protegida por todos os ordenamentos jurídicos. Esta posição encontra inspiração na eqüidade e na lógica do razoável, formada que foi pelos motivos subjacentes da Súmula nº 377".[64]

Outrossim, com propriedade, assim observa Rolf Madaleno: "Ainda que o regime de bens deva ser focado sob o abrigo da legislação codificada de 1916, nunca será demasia constatar que sequer a nova codificação admite ver revogada a Súmula 377 do STF, por enxergar presente e sempre, a comunicação dos aqüestos provenientes do esforço comum, em exegese que repudia o enriquecimento sem causa, mormente nos regimes de obrigatória impostação de separação de bens".[65]

Considerando, pois, o enunciado 377 da Súmula do Supremo Tribunal Federal, segundo o qual os bens adquiridos na constância do casamento comunicam-se no regime da separação legal, insta concluir pela plena aplicabilidade do art. 10 do CPC ao regime da separação legal, excluindo-se apenas o regime da separação convencional. Nesse sentido, aliás, o entendimento de Nelson Nery Junior e Rosa Maria de Andrade Nery: "Quando a doutrina se refere ao *regime da separação absoluta de bens*, em regra, quer referir-se ao que foi assim firmado contratualmente, por

---

[63] GUIMARÃES, Luís Paulo Cotrim. *Negócio jurídico sem outorga do cônjuge ou convivente.* São Paulo: Editora Revista dos Tribunais, 2003, p. 20.

[64] RIZZARDO, Arnaldo. *Direito de família: Lei nº 10.406, de 10.01.2002.* Rio de Janeiro: Forense, 2005, p. 662.

[65] MADALENO, Rolf Hanssen. *Direito de Família em Pauta.* Porto Alegre: Livraria do Advogado Editora, 2004, p. 239.

meio de pacto antenupcial. A utilização dessa terminologia consagrada pela doutrina no texto do CC 1647 *caput in fine* autoriza o intérprete a dizer que, em caso de o casamento ter sido celebrado sob o regime da separação *obrigatória* de bens, não incide a exceção à regra. No regime da separação *obrigatória* de bens exige-se a autorização do outro cônjuge para a realização dos atos elencados nos incisos que se lhes seguem".[66]

Superado o primeiro problema, logo surge outra indagação, qual seja, se o mesmo raciocínio pode ser aplicado aos casos em que o casamento ocorreu anteriormente a 11 de janeiro de 2003.

Embora muitos doutrinadores defendam que prevalece o disposto no art. 2.039 do Código Civil, ou seja, que, mesmo que a partilha ocorra após a alteração legislativa do diploma substantivo, vige o regime estatuído quando da época em que realizado o casamento, a resposta à segunda questão deve ser afirmativa. Entende-se, pois, como derrogado o art. 10 do CPC nos casos de demandas judiciais em que figuram como autores ou réus indivíduos casados pelo regime da separação convencional de bens, ainda quando o matrimônio tenha ocorrido sob a égide do Código Civil de 1916.[67]

Em relação ao disposto no art. 2.039 do Código Civil, segundo o qual "o regime de bens nos casamentos celebrados na vigência do Código Civil anterior, Lei nº 3.071, de 1º de janeiro de 1916, é o por ele estabelecido", tem-se firmado entendimento que o dispositivo apenas determina que, para os casamentos anteriores ao Código Civil de 2002, não poderão ser utilizadas as regras do novo Código Civil referentes às espécies de regime de bens, para efeito de partilha do patrimônio do casal. Isso significa que se aplicam as regras específicas acerca de cada regime, em conformidade com a lei vigente à época da celebração do casamento; mas, quanto às disposições gerais, comuns a todos os regimes, aplica-se o novo Código Civil.[68]

O art. 235 do Estatuto Civil anterior, como adiantado, referia-se à outorga uxória, sem a qual determinados atos não poderiam ser praticados. A disposição legal não atinge nem importa modificação do regime de bens, tendo por finalidade viabilizar uma proteção à instituição da família e à sua manutenção. Tudo leva a crer que o citado cânone não é específico do regime de bens.

---

[66] NERY JUNIOR, Nelson; NERY, Rosa Maria de Andrade. *Código civil comentado e legislação extravagante*. 3. ed. rev., atual. e ampl. da 2.ed. do Código Civil anotado. São Paulo: Editora Revista dos Tribunais, 2005, p. 780.

[67] Ou seja, quando ainda estava em vigor o artigo 235 daquele diploma.

[68] Neste sentido, as lições de Luiz Felipe Brasil Santos, *Direitos Fundamentais do Direito de Família*, Livraria do Advogado Editora, Porto Alegre, 2004, p. 220.

AÇÕES DE DIREITO DE FAMÍLIA

Destarte, impõe-se afirmar que, no ponto, não tem incidência a regra do art. 2.039 do Código Civil atual, devendo, em conseqüência, prevalecer o disposto no artigo 1.647 do mesmo diploma legal em relação ao contido no artigo 235 do Código Civil de 1916, pois, como visto, esta última disposição não constitui regra específica de regime de bens, a exigir a aplicação da lei vigente à época da celebração do casamento.

Bedaque salienta que a concordância do cônjuge, denominada outorga conjugal, também é exigida, de forma expressa, no Código Civil (art. 1.647, II). Com razão, refere que "a redação dada pelo novo Código ressalva, porém, o regime da separação absoluta de bens. Nessa medida, encerrado o período da *vacatio legis*, estará parcialmente revogado o disposto no art. 10 ora comentado, que não estabelece qualquer exceção".[69]

Como se vê, a alteração legislativa constante do art. 1.647, II, do Código Civil reflete sobremaneira no art. 10 do Código de Processo Civil, de forma que não há como deixar de reconhecer que este restou derrogado em face do artigo daquele, c/c o art 1.687, também do Código Civil. Quando o regime é o da separação absoluta de bens (leia-se, separação convencional), não pode subsistir a exigência constante no *caput* e nos incisos I e IV do artigo 10 do CPC.

10. Considerações finais

Com as modificações trazidas pelo novo Código Civil, impõe-se uma releitura das normas processuais referentes à capacidade processual dos cônjuges. A despeito de sua autonomia científica, o processo não pode ser visto de forma absolutamente dissociada do direito material, do qual é instrumento. Vale lembrar o ensinamento de Luiz Guilherme Marinoni, para o qual "[...] é absurdo pensar em neutralidade do processo em relação ao direito material e à realidade social".[70]

À mudança de paradigmas deve estar atento o jurista. Assim, na efetivação dos postulados constitucionais que tratam da família e na concretização das novas regras trazidas pelo diploma material de 2002, exige-se do operador do direito redobrada atenção em aspectos como os abordados no presente, os quais, frisamos, têm o simples intento de trazer à baila a discussão, estimulando o debate doutrinário.

---

[69] MARCATO, Antonio Carlos (coordenador). *Código de Processo Civil interpretado*. 2. ed. São Paulo: Atlas, 2005, p. 69.

[70] MARINONI, Luiz Guilherme. *Técnica processual e tutela dos direitos*. São Paulo: Editora Revista dos Tribunais, 2004, p. 191.

Bibliografia

ALVIM, José Manoel de Arruda. *Comentários ao Código de Processo Civil.* São Paulo: RT, 1975/76.

——. *Manual de direito processual civil.* 9. ed., rev., atual. e ampl. Vol. 2. São Paulo: Editora Revista dos Tribunais, 2005.

BARBI, Celso Agrícola. *Comentários ao Código de Processo Civil.* 10. ed. Rio de Janeiro: Forense, 1998.

DIAS, Maria Berenice. *Manual de direito das famílias.* Porto Alegre: Livraria do Advogado, 2005.

DINIZ, Maria Helena. *Código Civil anotado.* 6. ed. atual. São Paulo: Saraiva, 2000.

——. *Curso de Direito Civil brasileiro.* 19. ed., rev., aum. e atual. de acordo com o novo Código Civil (Lei n. 10.406, de 10-1-2002) e o Projeto de Lei n. 6.960/2002. São Paulo: Saraiva, 2004, v. 5: Direito de Família.

FREITAS, Juarez. *A interpretação sistemática do direito.* 4. ed. rev. e ampl. São Paulo: Malheiros, 2004.

FRIEDE, Reis. *Comentários ao Código de Processo Civil.* 2. ed. Rio de Janeiro: Forense Universitária. Belo Horizonte, MG: Del Rey. 2000.

GARBI, Carlos Alberto. Igualdade entre os cônjuges – as principais alterações após a Constituição Federal de 1988. *Revista dos Tribunais,* São Paulo, v. 746, p. 36-55.

GUIMARÃES, Luís Paulo Cotrim. *Negócio jurídico sem outorga do cônjuge ou convivente.* São Paulo: Revista dos Tribunais, 2003.

HEERDT, Paulo. Igualdade entre os cônjuges. Administração dos bens comuns e particulares. Aplicabilidade do art. 226, § 5º, da Constituição Federal. *Revista da Ajuris,* v. 57, p. 278-284.

HIRONAKA, Giselda Maria Fernandes Novaes (coordenadora). *A outra face do Poder Judiciário.* Belo Horizonte: Editora Del Rey, 2005.

LEITE, Eduardo de Oliveira. *Direito Civil aplicado.* Vol. 5. São Paulo: Revista dos Tribunais. 2005.

MADALENO, Rolf Hanssen. Direito de Família. *Constituição e Constatação.* Novas perspectivas no Direito de Família. Porto Alegre: Livraria do Advogado, 2000.

——. *Direito de Família em Pauta.* Porto Alegre: Livraria do Advogado, 2004.

MARCATO, Antonio Carlos (coordenador). *Código de Processo Civil interpretado.* 2. ed. São Paulo: Atlas, 2005.

MARINONI, Luiz Guilherme. *Técnica processual e tutela dos direitos.* São Paulo: Editora Revista dos Tribunais, 2004.

MITIDIERO, Daniel Francisco. *Comentários ao Código de Processo Civil.* Tomo I, Memória Jurídica Editora. São Paulo. 2004.

NERY JUNIOR, Nelson; NERY, Rosa Maria de Andrade. *Código de Processo Civil comentado e legislação processual extravagante em vigor.* 5. ed. rev. e ampl. São Paulo: Editora Revista dos Tribunais, 2001.

——. *Código Civil comentado e legislação extravagante.* 3. ed. rev., atual. e ampl. da 2.ed. do Código Civil anotado. São Paulo: Editora Revista dos Tribunais, 2005.

PEREIRA, Rodrigo da Cunha. Coord., com a colaboração de Cesar Augusto de castro Fiuza [et al.]. *Código Civil anotado.* Porto Alegre: Síntese, 2004.

PONTES DE MIRANDA, Francisco Cavalcanti. *Comentários do Código de Processo Civil.* Rio de Janeiro: Forense. 1974.

RIZZARDO, Arnaldo. *Direito de Família: Lei nº 10.406, de 10.01.2002*. Rio de Janeiro: Forense, 2005.

SANTOS, Luiz Felipe Brasil. *Direitos Fundamentais do Direito de Família*, Porto Alegre: Livraria do Advogado, 2004.

SANTOS, Moacir Amaral dos. *Primeiras linhas de Direito Processual Civil*. Vol. 1. 21. ed., São Paulo: Saraiva, 1999.

SILVA, Ovídio A. Baptista da. *Comentários ao Código de Processo Civil*. Volume 1. Editora Revista dos Tribunais. 2000.

SOARES, Sônia Barroso Brandão. O Novo Estatuto Familiar: Novidades e Repetições (apontamentos iniciais ao novo Código Civil – Lei 10.406/2002). In: *O Novo Código Civil comentado*. Organizadores MELLO, Cleyson de Moraes e FRAGA, Thelma de Araújo Esteves. Rio de Janeiro: Freitas Bastos, 2002.

THEODORO JÚNIOR, Humberto. Alguns impactos da nova ordem constitucional sobre o direito civil. *Revista dos Tribunais,* São Paulo, v. 662, p. 7-17.

——. *Curso de direito processual civil*. 30. ed., rev. e atual. Rio de Janeiro: Forense, 1999, v. I.

TESHEINER, José Maria Rosa. *Jurisdição voluntária*. Rio de Janeiro: Aide. 1992.

——. *Pressupostos processuais e nulidades no Processo Civil*. São Paulo: Saraiva. 2000.

VENOSA, Sílvio de Salvo. *Direito Civil*. Vol. 6. 5. ed. São Paulo: Atlas. 2005.

6. Eficácia probatória do comportamento das partes no Direito de Família

ANA MARIA SIMÕES LOPES QUINTANA
Advogada e Mestranda em Processo Civil do Curso de Mestrado da PUC-RS

Sumário: 1. Introdução; 2. Comportamento das partes na disciplina da prova; 2.1. Prova indireta; 2.1.1. Indícios; 2.1.1.1. Prova das intenções; 2.1.2. Máximas de Experiência; 2.2. Presunções;. 2.2.1. Presunção e ônus da prova; 2.2.2. Prova prima facie; 2.2.3. Disciplina legal da presunção; 2.2.3.1. Novidades no Código Civil; 2.2.4. Valoração das presunções;. 2.2.5. Requisitos das presunções comuns; 2.2.6. Presunção e a prova contrária; 2.3. Comportamento das partes; 2.3.1. Modo de agir no processo; 2.3.2. Comportamento extraprocessual das partes;. 2.4. Comportamento dos advogados; 2.5. Valoração do comportamento das partes; 2.6. O comportamento da parte como meio de prova; 3. Jurisprudência do Tribunal de Justiça do Rio Grande do Sul; 3.1. Recusa de submissão a exame médico; 3.2. Do comportamento da parte em ação que discute guarda; 3.3. Comportamento em ação de alimentos; 3.4. Comportamento em ação revisional de alimentos; 4. Conclusões; 5. Bibliografia.

1. Introdução

O comportamento processual ou extraprocessual das partes é uma das questões discutidas no âmbito das provas indiretas.

Às vezes, as provas circunstanciais são os únicos elementos de que dispõe o magistrado para decidir, o que lhe permite utilizar de raciocínio presuntivo para chegar a uma conclusão.

O juiz pode avaliar a atuação da parte que se mostre relevante para o esclarecimento da demanda, não só na fase instrutória, mas também ao longo de todo o processo. Daí a importância do tema.

O presente ensaio tem como objetivo situar, à luz da doutrina e da jurisprudência, o comportamento das partes na disciplina da prova, e analisar a sua eficácia como elemento de valoração da prova.

AÇÕES DE DIREITO DE FAMÍLIA

2. Comportamento das partes na disciplina da prova

A palavra "prova" pode significar o convencimento da verdade dos fatos probandos, o meio utilizado, ou a convicção de que algo restou demonstrado.[1]

As fontes de prova são pessoas ou coisas das quais se possam extrair informações relevantes.

Meios de prova são técnicas, internas ao processo e ao procedimento, destinadas à investigação de fatos relevantes para a causa.

Objeto de prova são os fatos que precisam ser provados (controversos), e, excepcionalmente, o direito (CPC, 337).

Via de regra, são dispensados de prova os fatos notórios, confessados, incontroversos, e aqueles em cujo favor milita presunção legal de veracidade (CPC,334).

O significado de prova comumente era ligado à reconstrução de um fato, ou à idéia de juízo de certeza.[2] Sabe-se, no entanto, que a verdade absoluta é impossível de ser alcançada no âmbito do processo.

Assim, mais condizente é a noção moderna de prova, segundo a qual provar significa convencer o juiz da validade das proposições, mediante qualquer meio retórico, dialético ou argumentativo, dentro de parâmetros racionais e legais.[3] Passa a preponderar no sistema o diálogo, a comunicação, o discurso, retornando a antiga idéia aristotélica de tópica e retórica.[4]

2.1. Prova indireta

A prova direta traduz objetivamente, perante o juiz, a ocorrência de um fato. Pode ser colhida por meio de depoimentos, ou ser expressa em documentos. Freqüentemente, ela é insuficiente para revelar uma intenção,[5] sendo necessário recorrer à prova indireta.

A prova indireta é revelada por meio de um fato auxiliar, o qual leva à percepção da questão principal a ser provada.[6] Desdobra-se em duas etapas: a percepção da situação aparente e, com base nessa, a dedução ou indução do fato oculto.[7]

---

[1] SANTOS, Moacyr Amaral dos. *Prova Judiciária no Cível e Comercial*. São Paulo: Saraiva, 1983, 5a. edição, p. 2,3.

[2] Liebman, Lessona, citados por Marinoni, MARINONI, Luiz Guilherme e ARENHART, Sérgio Cruz. Manual do Processo de Conhecimento, 4ª ed., São Paulo, RT, 2005 p. 259.

[3] MARINONI, Luiz Guilherme e ARENHART, Sérgio Cruz. Manual do Processo de Conhecimento, 4ª ed., São Paulo: RT, 2005, p. 261.

[4] Habermas,1997, citado por Marinoni, p. 254.

[5] MEDINA, Paulo Roberto de Gouvêa. *A prova das intenções no processo civil*. São Paulo: RT, 2004, p. 75.

[6] ALVIM, Arruda. *Manual de Direito Processual Civil*, 9. ed., v.2, São Paulo: RT, 2005, p. 503.

[7] Idem p. 75.

2.1.1. Indícios

Indício é uma modalidade de prova indireta, porque não reproduz um fato, mas, apenas, conduz a sua revelação.[8]

Constitui elemento dado como provado, a partir do qual, por meio de presunção, se alcança o evento a ser provado.[9]

Indício é "qualquer acontecimento conhecido (ou uma circunstância conhecida), do qual se infere, por si só ou juntamente com outros, a existência ou inexistência de outro fato desconhecido, ou mediante uma operação lógica baseada em normas gerais da experiência ou em princípios científicos ou técnicos especiais".[10]

2.1.1.1. Prova das intenções[11]

Os indícios constituem um meio adequado à prova das intenções, já as intenções, traduzidas por atitudes, ações, reações, manifestações tácitas de consentimento, demonstram de alguma forma a vontade da pessoa. Quando se constituem em atos concretos, geradores de conseqüências jurídicas são relevantes para o direito.

O comportamento das pessoas pode fornecer indícios valiosos para a descoberta da verdade no processo.

2.1.2. Máximas de Experiência

Na falta de normas jurídicas específicas, o juiz aplicará as regras de experiência comuns subministradas pela observação do que ordinariamente acontece (CPC, 335).

As máximas de experiência não são normas jurídicas, nem constituem meio de prova. Revelam conhecimentos adquiridos pelo juiz lastreados na observação de casos particulares segundo o que ordinariamente acontece.[12] Possuem valor relativo de generalidade, servindo de intermediárias entre a lei e o caso concreto.[13]

Distingue-se fato notório de máxima de experiência. Essa resulta da observação de vários fatos que possuem a mesma relação de causa e efeito

---

[8] MEDINA, Paulo Roberto de Gouvêa. *A prova das intenções no processo civil*. São Paulo: RT, 2004, p. 85.

[9] LOPES, João Batista. *A prova no direito processual civil*. São Paulo: RT, 1999, p. 59.

[10] Echandía, Hernando Devis. *Compendio de la prova judicial*, 2000, p. 269, citado por Medina, p. 76.

[11] MEDINA, Paulo Roberto de Gouvêa. *A prova das intenções no processo civil*. São Paulo: RT, 2004, p. 76.

[12] LOPES, João Batista. *A prova no direito processual civil*. São Paulo: RT, 1999, p. 61.

[13] Carnelli, citado por PALAIA, Nelson. *O fato notório*. São Paulo: Saraiva, 1997, p. 49.

(aqui o que se repete é o fato).[14] Dessa relação, por um processo de indução ou dedução, o juiz infere a verossimilhança das alegações. Pela experiência comum, por exemplo, um filho de 18 anos de idade, embora maior civilmente, não possui independência financeira suficiente para o sustento próprio.

O fato notório é independente. Consiste na afirmação feita por vários observadores (o que se repete é a observação ou a certeza do acontecimento por diversos indivíduos).[15] Como exemplo de fato notório pode ser citado o resgate da poupança popular no "Plano Collor".

2.2. Presunções

O raciocínio presuntivo é utilizado como forma de convencimento desde o nascimento da jurisdição, como se vê da passagem bíblica que relata a disputa de duas mulheres pela posse de uma criança:

> Senhor! Eu e esta mulher moramos na mesma casa, e ambas demos à luz a um filho. (...). De noite, morreu o filho desta mulher, que se deitara sobre ele. Levantou-se à noite, e, enquanto dormia a tua serva, tirou-lhe o filho, e o deitou-o nos seus braços; e a seu filho morto deitou-o nos meus.(...) Então, disse a outra mulher: Não, mas o vivo é meu filho, o teu é o morto. Porém esta disse: Não, o morto é teu filho, o meu é o vivo.(...). Diante da inexistência de provas concretas, o sábio rei pediu que lhe trouxessem uma espada e ordenou que se dividisse a criança em duas partes, a fim de dar cada metade a cada qual das mulheres litigantes. "Então, a mulher, cujo filho era vivo, falou ao rei (porque o amor materno se aguçou por seu filho), e disse: Ah! senhor meu, dai-lhe o menino vivo, e por modo nenhum o mateis. Porém a outra dizia: Nem meu nem teu; seja dividido. Em vista do comportamento das mulheres Salomão ordenou que a criança fosse dada à primeira mulher".[16]

Por aí se vê que foi atingido o fato desconhecido mediante presunção: presumiu, pela ternura de uma das mulheres, ternura que só existe, na maioria das vezes, no coração materno, que a primeira mulher devia ser a verdadeira mãe da criança. Com base num fato conhecido (o amor materno), Salomão chegou à verdade provável a respeito da maternidade da criança, e, com base nessa probabilidade, formou sua convicção e proferiu a sentença.[17]

A presunção é resultado de um processo lógico, que permite que, a partir de um fato conhecido pela experiência, a mente humana chegue a uma probabilidade de verdade (CPC, 335).

---

[14] PALAIA, Nelson. *O fato notório*. São Paulo: Saraiva, 1997, p. 49.

[15] Idem, p. 49.

[16] Bíblia, Livro 1, Reis, 3, 16,28, citada por COVELLO, Sérgio Carlos. A presunção em matéria civil. São Paulo, 1983, p. 5.

[17] COVELLO, Sérgio Carlos. *A presunção em matéria civil*. São Paulo, 1983, p. 6.

O objetivo comum das presunções relevantes para o direito é a facilitação da prova.

A presunção ora é um técnica de elaboração do direito utilizada pelo legislador para chegar a conceitos legais (política ligada ao ônus *probandi*), ora é forma de raciocínio judicial.[18]

As presunções legais podem ser absolutas (*juris et de jure*) ou relativas (*juris tantum*). Enquanto nessa a prova em contrário é admitida, naquela não é (provado o fato auxiliar, o fato probando é presumido, restando à parte contrária demonstrar que o fato auxiliar não ocorreu).

As presunções comuns (*hominis*) são as ilações que o juiz extrai da ocorrência de certos fatos. Para isso, deve estar atento às realidades do mundo, e captar pelos sentidos e intelecto o significado dos fatos que o circundam na vida ordinária, para traduzir em decisões sensatas aquilo que é conhecido pelo homem comum.[19] Observe-se que o silêncio da parte, no seu depoimento, pode ser indício de um conhecimento que ela não quer revelar.

2.2.1. Presunção e ônus da prova

A idéia de presunção remete ao instituto do ônus da prova. Na lição de Malatesta, "o ordinário se presume, enquanto o extraordinário se prova".[20]

Numa ação de separação fundada em abandono, o cônjuge que permanece no lar é beneficiado com uma presunção *iuris tantum* de que foi voluntário o ato do outro cônjuge. Cumpre a quem promove a ação provar tão-somente que o adversário deixou o lar, cabendo a este o ônus de provar que o fez por motivo justo (v.g., que foi expulso ou ameaçado de morte).[21]

Segundo recente julgado da 7ª Câmara Cível do TJRS: "Presume-se que uma adolescente faz aumentar as despesas com sua manutenção, e disto não se exige prova".[22]

2.2.2. Prova *prima facie*[23]

Segundo a teoria alemã, a prova denominada *prima facie*, ocorre quando provado o fato auxiliar, é admitido o fato presumido como verda-

---

[18] DINAMARCO, Cândido Rangel. *Instituições de direito processual civil*. São Paulo: Malheiros, 5. ed., 2004, p. 120.

[19] Idem, p. 120.

[20] Citado por LOPES, João Batista. *A prova no direito processual civil*. São Paulo: RT, 1999, p. 40.

[21] LOPES, João Batista. *A prova no direito processual civil*. São Paulo: RT, 1999, p. 40.

[22] TJRS, 7ª Câmara Cível, A.I. 70011322955, Rel. Des. Maria Berenice Dias, 01/07/2005.

[23] ALVIM, Arruda. *Manual de Direito Processual Civil*, 9. ed., v.2, São Paulo: RT, 2005, p. 509, 510.

deiro. Se um veículo, dirigindo em estrada sem defeito, bate num muro , desse fato emerge a culpa de quem dirigia.

A admissibilidade dessa prova deve ficar condicionada à dificuldade de provar-se o nexo de causalidade (v.g., culpa ou dolo) entre o fato e a conseqüência que acarreta.

Dividem-se os juristas, ora enquadrando a prova *prima facie* como no âmbito do ônus da prova, ora no campo da valoração da prova, ora na esfera da presunção *hominis*.

O mais aceitável é a idéia de que esse tema se situa no ônus da prova, fazendo com que a vítima, no exemplo apontado, precise provar apenas o desastre na estrada.

A admissibilidade da prova *prima facie* deve ficar condicionada à dificuldade de provar-se o nexo de causalidade (v.g., culpa ou dolo) entre o fato e a consequência que acarreta.

2.2.3. Disciplina legal da presunção

O juiz está autorizado a raciocinar presuntivamente, pelo que se extrai da interpretação sistemática da disciplina legal da prova. Pode utilizar qualquer meio, desde que lícito, moral e hábil prova dos fatos nos quais se fundamentam a ação e a defesa (CPC, 335).

O Código Civil prevê a presunção como meio de prova, e veda seu uso apenas nos casos em que a lei proíba a prova testemunhal (CC, 212, inc.IV).

Nosso sistema probatório é lastreado pelo princípio da persuasão racional, no que tange à valoração das provas (CPC, 131), e pelo princípio inquisitorial (CPC,130) no que se refere aos poderes instrutórios. Pelo primeiro, o juiz está autorizado a valorar, fundamentadamente (CF, art. 93, IX), todo o tipo de prova desde que moralmente legítima. Pelo segundo, o magistrado tem amplos poderes instrutórios, podendo solicitar, de ofício, as provas que entender necessárias, independentemente de requerimento das partes ou interessados.

A presunção não é meio nem é fonte de prova, porque é atividade de criação de regra jurídica pelo juiz ou pelo legislador.[24]

2.2.3.1. Novidades no Código Civil

No campo da demanda de investigação de paternidade houve inovações relevantes, como a presunção de paternidade diante da recusa injus-

---

[24] DIDIER JR., Fredie. *Regras Processuais do Novo Código Civil*. São Paulo: Saraiva, 2004, p. 37.; COUTURE, Eduardo J. *Fundamentos Del Derecho processual civil*. Montevideo: 1997, p. 266.

tificada de submissão a exame médico, com equiparação da recusa à prova pretendida (CC, 231 e 232). Trata-se, no entanto, de presunção legal relativa, passível de ser afastada por prova em contrário.

Pelos referidos dispositivos, a recusa a exame médico autoriza a presunção de ocorrência do fato que a perícia viesse a comprovar. É o caso, por exemplo, de recusa de realizar a extração de sangue para exame relacionado com a paternidade (DNA). A nova legislação (CC, 231 e 232) estabelece que a recusa não pode favorecer conclusões a favor da parte que se recusar a um exame dessa ordem.

2.2.4. Valoração das presunções

As provas produzidas são avaliadas na sentença. O juiz possui liberdade para formar seu convencimento, com limitações decorrentes da exigência de formá-lo com base nas provas produzidas nos autos e de apontar os motivos pelos quais formou seu convencimento.[25]

Ainda que livre, o convencimento do juiz não deve ser emocional, porquanto deve resultar do material colhido nos autos do processo; o juiz tem a obrigação de justificá-lo ao motivar a decisão; e, em certos casos, o valor da prova é dimensionado pela lei, e não pelo juiz.[26]

A isonomia e a impessoalidade da jurisdição exigem que o livre convencimento seja formado através de critérios aceitáveis para todos, e não apenas pelo juiz. Esses critérios devem ser extraídos das máximas de experiência comum reconhecidas pela sociedade, cujo uso o juiz deve mencionar, explicando como foram aplicadas no julgamento da verdade fática, para tornar possível o controle do seu emprego adequado. Ainda, os critérios de julgamento devem ser baseados em premissas objetivamente verificáveis, e não em intuições subjetivas ou na crença de percepções extra-sensoriais.[27]

2.2.5. Requisitos das presunções comuns

As presunções comuns não vêm definidas pelo direito, cabendo à doutrina determinar seus requisitos. Fala-se em requisitos de gravidade, de precisão e de concordância. A gravidade deve ser entendida como a intensidade da convicção judicial. A precisão requer que o juiz extraia conclusões precisas, claras e efetivamente possíveis do fato, e não conse-

---

[25] TESHEINER, José Maria Rosa. Elementos para uma *Teoria Geral do Processo*. Páginas de Direito do Prof. Tesheiner. disponível em http://www.tex.pro.br, p. 13.

[26] Idem, p. 105.

[27] GRECO, Leonardo. *A prova no processo civil*: do Código de 1973 ao novo Código Civil. São Paulo: Revista Forense, vol. 374, p. 188.

qüências improváveis. A concordância consiste na reunião de diversos indícios, conducentes a uma conclusão: a admissão de um fato não provado, mas perfeitamente presumível (= possível logicamente).[28]

Fala-se em critérios extensivos e intensivos para aferir a força e o valor da presunção: pelo primeiro critério, é imprescindível que a presunção seja apta a demonstrar a totalidade do fato probando; e pelo segundo, o indício deve demonstrar que do fato indiciário não pode decorrer outro fato que não aquele que se deseja provar.[29]

2.2.6. Presunção e a prova contrária

Se a parte contrária pede a aplicação de uma presunção comum, pode o adversário tentar neutralizar as conseqüências possivelmente decorrentes da utilização de tal presunção.

O adversário pode provar que o fato indiciário não ocorreu ou que embora devidamente provado o indício, nem por isso a conclusão que se pretende extrair dele deve ser aceita. Pode produzir prova contrária contra o fato presumido. Essa atitude é a mais indicada, pois se tiver êxito, cairá por terra a própria possibilidade de invocação da presunção.[30]

Na prova *prima facie*,[31] a parte contrária demonstrará que, conquanto aquelas conseqüências pudessem ser extraídas dos fatos, no caso específico não se verificaram. Assim, a parte que seria considerada como tendo agido culposa ou dolosamente, evidenciando que assim não agiu, ficará isenta de responsabilidade.

A parte contrária pode, ainda, demonstrar que o indício não cobre a totalidade do fato probando ou ainda de que daquele fato secundário podem advir outros fatos que não apenas o fato principal, o que será suficiente para abalar a credibilidade da presunção formada.[32]

2.3. Comportamento das partes

Comportamento significa modo de comportar-se[33] ou modo de agir.

Parte, em sentido formal, é aquele que pede, em nome próprio, a tutela jurisdicional e aquele em face de quem o autor formula o seu pedido,

---

[28] Alvim, p. 508, 509.

[29] Marinoni, p. 295.

[30] Alvim, p. 509.

[31] Idem, p. 509.

[32] James Jr.; Hazard Jr., Geoffrey C.; Leubsdorf, John. *Civil procedure*, p. 349, citado por Marinoni, p. 297.

[33] FIGUEIREDO, Cândido de. *Novo dicionário da língua portuguesa*. Rio de Janeiro: Livraria Bertrand SA, vol 1, 1939, p. 614.

ou a pluralidade de autores ou de réus, litisconsortes ativos ou passivos (autor, réu e substituto processual). Em sentido material, é o sujeito da relação interpessoal que a sentença irá regular diretamente (litisconsorte e substituído processual).[34]

O comportamento processual das partes é espécie de ato jurídico representativo das intenções dos sujeitos processuais. Caracteriza-se por produzir efeitos no processo. Pode ser fato jurídico processual quando independe da vontade das pessoas, como a morte da parte que tem o efeito de suspender o feito.[35]

A forma de agir das partes, no curso do processo, é fato jurídico que pode apresentar relevância probatória. A confissão, por exemplo, é um fato jurídico com eficácia probatória.[36]

A própria lei processual civil, ao estabelecer presunções, extrai eficácia probatória da conduta da parte. Assim, a aceitação da veracidade dos fatos alegados pela parte contrária (revelia), a negativa de exibição de documento, cujo contexto ou assinatura não foram impugnados, a confissão ficta resultante da falta de comparecimento, da recusa a depor ou da recusa a submeter-se a exame médico.

Os argumentos emanados da forma de agir das partes são elementos de valoração de prova levados em conta pelo julgador ao formar seu convencimento.

O juiz pode se apropriar do chamado *"fumus processual"*, ou seja, daquilo que é percebido a partir das manifestações das partes.[37]

2.3.1. Modo de agir no processo

A visão de Goldschmidt,[38] no sentido de que "o processo é uma guerra, um jogo", é uma realidade no dia-a-dia forense.

O referido autor compara o clima processual a um estado de guerra, em que os direitos se convertem em expectativas, possibilidades, chances, sendo que todo direito pode se aniquilar, caso o contendor não se aproveite de uma ocasião ou descuide de um ônus; assim como pode proporcionar ao vencedor desfrutar de um direito que, na realidade, não lhe corresponderia.[39]

---

[34] TESHEINER, José Maria. *Eficácia da sentença e coisa julgada no processo civil*. São Paulo: RT, 2001, p. 35.

[35] Ivan Righ, p.70.

[36] Idem p. 71.

[37] FAVARETTO, Isolde. *Comportamento processual das partes como meio de prova*. Porto Alegre: Livraria Editora Acadêmica, 1993, p. 52.

[38] GOLDSCHMIDT, James. *Princípios Gerais do Processo civil*. Tradução de Hiltomar Martins Oliveira, Belo Horizonte: 2002, p. 49.

[39] Idem, p. 49.

Geralmente é do comportamento omissivo que o juiz extrai conseqüências probatórias. A subtração ou inutilização de documento dos autos por uma das partes é crime contra administração pública, e um indício de que favorece, pela experiência comum, a presunção de que o documento fazia prova em beneficio da parte adversária.

O comportamento da parte pode se dar de forma anormal, unilateral (contumácia/revelia) ou de forma normal, bilateral (contraditório).

A inatividade é, muitas vezes, elemento de valor não fixado expressamente pela lei, mas somente aproveitado por via interpretativa pelo julgador.

2.3.2. Comportamento extraprocessual das partes

Tanto as atitudes manifestadas nos atos processuais quanto aquelas que, embora exteriorizadas fora do processo, nesse repercutam (por estarem relacionadas ao seu objeto), podem influenciar o convencimento do juiz, desde que sejam trazidas para os autos, mediante os meios hábeis.[40] Como exemplo, são apontadas as entrevistas concedidas à imprensa falada, escrita e televisada, suscetíveis de contribuir para o esclarecimento dos fatos da causa.[41]

A natureza do comportamento extraprocessual é igual à do comportamento processual, podendo sujeitar-se ao mesmo tratamento que a esse é conferido.[42] Todo comportamento relacionado à lide, ou que envolva os fatos controvertidos da causa, deve ser considerado como comportamento processual, na medida em que se traduz em atos do processo, pelos meios de prova comuns (documentos juntos aos autos, depoimentos das partes ou das testemunhas, o laudo pericial, auto de inspeção judicial), sendo possível extrair deles indícios úteis para o esclarecimento da causa.[43]

2.4. Comportamento dos advogados

Os advogados atuam na maioria dos atos processuais. Assim, o modo pelo qual o advogado conduz a causa pode ocasionar prejuízo à parte. A parte suporta o efeito da má condução da causa pelo advogado, em virtude do princípio da responsabilidade da escolha do defensor.[44]

O cliente não sabe que, muitas vezes, depois da vitória deveria abraçar comovido não o seu advogado, mas, sim, o defensor da parte contrária.[45]

---

[40] Medina, p. 80.

[41] LOPES, João Batista. *A prova no direito processual civil*. São Paulo: RT, 1999, p. 160.

[42] Medina, p. 81.

[43] Idem p. 81.

[44] Gorla, citado por Ivan Righ, p. 76.

[45] Calamandrei, citado por Ivan Righ, p. 75.

O advogado não aparece como figura autônoma da parte no curso do procedimento. Sempre que o legislador quer empregar o aludido vocábulo, no sentido restrito, a fim de excluir o advogado, qualifica-o como parte, pessoalmente.[46]

O Código de Processo Civil confere relevância probatória à falta de impugnação especificada dos fatos, de tal sorte que os fatos não negados presumem-se admitidos e dispensam o ônus da prova. A falta de combate às alegações da parte contrária proporciona o indício de que se vale o legislador, apoiado na experiência comum de ser verdadeiro o que não foi impugnado, para a dispensa do ônus da prova.[47]

A forma de conduzir a causa, muitas vezes, influencia no seu resultado, como, por exemplo, ocorreu em demanda revisional de alimentos, na qual a inicial foi instruída com declaração incompleta de imposto de renda. A ação foi julgada improcedente, tendo sido confirmada em segundo grau. Na sessão de julgamento, a relatora mencionou que tal comportamento revelava a intenção de ocultar a verdadeira situação financeira do postulante.[48]

2.5. Valoração do comportamento das partes

O clima criado em juízo pela forma de agir das partes é que deve servir ao julgador para suas decisões, aliado às circunstâncias de outras provas.

O âmbito de aplicação prática dessa norma é muito variável. A regra de experiência é um campo aberto em que o julgador a utiliza, às vezes até inconscientemente, para decidir; é uma regra não-escrita que parte do foro íntimo de quem julga.[49]

Os princípios da imediatidade e da oralidade devem ser observados pelo juiz, porque relevantes para apuração dos indícios advindos do comportamento processual das partes.

A fundamentação, racional, na sentença se faz indispensável sempre que o comportamento da parte influenciar o julgador na formação de seu convencimento (CF, 93, IX e CPC, 131) .

2.6. O comportamento da parte como meio de prova

Os autores divergem quanto à classificação do comportamento da parte como meio de prova.

---

[46] RIGHI, Ivan. *Eficácia probatória do comportamento das partes*. São Paulo: Forense, 1982, v. 35, p. 75.

[47] Idem p. 75.

[48] Sessão de julgamento presenciada na 7ª CC do TJRS, em setembro de 2005.

[49] Favreto, p. 52.

Segundo alguns, o comportamento da parte não pode ser classificado como meio de prova, porque esse é elemento material que, quando veemente e concordante, autoriza conclusão sobre a ocorrência ou não de fatos.[50]

Para outros, forma de agir da parte é meio de prova atípico, porquanto, embora não previsto expressamente no ordenamento jurídico, está implicitamente permitido pelo art. 332 do CPC.[51]

Ainda, há quem sustente que o comportamento da parte é uma fonte de prova indiciária. O chamado comportamento extraprocessual, tornado processual pelos meios próprios, representa, tal qual aquele que se manifesta diretamente no processo, fonte de prova indiciária.[52]

3. Jurisprudência do Tribunal de Justiça do Rio Grande do Sul

3.1. Recusa de submissão a exame médico

A questão foi enfrentada recentemente, em demanda de investigação de paternidade, na qual diz o relator:[53]

a recusa do suposto pai a submeter-se ao exame de DNA induz presunção *juris tantum* de paternidade (...)

o comportamento da parte ré deixa transparecer a repulsa da mesma para com a apuração da verdade biológica (...).

caracteriza litigância de má-fé a conduta do réu de ação investigatória de paternidade que, negando-se, injustificadamente, a realizar exame pericial, pugna pela improcedência exclusivamente por insuficiência probatória.

Nesse caso, o comportamento omissivo do réu veio em seu próprio prejuízo, porquanto gerou presunção relativa de paternidade, a qual, somada ao restante do conjunto probatório, corroborou para a formação da convicção do juiz.

O Novo Código Civil (231, 232), ao criar a presunção legal de paternidade pela negativa, injustificada, de submissão a exame médico, autorizou tal raciocínio presuntivo, pondo termo as discussões doutrinárias e jurisprudenciais sobre a questão. Tal presunção legal, entretanto, é relativa, admitindo-se prova em contrário.

Relevante ressaltar que não há como superar os demais meios de prova em troca apenas da presunção da paternidade pela recusa de submeter-se ao exame genético, não sendo suficiente a simples negativa ao exame para interpretar em favor da paternidade, sendo essencial confron-

---

[50] Favreto, Marinoni.

[51] João Lopes, p. 160.

[52] Medina, p. 81.

[53] TJRS, 8ª Câmara Cível, APC 70008716896, Relator DEs. Rui Portanova, 30/12/2004.

tá-la com o restante da prova tradicional, que também não pode deixar de ser coletada, e que tem mostrado a experiência, como se faz essencial recolher *a priori*, os indícios mais seguros de plausível vinculação biológica, mostrando ao decisor um juízo mínimo de verossimilhança entre os fatos narrados e a prova adrede colhida.

3.2. Do comportamento da parte em ação que discute guarda

Conforme recente voto em acórdão, a valoração judicial do comportamento da parte serviu como elemento de convicção:[54]

> Comportamento da Parte. A apelante não demonstrou, no curso do processo, a diligência probatória necessária para confirmar sua pretensão de ter a guarda da filha (...).
>
> Veja, desde junho de 2001 o pai-apelado está com a guarda fática da filha. A apelante somente ajuizou ação de busca e apreensão em outubro de 2002, e depois de citada na ação principal. Ou seja, mesmo negando a narrativa do apelado, de que negou-se a receber a filha, a apelante somente depois de 3 (três) meses é que buscou judicialmente reaver a guarda da filha. (...).
>
> Ainda, a apelante requereu a oitiva de testemunhas (fl. 63). Contudo, sequer compareceu à audiência (fl. 67).Na segunda audiência designada, a apelante chegou atrasada (fl. 85).
>
> Mesmo assim, foi deferido direito de visitas da apelante à filha. A apelante retiraria a filha na escola. Contudo, veio declaração da escola, informando que 'a aluna (...), não foi retirada pela mãe, da escola nenhuma vez, no corrente ano' (fl. 110).
>
> Por fim, a apelante compareceu à audiência em que ouvidas as testemunhas arroladas pelo apelado. Entretanto, a apelante não trouxe testemunhas.
>
> Por um lado, o comportamento da parte revela o dever de colaboração processual para o regular andamento do processo. Por outro, revela o grau de diligência da parte na produção de elementos ao julgador que lhe sejam favoráveis.
>
> O não comparecimento da apelante em duas audiências, a não apresentação de testemunhas e a demora na busca inicial da retomada da guarda da filha demonstram ao julgador certa desídia em relação ao objeto da ação. (...)

3.3. Comportamento em ação de alimentos

No acórdão proferido em ação de alimentos,[55] o relator menciona parecer do Procurador de Justiça[56] no seguinte sentido:

---

[54] TJRS, 8ª Câmara Cível, APC 70012645107, Relator Des. Rui Portanova, 20/10/2005.

[55] TJRS, 8ª Câmara Cível, APC 70012652012, Relator Des. Rui Portanova, 27/10/2005.

[56] Cf. Dr. Antonio Cezar Lima da Fonseca.

quando o devedor de alimentos não colabora com o Judiciário para mostrar sua renda efetiva, esta pode ser evidenciada por regras de experiência ou deduzida por outros elementos constantes dos autos (....)

veja-se que na declaração de imposto de renda (fl. 22), consta que o réu apelante é titular de conta bancária, de poupança ou outro investimento (*sic*), mas nenhum comprovante bancário acostou ao processo (...)

finalmente, não explica o apelante como é que com a renda ínfima (?!) que alega dispor mensalmente, quando poderia ser beneficiário dos serviços gratuitos da Defensoria Pública, pode contratar (?) uma grande firma de advocacia (...);

o recurso não pode ser sério, até beirando a má litigância, porque o réu pagava espontaneamente R$ 200,00 (recibos de fls.) e agora vem ofertar (?) o máximo de R$ 175,00 (...).

3.4. Comportamento em ação revisional de alimentos

No acórdão que discutiu a pretensão de reduzir alimentos originariamente fixados, o postulante foi condenado à pena de litigância de má-fé face ao comportamento demonstrado durante a tramitação do feito, no qual diz o relator:[57]

Com relação ao pedido da menor apelante em ver o apelado condenado por litigância de má-fé, assiste-lhe razão, pois, no mínimo, contraditórias as versões apresentadas pelo alimentante durante o trâmite do feito.

4. Conclusões

4.1. A possibilidade de o comportamento das partes produzir convencimento é aceita pela ciência processual. A atuação da parte é observada e avaliada não só pelo que declara em seu depoimento pessoal ou em interrogatório, senão também, pela maneira como se comporta em juízo relativamente aos fatos da causa, ou como, no processo, repercute o seu comportamento extraprocessual.

4.2. O comportamento das partes é admitido como elemento de valoração da prova, em face de uma interpretação sistemática dos arts. 332, 335, 130, todos do CPC, do art. 212, inc. IV, do CC, e do princípio do devido processo legal, nos temos do 5º, XXXV, da Constituição Federal.

4.3. A forma de agir das partes ou de seus advogados caracteriza-se como prova indiciária atípica. Tecnicamente, não pode ser classificada como meio de prova.

---

[57] TJRS, 8ª Câmara Cível, APC 70009101916, Relator Des. Antonio Carlos Stangler Pereira, 12/08/2004.

4.4. O magistrado possui poderes para aferir a intenção das partes. A sua atuação, na colheita da prova, exige iniciativa, atenção, sensibilidade, perspicácia, cautela, autoridade, e comprometimento com a justiça, do início ao fim da causa. Afigura-se necessário que seja qualificado, inclusive, na área de psicologia, para melhor compreender as reações humanas, e para facilitar a descoberta das intenções dissimuladas. Assim, poderá reduzir o risco de o processo se tornar um palco de "jogo" como referiu Goldschmidt.

4.5. O juiz é obrigado a demonstrar, na sentença, a relação de seu convencimento com a prova dos autos, motivando, racionalmente, sua convicção. Dessa forma, minimiza o risco de incorrer em subjetivismo e em arbítrio.

4.6. A eficácia probatória do comportamento da parte independe de previsão legal. O juiz, a partir da evidência constante dos autos, pode chegar a uma presunção simples de probabilidade da ocorrência dos fatos probandos.

4.7. Em verdade, o comportamento das partes sempre influenciou, de alguma maneira, o julgador. O que não se verificava antes era a menção expressa desse elemento de prova nas sentenças, ao contrário do que começa a ocorrer nos dias atuais. Hoje, a doutrina e a jurisprudência vêm prestando mais atenção ao estudo do tema.

4.8. A presunção legal de paternidade diante da recusa, injustificada, à submissão ao exame pericial, trazida pelo Novo Código Civil, constitui presunção relativa, que admite prova em contrário. Não basta, por si só, para formar convencimento, sendo indispensável a colheita de outras provas, as quais, somadas ao conjunto probatório, podem conduzir a um juízo de verossimilhança.

5. Bibliografia

AHRENDS, Ney da Gama. *Comportamento Processual da partes como prova*. Porto Alegre: AJURIS, 1976, v.6. p.74-79.

ALVIM, Arruda. *Manual de Direito Processual Civil*, 9. ed., v.2, São Paulo: RT, 2005.

COUTURE, Eduardo J. *Fundamentos Del Derecho processual civil*. Montevideo: 1997.

COVELLO, Sérgio Carlos. *A presunção em matéria civil*. São Paulo, 1983.

DIAS, Maria Berenice e PEREIRA, Rodrigo da Cunha. *Direito de Família e o novo código civil*. Belo Horizonte: Del Rey, 2001.

DIDIER JR., Fredie. *Regras Processuais do Novo Código Civil*. São Paulo: Saraiva, 2004.

DINAMARCO, Cândido Rangel. *Instituições de direito processual civil*. 5. ed. São Paulo: Malheiros, 2004.

FAVARETTO, Isolde. *Comportamento processual das partes como meio de prova*. Porto Alegre: Livraria Editora Acadêmica, 1993.

FIGUEIREDO, Cândido de. Novo dicionário da língua portuguesa. Rio de Janeiro: Livraria Bertrand SA, vol 1, 1939.

FUX, Luiz. *Curso de direito processual civil*. Rio de Janeiro: Forense, 2005, vol. 1.

GOLDSCHMIDT, James. *Princípios Gerais do Processo civil*. Tradução de Hiltomar Martins Oliveira, Belo Horizonte: 2002.

GRECO, Leonardo. *A prova no processo civil*: do Código de 1973 ao novo Código Civil. São Paulo: Revista Forense, vol. 374.

LOPES, João Batista. *A prova no direito processual civil*. São Paulo: RT, 1999, 189 págs.

MATOS, Sérgio Luís Wetzel de. *Da iniciativa probatória do juiz no processo civil*. Rio de Janeiro: Forense, 2001.

MARINONI, Luiz Guilherme e ARENHART, Sérgio Cruz. *Manual do Processo de Conhecimento*, 4a. ed., São Paulo, RT, 2005.

MEDINA, Paulo Roberto de Gouvêa. *A prova das intenções no processo civil*. São Paulo: RT, 2004. n. 115, p. 74-86.

PALAIA, Nelson. *O fato notório*. São Paulo: Saraiva, 1997.

RIGHI, Ivan. *Eficácia probatória do comportamento das partes*. São Paulo: Forense, 1982, v. 35, p. 69-80

SANTOS, Moacyr Amaral dos. *Prova Judiciária no Cível e Comercial*. 5ª ed. São Paulo: Saraiva, 1983, 575 págs.

TESHEINER, José Maria Rosa. *Elementos para uma Teoria Geral do Processo*. Páginas de Direito do Prof. Tesheiner. disponível em http://www.tex.pro.br

――. *Eficácia da sentença e coisa julgada no processo civil. São Paulo: RT, 2001.*

7. Os pactos pós-nupciais incidentais e os registros públicos

LIANE MARIA BUSNELLO THOMÉ

Advogada e Professora de Direito de Família e Coordenadora do Núcleo de Prática Jurídica Ulbra-Gravataí – Mestranda em Processo Civil PUC/RS.

Sumário: 1. Introdução; 2. Da escolha do regime de bens; 3. Da possibilidade de alteração do regime de bens; 4. Da possibilidade da alteração do regime de bens efetivada nas serventias notariais; 5. Conclusão; 6. Bibliografia.

1. Introdução

A Carta Magna brasileira de 1988 deu as linhas mestras de alguns princípios do Direito de Família, inserindo o ser humano no centro do ordenamento jurídico, consolidando o princípio da dignidade da pessoa humana como valor maior, cujo respeito se impõe no ideal do Estado Republicano.

Conforme leciona Sarlet,[1] dignidade é uma qualidade intrínseca e distintiva de cada ser humano, fazendo-o merecedor da tutela jurisdicional e do respeito e da consideração por parte da comunidade e do Estado.

O respeito à dignidade humana é fundamento da família, pois garante o pleno desenvolvimento e realização de todos os seus membros, tanto homens e mulheres, quanto idosos, crianças, adolescentes, estendendo essa proteção aos embriões, aos nascituros e, mais recentemente, à filiação socioafetiva.

---

[1] Assim sendo, temos por dignidade da pessoa humana a qualidade intrínseca e distintiva de cada ser humano que o faz merecedor do mesmo respeito e consideração por parte do Estado e da comunidade, implicando, neste sentido, um complexo de direitos e deveres fundamentais que assegurem a pessoa tanto contra todo e qualquer ato de cunho degradante e desumano, como venham a lhe garantir as condições existenciais mínimas para uma vida saudável, além de propiciar e promover sua participação ativa e co-responsável nos destinos da própria existência e da vida em comunhão com os demais seres humanos. SARLET, Ingo Wolfgang. *Dignidade da Pessoa Humana e Direitos Fundamentais na Constituição Federal de 1988.* Porto Alegre: Livraria do Advogado, 2001, p. 60.

Para o Direito de Família, os princípios constitucionais fortalecem e protegem os vínculos familiares, garantindo o pleno desenvolvimento e crescimento dos membros da comunidade familiar com o reconhecimento da igualdade entre homens e mulheres, com a paridade entre todos os filhos e a liberdade de escolha na formação da família.

Conforme Rodrigues,[2] os cônjuges, após a Constituição brasileira de 1988, passaram a auferir direitos e deveres em igualdade de condições, ousando o legislador constituinte um quarto de século após a elaboração do Código Civil brasileiro de 1916.

O matrimônio produz inúmeros efeitos disciplinados no ordenamento jurídico e dos quais as partes não detêm o poder de escolha. As disposições de Direito de Família afetam os indivíduos que estão inseridos no núcleo familiar. São regras de caráter público e, em sua grande maioria, não estão à disposição das partes, embora alguns Tribunais, em especial no Estado do Rio Grande do Sul, atentos ao caso concreto, acrescentem efeitos e reflexos às relações familiares, como por exemplo, no reconhecimento das uniões homoafetivas e filiação socioafetiva.

O casamento, no Direito de Família, é um dos institutos que mais prescinde de solenidade, sob pena de nulidade ou anulabilidade e, embora o afeto seja o elemento orientador das famílias após a Constituição brasileira de 1988, não se pode esquecer que as relações econômicas e patrimoniais dos cônjuges resultam, indiscutivelmente, da comunhão de vida.

A família tem um papel fundamental para o Estado, tendo em vista ser formadora e geradora da personalidade humana, sendo essencial para o desenvolvimento dos membros de uma sociedade.

O regime de bens é o instituto patrimonial dos cônjuges, que tem início na celebração do casamento e gera efeitos durante toda a sociedade conjugal, disciplinando as relações econômicas dos cônjuges na constância do casamento e, com o advento do novo diploma civil de 2002, pode ser alterado pelos cônjuges, mediante alguns pressupostos legais.

A escolha por um outro regime de bens deve ser respeitada pelo legislador, pois todo o ser humano é sujeito de direitos e escolhas, que se não são reconhecidas pela lei, devem ser reconhecidas pelo Judiciário no caso concreto.

A possibilidade de alteração do regime de bens no novo Código Civil brasileiro veio ao encontro do respeito à autonomia privada e à mudança

---

[2] Uma das mais profundas modificações trazidas ao Velho direito de Família brasileiro foi o estabelecimento de igualdade de direitos e deveres entre os cônjuges, dentro do lar. É a regra do parágrafo 5º do art. 226 da Constituição, nestes termos: Parágrafo 5º Os direitos e deveres referentes à sociedade conjugal são exercidos igualmente pelo homem e pela mulher. *Direito Civil. Direito de Família.*Vol. 6. São Paulo: Saraiva, 2002, p. XXIII.

de paradigma, qual seja, a vida está em plena e constante mutação, logo o direito deve ser sensível a estas alterações, permitindo e facilitando o reconhecimento da possibilidade jurídica de os cônjuges mudarem o regime de bens durante o casamento, tema abraçado no presente artigo.

2. Da escolha do regime de bens

Antes da celebração do matrimônio e perante o oficial de registro civil, as partes optam pelo regime de bens que passa a vigorar após a celebração do casamento, nos termos do que dispõe o *caput* do artigo 1.639 do Código Civil.[3]

A escolha do regime de bens é imperiosa e livre, podendo ser escolhido qualquer regime entre os admitidos no Código Civil. Esta autonomia de vontade é limitada pelo legislador, nos termos do artigo 1.641[4] do Código Civil brasileiro, que determina o regime da separação de bens no caso de matrimônio de pessoas que contraírem o casamento com inobservância das causas suspensivas da celebração (viúvo ou viúva que tiver filhos do cônjuge falecido enquanto não fizer o inventário e der partilha aos herdeiros; viúva ou mulher cujo casamento se desfez por nulidade, anulabilidade até dez meses do começo da viuvez, ou dissolução da sociedade conjugal; divorciado, enquanto não fizer a partilha dos bens; o tutor ou o curador e seus descendentes, ascendentes, irmãos, cunhados ou sobrinhos, com a pessoa tutelada ou curatelada, enquanto não tiver saldadas as respectivas contas); das pessoas maiores de sessenta anos e, finalmente, de todos que dependerem, para casar, do suprimento judicial.

O atual Código manteve, do Código anterior, como regra geral, a liberdade de escolha do regime, nos termos do *caput* do artigo 1.639 do Código Civil brasileiro, não havendo qualquer limitação legal para a conjugação de dois ou mais regimes de bens, desde que não prejudique direitos conjugais ou paternos, ou desrespeite normas de ordem pública.

Manteve, também, a variedade de regimes, oferecendo aos nubentes a possibilidade, ressalvadas as restrições legais acima mencionadas, de optarem por um dos quatro regimes de bens dispostos na legislação, tais quais: comunhão universal de bens, separação de bens, comunhão parcial de bens e participação final nos aqüestos.

---

[3] "É lícito aos nubentes, antes de celebrado o casamento, estipular, quanto aos seus bens, o que lhes aprouver." e pelo artigo 1.526: "A habilitação será feita perante o oficial do Registro Civil e, *após audiência do Ministério Público, será homologada pelo juiz*." (grifo meu).

[4] É obrigatório o regime da separação de bens no casamento: I – das pessoas que o contraírem com inobservância das causas suspensivas da celebração do casamento; II – da pessoa maior de sessenta anos; III – de todos os que dependerem, para casar, de suprimento judicial.

3. Da possibilidade de alteração do regime de bens

Modificando o tradicional princípio da impossibilidade de alteração do regime de bens, o Código Civil brasileiro de 2002 prevê a mudança do regime após o casamento e no curso dele, nos termos do parágrafo 2º do artigo 1.639.[5]

No diploma civil anterior, o fundamento da imutabilidade era a proteção à boa-fé de terceiros que detinham relações jurídicas com o casal e a dos próprios cônjuges, pretendendo o legislador da época evitar prejuízos a terceiros que mantivessem relações negociais com o casal e também do cônjuge eventualmente manipulado, por razões de afeição e vida em comum.

Apesar do princípio da imutabilidade vigente no Código Civil anterior, situações ocorriam onde esse princípio era flexibilizado, como no caso do estrangeiro que viesse a se naturalizar brasileiro, sendo-lhe concedida a opção pelo regime da comunhão parcial de bens, nos termos do artigo 7º, § 5º, da LICC.[6]

Sobreveio, também, a Súmula 377[7] do Supremo Tribunal Federal, que declarou a comunicação dos bens adquiridos na constância do casamento celebrado sob o regime da separação legal de bens.

O anteprojeto do Código Civil não tratava da mutabilidade, mas houve emenda aprovada admitindo essa mudança, nos termos da Emenda nº 249 e art. 1.639, § 2º, do CCB, conforme informa Arnaldo Wald.[8]

A hipótese da mutabilidade, para alguns, pode ser considerada perigosa ao meio social, mas é a expressão maior da autonomia de vontade e da liberdade que o mundo moderno nunca deixa de perseguir.

Segundo Venosa,[9] o princípio da imutabilidade foi consagrado pelo Código napoleônico, o qual passou para a maioria das legislações ocidentais. Entretanto, não vige mais na França, tendo desaparecido com a reforma do Código Civil de 1965.

Nas palavras de Luiz Felipe Brasil Santos,[10] havia opiniões divididas na doutrina acerca da imutabilidade do regime de bens, sendo contra esse

---

[5] É admissível alteração do regime de bens, mediante autorização judicial em pedido motivado de ambos os cônjuges, apurada a procedência das razões invocadas e ressalvados os direitos de terceiros.

[6] O estrangeiro casado, que se naturalizar brasileiro, pode, mediante expressa anuência de seu cônjuge, requerer ao juiz, no ato de entrega do decreto de naturalização, se apostile ao mesmo a adoção do regime de comunhão parcial de bens, respeitados os direitos de terceiros e dada esta adoção ao competente registro.

[7] No regime de separação legal de bens, comunicam-se os adquiridos na constância do casamento.

[8] WALD, Arnaldo. *O Novo Direito de Família*. São Paulo: Saraiva, 2002, p. 108.

[9] VENOSA, Sílvio de Salvo. *Direito de Família*. São Paulo: Atlas S.A.2003, p. 173.

[10] SANTOS, Luiz Felipe Brasil. *Autonomia de Vontade e os Regimes Matrimoniais de Bens*. Coordenado por WELTER Belmiro Pedro e MADALENO Rolf Hanssen, 2004, p. 213.

sistema Orlando Gomes e Carvalho Santos, e a favor Sílvio Rodrigues e Caio Mário da Sílva Pereira.

A tendência do direito contemporâneo é no sentido de admitir a modificação do regime de bens. No direito estrangeiro, existem numerosas legislações que a admitem,[11] de acordo com as respectivas limitações, como em Bélgica, Holanda, Espanha e Itália.

Segundo leitura do § 2° do artigo 1.639, os requisitos necessários ao acolhimento do pedido são: autorização judicial; pedido de ambos os cônjuges; exposição de motivos; comprovação da veracidade dos motivos e ressalva dos direitos de terceiros.

A Corregedoria-Geral de Justiça do Estado do Rio Grande do Sul editou o Provimento n° 024/03-CCGJ,[12] publicado no DJ n. 2694, edição de 19.09.2003, estabelecendo diretrizes para a modificação do regime de bens no casamento, afirmando em seu artigo primeiro que a modificação do regime de bens no casamento é um procedimento de jurisdição voluntária, decorrendo de pedido motivado de ambos os cônjuges.

O Desembargador Luiz Felipe Brasil Santos[13] se pronunciou favorável à realização de audiência de ratificação, defendendo que naquela audiência o magistrado terá oportunidade de, após contato direito com as partes, aferir as verdadeiras razões do pedido.

A matéria referente à alteração do regime de bens é de jurisdição voluntária, nos termos do Provimento n° 24/03 do Tribunal de Justiça do Estado do Rio Grande do Sul[14] com previsão legal disposta no artigo

---

[11] Idem, p. 214.

[12] A modificação do regime de bens do casamento decorrerá de pedido manifestado por ambos os cônjuges, em procedimento de jurisdição voluntária, devendo o Juízo competente publicar edital com prazo de trina (30) dias, a fim de imprimir a devida publicidade à mudança, visando resguardar direitos de terceiros.

[13] BRASIL, Luis Felipe. *Autonomia de Vontades e Os Regimes Matrimoniais de Bens*. Coord. WELTER, Belmiro Pedro e MADALENO, Rolf Hanssen. Porto Alegre: Livraria do Advogado, 2004, p. 214.

[14] PROVIMENTO N° 024/03-CGJ (Publicado no DJ n. 2.694, Edição de 19/09/2003, fls. 02). ESTABELECE DIRETRIZES PARA A MODIFIÇÃO DO REGIME DE BENS DO CASAMENTO, NOS TERMOS DA LEI N° 10.406, DE 10 DE JANEIRO DE 2002 (NOVO CÓDIGO CIVIL): O excelentíssimo senhor Desembargador Marcelo Bandeira Pereira, Corregedor-Geral da Justiça, no uso de suas atribuições legais; considerando que a Lei n° 10.406, de 10 de janeiro de 2002 (Código Civil Brasileiro) admite, em seu art. 1.639, par. 2°, a alteração do regime de bens do casamento, mediante autorização judicial, em pedido motivado de ambos os cônjuges, apurada a procedência das razões invocadas e ressalvados os direitos de terceiros; considerando a necessidade de uniformizar-se o procedimento judicial visando à modificação de regime de bens, para que não haja prejuízo ao princípio da segurança jurídica; Resolve prover: art. 1° – a modificação do regime de bens do casamento decorrerá de pedido manifestado por ambos os cônjuges, em procedimento de jurisdição voluntária, devendo o juízo competente publicar edital com o prazo de trinta (30) dias, a fim de imprimir a devida publicidade à mudança, visando resguardar direito de terceiros; art. 2° a intervenção do Ministério Público é necessária para a validade da mudança; art. 3° após o trânsito em julgado da sentença, serão expedidos mandados de averbação aos cartórios de registro civil e de imóveis, e, caso

AÇÕES DE DIREITO DE FAMÍLIA

1.103[15] do Código de Ritos. A competência é das Varas de Família, pois envolve questões de casamento afetas ao Direito de Família, cabendo a intervenção do *parquet,* como leciona o Desembargador Luiz Felipe Brasil Santos.[16]

Em relação à possibilidade de alteração do regime de bens nos casamentos celebrados na vigência do Código Civil de 1916, em recente decisão, o Desembargador José S. Trindade[17] afirmou que, embora polêmica a matéria, vem sendo firmado no Tribunal de Justiça do Estado do Rio Grande do Sul o entendimento de que o artigo 2039 não impede a alteração do regime de bens para os casamentos anteriores ao Código Civil brasileiro de 2002, pois este artigo dispõe apenas que o regime de bens nos casamentos celebrados na vigência do Código revogado rege-se pelas normas nele estabelecidas, sem que as alterações introduzidas pelo novo Código relativas a cada regime retroajam. Neste mesmo sentido, Luiz Felipe Brasil Santos.[18]

Conforme leciona Sérgio Gischkow Pereira,[19] os efeitos do casamento se aplicam aos casamentos anteriores ao novo Código Civil de 2002.

Os efeitos da alteração do regime de bens não estão determinados na legislação; entretanto, em relação a terceiros, os efeitos sempre retrocedem, nos termos do princípio da proteção ao terceiro de boa-fé.

---

qualquer dos cônjuges seja empresário, ao registro público de empresas mercantis; art. 4º – a modificação do regime de bens é de competência do juízo da vara de família da respectiva comarca onde se processar a mudança; art. 5º – este provimento entrará em vigor na data de sua publicação, revogadas as disposições em contrário. Publique-se. Cumpra-se. Porto Alegre, 10 de setembro de 2003. Des. Marcelo Bandeira Pereira. Corregedor-Geral da Justiça.

[15] Quando este Código não estabelecer procedimento especial, regem a jurisdição voluntária as disposições constantes deste Capítulo.

[16] Idem, p. 214. No que diz com a intervenção do Ministério Público – embora controvertido o tema – mostra-se necessária, ante o disposto nos artigos 1.105 e 82, II, do CPC, considerando que se trata de causa atinente ao casamento, não obstante de conteúdo meramente patrimonial. Ocorre que os dispositivos em foco não operam tal distinção, e determinam que a intervenção se dê em atenção à natureza do instituto.

[17] A matéria em apreço gera polêmica e debates e se ressente de doutrina mais demorada. Contudo, já foi apreciada neste Tribunal nas Câmaras Especializadas em Direito de Família, e aos poucos, vem-se firmando o entendimento de que o artigo 2039, inserido nas disposições Finais e Transitórias do Código Civil em vigor, não impede a alteração do regime de bens nos casamentos celebrados na vigência do Código Civil de 1916. Apelação Cível n. 70011592110, de 09 de junho de 2005, TJRS.

[18] Idem p. 219. Por fim, não obstante as abalizadas opiniões em contrário de Maria Helena Diniz e Leônidas Filipone Farrula Júnior, em verdade o art. 2.039, constante nas Disposições Finais e Transitórias, não impede a mudança do regime de bens para os casamentos celebrados antes da vigência do Código Civil de 2002. Ao dispor que *o regime de bens nos casamentos celebrados na vigência do Código Anterior (...) é por ele estabelecido*, claramente visa a norma resguardar o direito adquirido e o ato jurídico perfeito. Isso porque ocorreram diversas modificações nas regras próprias de cada um dos regimes no Código de 1916.

[19] PEREIRA, Sérgio Gischkow. *A alteração do regime de bens no casamento em face do novo Código Civil Brasileiro*. Revista de Direito de Família, V. 20, out-nov. Porto Alegre: Síntese, 2003, p. 153.

4. Da possibilidade da alteração do regime de bens efetivada nas serventias notariais

Respeitadas as valiosas opiniões acerca da necessidade de audiência ratificatória, entende-se que a alteração do regime de bens pode ser realizada nas serventias notariais onde os cônjuges encaminharam o devido processo de habilitação para o casamento, e, também optaram pelo regime de bens, ressalvadas as restrições à escolha do regime, impostas pelo legislador e já indicadas acima.

Esse entendimento pela realização da alteração do regime de bens na Serventia de Registros Civil de Pessoas Naturais se baseia no argumento de que os cônjuges, quando optaram pelo regime de bens, o fizeram no processo de habilitação para o casamento junto a esse cartório, assim, se optaram pelo regime de bens nos serviços notariais de registro civil, matéria de fundamental importância no estatuto patrimonial do casamento, não há razão para que a alteração não possa se efetivar no mesmo local, sem a necessidade de envolver toda a máquina judiciária que já se encontra assoberbada de processos.

Esta possibilidade não fere a exigência *"mediante autorização judicial"* do parágrafo segundo do artigo 1.639, já que o artigo 1.526[20] do Código Civil traz a novidade de que o processo de habilitação deve ser homologado pelo juiz, após ouvido o representante do Ministério Público.

Igualmente, a possibilidade da alteração do regime de bens se processar perante as serventias notariais, não fere o § 2º do mencionado artigo 1.639, já que este dispositivo não esclarece a forma de atuação da autoridade judicial, que no caso defendido é o Juiz da Vara de Registros Públicos ou da Direção do Foro.

Este procedimento defendido também não atinge o Provimento editado pela Corregedoria-Geral, pois tal provimento é uma ordem de serviço expedida aos notários e registradores, visando a facilitar e a unificar a atuação dos serviços notariais e servem de diretriz para os procedimentos administrativos, não possuindo força cogente legal.

O Código Civil de 2002, no livro IV do Direito de Família, faz uma distinção entre o direito pessoal, disciplinado no Titulo I, e o direito patrimonial, ordenado no Titulo II, onde se localizam as disposições acerca dos diversos regimes de bens e sua possibilidade de alteração, dentre outros temas.

No que tange ao fundamental aspecto afetivo que norteia as relações de Direito de Família, o regime de bens é direito patrimonial disponível,

---

[20] A habilitação será feita perante o oficial do Registro Civil e, após a audiência do Ministério Público, será homologada pelo juiz.

AÇÕES DE DIREITO DE FAMÍLIA

e sua alteração é um negócio jurídico, podendo, em caso de ocorrência de vício de consentimento, ser anulado por erro, dolo, simulação ou fraude, como qualquer ato ou negócio jurídico, nos termos da legislação civil.

As serventias notariais e registrais gozam de fé pública extrajudicial, nos termos do artigo 3° da Lei 8.935, de 18 de novembro de 1996,[21] e essa fé pública notarial garante terceiros dos atos praticados nos registros públicos, representando prova plena ante e contra todos, pois são atos de firmeza e certeza emanados de autoridade com poder delegado para praticá-los e, inclusive com responsabilidade não somente contra seu comportamento irregular, mas de seu preposto, tendo o responsável pela serventia obrigação de reparar o prejuízo causado a alguém e respondendo pessoalmente com seu patrimônio pessoal, nos termos do artigo 22 da Lei 8.975/96.[22]

As serventias notariais são regidas pelo princípio de publicidade, garantindo prova da situação jurídica e conhecimento de todos os procedimentos por terceiros; pelo princípio da autenticidade, pois os serviços praticados são confirmados pela autoridade, criando uma presunção relativa de veracidade, sem, contudo, autenticar o negócio que origina este ato; pelo princípio da segurança, pois não se registram fatos e negócios que não estejam em conformidade com a lei.

As serventias notariais são exercidas em caráter privado, por delegação do Poder Público, nos termos do artigo 236 da Carta Magna e podem auxiliar o Judiciário na matéria referente à alteração do regime de bens, desafogando as Varas de Família das questões de alteração do regime de bens, podendo estas se deter, com mais vagar, nas causas que envolvam a proteção de direitos indisponíveis.

As serventias de registro civil e tabelionato, em razão de suas práticas nos procedimentos negociais, possuem melhores condições para exigir, na alteração do regime de bens, todos os documentos necessários para garantir eventuais direitos de terceiros ou dos próprios cônjuges, tais como: certidões passadas pelos cartórios de distribuição, do registro de imóveis do domicílio dos cônjuges, e, estando os cônjuges de posse de toda a documentação que comprove a ausência de comprometimento patrimonial, a referida alteração será publicada na serventia e em jornal local, possibilitando ampla publicidade, garantindo a oposição dos terceiros em declaração escrita e assinada, indicando os fundamentos e instruída com as provas dos fatos alegados, que após a defesa dos interessados, deverá ser encaminha ao Juiz e ao Ministério Público.

---

[21] Notário, ou tabelião, é o oficial de registro, ou registrador; são profissionais do direito, dotados de fé pública, a quem é delegado o exercício da atividade notarial e de registro.

[22] Os notários e oficiais de registro, responderão pelos danos que eles e seus prepostos causem a terceiros, na prática de atos próprios da serventia, assegurando aos primeiros direito de regresso no caso de dolo ou culpa dos prepostos.

Em relação à afirmação de que o legislador deve proteger o cônjuge mais enfraquecido na relação conjugal para que não possa ser manipulado pelo outro, no sistema jurídico brasileiro a má-fé não se presume, ao revés deverá sempre ser provada.

Segundo Pezzella,[23] a boa-fé subjetiva já está incorporada na cultura e na legislação brasileira.

Como leciona Madaleno,[24] homem e mulher devem gozar da livre autonomia de vontade para decidirem acerca da mudança do regime patrimonial de bens.

Cabe lembrar, ainda, que nas uniões estáveis, o regime legalmente presumido é o da comunhão parcial de bens, salvo existência de contrato escrito, nos termos do artigo 1.725 do Código Civil,[25] portanto, se na união estável, em qualquer hipótese, compete aos companheiros a opção pelo regime de bens, inclusive sua posterior mudança na constância desta relação *more uxório*, não pode haver para o casamento exigência de audiência de ratificação perante as Varas de Família, pois se o legislador constitucional procurou não fazer distinção entre casamento e união estável, pelo princípio da paridade familiar, deve ser permitida a alteração do regime por meio de contrato escrito lavrado por escritura pública no tabelionato e transcrita em livro próprio, perante as serventias notarial e registral, com homologação judicial, após ouvido o Ministério Público.

---

[23] A boa-fé subjetiva, como o próprio nome induz, refere-se ao sujeito do ponto de vista da sua consciência ou ignorância a uma qualidade referente a ele próprio, num estado psíquico de conhecimento ou desconhecimento, de conformidade a uma expectativa jurídica a ela atribuível da qual ele deva agir ou omitir-se, do questionar-se em determinados momentos da intenção ou da falta de intenção da prática de determinado ato, ou da situação. PEZZELLA, Maria Cristina Cereser. *A eficácia jurídica na defesa do consumidor. O poder do jogo na publicidade.* Porto Alegre: Livraria do Advogado. 2004, p. 118.

[24] MADALENO, Rolf Hanssen. *Do regime de bens.* Coord. DIAS, Maria Berenice e PEREIRA, Rodrigo da Cunha. *Direito de família e o Novo Código Civil.* Belo Horizonte: Del Rey, 2001, p. 161. Considerando a igualdade dos cônjuges e dos sexos, consagrada pela Carta Política de 1988, soaria sobremaneira herege aduzir que em plena era de globalização, com absoluta identidade de capacidade e de compreensão dos casais, ainda pudesse um dos consortes, apenas por seu gênero sexual, ser considerado mais frágil, mais ingênuo e com menor tirocínio mental do que o seu parceiro conjugal. Por esse prisma, desacolhe a moderna doutrina a defesa intransigente da imutabilidade do regime de bens, pois homem e mulher devem gozar da livre autonomia de vontade para decidirem acerca da mudança incidental do regime patrimonial de bens, sem que o legislador possa seguir presumindo que um deles possa abusar da fraqueza do outro. A boa-fé subjetiva, como o próprio nome induz, refere-se ao sujeito do ponto de vista da sua consciência ou ignorância a uma qualidade referente a ele próprio, num estado psíquico de conhecimento ou desconhecimento, de conformidade a uma expectativa jurídica a ela atribuível da qual ele deva agir ou omitir-se, do questionar-se em determinados momentos da intenção ou da falta de intenção da prática de determinado ato, ou da situação. PEZELLA, Maria Cristina Cereser. *A eficácia jurídica na defesa do consumidor. O poder do jogo na publicidade.* Porto Alegre: Livraria do Advogado. 2004, p. 118.

[25] Na união estável, salvo contrato escrito entre os companheiros, aplica-se às normas patrimoniais, no que couber, o regime da comunhão parcial de bens.

5. Conclusão

A alteração de regime de bens, realizada perante as serventias notarial e de registros públicos, além de não contrariar o artigo 1.639, § 2º, que não especifica se a autorização judicial não poderá ser feita por homologação judicial, terá as garantias necessárias para não se tornar instrumento de fraude da lei imperativa, pois, além de o registrador ser responsabilizado pessoalmente por todos os atos da serventia, estes atos serão fiscalizados pelo Poder Judiciário, já que por disposição legal, esses serviços são fiscalizados pela Corregedoria-Geral de Justiça do Estado.

Embora seja de grande repercussão para os cônjuges e para o meio social o regime de bens, a alteração não necessita de procedimento judicial perante as Varas de Família, uma vez que os cônjuges livremente escolheram o regime de bens nas serventias de registros públicos e notariais quando do casamento, não havendo razão para que essa alteração não possa se realizar na mesma serventia, bastando que seja expedido novo provimento da Corregedoria-Geral de Justiça do Estado, estabelecendo que a alteração do regime se dê na Serventia de Registro Civil de Pessoas Naturais, após ouvido o Ministério Público e homologação judicial.

Esta situação não atingirá a maioria da população brasileira que não detém interesse em alterar seu regime de bens, e os interessados devem arcar com o pagamento de custas e emolumentos necessários para garantir eventual direito de terceiros.

As serventias notariais e de registros públicos gozam de fé-pública, responsabilidade civil e publicidade. Se o legislador dispôs para os cônjuges, antes de celebrado o casamento, a ampla liberdade de escolha do regime de bens perante as serventias, não deve restringir, em momento posterior, quando os cônjuges acharem conveniente, respeitados os direitos de terceiros, esta alteração no mesmo local da escolha do regime de bens, pelo princípio da autonomia de vontade que deve nortear as relações privadas.

6. Bibliografia

BARBOZA, Heloísa Helena. *Alteração do regime de bens e o art. 2.039 do Código Civil.* Anais IV, Congresso Brasileiro de Direito de Família. Belo Horizonte: Del Rey, 2004.

BRASIL, Luis Felipe. *Autonomia de vontades e os regimes matrimoniais de bens.* Coord. WELTER, Belmiro Pedro e MADALENO, Rolf Hanssen. Porto Alegre: Livraria do Advogado, 2004.

CANUTTO, Érica Verícia de Oliveira. *A mutabilidade do regime patrimonial de bens no casamento e na união estável – Conflito de normas.* Revista Brasileira de Direito de Família. V. 22, Fev-Mar. Porto Alegre: Síntese, 2004.

CENEVIVA, Walter. *Lei dos notários e dos registradores comentada.* São Paulo: Saraiva, 1996.

GOMES, Orlando. *Direito de Família.* Rio de Janeiro: Forense, 1992.

MADALENO, Rolf Hanssen. *Do regime de bens.* Coord. DIAS, Maria Berenice e PEREIRA, Rodrigo da Cunha. *Direito de Família e o novo Código Civil.* Belo Horizonte: Del Rey, 2001.

PEZZELLA, Maria Cristina Cereser. *A eficácia jurídica na defesa do consumidor. O poder do jogo na publicidade.* Porto Alegre: Livraria do Advogado. 2004.

SARLET, Ingo Wolfgang. *Dignidade da pessoa humana e direitos fundamentais na Constituição Federal de 1988.* Porto Alegre: Livraria do Advogado, 2001.

PEREIRA, Sérgio Gischkow. *O Direito de Família e o novo Código Civil: alguns aspectos polêmicos ou inovadores.* Revista Brasileira de Direito de Família. V. 18, Jun-Jul. Porto Alegre: Síntese, 2003.

———. *A alteração do regime de bens: possibilidade de retroagir.* Revista Brasileira de Direito de Família, V. 23, Abr-Mai. Porto Alegre: 2004.

REIS, Clayton. *A mudança do regime de bens no casamento em face do novo Código Civil brasileiro.* Revista Brasileira de Direito de Família, V. 20, Out-Nov. Porto Alegre: Síntese, 2003.

VENOSA, Sílvio de Salvo. *Direito de Família.* São Paulo: Atlas S.A, 2003.

WALD, Arnoldo. *O novo Direito de Família.* São Paulo: Saraiva, 1988.

8. O uso do regime de bens no casamento para fraudar terceiros credores: o "cônjuge laranja"

LUIZ GUSTAVO LOVATO

Advogado, especialista em Direito Privado, mestrando em Direito Processual Civil pela PUCRS.

Sumário: Notas introdutórias; 1. Da má-fé; 1.1. Boa-fé subjetiva; 1.2. Boa-fé objetiva; 2. O princípio da responsabilidade patrimonial; 3. Fraude contra credores; 3.1. O instituto da fraude; 3.2. Da fraude contra credores; 3.2.1. Fraude contra credores e fraude à execução; 3.3. A Ação Pauliana; 4. Os regimes de bens entre os cônjuges no Código Civil; 4.1. Do regime da comunhão parcial (arts. 1.658 a 1.666); 4.2. Do regime da comunhão universal (arts. 1.667 a 1.671); 4.3. Do regime da participação final dos aqüestos (arts. 1.672 a 1.686); 4.4. Do regime da separação de bens (arts. 1.687 e 1.688); 4.5. Da união estável (arts. 1.723 a 1.727); 5. Algumas considerações sobre o direito de empresa; 5.1. A figura do cônjuge sócio; 5.2. A disregard doctrine; 5.3. Alguns casos previstos na Lei de Falências; 5.4. Alguns tipos de responsabilidades de empresas previstas no CDC; 6. Considerações finais; Bibliografia.

Notas introdutórias

Falar em fraude contra credores, antes de qualquer coisa, é falar em lesar o direito de outrem por meio de artifícios dolosos. O instituto da fraude encontra-se diretamente ligado à má-fé subjetiva, ao agir com intenção de ludibriar alguém sabendo e querendo o resultado lesivo.

Na fraude contra credores, pelo agir de má-fé, o fraudador busca o locupletamento por meios ardis, que podem ocorrer de forma lícita ou ilícita, mas cujo fim sempre irá lesar injustamente direito de outrem. O elemento subjetivo, volitivo, demonstra o caráter do fraudador que, inescrupulosamente, agirá com a indiscutível intenção de que seus atos lhe tragam, ao fim, uma vantagem injusta.

O Código Civil traz inovações nos regimes patrimoniais do matrimônio, em relação ao Código de 1916. Além de ampliar o número de regimes possíveis ao matrimônio, permite a alteração do regime vigente para outro, na constância do casamento, o que era impossível nas legislações anteriores. O legislador do CC criou, também, a necessidade de regimes obrigatórios em casos determinados, visando à proteção patrimonial dos cônjuges e impedindo a sua livre manifestação de vontade no ato do seu casamento.

Outro instituto que, antes da vigência do CC, era regulado por leis ordinárias, é o da união estável. Anteriormente, a união estável era denominada concubinato, e não estava inserida no texto do CC antigo. Da mesma forma, o divórcio. A união estável, além de passar a integrar o texto do CC, trouxe regulações de ordens sucessórias que passaram a garantir direitos patrimoniais e deveres assumidos pelos companheiros na constância da vida a dois, o que, anteriormente, não tinha tão ampla previsão.

Os regimes matrimoniais do casamento referem-se à responsabilidade patrimonial da família, ou de apenas um dos cônjuges, que a lei visa a proteger, bem como dos sucessores. Porém, pessoas podem usar das prerrogativas que o regime de bens lhes resguarda, e fraudar credores com a redução pessoal à insolvência. Como ficam as questões de meação quando existe fraude contra credores? A existência do *consilium fraudis*, em caso de marido e esposa, ou de companheiros, não pode ser presumida *in re ipsa*? Como comprovar a boa-fé do cônjuge meeiro, e quando existe essa necessidade em ação pauliana?

O instituto da fraude contra credores, diferentemente do da fraude à execução, necessita de matéria probatória, por vezes, de difícil obtenção. O Direito de Família, e a conseqüente proteção que a lei dá ao patrimônio da célula familiar, tornam praticáveis atos de fraude contra credores com o uso do regime de bens, sua alteração, ou até mesmo o divórcio ou a separação do casal. E sobre essas possibilidades será desenvolvido o presente estudo.

1. Da má-fé

A fé surgiu como o conjunto de dogmas que constituíam a crença religiosa na mitologia antiga. Antônio Manuel da Rocha e Menezes Cordeiro diz que "a boa-fé, quer como elemento lingüístico, quer como representação jurídica dotada de conteúdo vasto, foi obra romana".[1] "Não existe

---

[1] CORDEIRO, Antônio Manuel da Rocha e Menezes. *Da boa-fé no Direito Civil*. 2. reimp. Coimbra: 2001, p. 178.

manual de Direito Romano, por elementar, que deixe de expor sobre *bona fides*; a boa fé é, ainda tema de referência obrigatória em todas as obras gerais de Direito Privado, escritas desde o princípio do século".[2]

A deusa romana Fides era cultuada na celebração dos negócios na Roma antiga, cujo nome deu origem à palavra *fidelidade*, com um sentido ético que, posteriormente, agregado ao termo *bona*, trouxe o instituto da boa-fé como regra de comportamento necessária entre as partes contratantes.[3]

Para tratar de fraude faz-se necessário, antes, um estudo sobre a má-fé, como o elemento subjetivo, a vontade de agir, o *animus fraudis*. E, para se estabelecer um estudo sobre a má-fé, é necessária a averiguação dos preceitos legais que a evocam, bem como dos que evocam o instituto da boa-fé, que pode ser tratada, para fins deste estudo, como o antônimo daquela.

O Direito brasileiro reconhece dois tipos de boa-fé: subjetiva e a objetiva, sendo esta uma constatação relativamente recente do legislativo pátrio. O princípio da boa-fé está previsto no ordenamento jurídico em vários momentos, seja na regulação de atos de ordem civil, penal ou processual, bem como as respectivas sanções para aqueles que agem de má-fé. Sob essa ótica, agir de má-fé é agir com vontade de lesar direito de outrem, ou assumir o risco do resultado de um ato potencialmente lesivo, causando um fato condenável segundo o ordenamento jurídico.

1.1. Boa-fé subjetiva

A boa-fé subjetiva está intimamente ligada à vontade da pessoa, à consciência em relação ao ato praticado, ao *animus*. Ruy Rosado de Aguiar descreve o instituto da boa-fé subjetiva como um estado de consciência da pessoa, uma qualidade do sujeito, residindo numa situação de injustiça, ou da falta de justiça da sua posição. A pessoa pensa estar numa situação autorizada pela lei quando, na verdade, não está. É o desconhecimento dele diante da injustiça da sua posição, que lhe garante uma situação de boa-fé.[4]

O caráter íntimo da vontade de agir e de atingir o fim com o ato praticado confere a responsabilização do agente pela sua intenção. "O princípio da boa-fé, constitui, pois, a regra fundamental das relações humanas, quer na constituição das obrigações, como na sua exceção; quer na confecção dos atos jurídicos, como, de um modo geral, em quaisquer atos

---

[2] *Idem, ibidem*, p. 184.

[3] Nesse sentido: CORDEIRO, Antônio Manuel da Rocha e Menezes, *op. cit.* e CAVALIERI FILHO, Sérgio. *Programa de responsabilidade civil.* 6. ed. São Paulo: Malheiros, 2005, p. 178.

[4] AGUIAR, Ruy Rosado de. *Da boa-fé.* Porto Alegre: Video Versa, 1990, DVD.

que possam atingir os interesses de terceiros".[5] Tanto elementos psicológicos como éticos dependem de uma avaliação moral do ato praticado, diferentemente da boa-fé objetiva, que deve existir independentemente de qualquer manifestação intrínseca de vontade, pois inerente à própria prática do ato.

1.2. Boa-fé objetiva

A boa-fé objetiva despontouem sua plenitude no ordenamento jurídico brasileiro com o Código de Defesa do Consumidor (CDC). Antes dessa lei, vigorava a primazia do caráter subjetivo da boa-fé, eis que sempre dependente da manifestação da vontade interna da pessoa.

A boa-fé objetiva é inerente à conduta em si, e não à vontade intrínseca de quem age, eis que independe da intenção deste em atingir o fim. Está intimamente ligada à responsabilidade objetiva, em que a pessoa, ao agir, mesmo não pretendendo lesar direito de outrem, se o fizer, deverá arcar com as conseqüências de seu ato.

Praticamente todos os regramentos de ordem civil, atualmente, tratam da responsabilidade objetiva. Agir de má-fé também é, além da pura intenção maliciosa, extrapolar os limites da boa-fé,[6] ou agir em excesso, ir além dos ditames subjetivos da ignorância do ilícito ou do injusto.

2. O princípio da responsabilidade patrimonial

A regra, no direito moderno, é da proibição de restrição de liberdade em função de dívida, ou seja, a proibição de prisão civil por dívida. As exceções encontram-se nos casos de dívida por inadimplemento inescusável e voluntário de prestação alimentícia e de depositário infiel.[7] Afora estes casos, o devedor responde, para o cumprimento de suas obrigações, com todos os seus bens presentes e futuros.[8]

No Direito Civil, o princípio tem guarida na previsão legal segundo a qual, pelo inadimplemento das obrigações, respondem todos os bens do devedor.[9] Araken de Assis diz que este preceito "limitou-se a dispor sobre a responsabilidade patrimonial em si, remetendo às leis de processos os aspectos mencionados, relativos à impenhorabilidade, aos bens adquiridos

---

[5] LIMA, Alvino. *A fraude no Direito Civil*. São Paulo: Saraiva, 1965, p. 11.

[6] Art. 187. Também comete ato ilícito o titular de um direito que, ao exercê-lo, excede manifestamente os limites impostos pelo seu fim econômico ou social, pela boa-fé ou pelos bons costumes.

[7] Art. 5º, LXVII, da CF.

[8] CPC, Art. 591. O devedor responde, para o cumprimento de suas obrigações, com todos os seus bens presentes e futuros, salvo as restrições estabelecidas em lei.

[9] CC, art. 391.

superveniente ao início do processo executivo e à fraude contra a execução".[10]

Em face dessa característica processual da responsabilidade patrimonial, Humberto Theodoro Júnior diz que "a obrigação, como dívida, é objeto do direito material. A responsabilidade, como sujeição dos bens do devedor à sanção, que atua pela submissão à expropriação executiva, é uma noção absolutamente processual".[11]

Yussef Said Cahali denomina *doutrina da dívida e da responsabilidade*, segundo a qual o conceito de obrigação é decomposto em dois elementos: "a) a dívida que consiste no dever de prestar por parte do devedor; e b) na responsabilidade, que exprime o estado de sujeição dos bens do obrigado à ação do credor".[12]

O Código de Processo Civil prevê a responsabilidade patrimonial, também, no art. 592,[13] pelo qual ficam sujeitos à execução os bens do sócio (inciso II) e do cônjuge, nos casos em que os seus bens próprios, reservados ou de sua meação, respondem pela dívida (IV). Tais hipóteses são de responsabilidade patrimonial secundária, que têm, segundo José Maria Rosa Tesheiner, "natureza fiduciária, em face da posição de proveito que, real ou presumidamente, obtiveram em decorrência do débito assumido pela sociedade ou pelo outro cônjuge" ao passo que "o inciso III, ao estabelecer que se submetem à execução os bens do devedor 'quando em poder de terceiros' é caso manifesto de responsabilidade executória primária".[14]

Denomina-se solvente a pessoa que possui bens suficientes para garantir o pagamento de seu passivo, ao passo que, se a pessoa possui um passivo cujo patrimônio não consiga cobrir, adimplir, esta pessoa encontra-se em estado de insolvência. Dá-se a insolvência toda vez que as dívidas excederem à importância dos bens do devedor.[15] A insolvência é tema primordial da fraude contra credores.

---

[10] ASSIS, Araken de. *Comentários ao Código de Processo Civil, vol. VI.* 2. ed. Rio de Janeiro: Forense, 2004, p. 223.

[11] THEODORO JÚNIOR, Humberto. *Curso de direito processual civil, vol. II.* 27. ed. Rio de Janeiro: Forense, 1999, p. 105.

[12] CAHALI, Yussef Said. *Fraudes contra credores.* 3. ed. São Paulo: RT, 2002, p. 23.

[13] Art. 592. Ficam sujeitos à execução os bens:
I – do sucessor a título singular, tratando-se de execução de sentença proferida em ação fundada em direito real;
II – do sócio, nos termos da lei;
III – do devedor, quando em poder de terceiros;
IV – do cônjuge, nos casos em que os seus bens próprios, reservados ou de sua meação respondem pela dívida;
V – alienados ou gravados com ônus real em fraude de execução.

[14] TESHEINER, Joé Maria Rosa. *Responsabilidade patrimonial (arts. 591 a 597).* Disponível em http://www.tex.pro.br, acessado em 25 de outubro de 2005, às 22 h.

[15] CPC, art. 748.

3. Fraude contra credores

A fraude contra credores trata dos atos do devedor que, a fim de fraudar o direito do seu credor em face do princípio da responsabilidade patrimonial, tem por fim simular ou realmente concretizar um estado de insolvência. Este instituto apresenta características específicas, como o agir de má-fé pelo devedor; a preexistência de uma dívida e, conseqüentemente, de um ou mais credores; e a indução forçada ou simulada a um estado de insolvência.

3.1. O instituto da fraude

Lima diz que, na fraude, a má-fé ou a malícia do agente se desenvolve na busca da violação de uma obrigação preexistente, através da "prática de atos simples, perfeitamente lícitos, inatacáveis na sua estrutura e produzindo seus efeitos legais regulares. No entanto, esses atos revestidos de todos os requisitos legais, encobrem uma finalidade ilícita".[16] São meios lícitos usados para promover um fim ilícito, que tem por escopo lesar direito de outrem.

Rolf Madaleno descreve a fraude como "um artifício que se estabelece pelo engano, pela astúcia imposta com a vontade de extrair um indevido proveito deste dissimulado ardil, [...] tendente a iludir ou impedir um legítimo interesse de terceiros ou a obter um resultado contrário ao direito sob a aparência da legalidade".[17] Cahali diz que o dolo, a fraude, a simulação fraudulenta, representam *in genere* a negação da boa-fé, que é o caminho pelo qual a moral penetra no Direito. Participa, através dessa negação, da má-fé.[18]

3.2. Da fraude contra credores

Haja vista a noção de fraude, o Código Civil estabelece que os negócios de transmissão gratuita de bens ou remissão de dívida, se os praticar o devedor já insolvente, ou por eles reduzido à insolvência, ainda quando o ignore, poderão ser anulados pelos credores quirografários, como lesivos dos seus direitos,[19] e trata a fraude contra credores como um dos casos de defeitos do negócio jurídico.

---

[16] *A fraude no Direito Civil*, p. 26-7.

[17] MADALENO, Rolf. *A fraude material na união estável e conjugal in* DELGADO, Mário Luiz e ALVES, Jones Figueirêdo (coord.). *Novo Código Civil – questões controvertidas* no direito de família e das sucessões, série Grandes Temas de Direito Privado, vol. 3. São Paulo: Método, 2005, p. 277.

[18] *Cfe. Fraudes contra credores*, p. 50-1.

[19] CC, art. 158. Os negócios de transmissão gratuita de bens ou remissão de dívida, se os praticar o devedor já insolvente, ou por eles reduzido à insolvência, ainda quando o ignore, poderão ser anulados pelos credores quirografários, como lesivos dos seus direitos.
§ 1º Igual direito assiste aos credores cuja garantia se tornar insuficiente.
§ 2º Só os credores que já o eram ao tempo daqueles atos podem pleitear a anulação deles.

A fraude contra credores não se confunde com o dolo, eis que neste há o engano, ao passo que, naquela, não, pois o ato é perfeito em relação à declaração de vontade dos participantes do negócio jurídico. Também não se confunde fraude com simulação fraudulenta, apesar das aparentes semelhanças, porque do ato jurídico *pode resultar* (simulação), ou *resultará sempre* (fraude), um dano a terceiro. Ainda, no ato simulado, o mesmo não se perfectibiliza, mas apenas aparenta estar perfectibilizado, enquanto, na fraude contra credores, há a efetiva perfectibilização do ato.[20]

O instituto abrange não somente o devedor direto, mas também o garante da dívida (fiador, avalista), já que igual direito de anulação de atos fraudulentos assiste aos credores cuja garantia se tornar insuficiente.[21]

Uma das características da fraude contra credores é que só os credores que já o eram ao tempo daqueles atos fraudulentos podem pleitear a anulação deles.[22] Tem fundamento tal preceito porque, como a fraude contra credores tem por escopo induzir o devedor a um estado de insolvência, aquele que se tornar credor após a efetivação dos atos fraudulentos será credor, desde o início do negócio jurídico que constituir a obrigação, de um devedor insolvente.

Tesheiner aponta as características da fraude contra credores: é instituto de direito material; não supõe pendência de ação; não pode ser declarada incidentemente no curso do processo, mas exige ação própria (ação pauliana), que visa à ineficácia do ato fraudulento (*a contrario sensu* do previsto no CC, que trata de caso de anulabilidade); requer um elemento subjetivo calcado na má-fé (*consilium fraudis*) e um prejuízo efetivo ao credor (*eventus damni*).[23]

Em relação aos requisitos para se classificar o ato como fraude contra credores, Nery Júnior e Nery, que o descrevem como vício social do negócio jurídico, dizem que a fraude pauliana ocorre quando houver ato de liberalidade, alienação ou oneração de bens ou direitos, capaz de levar o devedor à insolvência, desde que:

a) o credor seja quirografário;

b) o crédito seja anterior ao ato de alienação ou oneração (*anterioridade do crédito*);

c) tenha havido dano ao direito do credor (*eventus damni*);

---

[20] Nesse sentido: CAHALI, Yussef Said. *Fraudes contra credores*, p. 53-67.

[21] Art. 158, § 1º, do CC.

[22] Art. 158, § 2º.

[23] *Responsabilidade patrimonial (arts. 591 a 597),* nesse sentido: CAHALI, Yussef Said. *Fraudes contra credores.*

d) tenha havido ciência da conseqüência do ato (*scientia fraudis*) ou consenso entre o devedor e o adquirente (*consilium fraudis*).[24]

Quando pratica fraude contra credores, "o devedor não só viola o princípio da responsabilidade patrimonial, extinguindo-se aquela garantia geral, que a lei confere ao credor, como fere o princípio da boa-fé nas relações contratuais, que consiste [...] na obrigação negativa de não enganar".[25]

3.2.1. Fraude contra credores e fraude à execução

A fraude contra credores não pode ser confundida com fraude à execução, apesar de ambas possuírem o mesmo fim, que é a frustração do pagamento do crédito do credor por meio do desfazimento dos bens do devedor. Cahali diz que "o instituto da fraude à execução constitui uma 'especialização' da fraude contra credores",[26] pois vem a lesar um direito cujo processo executório já se encontra em curso.

São requisitos comuns a ambos os institutos:

a) a fraude na alienação de bens pelo devedor;

b) a eventualidade de *consilium fraudis* pela ciência da fraude por parte do adquirente;

c) o prejuízo do credor (*eventus damni*), em função da insolvência do devedor.[27]

São requisitos unicamente da fraude à execução, que ocorra a oneração de bens: quando sobre eles pender ação fundada em direito real; quando, ao tempo da alienação ou oneração, corria contra o devedor demanda capaz de reduzi-lo à insolvência; e nos demais casos expressos em lei.[28] Ressalte-se, por oportuno, que a fraude à execução se encontra regulada no CPC, ao passo que a fraude contra credores, no CC, o que a reveste de natureza processual em face da natureza material da segunda.

Cahali diz que, "enquanto na fraude pauliana exige-se o *consilium fraudis*, na fraude à execução, a fraude está *in re ipsa*, presumida de modo irrefragável",[29] eis que é impossível qualquer alegação da ausência de má-fé por parte do devedor, em face da preexistência de processo executório em curso. Tesheiner, sobre o tema, diz que "a doutrina dominante

---

[24] *Cfe.* NERY JÚNIOR, Nelson e NERY, Rosa Maria de Andrade. *Código de Processo Civil comentado* e legislação extravagante. 7. ed. São Paulo: RT, 2003, p. 987.

[25] *Cfe.* LIMA, Alvino. *A fraude no Direito Civil*, p. 87.

[26] *Fraudes contra credores*, p. 80.

[27] Nesse sentido, CAHALI, *op. cit.*, p. 89.

[28] CPC, art. 593.

[29] *Fraudes contra credores.*, p. 90.

dispensa o elemento subjetivo, contentando-se com o objetivo, que é a alienação em prejuízo do credor. Não se cogita da 'vontade de fraudar'. O que eventualmente se discute é sobre a relevância da boa ou má-fé do adquirente. Segundo a doutrina mais radical, a boa-fé do adquirente não exclui a fraude de execução".[30]

A fraude à execução, para ser caracterizada, necessita litispendência, ação previamente ajuizada. O momento processual que induz litispendência é o da citação válida.[31] Dessa forma, a fraude à execução somente será caracterizada se houver citação válida do devedor em processo condenatório ou executório.[32] Araken de Assis diz que "dois requisitos caracterizam a fraude à execução: litispendência e frustração dos meios executórios".[33]

Quanto à forma de impugnação do ato fraudulento, a fraude contra credores ocorre por meio de ação própria (ação pauliana), e a fraude à execução, por meio de embargos de terceiros. Cahali diz que "a fraude à execução pode ser adquirida independentemente da pauliana, invalidado ou desconstituído o ato de disposição fraudulenta sem necessidade da revocatória, declarando-se a sua ineficácia até mesmo de ofício".[34] Em função disso, só a fraude à execução poderia ser apreciada nos embargos de terceiro, opostos pelo adquirente, com a fraude sendo excepcionada pelo credor-embargado.

3.3. A ação pauliana

O instituto da fraude contra credores tem como remédio processual a ação pauliana, cuja sentença tem natureza declaratória. Existe entendimento que a fraude contra credores pode ser declarada por meio de exceção substancial, como matéria de defesa em embargos de terceiro,[35] mas a regra geral é da ação pauliana.

Por encontrar-se, no Código Civil, entre os defeitos do negócio jurídico, a fraude contra credores reveste-se de um caráter de ato anulável,

---

[30] TESHEINER, José Maria Rosa. *Fraude á execução sob nova visão*. Disponível em http://www.tex.pro.br/wwwroot/02de2004/fraudeaexecucaosobnovavisao.htm, acessado em 26 de outubro de 2005, às 10 h.

[31] Art. 219. A citação válida torna prevento o juízo, induz litispendência e faz litigiosa a coisa; e, ainda quando ordenada por juiz incompetente, constitui em mora o devedor e interrompe a prescrição. [...]

[32] Nesse sentido: ASSIS, Araken, *op. cit.*, TESHEINER, José Maria Rosa, *op. cit.*, DALL'AGNOL JÚNIOR, Antônio Janyr.

[33] ASSIS, Araken de. *Fraude à execução e legitimidade do terceiro hipotecante*. Rev. Direito & Justiça, v. 15, anos XIII e XIV (1991-2).

[34] *Fraudes contra credores*, p. 100.

[35] 2ª Câmara do TJSP, 06.06.2000, Rel. J. Roberto Bedran, JTJ 232/122.

como o próprio texto de lei sugere.[36] Porém, ao anular o ato fraudulento, o Poder Judiciário estaria tratando-o como a um ato ilícito, fazendo com que o bem alienado voltasse a integrar o patrimônio do devedor. Embora o fim seja considerado ilícito, o ato é formalmente lícito, sem nenhum vício do consentimento entre as partes contratantes, o que não enseja anulabilidade. Ademais, fazer com que o patrimônio retorne ao devedor é fazer com que este, de certa forma, se beneficie com sua própria torpeza, pois, após executado, o que restar dos valores oriundos da alienação do bem, após o pagamento do débito, ficará em poder do devedor.

A doutrina tem entendido que a ação pauliana, mais que declarar nulo o ato jurídico fraudulento, tende a torná-lo ineficaz perante o credor, ou seja, seus efeitos não irradiam sobre as pretensões daquele que tem um crédito em desfavor do alinenante. Lima diz que, "através da ação pauliana, o credor destrói, nos seus efeitos, o negócio jurídico fraudulento, pondo à sua disposição [...] as coisas ou valores que foram desviados; [...] paralisam-se, por completo, os efeitos do ato fraudulento relativamente aos direitos do credor".[37]

Declarada a ineficácia do ato fraudulento relativamente ao credor, este poderá proceder à execução do bem alienado como se o ato, para ele, não existisse. A sentença não anula a alienação, mas decreta a ineficácia do ato fraudatório perante o credor, fazendo com que, para aquele que agiu de má-fé a fim de reduzir-se à insolvência, surja um segundo problema jurídico além da dívida já existente.

4. Os regimes de bens entre os cônjuges no Código Civil

O Código Civil de 2002 inovou, em relação ao Código Civil de 1916, ao admitir quatro formas distintas de regime de bens, bem como a alteração do regime na constância do matrimônio. Se a lei anterior era extremamente rígida em relação ao casamento, pode-se dizer que o CC de 2002 flexibilizou as possibilidades de os cônjuges moldarem seu regime patrimonial consoante a prevalência de seu próprio interesse.

Além dos quatro regimes de bens, a saber: o regime da comunhão parcial, o da universal, o da separação total e o da participação final dos aqüestos, o CC incorporou o reconhecimento da união estável, antes somente existente em leis especiais, bem como regulou as questões de família e sucessões concernentes ao instituto. Seja qual for o relacionamento afetivo existente entre os cônjuges ou entre os companheiros, o objetivo

---

[36] CC, Art. 171. Além dos casos expressamente declarados na lei, é anulável o negócio jurídico: [...]
II – por vício resultante de erro, dolo, coação, estado de perigo, lesão ou fraude contra credores.
[37] *A fraude no Direito Civil.*, p. 184.

de todos esses regimes de bens é um só: regular o direito patrimonial do núcleo familiar.

Conforme o regime de bens vigente no matrimônio, diferentemente será a responsabilidade patrimonial de cada cônjuge, e, por conseguinte, diferente será a sua relação com os credores, sejam seus próprios, de ambos simultaneamente, ou aqueles que têm crédito somente para com o outro cônjuge. Quando se verificam tais possibilidades aliadas ao direito de empresa, também regulado pelo CC, surgem os casos em que a fraude contra credores encontra guarida no seio familiar. E as possibilidades de o casal usar o regime de bens do matrimônio para fraudar credores é o tema ora tratado, mediante análise das relações de comunicabilidade ou incomunicabilidade dos bens segundo cada um.

O CC dispõe de determinações legais que visam a impedir esse tipo de situação, mas não tornam a fraude contra credores impossível. Ambos os cônjuges podem, independentemente de autorização do outro, comprar e contrair dívidas necessárias à economia doméstica,[38] as quais ambos se obrigam solidariamente com o seu patrimônio próprio e com o comum, se houver.[39] Apesar de ser livre ao cônjuge, independentemente do outro, praticar os atos de disposição e administração de bens próprios e os necessários à sua profissão, desobrigar ou reivindicar imóveis que tenham sido gravados sem seu consentimento, demandar rescisão de fiança e doação, bem como invalidação de aval que não tenha sua concordância expressa e reivindicar bens comuns que tenham sido doados a concubino,[40] o CC estipulou limitações para prevenir o abuso de direitos.

Existe a vedação de o cônjuge, sem autorização do outro, à exceção do regime da separação absoluta de bens, alienar ou gravar de ônus real os bens imóveis, bem como pleitear, como autor ou réu, acerca desses bens e direitos; prestar fiança ou aval; fazer doação de bens comuns ou que possam integrar a futura meação.[41] O objetivo é não somente impedir a fraude contra credores, mas a fraude material contra o próprio cônjuge, que, dependendo da ocasião, poderá ser responsabilizado com o seu patrimônio pessoal por obrigações contraídas pelo outro das quais a família não tenha tirado proveito.

No Direito de Empresa, regulado pelo CC, também existem previsões legais para evitar a fraude contra credores decorrentes de abuso do direito conferido pelo regime de bens. Nos regimes da comunhão universal e da separação obrigatória, é proibido aos cônjuges contratar sociedade.[42] Mar-

---

[38] Art. 1.643.

[39] Art. 1.644.

[40] Art. 1.642.

[41] Art. 1.647.

[42] Art. 977.

lene Silveira Guimarães diz que essa proibição é justificada pelo fato de que a sociedade entre os cônjuges casados sob o regime da comunhão universal seria fictícia, uma vez que o patrimônio é comum.[43]

A lei trata a empresa e a família como células independentes, e o empresário casado pode, sem necessidade da outorga uxória, qualquer que seja o regime de bens, alienar os imóveis que integrem o patrimônio da empresa ou gravá-los de ônus real.[44] Nesse sentido, Ricardo Fiuza diz que, "no que se refere às firmas individuais, que não adquirem personalidade jurídica própria", a norma em referência estabelece que, relativamente ao patrimônio imobiliário destinado pelo empresário para o exercício de sua atividade, independentemente do patrimônio regido pelo regime de bens do casamento, "tais bens poderão ser alienados ou gravados de ônus reais sem a necessidade de consentimento do respectivo cônjuge, uma vez que os bens imóveis diretamente afetados à atividade da empresa não estão compreendidos no patrimônio conjugal".[45]

Guimarães, ao tratar do tema, ressalva que a grande dificuldade acontecerá quando inexistir acervo particular para ser compensado e, uma vez já alienado o patrimônio imóvel da empresa, nada mais restar a ser partilhado[46] na dissolução da sociedade conjugal. Se existe tal possibilidade em relação ao cônjuge, de maneira inversa pode-se prever o mesmo problema em relação a terceiros.

A lei também determina que devem ser arquivados e averbados no Registro Público de Empresas Mercantis, antes de serem opostos a terceiros, os pactos e declarações antenupciais do empresário, que determinarão o regime de bens vigente na constância do casamento, o título de doação, herança, ou legado, de bens clausulados de incomunicabilidade ou inalienabilidade,[47] bem como a sentença que decretar ou homologar a separação judicial do empresário e o ato de reconciliação.[48]

4.1. Do regime da comunhão parcial (arts. 1.658 a 1.666)

O regime padrão adotado pelo Código Civil é o da comunhão parcial de bens, quando não houver pacto antenupcial, ou quando este for nulo ou

---

[43] GUIMARÃES, Marlene Silveira. *Família e empresa – questões controvertidas*. In DELGADO, Mário Luiz e ALVES, Jones Figueirêdo (coord.). *Novo Código Civil – questões controvertidas, série Grandes Temas de Direito Privado*, vol. 1. São Paulo: Método, 2003.

[44] Art. 978.

[45] FIUZA, Ricardo. *in* FIUZA, Ricardo (coord.). *Novo Código Civil comentado*. São Paulo: Saraiva, 2003, p. 884.

[46] *Op. cit.*, p. 307.

[47] Art. 979.

[48] Art. 980.

ineficaz.[49] Alexandre Guedes Alcoforado Assunção diz que o regime da comunhão parcial caracteriza-se pela existência de três patrimônios distintos: "o primeiro é o patrimônio comum formado pelos bens adquiridos na constância do casamento; o segundo e o terceiro referem-se, respectivamente, ao patrimônio pessoal do marido e da mulher".[50]

Em relação às obrigações contraídas pelos cônjuges, Assis diz que "define-se a responsabilidade executiva do cônjuge por dívida do consorte, ao efeito do art. 592, IV [do CPC], considerando o momento da constituição da dívida e, por isso, urge distinguir entre dívidas anteriores e posteriores ao casamento".[51] No regime da comunhão parcial, as dívidas, contraídas por qualquer dos cônjuges na administração de seus bens particulares e em benefício destes, não obrigam os bens comuns.[52] A responsabilidade patrimonial do cônjuge, nesses casos, acompanha seus bens particulares e exclui os do cônjuge irresponsável pela obrigação contraída.[53] Em relação ao patrimônio comum, deve-se dividi-lo, solver as dívidas e salvar a meação, caso as obrigações não tenham sido contraídas em benefício do casal ou para a manutenção da família, em que todo o patrimônio responde.[54]

No regime da comunhão parcial de bens, comunicam-se os bens que sobrevierem ao casal, na constância do casamento,[55] salvo algumas exceções.[56]

São incomunicáveis os bens que cada cônjuge possuir ao casar, e os que lhe sobrevierem, na constância do casamento, por doação ou sucessão, e os sub-rogados em seu lugar. A lei preservou de futura responsabilização patrimonial contraída pelo seu consorte, individualmente, antes do casamento, aqueles bens adquiridos pelo cônjuge antes de contrair as núpcias, incluídos os recebidos a título de herança, ou doação. Embora a lei não especifique, refere-se ao caso de doação a somente um dos cônjuges, não se enquadrando a doação feita ao casal. O adiantamento de legítima pode

---

[49] Art. 1.640. Não havendo convenção, ou sendo ela nula ou ineficaz, vigorará, quanto aos bens entre os cônjuges, o regime da comunhão parcial.

[50] ASSUNÇÃO, Alexandre Guedes Alcoforado. *in* FIUZA, Ricardo (coord.). *Novo Código Civil comentado*. São Paulo: Saraiva, 2003, p. 1.469.

[51] *Comentários ao Código de Processo Civil*, p. 238.

[52] Art. 1.666.

[53] Art. 1.665. A administração e a disposição dos bens constitutivos do patrimônio particular competem ao cônjuge proprietário, salvo convenção diversa em pacto antenupcial.

[54] Art. 1.664. Os bens da comunhão respondem pelas obrigações contraídas pelo marido ou pela mulher para atender aos encargos da família, às despesas de administração e às decorrentes de imposição legal.

[55] *Cfe.* art. 1.658.

[56] Art. 1.659.

ser considerado doação, ao qual o CC busca preservar o patrimônio do donatário.[57]

Assunção diz que "a sub-rogação induz a incomunicabilidade quando o novo bem for adquirido por recursos exclusivamente pertencentes ao dono do bem substituído. Se, entretanto, para aquisição do bem forem utilizados recursos da comunhão ou do outro cônjuge, o bem pertencerá a ambos, em condomínio".[58]

Em fraude contra credores, deve-se verificar até que ponto o devedor contribuiu para a aquisição do bem sub-rogado, para que este não seja considerado totalmente incomunicável quando da sua responsabilização patrimonial, caso tente reduzir-se à insolvência de maneira proposital.

Não se comunicam os bens adquiridos com valores exclusivamente pertencentes a um dos cônjuges em sub-rogação dos bens particulares. O objetivo do legislador foi preservar o patrimônio adquirido com os valores da venda de bens particulares de um dos cônjuges. Ressalte-se que, da mesma maneira, valores pertencentes ao cônjuge devedor (se este não for o proprietário dos bens sub-rogados) e utilizados na aquisição do bem alegado como sub-rogado respondem pela dívida como patrimônio a ele pertencente.

As obrigações anteriores ao casamento não se comunicam. No regime da comunhão parcial, tanto o cônjuge pode ter seu patrimônio próprio, como responderá, com este patrimônio, por suas dívidas contraídas anteriormente ao casamento.

Pode ocorrer que a pessoa, antes de casar, contraia dívidas e, com os valores arrecadados, adquira bens em nome do outro, destinados ao futuro matrimônio. O patrimônio do cônjuge que recebeu a propriedade dos bens não seria atingido pela responsabilidade da dívida contraída pelo outro. Porém, provada a fraude contra credores, o CC prevê que o cônjuge, de posse dos bens particulares do outro, será para com este e seus herdeiros responsável como usufrutuário, como procurador e como depositário, sendo passível de prisão civil se configurada a sua condição de depositário infiel.[59]

Não se comunicam as obrigações provenientes de atos ilícitos, salvo reversão em proveito do casal. Incluem-se os atos lesivos praticados pelo

---

[57] Art. 1.647, parágrafo único. São válidas as doações nupciais feitas aos filhos quando casarem ou estabelecerem economia separada.

[58] *Op. cit.*, p. 1.471.

[59] Art. 1.652. O cônjuge, que estiver na posse dos bens particulares do outro, será para com este e seus herdeiros responsável:
I – como usufrutuário, se o rendimento for comum;
II – como procurador, se tiver mandato expresso ou tácito para os administrar;
III – como depositário, se não for usufrutuário, nem administrador.

cônjuge, sem a participação do outro, e que não resultaram em proveito do casal. A responsabilidade por ato ilícito é pessoal do infrator.

Os bens de uso pessoal, os livros e instrumentos de profissão são igualmente incomunicáveis. Existem ocasiões em que instrumentos de profissão podem custar altos valores, sendo, inclusive, tão ou mais caros que automóveis ou moradias. Se esses bens foram adquiridos com os rendimentos do casal, é inconcebível a sua não-comunicação. O CPC descreve como impenhoráveis os livros, as máquinas, os utensílios e os instrumentos, necessários ou úteis ao exercício de qualquer profissão.[60]

Não se comunicam os proventos do trabalho pessoal de cada cônjuge, bem como as pensões, meios-soldos, montepios e outras rendas semelhantes. Proventos são rendimentos, proveitos. Ao serem considerados incomunicáveis, tornam possível a fraude contra credores, pois não serão por estes passíveis de penhora. O termo *provento* pode ser interpretado não somente como aqueles valores que a pessoa recebe por seu trabalho, mas também lucros e rendimentos.[61] Assunção diz que "a previsão da exclusão dos proventos do trabalho pessoal de cada cônjuge, indicada no inciso VI, produz situação que se antagoniza com a própria essência do regime, [pois], se os rendimentos do trabalho não se comunicam, os bens sub-rogados desses rendimentos também não se comunicam, conforme o inciso II, e, por conseguinte, praticamente nada se comunica nesse regime, no entendimento de que a grande maioria dos cônjuges vive dos rendimentos do seu trabalho".[62]

Os bens onerosamente adquiridos na constância do matrimônio são, de regra, frutos dos rendimentos pessoais dos cônjuges e, portanto, integram o patrimônio do casal, comunicam-se. No momento em que um dos cônjuges contrai dívidas e se reduz à insolvência para que o outro se loteplete em nome do casal (adquirindo bens de forma que os tornem incomunicáveis), está caracterizada a fraude contra credores, eis que presentes o *eventus damni* e o *consilium fraudis*.

Em relação aos bens comunicáveis, o CC descreve que entram na comunhão:[63] a) os bens adquiridos na constância do casamento por título oneroso, ainda que só em nome de um dos cônjuges; b) os bens adquiridos por fato eventual, com ou sem o concurso de trabalho ou despesa anterior; c) os bens adquiridos por doação, herança ou legado, em favor de ambos os cônjuges; d) as benfeitorias em bens particulares de cada cônjuge; e)

---

[60] Cfe. art. 649, VI.

[61] Cfe. FERREIRA, Aurélio Buarque de Holanda. *Dicionário Aurélio Eletrônico – Século XXI, versão 3.0.*

[62] *In Código Civil comentado*, p. 1.471.

[63] Art. 1.660.

os frutos dos bens comuns, ou dos particulares de cada cônjuge, percebidos na constância do casamento, ou pendentes ao tempo de cessar a comunhão.

Divide-se a responsabilidade patrimonial dos cônjuges em face das obrigações assumidas independentemente da relação matrimonial, em que cada cônjuge responderá com seu patrimônio próprio, e em obrigações contraídas em nome e/ou proveito do casal, em que todo o patrimônio dos consortes responderá.

4.2. Do regime da comunhão universal (arts. 1.667 a 1.671)

O regime da comunhão universal de bens importa a comunicação de todos os bens presentes e futuros dos cônjuges e suas dívidas passivas,[64] com algumas exceções.[65]

Os bens doados ou herdados com a cláusula de incomunicabilidade e os sub-rogados em seu lugar não se comunicam. Os bens com cláusula de incomunicabilidade têm certo destaque na capacidade jurídica do empresário, pois devem ser devidamente registrados no Registro Público de Empresas Mercantis, para prevenir possível fraude contra credores, dando-lhes publicidade.[66] Arnaldo Rizzardo diz que "os bens inalienáveis são incomunicáveis, não ocorrendo, porém, o inverso. A incomunicabilidade não abrangeria a inalienabilidade".[67]

Não se comunicam, também, os bens gravados de fideicomisso e o direito do herdeiro fideicomissário, antes de realizada a condição suspensiva. Rizzardo define o fideicomisso como "a disposição testamentária através da qual o testador ordena que o legado ou a herança, implementada certa condição, se transmita a outra pessoa chamada a suceder".[68]

As dívidas anteriores ao casamento, salvo se provierem de despesas com seus aprestos, ou reverterem em proveito comum, não se comunicam. Assis diz que, "quanto às dívidas posteriores ao casamento, contraídas em caráter pessoal, que são garantidas pelos bens comuns até a meação, e subsidiariamente pelos bens particulares, a regra é a responsabilidade comum".[69]

---

[64] Art. 1.667.

[65] Art. 1.668.

[66] Art. 979. Além de no Registro Civil, serão arquivados e averbados, no Registro Público de Empresas Mercantis, os pactos e declarações antenupciais do empresário, o título de doação, herança, ou legado, de bens clausulados de incomunicabilidade ou inalienabilidade.

[67] RIZZARDO, Arnaldo. *Direito de Família*, Lei nº 10.406, de 10.01.2002. 3. ed. Rio de Janeiro: Forense, 2005, p. 645.

[68] *Ibidem*.

[69] *Comentários ao Código de Processo Civil*, p. 239.

É válida a cláusula de incomunicabilidade das doações antenupciais feitas por um dos cônjuges ao outro. Por se tratar de doações antenupciais, pode ocorrer que essa doação seja feita para fraudar credores cuja obrigação se dera anteriormente ao casamento. O registro de tais bens no respectivo Registro Civil, juntamente com o pacto antenupcial, pode comprovar eventual má-fé caso o cônjuge, em razão dessa doação, seja reduzido à insolvência. O mesmo se aplica aos bens sub-rogados.

Os bens de uso pessoal, os livros e instrumentos de profissão, bem como os proventos do trabalho pessoal de cada cônjuge e as pensões, meios-soldos, montepios e outras rendas semelhantes não se comunicam, bem como ocorre no regime da comunhão parcial.

Assunção diz que "as obrigações decorrentes de atos ilícitos não se comunicam, porque a responsabilidade é pessoal do infrator. Porém, se o ato ilícito trouxe proveito para o casal, respondem solidariamente os cônjuges".[70] A lei não prevê a responsabilização por atos ilícitos como excluída da comunhão de bens, mesmo sendo a responsabilização pelo crime de natureza pessoal do agente. Assunção diz que essa exclusão pode provocar injustiças. "Como na comunhão universal de bens cada cônjuge é proprietário de metade ideal do patrimônio, que se materializa com a partilha, por ocasião da dissolução da sociedade, o credor da indenização ficaria desprotegido caso o cônjuge causador do dano não possuísse bens particulares, uma vez que os bens comuns estariam a salvo".[71]

A incomunicabilidade dos bens descritos não se estende aos frutos, quando se percebam ou vençam durante o casamento.[72] Pode haver confusão conceitual entre frutos e proventos, no que tange aos ganhos de capital, pois existem trabalhos próprios com especulação financeira, ou imobiliária, em que esses ganhos podem se enquadrar tanto na condição de frutos como de proventos. Tratando-se de ganhos de capital decorrentes de patrimônio previamente constituído aplicado, serão frutos; tratando-se de comissão mercantil sobre ganhos de capital decorrentes de venda por meio de corretagem, serão proventos. Nesse sentido, Eros Grau e Paula Forgioni dizem que os proventos que derivam da comercialização dos bens não pertencem ao comissário, mas sim ao comitente, pois o comissário é mero detentor dos proventos, porque lhes deve entregar ao comitente.[73]

No tocante à fraude contra credores, esta pode ser alcançada, também, com o divórcio dos cônjuges, se este ocorrer com o único intuito de

---

[70] *In* FIUZA, Ricardo (coord.). *Código Civil comentado*, p. 1.471.

[71] *Op. cit.*, p. 1480.

[72] Art. 1.669.

[73] *Cfe.* GRAU, Eros e FORGIONI, Paula. *O Estado, a empresa e o contrato*. São Paulo: Malheiros, 2005, p. 158-9.

cessar a responsabilidade pessoal de cada um.[74] Pode-se provar o *consilium fraudis*, por exemplo, se ambos continuarem a coabitar após surtirem os efeitos legais do divórcio em relação ao patrimônio, e um deles for reduzido à insolvência, prejudicando credores.

4.3. Do regime da participação final dos aqüestos (arts. 1.672 a 1.686)

Regime *sui generis* em relação aos preexistentes no ordenamento jurídico, o da participação final dos aqüestos possui algumas características que, de certa forma, ampliaram as possibilidades das relações patrimoniais entre os cônjuges. Segundo esse regime, cada cônjuge possui patrimônio próprio, que são os bens que possuía ao casar e os por ele adquiridos, a qualquer título, na constância do casamento,[75] e lhe cabe, à época da dissolução da sociedade conjugal, direito à metade dos bens adquiridos pelo casal, a título oneroso, na constância do casamento.[76] A administração dos bens próprios de cada cônjuge é exclusividade sua, que os poderá livremente alienar, se forem móveis, mas, para a disposição de bens imóveis, faz-se necessária a outorga uxória.[77]

Excluem-se do montante dos aqüestos, quando da dissolução da sociedade conjugal, os bens anteriores ao casamento e os que em seu lugar se sub-rogaram, os que sobrevieram a cada cônjuge por sucessão ou liberalidade, e as dívidas relativas a esses bens.[78]

No regime da participação final dos aqüestos, pelas dívidas posteriores ao casamento, contraídas por um dos cônjuges, somente este responderá, salvo prova de terem revertido, parcial ou totalmente, em benefício do outro.[79] Assis, sobre o tema, diz que se ressalvam desta singular disciplina duas situações: em primeiro lugar, as dívidas contraídas para a economia doméstica (art. 1.643 c/c art. 1.644); ademais, as dívidas posteriores ao casamento que reverteram, no todo ou em parte, para benefício comum (art. 1.677, *in fine*). Dissolvendo-se a sociedade conjugal, por qualquer motivo, realiza-se balanço patrimonial, cabendo a cada cônjuge uma cota no conjunto dos bens adquiridos na constância do casamento, na forma dos artigos 1.674 a 1.676 do CC de 2002.[80]

---

[74] Art. 1.671. Extinta a comunhão, e efetuada a divisão do ativo e do passivo, cessará a responsabilidade de cada um dos cônjuges para com os credores do outro.

[75] Art. 1.673.

[76] Art. 1.672.

[77] Art. 1.647.

[78] Art. 1.674.

[79] Art. 1.677.

[80] *Comentários ao Código de Processo Civil*, p. 240.

Maria Berenice Dias refere-se aos aqüestos como a soma dos bens próprios de cada um dos cônjuges adquiridos durante o casamento e mais os bens adquiridos em conjunto, sendo este o acervo que será partilhado e compensado quando da dissolução.[81] Dessa forma, para se responsabilizar o casal por eventual obrigação contraída em proveito comum, deve-se efetuar uma liquidação patrimonial do casal.

Apesar de somente poder alienar ou gravar de ônus bens imóveis com a outorga uxória, mesmo constando exclusivamente em seu nome no registro público, o cônjuge poderá administrá-lo da maneira que lhe convier, inclusive no tocante aos frutos e rendimentos oriundos da exploração do bem. As dívidas de um dos cônjuges, quando superiores à sua meação, não obrigam ao outro, ou a seus herdeiros.[82] Assim, pode haver o *consilium fraudis* entre o devedor e o cônjuge desobrigado da responsabilidade contraída quando as dívidas ultrapassarem a meação e reverterem em proveito do casal, diminuindo as possibilidades da efetivação de futura execução.

4.4. Do regime da separação de bens (arts. 1.687 e 1.688)

Segundo o regime da separação total de bens, existem dois tipos de bens presentes na relação matrimonial: os particulares de cada cônjuge. Os bens de propriedade comum a ambos, adquiridos e registrados em forma de condomínio, não referem-se a obrigatoriedade em face do regime (comunhão). Cada cônjuge administra seus bens particulares exclusivamente, podendo aliená-los sem a necessidade de outorga uxória,[83] mesmo os bens imóveis.

Em se tratando de fraude cometida por um dos cônjuges, Assis diz que "é ônus do credor provar a data da constituição do crédito e sua natureza mercantil, pois se tratará de fato constitutivo de seu alegado direito à penhora, admitindo-se que produza a prova nos embargos oferecidos pelo cônjuge".[84]

O regime da separação de bens é obrigatório em alguns casos específicos definidos pelo CC:[85] das pessoas que o contraírem com inobservância das causas suspensivas da celebração do casamento; da pessoa maior de sessenta anos; de todos os que dependerem, para casar, de suprimento judicial.

---

[81] *Cfe*. DIAS, Maria Berenice. *Manual de Direito das Famílias*. Porto Alegre: Livraria do Advogado, 2005, p. 229.

[82] Art. 1.686.

[83] Art. 1.687. Estipulada a separação de bens, estes permanecerão sob a administração exclusiva de cada um dos cônjuges, que os poderá livremente alienar ou gravar de ônus real.

[84] *Comentários ao Código de Processo Civil*, p. 240.

[85] Art. 1.641.

4.5. Da união estável (arts. 1.723 a 1.727)

A união estável, conhecida nas leis ordinárias anteriores ao CC como concubinato, é reconhecida quando configurada na convivência pública, contínua e duradoura e estabelecida com o objetivo de constituição de família entre um homem e uma mulher.[86] Na união estável, salvo contrato escrito entre os companheiros, aplica-se às relações patrimoniais, no que couber, o regime da comunhão parcial de bens.[87]

Apesar de vigorar as relações patrimoniais semelhantes ao regime da comunhão parcial, existem diferenças no tocante a direitos, deveres e sucessão de companheiros conviventes sob o regime da união estável. Existe a possibilidade de os companheiros estabelecerem disposição de bens diversa da comunhão parcial, por meio de contrato,[88] mas, segundo Dias, "ainda que a união estável gere a co-propriedade dos bens adquiridos, não há qualquer determinação obrigando o registro em nome de ambos os conviventes".[89] Dessa maneira, o registro público em que constar somente o nome de um dos companheiros é válido, pois não é eivado de nenhum vício, o que pode lesar direito de terceiro de boa-fé.

A lei não faz referência à necessidade de outorga uxória para a alienação de bens e a concessão de fiança ou aval no regime da união estável. Dias entende que, todavia, em face do reconhecimento da união estável como entidade familiar, e da co-titularidade de certos bens independentemente de registro público, é necessário estender-lhe as mesmas limitações, para salvaguardar o patrimônio do casal e proteger terceiros de boa-fé, como decorrência da limitação da disponibilidade.[90] A meação dos bens não se comunica e, portanto, não pode ser objeto de garantia da responsabilidade da qual o companheiro não é contraente ou beneficiado na sua condição de ente familiar.

5. Algumas considerações sobre o direito de empresa

Como foi referido, a disposição do patrimônio do cônjuge varia conforme o regime de bens vigente no casamento ou, se o caso, na união estável. A doutrina trata, primordialmente, dos casos em que o cônjuge usa a empresa, que tem patrimônio autônomo em relação ao patrimônio pertencente à célula familiar, para fraudar a meação de seu cônjuge. O presente estudo, no entanto, visa a apresentar o oposto, ou seja, quando o

---

[86] Art. 1.723.

[87] Art. 1.725.

[88] Art. 1.725.

[89] DIAS, Maria Berenice. *Manual de Direito das Famílias*, p. 174.

[90] Cfe. *Manual de Direito das Famílias*, p. 175.

cônjuge usa as regras de disposição de bens, ou até mesmo a pessoa do outro cônjuge, para fraudar credores, terceiros em relação ao matrimônio.

Cada regime de bens possui peculiaridades em relação ao patrimônio que se comunica e, como tal, permite que a pessoa transfira para seu cônjuge bens que se tornariam incomunicáveis e, portanto, não respondem pela dívida contraída pela empresa, mesmo com a desconsideração da personalidade jurídica. Mas, como se tratam de marido e esposa, o consilium fraudis é evidente, com presunção *in re ipsa*, o que não acarreta maiores problemas na sua detecção em fraude contra credores.

5.1. A figura do cônjuge sócio

À exceção dos regimes da comunhão universal de bens e da separação obrigatória, os consortes podem, livremente, contrair sociedade entre si. Se ambos forem casados sob o regime da comunhão universal de bens, o cônjuge que não participa diretamente da sociedade tem direito à meação das cotas, sem exercer, efetivamente, a qualidade de sócio. Luiz Guilherme Loureiro descreve a necessidade de se distinguir entre dois tipos de sociedade para que a questão se esclareça, embora confessando não haver unanimidade na doutrina a respeito do tema:

a) sociedades de pessoas: são as sociedades em nome coletivo e sociedades limitadas, em que os direitos de empresa permanecem ligados à figura do sócio e apenas o valor patrimonial se comunica ao consorte, caso exista pré-estipulação no estatuto;

b) sociedades por quotas de capital: a qualidade de sócio nunca se comunica ao cônjuge meeiro, que é considerado apenas agregado do sócio.[91]

O CC estabelece que os herdeiros do cônjuge de sócio, ou o cônjuge do que se separou judicialmente, não podem exigir desde logo a parte que lhes couber na quota social, mas concorrer à divisão periódica dos lucros, até que se liquide a sociedade.[92] O artigo visa à meação, seja dos herdeiros do *de cujus*, seja do próprio cônjuge que se separa judicialmente do sócio, e que somente será exigível quando da liquidação da sociedade, o que tem o escopo de preservar a empresa em detrimento de eventuais direitos patrimoniais decorrentes do Direito de Família.

Loureiro diz que a comunhão se distingue do condomínio, pois, neste, existem frações ideais entre os condôminos, que podem onerá-las, ao passo

---

[91] Cfe. LOUREIRO, Luiz Guilherme. A atividade empresarial do cônjuge no Novo Código Civil. in DELGADO, Mário Luiz e ALVES, Jones Figueirêdo (coord.). Novo Código Civil – questões controvertidas, série Grandes Temas de Direito Privado, vol. 2. São Paulo: Método, 2004, p. 237.

[92] Art. 1.027.

que, naquela, "as quotas só assumem relevo, como tais, no momento da dissolução do casamento para determinar igual repartição no ativo e no passivo".[93] Os condôminos de quota indivisa respondem solidariamente pelas prestações necessárias à sua integralização,[94] o que, por não se confundir com comunhão, somente afetará o patrimônio do cônjuge se as dívidas da empresa tiverem sido contraídas em benefício da família.

5.2. A disregard doctrine

"A personalidade é qualidade inerente da pessoa, seja ela física (natural) ou jurídica. [...] É a personalidade que torna a pessoa titular de direitos e de obrigações, participante efetiva do ordenamento jurídico, autônomo e responsável pela prática de seus atos".[95] A autonomia patrimonial cria a necessidade de a empresa possuir patrimônio próprio, independente do patrimônio dos seus sócios, para garantir o cumprimento de suas obrigações.

Tais obrigações são contraídas através da pessoa jurídica, e por esta devem ser suportados os ônus do seu cumprimento, mesmo o ato tendo sido praticado por seu administrador, pessoa física. Cada empresa possui uma finalidade, descrita em seu estatuto, e as obrigações que contrai devem estar de acordo com esta. Rolf Madaleno diz que a personalidade jurídica precisa ser desconsiderada "quando seus integrantes se escondem detrás da máscara jurídica, para atingir, pelo abuso de direito ou pela fraude, finalidades totalmente condenáveis e incompatíveis com o direito e com o objeto social, causando, sobretudo, incontáveis prejuízos a terceiros".[96]

Quando a pessoa natural, sócia ou proprietária da empresa, utiliza da autonomia patrimonial da pessoa jurídica para desviar o patrimônio desta para o seu acervo particular, ou de seu cônjuge, ou de ambos, está configurada a fraude contra credores. O CC prevê que, em caso de abuso da personalidade jurídica, caracterizado pelo desvio de finalidade, ou pela confusão patrimonial, pode o juiz decidir, a requerimento da parte, ou do Ministério Público quando lhe couber intervir no processo, que os efeitos de certas e determinadas relações de obrigações sejam estendidos aos bens particulares dos administradores ou sócios da pessoa jurídica.[97]

---

[93] A atividade empresarial do cônjuge no Novo Código Civil., p. 246.

[94] Art. 1.056, § 2º.

[95] LOVATO, Luiz Gustavo. Da personalidade jurídica e sua desconsideração. Disponível em http://jus2.uol.com.br/doutrina/texto.asp?id=7522, em 18 de novembro de 2005.

[96] MADALENO, Rolf. A disregard nos alimentos. Disponível em http://www.rolfmadaleno.com.br, acessado em 19 de novembro de 2005.

[97] Art. 50.

As possibilidades de desconsideração da personalidade jurídica previstas na lei, por vezes, não atingem o patrimônio particular incomunicável do cônjuge do sócio fraudador, que pode ser beneficiado nessa situação fraudulenta. Francisco Amaral descreve as hipóteses mais freqüentes de aplicabilidade da desconsideração da personalidade jurídica como sendo: o ingresso fraudulento na sociedade de bens ou direitos pertencentes a terceiros, realizado por sócio; a mistura de bens ou de contas entre acionista controlador e participantes da sociedade e a própria sociedade; negócios pessoais feitos pelo administrador como se fosse pela sociedade, confusão de patrimônios de sócio e da sociedade; o desvio de finalidade do objeto social com fins ilícitos ou fraudulentos etc.[98]

Dentre essas possibilidades elencadas, pode-se estender sua aplicação, e seu entendimento aos bens pertencentes à célula familiar. O empresário pode realizar os atos fraudulentos sem transferir ou confundir o patrimônio da empresa com o seu, mas com o patrimônio particular de seu cônjuge, cuja manobra o torna impenhorável em decorrência da incomunicabilidade. A desconsideração da personalidade jurídica visa a atingir o patrimônio do sócio, responsável pelas obrigações da empresa, e tão-somente.

Por meio da teoria da aparência, em que o *status* social do empresário, por vezes, não condiz com a condição financeira de sua empresa, a jurisprudência tem entendido que quando, notadamente, os contratos sociais das pessoas jurídicas da devedora e da embargante (em embargos de terceiro), resultam da relação familiar entre os sócios de ambas as empresas, a personalidade jurídica não constitui um direito absoluto, mas está sujeita e contida pela teoria da fraude contra credores e pela "teoria do abuso de direito". Daí o surgimento da teoria da *disregard of personality* ou "disregard of legal entity", que permite confundir as pessoas jurídicas, principalmente diante da inexistência de patrimônio em nome da executada.[99]

5.3. Alguns casos previstos na Lei de Falências

A Lei de Falências[100] regula a recuperação judicial, a extrajudicial e a falência do empresário e da sociedade empresária. Essa lei arrola os casos em que o juiz decretará a falência do devedor, independentemente de haver mora ou execução judicial prévias. Esse rol, à exceção dos casos em que a empresa fizer parte do plano de recuperação judicial, descreve

---

[98] Cfe. AMARAL, Francisco. Direito Civil: introdução. 5. ed., Rio de Janeiro: Renovat, 2003, p. 303.

[99] Apelação Cível n° 70007143910, 17ª Câmara Cível do TJRS, Pelotas, Rel. Des. Elaine Harzheim Macedo.

[100] Lei n° 11.101 de 09.02.2005.

as possibilidades previstas em lei de o empresário utilizar a figura da empresa para fraudar credores:[101]

a) Quando procede à liquidação precipitada de seus ativos ou lança mão de meio ruinoso ou fraudulento para realizar pagamentos. Nesses casos, o devedor paga, por vezes antecipadamente, credores aos quais beneficia em detrimento de outros. Como as possibilidades ora abordadas se referem ao direito patrimonial dos cônjuges, um desses credores pode ser o cônjuge que não participa como empresário ou sócio da empresa, mas empresta ou, de alguma maneira, injeta (ou simula injetar) capital seu na sociedade sob compromisso de ressarcimento.

b) Quando realiza ou, por atos inequívocos, tenta realizar, com o objetivo de retardar pagamentos ou fraudar credores, negócio simulado ou alienação de parte ou da totalidade de seu ativo a terceiro, credor ou não. Nesses casos, a lei previu dois institutos: a simulação e a fraude contra credores. Visualizou a figura do terceiro, que em certos casos pode ser o cônjuge ou companheiro do empresário, independentemente do fato de ser credor ou não.

c) Quando transfere estabelecimento a terceiro, credor ou não, sem o consentimento de todos os credores e sem ficar com bens suficientes para solver seu passivo. É a transferência total do estabelecimento da empresa, em benefício de terceiro e em detrimento dos credores. Caso típico de fraude contra credores em que um ato formalmente lícito camufla um fim ilícito.

d) Quando simula a transferência de seu principal estabelecimento com o objetivo de burlar a legislação ou a fiscalização ou para prejudicar credor. Trata-se de simulação, em que o ato, efetivamente, não acontece, mas aparenta, aos credores, ter acontecido.

e) Quando dá ou reforça garantia a credor por dívida contraída anteriormente sem ficar com bens livres e desembaraçados suficientes para saldar seu passivo. A fiança e o aval não se enquadram nesse tipo de previsão, pois necessitam da outorga uxória, o que, de certa forma, impede o uso do instituto para fraudar credores por meio do regime de bens do casamento, exceto se o credor for o próprio cônjuge ou convivente do empresário.

As hipóteses levantadas tratam das questões envolvendo terceiro como pessoa natural, física, e não empresária, o que, também, pode ocorrer nos atos fraudulentos ou fraudatórios. Dessa forma, o empresário, ao transferir o patrimônio da empresa a outra empresa, pertencente exclusivamente e seu cônjuge, estará agindo em fraude contra credores.

---

[101] Art. 94 da Lei de Falências.

5.4. Alguns tipos de responsabilidades de empresas previstas no CDC

Outra questão que ultrapassa o uso da pessoa natural do cônjuge não-sócio para fraudar credores é o da personalidade jurídica em que o cônjuge ou companheiro do devedor figura como empresário. Ou seja, cada cônjuge é empresário em empresas distintas e, com isso, possuem patrimônios autônomos de ordem pessoal e empresarial. Nos casos em que alguns bens não se comunicam nos regimes adotados no casamento, estes bens podem ser sub-rogados ao patrimônio da empresa do cônjuge e, com isso, tornarem-se impenhoráveis pelas obrigações do outro.

O Código de Defesa do Consumidor[102] (CDC) trata da desconsideração da personalidade jurídica e elenca alguns casos em que as empresas podem se confundir, patrimonialmente. Essa lei prevê que a desconsideração da personalidade jurídica se dará por ato ilícito praticado em relações de consumo, mas, mesmo sendo um microssistema legal especificamente consumerista, aborda com minúcias as possibilidades do uso de empresas para fraudar credores.

As sociedades integrantes dos grupos societários e as sociedades controladas[103] serão solidariamente responsáveis por atos ilícitos ou insolvência que cause danos a credores. Com o advento das empresas virutais, que existem somente através de uma página na internet, existe a possibilidade de serem controladas por uma empresa com patrimônio constituído, mas que usam a empresa virtual para se eximir de responsabilidades patrimoniais. Os membros integrantes dessas pessoas jurídicas fazem financiamentos, empréstimos, assumem responsabilidades, cometem atos ilícitos e gestão ruinosa e transferem todos os valores oriundos dessas operações para outra pessoa jurídica componente do grupo societário. Ao executar seu título, o credor não conseguirá encontrar bens para penhorar ou hipotecar, e o capital oriundo do negócio jurídico estará fora de seu alcance.[104]

Outra possibilidade prevista no CDC refere-se às sociedades consorciadas,[105] também solidariamente responsáveis pelos casos de danos ou insolvência que venham lesar direitos de credores. Empresas consorciadas são, por exemplo, as que unem forças para formar um capital social compatível com o capital mínimo requerido em uma licitação.

O CDC traz a hipótese de culpa somente para a responsabilização das sociedades coligadas,[106] que são as sociedades que, em suas relações de

---

[102] Lei nº 8.078 de 11.09.1990.

[103] Art. 28, § 2º do CDC.

[104] LOVATO, Luiz Gustavo. *Da personalidade jurídica e sua desconsideração.*

[105] Art. 28, § 3º do CDC.

[106] Art. 28, § 3º do CDC.

capital, são controladas, filiadas, ou de simples participação,[107] ocorrendo em casos que uma sociedade participa, seja de forma majoritária ou minoritária, do corpo de ações da outra.[108]

6. Considerações finais

A comunicabilidade dos bens dos cônjuges ou companheiros é fator importante no estudo da fraude contra credores, eis que o instituto da responsabilidade patrimonial, regra no ordenamento jurídico pátrio, traz possibilidades de os devedores lesarem direitos de outrem sem sofrerem sanções por isso. O Direito de Família, ao ampliar as possibilidades de disposições patrimoniais entre os cônjuges e companheiros no CC de 2002, possibilitou o surgimento de uma vasta gama de situações em que pode ocorrer uma aparente situação de insolvência.

Não apenas a diversidade de regimes de bens trouxe tal ampliação, como, aliada às possibilidades de alteração do regime de bens na constância do casamento, separação, divórcio e união estável, tornou difícil para o credor a busca pelo patrimônio do devedor em certos casos. O ônus da prova da situação de insolvência do devedor cabe ao credor, mas, de qualquer maneira, na ação pauliana o credor deverá fazer verdadeira peregrinação atrás dos bens alienados e, caso o terceiro adquirente prove sua boa-fé, pode acabar o processo sem ver seu crédito satisfeito.

Para a ação pauliana, o *consilium fraudis* deve estar presente, não bastando o *eventus damni*, como no caso da fraude à execução. À exceção de grau de parentesco ou de amizade entre alienante (devedor) e adquirente, a prova da boa-fé reside na própria presunção de que é impossível a este, em face da ausência, por vezes, de registros do débito, saber de sua existência. O maior ônus do processo cabe, assim, ao credor, que, além da ação de cobrança ou execução, terá que arcar com os custos de uma ação pauliana para, ao fim, correr o risco de ver frustrada sua pretensão.

Bibliografia

AGUIAR, Ruy Rosado. *Da boa-fé*. Porto Alegre: Video Versa, 1990, DVD.

AMARAL, Francisco. *Direito Civil*: introdução. 5. ed., Rio de Janeiro: Renovat, 2003.

ASSIS, Araken de. *Comentários ao Código de Processo Civil, vol. VI*. 2. ed. Rio de Janeiro: Forense, 2004.

——. *Fraude à execução e legitimidade do terceiro hipotecante*. Ver. Direito & Justiça, v. 15, anos XIII e XIV (1991/2).

---

[107] Art. 1.097 do CC.

[108] Cfe. LOVATO, Luiz Gustavo. *Da personalidade jurídica e sua desconsideração.*

ASSUNÇÃO, Alexandre Guedes Alcoforado. *in* FIUZA, Ricardo (coord.). *Novo Código Civil comentado*. São Paulo: Saraiva, 2003.

CAHALI, Yussef Said. *Fraudes contra credores*. 3. ed. São Paulo: RT, 2002.

CAVALIERI FILHO, Sérgio. *Programa de responsabilidade civil*. 6. ed. São Paulo: Malheiros, 2005.

CORDEIRO, Antônio Manuel da Rocha e Menezes. *Da boa-fé no Direito Civil*. 2. reimp. Coimbra: 2001.

DALL'AGNOL JÚNIOR, Antônio Janyr. *Fraude contra credores, estrutura e função*. Porto Alegre: Revista da AJURIS nº 58, ano XX – julho de 1993.

DELGADO, José Augusto. *A ética e a boa-fé no novo Código Civil in* DELGADO, Mário Luiz e ALVES, Jones Figueirêdo (coord.). *Novo Código Civil – questões controvertidas*, série Grandes Temas de Direito Privado, vol 1. São Paulo: Método, 2003.

——; ALVES, Jones Figueirêdo (coord.). *Novo Código Civil – questões controvertidas*, série Grandes Temas de Direito Privado, vol 1. São Paulo: Método, 2003.

——. *Novo Código Civil – questões controvertidas*, série Grandes Temas de Direito Privado, vol. 2. São Paulo: Método, 2004.

——. *Novo Código Civil – questões controvertidas no direito de família e das sucessões*, série Grandes Temas de Direito Privado, vol. 3. São Paulo: Método, 2005.

DIAS, Maria Berenice. *Manual de Direito das Famílias*. Porto Alegre: Livraria do Advogado, 2005.

FIUZA, Ricardo (coord.). *Novo Código Civil comentado*. São Paulo: Saraiva, 2003.

GUIMARÃES, Marlene Silveira. *Família e empresa – questões controvertidas*. *in* DELGADO, Mário Luiz e ALVES, Jones Figueirêdo (coord.). *Novo Código Civil – questões controvertidas*, série Grandes Temas de Direito Privado, vol 1. São Paulo: Método, 2003.

LIMA, Alvino. *A fraude no Direito Civil*. São Paulo: Saraiva, 1965.

LOUREIRO, Luiz Guilherme. *A atividade empresarial do cônjuge no Novo Código Civil*. *in* DELGADO, Mário Luiz e ALVES, Jones Figueirêdo (coord.). *Novo Código Civil – questões controvertidas*, série Grandes Temas de Direito Privado, vol. 2. São Paulo: Método, 2004.

LOVATO, Luiz Gustavo. *Da personalidade jurídica e sua desconsideração*. Disponível emhttp://jus2.uol.com.br/doutrina/texto.asp?id=7522, em 18 de novembro de 2005.

MADALENO, Rolf. *A disregard nos alimentos*. Disponível em http://www.rolfmadaleno.com.br, acessado em 19 de novembro de 2005.

——. *A fraude material na união estável e conjugal in* DELGADO, Mário Luiz e ALVES, Jones Figueirêdo (coord.). *Novo Código Civil – questões controvertidas* no direito de família e das sucessões, série Grandes Temas de Direito Privado, vol. 3. São Paulo: Método, 2005.

NERY JÚNIOR, Nelson e NERY, Rosa Maria de Andrade. *Código de Processo Civil comentado e legislação extravagante*. 7. ed. São Paulo: RT, 2003.

PARIZATTO, João Roberto. *Fraude de execução e fraude contra credores*. 2. ed. Ouro Fino: Edipa, 2000.

RIZZARDO, Arnaldo. *Direito de Família*, Lei nº 10.406, de 10.01.2002. 3. ed. Rio de Janeiro: Forense, 2005.

SARLET, Ingo Wolfgang. *A eficácia dos direitos fundamentais*. 5. ed. Porto Alegre: Livraria do Advogado, 2005.

TESHEINER, José Maria Rosa. *Fraude á execução sob nova visão.* Disponível em http://www.tex.pro.br/wwwroot/02de2004/fraudeaexecucaosobnovavisao.htm, acessado em 26 de outubro de 2005, às 10hs

——. *Responsabilidade patrimonial (arts. 591 a 597).* Disponível em http://www.tex.pro.br, acessado em 25 de outubro de 2005, às 22hs.

THEODORO JÚNIOR, Humberto. *Curso de direito processual civil, vol. II. 27. ed. Rio de Janeiro: Forense, 1999.*

9. Ação de anulação de investigação de paternidade soberanamente transitada em julgado

ROLANDO RAUL MORO

Bacharel em Ciências Jurídicas e Sociais pela UNISINOS. Curso Regular de Preparação à Carreira do Ministério Público pela ESMP. Especialista em Direito Tributário pela Faculdade de Ciências Sociais de Florianópolis, em parceria com a Faculdade Meridional de Passo Fundo - RS. Mestrando em Processo Civil pela PUCRS. Promotor de Justiça do RS, em exercício das atribuições na 2ª Promotoria de Justiça de Camaquã – RS.

Sumário: 1. Conceitos preliminares à compreensão do tema; 2. Conceito de coisa julgada; 3. Funções e natureza jurídica da coisa julgada; 4. Limites subjetivos e objetivos da coisa julgada; 5. Eficácia preclusiva e relação jurídica continuativa; 6. Aplicabilidade dos princípios constitucionais; 7. Segurança jurídica *versus* justiça; 8. Coisa julgada contrária ao Direito; 9. Relativização da coisa soberanamente transitada em julgado. Considerações finais. Bibliografia.

1. Conceitos preliminares à compreensão do tema

Para uma necessária e suficiente compreensão do tema, primeiramente, devem ser examinados alguns conceitos básicos.

Desses, analisar-se-ão os conceitos de processo, procedimento, atos judiciais, classificação das demandas quanto à carga eficacial, elementos identificadores das demandas, ação anulatória, conteúdo da sentença e ação rescisória.

Processo é o instrumento utilizado para se buscar a tutela do direito material.

Procedimento é a seqüência de atos coordenados destinados a solucionar um conflito de interesses qualificado por uma pretensão resistida ou insatisfeita (lide), que vinculam o juiz e as partes a direitos e obrigações.

A enumeração dos atos judiciais é feita pelo próprio Código de Processo Civil (CPC) que, no art. 162, os classificam em sentença (aquelas

AÇÕES DE DIREITO DE FAMÍLIA

que põem fim ao processo com ou sem julgamento do mérito da causa); decisão interlocutória (aquela que põe fim à questão incidente e que causa um gravame à parte); e despachos de mero expediente (aqueles que meramente impulsionam o andar do processo sem causar gravame algum às partes).

A classificação das demandas, segundo as cargas de eficácia da sentença de procedência, opera-se em ação declaratória, constitutiva, condenatória, executiva e mandamental. A declaratória tem por finalidade declarar a existência ou inexistência de uma relação jurídica, ou a veracidade ou inveracidade de um documento. A constitutiva, além de declarar o direito da parte, tem por finalidade criar, modificar ou extinguir uma relação jurídica. A condenatória tem por objeto condenar alguém a dar, fazer ou deixar de fazer alguma coisa. A executiva é aquela em que a realização prática do comando da sentença se dá na própria ação de conhecimento como, por exemplo, a ação de despejo e a ação de reintegração de posse. Por fim, a mandamental é aquela que tem por finalidade obter do estado-juiz um comando, uma ordem, um mandamento para a prática ou não de um ato determinado como, por exemplo, o mandado de segurança e a ação de retificação de registro público. A presente classificação quinária das ações apregoa que toda a sentença, no que tange ao seu comando eficacial, é híbrida, ou seja, possui necessariamente mais de uma carga de eficácia, ressalvando que ela dispõe sobre a eficácia preponderante da sentença. Ressalta-se, entretanto, que a sentença puramente declaratória, logicamente, possui apenas uma eficácia sentencial.

Outro conceito prévio trata dos elementos identificadores das demandas judiciais.

A ação de direito processual tem como elementos identificadores as partes, a causa de pedir e o pedido.

Parte é aquela pessoa que pede, ou contra quem é pedida, a tutela da prestação jurisdicional estatal. Esse conceito é desvinculado do conceito de ação de direito material. Neste, o autor é o titular do direito material posto em causa, e o réu é o devedor da prestação do direito material. Não há que se confundir ação de direito material com ação de direito processual. Entretanto, é importante ressaltar que muitas vezes pode haver a correspondência entre ação de direito material e ação de direito processual. Neste caso, tem-se, como exemplo, a demanda judicial onde o autor, titular de um crédito, propõe ação de cobrança contra o réu, o devedor da obrigação. Diversa é a hipótese onde o autor propõe ação judicial para cobrar um crédito de uma terceira pessoa que não seja o devedor. Nesta hipótese, o réu não será o titular do direito material, mas, mesmo assim, haverá relação jurídico-processual. Assim, diz-se que o direito de ação processual "não tem cheiro nem cor".

154 *Rolando Raul Moro*

A causa de pedir nada mais é do que os fatos e os fundamentos jurídicos do direito postos em questão, consoante o art. 282, inciso III, do CPC, que adotou a teoria da individualização e a teoria da substanciação como suporte fático. Assim, ela abrange as circunstâncias fática e jurídica e a necessidade de se invocar a tutela jurisdicional.

O pedido representa a providência que o autor espera ver atendido pelo órgão jurisdicional. O pedido se identifica com o objeto da demanda. Será mediato (o bem jurídico pretendido) e imediato (a espécie de tutela invocada).

A ação anulatória é aquela destinada a anular ato jurídico ou negócio jurídico (aqueles oriundos da livre manifestação de vontade da parte ou dos contratantes), ato emanado do Poder Público (em regra ato oriundo do Poder Executivo) e, como se verá também, sentença judicial transitada em julgado.

A sentença é elaborada tendo o relatório, a fundamentação e a parte dispositiva. Naquele, o juiz relata os atos relevantes do processo, demonstrando o conhecimento e a leitura do feito; nesse, demonstra os fundamentos jurídicos pelos quais irá decidir a favor do autor ou do réu, analisando os fatos que compõem a relação jurídica; neste, dá o comando da decisão, julgando procedente ou improcedente os pedidos deduzidos pelo autor.

A ação rescisória é o remédio jurídico previsto pelo legislador infraconstitucional para rescindir uma sentença judicial ou acórdão, transitados em julgado, que não faça justiça ao caso concreto, seja por aplicar uma lei de forma ilegal ou inconstitucional. Ela está prevista nos artigos 485 a 495 do CPC. Este artigo prevê o prazo decadencial de 02 (dois) anos, a contar do trânsito em julgado da decisão, para o seu exercício. Após tal prazo ter fluído *in albis* ou julgada improcedente a ação rescisória, ter-se-á a coisa soberanamente julgada onde, segundo a doutrina clássica – contrariamente ao que se concluirá ao final do presente trabalho –, não há hipótese alguma que permita sua rescindibilidade.

2. Conceito de coisa julgada

A coisa julgada subdivide-se em formal e material, entendendo-se aquela como o "fenômeno que torna a sentença imodificável, no processo em que foi prolatada, em face da ausência absoluta da possibilidade de impugnação da decisão, em razão do esgotamento das vias recursais, quer pelo exercício de todos os recursos possíveis, quer pelo não exercício deles, ou quer, ainda, pela não apresentação de algum, bem como por eventual renúncia ou desistência de interposição".[1]

---

[1] PORTO, Sérgio Gilberto. *Coisa julgada civil* (análise, crítica e atualização). 2. ed. Rio de Janeiro: AIDE, 1998, p. 52.

Nela não se analisa o mérito da causa; apenas se põe fim ao processo, nos termos do art. 267 do CPC, o que não impede nova propositura da demanda.

Conforme o art. 467 do CPC, denomina-se coisa julgada material a eficácia, que torna imutável e indiscutível a sentença, não mais sujeita a recurso ordinário ou extraordinário. Ela analisa o mérito da causa, extinguindo o processo nos termos do art. 269 do CPC.

Dessarte, a coisa julgada material dá a qualidade da imutabilidade e indiscutibilidade do comando judicial contido na parte dispositiva da sentença, nos moldes do art. 269 do CPC, que cria uma nova relação jurídica entre as partes, evitando que nova demanda seja repetida em juízo.

3. Funções e natureza jurídica da coisa julgada

A função da coisa julgada é dúplice, ou seja, é negativa e positiva. Por aquela se entende o impedimento, verdadeira proibição, de que se volte a discutir no futuro, em outros processos, a questão já decidida. A função positiva consiste em tornar vinculante a situação jurídica das partes decidida pelo estado-juiz.

Existem inúmeras teorias que definem a natureza jurídica da coisa julgada, destacando-se, como principais, Teoria da Ficção da Verdade, Teoria da Presunção da Verdade, Teoria da Verdade Formal (a sentença não declara a existência ou inexistência de um direito, mas, antes, cria um novo direito, uma vontade formal), Teoria da Estabilidade do Ato, Teoria da Extinção da Obrigação Jurisdicional, Teoria da Eficácia da Declaração, dentre outras.

4. Limites subjetivos e objetivos da coisa julgada

Os limites subjetivos da coisa julgada tratam das pessoas a quem a sentença passará em julgado. Os limites objetivos dispõem em relação ao objeto da sentença, ou seja, aquilo que passa em julgado.

Tradicionalmente, em relação aos sujeitos atingidos pela autoridade da coisa julgada, apenas as partes envolvidas no processo é que são alcançadas pela decisão. Isso continua valendo para os direitos individuais, cuja pretensão é deduzida em juízo tendo como regra a legitimação ordinária onde somente aos titulares do direito material é lícito postular em nome próprio essa tutela.

Em sede de direitos individuais homogêneos e coletivos *lato sensu*, que se dividem em direitos difusos e direitos coletivos *stricto sensu*, há substanciais diferenças. Aqueles continuam sendo considerados direito individual, porém tendo como origem uma circunstância fática comum.

Exemplo é o direito a ressarcimento dos consumidores decorrentes da venda de um produto estragado de um determinado supermercado.

Direito difuso é aquele transindividual, indivisível, cujos titulares são pessoas indeterminadas ligadas por uma circunstância fática como, por exemplo, o direito ao meio ambiente ecologicamente equilibrado dos moradores de uma determinada localidade.

Direito coletivo, em sentido estrito, é aquele transindividual, indivisível, atinge um grupo, uma categoria ou classe de pessoas ligadas entre si ou com a parte contrária por uma relação jurídica base, como ocorre, por exemplo, no direito trabalhista de determinada classe de profissionais.

Quanto ao alcance dos limites subjetivos, a coisa julgada está diretamente relacionada à natureza do direito afirmado. Quando este for individual heterogêneo, ele se limitará às partes. Se for direito homogêneo, será *erga omnes* se o pedido for julgado procedente. Se for direito coletivo em sentido estrito, será *ultra partes*. Se for direito difuso, será *erga omnes*.

Os limites objetivos da coisa julgada dispõem que a relação jurídica estabelecida entre as partes não poderá ser objeto de lide futura e nem de transação, pois se relacionam à questão interna da sentença.

5. Eficácia preclusiva e relação jurídica continuativa

O art. 474 do CPC dispõe que, passada em julgado a sentença de mérito, reputar-se-ão deduzidas e repelidas todas as alegações e defesas que a parte poderia opor ao acolhimento ou à rejeição do pedido, que no Brasil se convencionou chamar de eficácia preclusiva da coisa julgada. Esse instituto consiste "na circunstância de se considerarem certas questões, a partir de determinado momento, como julgadas, embora não debatidas expressamente, haja vista que eram pertinentes à causa e capazes de ensejar tanto o acolhimento quanto a rejeição da pretensão deduzida".[2]

Obviamente, as alegações e defesas mencionadas no art. 474 do CPC dizem respeito à causa de pedir (fatos e fundamentos jurídicos) da demanda em questão. Assim, alterando-se esta e mantendo-se as mesmas partes e o mesmo pedido, nada impede que nova demanda seja proposta em juízo como, por exemplo, pedido de divórcio tendo com causa de pedir a embriaguez crônica do cônjuge julgado improcedente, e o autor ingressa com nova ação de divórcio tendo como causa de pedir o adultério, também praticado à época da ebriez.

Ainda, o art. 471, inciso I, do CPC dispõe que, em se tratando de relação jurídica continuativa, sobrevindo modificação no estado de fato ou de direito não haverá coisa julgada material, caso em que a parte poderá

---

[2] PORTO, Sérgio Gilberto. *Op. cit.*, p. 73.

pedir a revisão do que foi estatuído na sentença. O exemplo clássico é a ação de alimentos. Havendo alteração fática na relação jurídica continuativa, ou seja, mudança no binômio necessidade e possibilidade, haverá alteração na causa de pedir (razão de fato e de direito), possibilitando que nova demanda seja proposta.

6. Aplicabilidade dos princípios constitucionais

Primeiramente, é essencial estabelecer o conceito de princípio para cogitar-se sobre a possibilidade de relativizar-se a coisa soberanamente julgada.

Segundo Celso Antônio Bandeira de Mello, princípio jurídico é o núcleo, a base fundamental que se propaga pelas normas as complementando e as definindo lógica e racionalmente, dando-lhe um sentido harmônico. Diz:

> Princípio jurídico é mandamento nuclear de um sistema, verdadeiro alicerce dele, disposição fundamental que se irradia sobre diferentes normas compondo-lhes o espírito e servindo de critério para sua exata compreensão e inteligência, exatamente por definir a lógica e a racionalidade do sistema normativo, no que lhe confere a tônica e lhe dá sentido harmônico.[3]

José Afonso da Silva diz serem os princípios o núcleo condensador das normas e, por estarem positivados, transformam-se em normas-princípio, preceitos básicos da organização constitucional. Vejamos:

> Os princípios são ordenações que irradiam e imantam os sistemas de normas, "são – como observam Gomes Canotilho e Vital Moreira – 'núcleo de condensações' nos quais confluem *valores* e *bens* constitucionais". Mas, como disseram os mesmos autores, "os princípios, que começam por ser a base de normas jurídicas, podem estar positivamente incorporados, transformando-se em *normas-princípio* e constituindo preceitos básicos da organização constitucional.[4]

Dessarte, princípio é o mandamento nuclear de um sistema jurídico, constituído em sua essência de valores axiológicos, que irradiam seus efeitos para as normas jurídicas, visando à correta aplicação do Direito por parte de seus intérpretes, seja na sua hierarquização – hierarquização dos próprios princípios –, seja na solução de antinomias ou lacunas entre as regras jurídicas.

Os princípios diferenciam-se das regras, precipuamente, por serem diretrizes axiológicas superiores, ou seja, havendo conflito entre eles e as

---

[3] BANDEIRA DE MELLO, Celso Antônio. *Elementos de Direito Administrativo*. São Paulo: RT, 1980, p. 230.

[4] SILVA, José Afonso da. *Curso de Direito Constitucional positivo*. 7. ed. São Paulo: RT, 1991, p. 82.

regras, deve preponderar a interpretação em conformidade com os princípios.

Havendo conflito entre princípios, dever-se-á fazer a interpretação tópico-sistemática, dando maior preponderância a um em detrimento de outro, sem, entretanto, reduzir a "zero" o comando deste último. Em outras palavras, diversamente do conflito entre regras, no conflito de princípios não se aplica a regra do *all-or-nothing* (tudo-ou-nada); o que se fará é, no caso concreto, dar maior valor a um, sem reduzir a "zero" a carga eficacial do princípio não-prevalente.

Eles podem estar positivados, ou não, em normas jurídicas constitucionais ou infraconstitucionais. O que importa fixar é que, para serem aplicados, não necessitam estar positivados em normas jurídicas, sendo essa uma de suas essências.

Para Fabrício dos Reis Brandão, "a aplicação de princípios constitucionais dentro de um contexto pode excluir ou reduzir a aplicação de um outro princípio constitucional também aplicável no caso concreto". Vejamos:

> Os vários princípios norteadores da Carta Política, assim como a própria Constituição em relação às leis infraconstitucionais, não se encontram sob uma mesma escala, uma vez que o próprio Texto Magno, dá mais importância a alguns princípios em relação a outros.
>
> No entanto, se utilizando de um pensamento sistemático de aplicação dos princípios formando todo um complexo sistêmico, é perfeitamente aceitável a aplicação de mais de um princípio sob um mesmo caso concreto, sem que um ingresse na gerência de outro.[5]

Nesse sentido, verifica-se que nenhum princípio constitucional é absoluto. A própria Constituição dá maior relevância a um princípio em relação a outro. Porém, poder-se-á aplicar mais de um princípio na solução de uma lide.

Dito isso, enumeram-se alguns dos princípios constitucionais que se aplicarão ao tema da relativização da coisa julgada. Diz-se "alguns" porque, em matéria de princípios, sempre haverá outros que poderão ser aplicados e que não foram primeiramente citados, pois o próprio instituto (princípios) é geral e de larga aplicação.

O primeiro é o princípio da moralidade[6] que está intimamente ligado à honestidade e à legalidade da decisão judicial. Ele deve estar implícito em todas as manifestações decorrentes de atos estatais, uma vez que estes estão submissos à supremacia da lei, a qual é a razão e a justiça. A

---

[5] BRANDÃO, Fabrício dos Reis. *Coisa julgada*. São Paulo: MP Editora, 2005, p. 49.

[6] Art. 37, *caput*, da CF: A administração pública direta e indireta de qualquer dos poderes da União, dos Estados, do Distrito Federal e dos Municípios obedecerá aos princípios de legalidade, impessoalidade, moralidade, publicidade e eficiência e, também, ao seguinte: [...]

sentença, como ato do Poder Judiciário, *id est*, como ato estatal, deve estar embasada nos princípios da moralidade e da legalidade, não cabendo existirem exceções.

O princípio da legalidade,[7] no que diz respeito ao Direito Privado, dispõe que ninguém será obrigado a fazer ou deixar de fazer alguma coisa senão em virtude de lei. Em matéria de Direito Público, dispõe que o administrador público só poderá fazer ou deixar de fazer aquilo que a lei lhe permite. Nesse sentido, a sentença judicial, em hipótese alguma, poderá afrontar a lei infraconstitucional ou princípio constitucional.

O princípio da isonomia[8] diz que todos são iguais perante a lei, consagrando o tratamento desigual entre os desiguais, na medida de suas desigualdades, e o tratamento igualitário aos iguais. Assim, o direito não pode tratar de forma desigual os iguais, nem de forma igualitária os desiguais.

O princípio da motivação judicial[9] dispõe que todas a decisões judiciais serão fundamentadas. Assim, as sentenças deverão, necessariamente, sob pena de nulidade insanável, ser motivadas com base na lei e na constituição.

O princípio da razoabilidade ou da proporcionalidade, de maior alcance e considerado como o princípio dos princípios, implícito ou explícito na CR, "busca uma solução de conflitos da qual são susceptíveis todos os outros princípios, procurando desrespeitar o mínimo do(s) outro(s) e jamais lhe(s) faltando minimamente com o respeito, isto é, ferindo-lhe seu núcleo essencial onde se encontra entronizado o valor da dignidade humana".[10] Como se vê, esse dispõe que raramente haverá a aplicação pura e simples de um único princípio, em um caso concreto, sem que outro seja ferido, uma vez que vários outros também poderão ser aplicados no caso.

Assim, deve-se flexibilizar a aplicação dos princípios quando houver um conflito aparente entre eles, "fazendo com que cada um exerça influências em relação ao outro, no caso concreto, de forma proporcional e razoável".[11]

---

[7] Art. 5º, inciso II, e art. 37, *caput*, ambos da CF.

[8] Art. 5º, *caput*, da CF: Todos são iguais perante a lei, sem distinção de qualquer natureza, garantindo-se aos brasileiros e aos estrangeiros residentes no País a inviolabilidade do direito à vida, à liberdade, à igualdade, à segurança e à propriedade, nos termos seguintes: [...]

[9] Art. 93, inciso IX, da CF: todos os julgamentos dos órgãos do Poder judiciário serão públicos, e fundamentadas todas as decisões, sob pena de nulidade, podendo a lei limitar a presença, em determinados atos, às próprias partes e a seus advogados, ou somente a estes, em casos nos quais a preservação do direito à intimidade do interessado no sigilo não prejudique o interesse público à informação.

[10] BRANDÃO, Fabrício dos Reis. *Op cit.*, p. 55-56.

[11] *Idem.*, p. 56.

7. Segurança jurídica *versus* justiça

A segurança jurídica proveniente de uma relação jurídica definida pela coisa julgada, pelo ato jurídico perfeito e pelo direito adquirido é cláusula pétrea prevista no inciso XXXVI do art. 5º da CF. Trata-se de verdadeiro preceito assegurado como garantia individual do cidadão em face dos outros indivíduos ou do Poder Público.

Há também a garantia constitucional pétrea, contida no inciso XXXV do art. 5º da CR, que a lei não excluirá da apreciação do Poder Judiciário ameaça de lesão ou lesão a direito. Esse princípio, em outras palavras, consubstancia o direito à justiça das decisões judiciais quando o particular provocar a prestação da tutela jurisdicional estatal.

Em um primeiro momento, se uma sentença transitada em julgado não aplicasse a lei ou a Constituição de maneira correta, materializando a injustiça, haveria uma contradição entre a quebra da coisa julgada e a prolação de uma nova sentença que viesse a aplicar corretamente o Direito. Entretanto, esta contradição é apenas aparente.

Argumenta-se que as lides não podem se perpetuar eternamente em juízo. Assim, em nome da segurança jurídica, haver-se-ia que se conformar com eventual erro judicial que materializasse a injustiça. Na realidade, essa idéia traduz, no Direito, o pensamento da Doutrina Utilitarista de John Stuart Mil. Para Mil, resumidamente, o sacrifício do direito de uma minoria é perfeitamente aceitável se o direito da maioria for assegurado. Assim, não haveria injustiça se, por exemplo, em um grupo de 10 (dez) pessoas, 3 (três) ficassem sem comer para que as outras 07 (sete) pudessem se alimentar.

A própria segurança jurídica, filosófica e concretamente falando, não pode conviver com a ilegalidade ou inconstitucionalidade materializada em uma sentença judicial. Nada mais inseguro ao Estado Democrático de Direito do que a perpetuação de uma injustiça decorrente de uma errônea interpretação do Direito, em uma sentença, sob a falsa idéia do dogma da coisa julgada.

Em outras palavras, pergunta-se: há segurança jurídica na perpetuação eterna de uma injustiça decorrente de uma errônea aplicação do Direito? Não, certamente que não. Não podemos adotar a Doutrina Utilitarista de Mil. Devemos lutar para que todas as pessoas não sofram injustiças. Essa é a gênese da relativização de uma sentença soberanamente transitada em julgado que, comprovadamente, não aplique corretamente o Direito, em especial no Direito de Família, como se verá mais adiante.

8. Coisa julgada contrária ao Direito

Pode ocorrer que a decisão transitada em julgado seja ilegal, em sentido estrito, pois contrária à lei infraconstitucional, ou seja, inconstitucional, porque contrária à expressa disposição da Lei Maior. Na primeira hipótese, teremos a coisa julgada ilegal infraconstitucional; na outra, teremos a coisa julgada inconstitucional.

Havendo, por assim dizer, erro judicial, a parte poderá interpor a ação rescisória, cujo prazo decadencial é de 02 (dois) anos contados do trânsito em julgado da decisão. Entretanto, poderão passar os 02 (dois) anos da decisão que transitou em julgado e, então, surgir prova nova sobre a imputação, ou a excluindo, da paternidade. Nessa hipótese, segundo a doutrina clássica, estaremos diante da coisa soberanamente julgada.

O que fazer? A resposta a essa questão será dada no item seguinte.

9. Relativização da coisa soberanamente transitada em julgado

Para Carlos Valder do Nascimento,[12] todos os atos emanados do Poder Público devem estar submissos aos princípios constitucionais, sustentáculos do Estado Democrático de Direito. Como os atos do Poder Judiciário são atos estatais, suas decisões devem estar em conformidade com a Constituição. Assim, nula é a sentença que não se adequa ao princípio da constitucionalidade. As regras que dispõe sobre a coisa julgada são de natureza infraconstitucional, não podendo, assim, se sobreporem às normas constitucionais. Para o autor, passado o prazo decadencial da ação rescisória, "deve-se valer da ação declaratória de nulidade tendo presente que ela [a sentença] não perfaz a relação processual, em face de grave vício que a contaminou inviabilizando, assim, seu trânsito em julgado".

Para Cândido Rangel Dinamarco,[13] "o valor da segurança das relações jurídicas não é absoluto no sistema, nem o é, portanto a garantia da coisa julgada, porque ambos devem conviver com outro valor de primeiríssima grandeza, que é o da justiça das decisões judiciais, constitucionalmente prometido mediante a garantia do acesso à justiça". O autor cita os princípios da razoabilidade e da proporcionalidade, do imperativo constitucional do justo valor das indenizações, do zelo pela cidadania e direitos dos homens, da fraude e do erro grosseiro como fatores de contaminação do resultado do processo, da garantia constitucional do acesso à ordem jurídica justa, e do caráter excepcional da disposição a flexibilizar a auto-

---

[12] NASCIMENTO, Carlos Valder do (Coord.). Coisa julgada inconstitucional. In: ——. *Coisa julgada inconstitucional*. Rio de Janeiro: América Jurídica, 2002, p. 1-31.

[13] DINAMARCO, Cândido Rangel. Relativizar a coisa julgada material. *In*: NASCIMENTO, Carlos Valder do (Coord.). *Op. cit.*, p. 39.

ridade da coisa julgada. Também cita os remédios processuais para afastar a coisa julgada inconstitucional: "a) a propositura de nova demanda igual a primeira, desconsiderada a coisa julgada; b) a resistência à execução, por meio de embargos a ela ou mediante a alegações incidentes ao próprio processo executivo; c) a alegação *incidenter tantum* em algum outro processo, inclusive em peças defensivas".[14]

Para José Augusto Delgado,[15] a coisa julgada não possui natureza absoluta, mas, sim, relativa. Os princípios da legalidade, da moralidade, da eficácia, da publicidade, da impessoalidade e da justiça estão em um patamar superior à coisa julgada. "A segurança jurídica deve imperar quando o ato que a gerou não esteja contaminado por desvios graves que afrontam o ideal de justiça".

Para Humberto Theodoro Júnior e Juliana Cordeiro de Faria,[16] o Poder Judiciário é o "defensor máximo dos direitos e garantias asseguradas no ordenamento jurídico e, por conseguinte, na própria Constituição". Consoante o princípio da constitucionalidade, não poderia haver coisa julgada, imutável, quando ela for distorcida, contrária à própria Constituição. Assim, também porque a coisa julgada advém de norma processual, de cunho inferior hierarquicamente à Constituição.

Para Tereza Arruda Alvim Wambier e José Miguel Garcia Medina,[17] a relativização da coisa julgada se faz necessária para evitar a estabilização de situações indesejáveis, imposta por decisões definitivas do judiciário ao caso concreto. Dão dois caminhos para se relativizar a coisa julgada. O primeiro consiste em reconhecer situações que a coisa julgada não se teria nem mesmo formado, ou seja, seria inexistente porque emanada de um vício de origem. Exemplos seriam as sentenças juridicamente inexistentes, pois prolatadas por uma pessoa que não fosse magistrado. O remédio processual cabível seria a ação declaratória de inexistência. O segundo consiste em se dar uma nova interpretação ao inciso V do art. 485 do CPC (violar literal disposição de lei), alcançando-se os princípios constitucionais, pois "uma violação a um princípio é muito mais nociva e prejudicial ao direito, porque potencialmente mais danosa do que uma ofensa à letra de um dispositivo legal".

---

[14] *Idem.*, p. 69.

[15] DELGADO, José Augusto. Efeitos da coisa julgada e princípios constitucionais. *In*: NASCIMENTO, Carlos Valder do (Coord.). *Op. cit.*, p. 95.

[16] THEODORO JÚNIOR, Humberto; FARIA, Juliana Cordeiro de. A coisa julgada inconstitucional e os instrumentos processuais para o seu controle. *In*: NASCIMENTO, Carlos Valder do (Coord.). *Op. cit.*, p. 126.

[17] WAMBIER, Teresa Arruda Alvim; MEDINA, José Miguel Garcia. *O dogma da coisa julgada*: hipóteses de relativização. São Paulo: Revista dos Tribunais, 2003, p. 13-14.

Fabrício dos Reis Brandão conclui:

Assim, surgem os seguintes critérios para a relativização: Caso 1: A sentença que infringiu diretamente uma norma ou princípios inseridos na própria Constituição ou que deixou de aplicá-los. Essa sentença nunca pode ser convalidada. Caso 2: A sentença que se baseou em determinada norma, que foi supervenientemente declarada inconstitucional, com efeitos *ex tunc* pelo Supremo Tribunal Federal através do controle concentrado de constitucionalidade, ou pelo controle difuso de constitucionalidade, tendo a norma sido suspensa pelo Senado Federal. Nesses casos, afasta-se a aplicação da Súmula 343 do STF. Caso 3: O título executivo judicial que foi fundamentado em uma determinada lei, a qual foi supervenientemente declarada inconstitucional pelo STF, pode ser considerado inexeqüível com fundamento no art. 741, parágrafo único, do CPC. Os remédios processuais para viabilizar estas situações são os seguintes: Sentenças com nulidades *ipso iuri* ou inexistentes: a) Ação rescisória até o prazo de 02 (dois) anos do trânsito em julgado da decisão; b) Ação declaratória de nulidade/inexistência da sentença, sem prazo para interposição. Caso 1: Ação rescisória até o prazo de 02 (dois) anos do trânsito em julgado da decisão, ou ação declaratória de inconstitucionalidade da sentença, sem prazo para interposição. Caso 2: Só cabe ação rescisória, afastando a Súmula 343 do STF. Caso 3: São cabíveis quatro tipos de remédios processuais: ação rescisória (artigo 485, V, do CPC), os embargos à execução (artigo 741, parágrafo único, do CPC), a exceção de pré-executividade e a ação declaratória de inexigibilidade de título executivo judicial.[18]

Em se tratando de Direito de Família, em especial o estado de filiação, maior relevância toma a matéria.

Trata-se do valor mais caro à sociedade, que diz com o estado das pessoas. Trata-se do direito à identidade completa do cidadão, valor consubstanciado na dignidade da pessoa humana, de cunho constitucional.[19]

O operador do Direito não pode ficar vinculado e adstrito à mera regra processual do art. 495 do CPC, que prevê o prazo decadencial de 02 (dois) anos a contar do trânsito em julgado da decisão para seu exercício, onde, após a fluência desse, não haveria mais a possibilidade jurídica de obter sua rescindibilidade.

Nesse sentido, não excluída expressamente a paternidade do investigado na primitiva ação de investigação de paternidade, diante da precariedade da prova e da ausência de indícios suficientes a caracterizar tanto a paternidade como a sua negativa. Em outras palavras, considerando-se que, quando do ajuizamento da primeira ação, se o exame pelo DNA ainda não era disponível ou, se disponível, não foi realizado, deve-se admitir o ajuizamento de nova ação investigatória de paternidade, ainda que já tenha

---

[18] BRANDÃO, Fabrício dos Reis. *Op cit.*, p. 102 e 103.
[19] Art. 1º, inciso III, da CF.

tramitado uma ação judicial anterior com sentença soberanamente transitada em julgado julgando improcedente o pedido do autor.

Como corolário, o exame pericial de DNA, nas ações de investigação de paternidade, deve sempre ser realizado, porque permite ao julgador um juízo de certeza na composição da lide.

Dessarte, em se tratando de ações de estado das pessoas, como no caso de investigação de paternidade, a coisa julgada deve ser interpretada segundo a prova jurídica produzida na ação. Em outras palavras, sem a realização da perícia genética de DNA, não pode haver a certeza do direito, não podendo se operar a coisa julgada material soberanamente julgada.

Rolf Madaleno acrescenta mais um fundamento fazendo uma comparação com o processo penal, em específico com o instituto da revisão criminal de sentença penal condenatória transitada em julgado. Diz:

> É preciso repensar que no âmbito de eficiência da sentença cível e daquela proferida no direito penal, é capaz que subsistam nas duas esferas de atuação processual, valores que se habilitam como essenciais, tal qual se apresentam a vida e a liberdade em sede de condenação criminal. E se vida e liberdade merecem o reexame incondicional das sentenças repressivas, idêntico balanço precisa encontrar respaldo na seara cível, onde outra ordem relevante de direitos fundamentais se apresenta sob a roupagem da identidade e da personalidade de uma pessoa que pesquisa e aspira ao seu verdadeiro estado familiar.[20]

Vejamos, a seguir, a ementa de dois acórdãos paradigmáticos, sobre o tema em questão, oriundos do Egrégio Superior Tribunal de Justiça:

> PROCESSO CIVIL. INVESTIGAÇÃO DE PATERNIDADE. REPETIÇÃO DE AÇÃO ANTERIORMENTE AJUIZADA, QUE TEVE SEU PEDIDO JULGADO IMPROCEDENTE POR FALTA DE PROVAS. COISA JULGADA. MITIGAÇÃO. DOUTRINA. PRECEDENTES. DIREITO DE FAMÍLIA. EVOLUÇÃO. RECURSO ACOLHIDO.
>
> I – Não excluída expressamente a paternidade do investigado na primitiva ação de investigação de paternidade, diante da precariedade da prova e da ausência de indícios suficientes a caracterizar tanto a paternidade como a sua negativa, e considerando que, quando do ajuizamento da primeira ação, o exame pelo DNA ainda não era disponível e nem havia notoriedade a seu respeito, admite-se o ajuizamento de ação investigatória, ainda que tenha sido aforada uma anterior com sentença julgando improcedente o pedido.
>
> II – Nos termos da orientação da Turma, "sempre recomendável a realização de perícia para investigação genética (HLA e DNA), porque permite ao julgador um juízo de fortíssima probabilidade, senão certeza" na composição do conflito. Ademais, o

---

[20] MADALENO, Rolf. A coisa julgada na investigação de paternidade. *In*: LEITE, Eduardo de Oliveira (Coord.). *Grandes temas da atualidade: DNA como meio de prova da filiação*. Rio de Janeiro: Forense, 2000, p. 291.

progresso da ciência jurídica, em matéria de prova, está na substituição da verdade ficta pela verdade real.

III – A coisa julgada, em se tratando de ações de estado, como no caso de investigação de paternidade, deve ser interpretada *modus in rebus*. Nas palavras de respeitável e avançada doutrina, quando estudiosos hoje se aprofundam no reestudo do instituto, na busca sobretudo da realização do processo justo, "a coisa julgada existe como criação necessária à segurança prática das relações jurídicas e as dificuldades que se opõem à sua ruptura se explicam na mesma razão. Não se pode olvidar, todavia, que numa sociedade de homens livres, a Justiça tem de estar acima da segurança, porque sem Justiça não há liberdade.

IV – Este Tribunal tem buscado, em sua jurisprudência, firmar posições que atendam aos fins sociais do processo e às exigências do bem comum.[21]

PROCESSO CIVIL. INVESTIGAÇÃO DE PATERNIDADE. PROPOSITURA DE AÇÃO ANTERIORMENTE AJUIZADA, QUE TEVE SEU PEDIDO JULGADO IMPROCEDENTE PELO NÃO COMPARECIMENTO DA REPRESENTANTE LEGAL DO INVESTIGANDO À AUDIÊNCIA DE INSTRUÇÃO. CONFISSÃO. COISA JULGADA. AFASTAMENTO. DIREITO INDISPONÍVEL.

I – Na primitiva ação de investigação de paternidade proposta, a improcedência do pedido decorreu de confissão ficta pelo não comparecimento da mãe do investigando à audiência de instrução designada. Considerando, assim, que a paternidade do investigado não foi expressamente excluída por real decisão de mérito, precedida por produção de provas, impossível se mostra cristalizar como coisa julgada material a inexistência do estado de filiação, ficando franqueado ao autor, por conseguinte, o ajuizamento de nova ação. É a flexibilização da coisa julgada.

II – Em se tratando de Direito de Família, acertadamente, doutrina e jurisprudência têm entendido que a ciência jurídica deve acompanhar o desenvolvimento social, sob pena de ver-se estagnada em modelos formais que não respondem aos anseios da sociedade.

Recurso especial conhecido e provido.[22]

Na seqüência, ementas de acórdãos do Tribunal de Justiça do Rio Grande do Sul:

AGRAVO DE INSTRUMENTO. INVESTIGAÇÃO DE PATERNIDADE. DECISÃO QUE DETERMINA A REALIZAÇÃO DE EXAME DE DNA PARA FINS DE ESCLARECER A EXISTÊNCIA OU NÃO DE VÍNCULO BIOLÓGICO ENTRE O *DE CUJUS* E A INVESTIGANTE. PROVA PERICIAL REALIZADA MEDIANTE COLETA DE MATERIAL BIOLÓGICO DA MÃE DA INVESTIGANTE E DAS IRMÃS DO FALECIDO. RESULTADO NEGATIVO, QUE NÃO CONSTITUI ÓBICE PARA A REALIZAÇÃO DE NOVO

---

[21] BRASIL. Superior Tribunal de Justiça. REsp n. 226.436 – PR, Recurso Especial 1999/0071498-9 Rel. Ministro Sálvio de Figueiredo Teixeira, Quarta Turma. Data do julgamento: 28/06/2001, Data da Publicação/Fonte DJ 04.02.2002, p. 370. Disponível em: http://www.stj.gov.br. Acesso em: 10 dez. 2005.

[22] BRASIL. Superior Tribunal de Justiça. REsp n. 427.117 – MS, Recurso Especial 2002/0044155-6 Rel. Ministro Castro Filho, Terceira Turma. Data do julgamento: 04/11/2003, Data da Publicação/Fonte DJ 16.02.2004, p. 241. Disponível em:http://www.stj.gov.br. Acesso em: 10 dez. 2005.

EXAME COM O MATERIAL GENÉTICO DO FALECIDO. ALEGAÇÕES DA AGRAVANTE RECHAÇADAS. As argumentações fáticas trazidas pela agravante não afastam a possibilidade da alegada paternidade, impondo-se a realização do exame determinado. Recurso desprovido. (Agravo de Instrumento n. 70013238464, Sétima Câmara Cível, Tribunal de Justiça do RS, Relator: Ricardo Raupp Ruschel, Julgado em 07/12/2005).[23]

APELAÇÃO. INVESTIGAÇÃO DE PATERNIDADE. DECADÊNCIA. INOCORRÊNCIA. INVESTIGADO FALECIDO. EXAME DE DNA REALIZADO ENTRE A INVESTIGANTE E DESCENDENTES DO INVESTIGADO. PROBABILIDADE DE PATERNIDADE DE 95,9%. PROCEDÊNCIA DA DEMANDA. 1. A investigação de paternidade, pela qual se pretende reconhecimento de filiação, é direito personalíssimo, de matriz constitucional, que não comporta qualquer restrição, sendo, portanto, imprescritível. 2. A decadência de que trata o art. 1614 do CC/2002 somente se opera quando a demanda investigatória é proposta por quem já tem filiação reconhecida em registro, o que não é o caso dos autos. 3. Considerando que o exame de DNA foi realizado pelos descendentes do investigado já falecido. A probabilidade de 95,9% de paternidade é prova suficientemente segura a encimar sentença de procedência. NEGARAM PROVIMENTO. UNÂNIME. (Apelação Cível n. 70012316378, Sétima Câmara Cível, Tribunal de Justiça do RS, Relator: Luiz Felipe Brasil Santos, Julgado em 07/12/2005).[24]

AGRAVO DE INSTRUMENTO. INVESTIGAÇÃO DE PATERNIDADE. NOVO EXAME DE DNA. Caso em que se defere a possibilidade de um novo exame de DNA Não se trata de aventar dúvida sobre a perícia, mas de apascentar os espíritos, já que não houve qualquer prejuízo às partes, pois mantidos os alimentos fixados em primeiro grau. Deram parcial provimento, vencido o Desembargador-Relator. (Agravo de Instrumento n. 70011607082, Oitava Câmara Cível, Tribunal de Justiça do RS, Relator: Rui Portanova, Julgado em 20/10/2005).[25]

Assim, conclui-se ser juridicamente possível haver a relativização da coisa julgada no direito processual civil brasileiro quando não houver a realização de prova pericial genética de DNA que julgue improcedente o pedido de investigação de paternidade, ou a exclua.

Considerações finais

A doutrina e a jurisprudência modernas vêm aceitando a relativização da coisa julgada, pois os tempos mudam. Com ele, o jurista deve, também, ampliar seu entendimento jurídico, pois essa é a imposição do mundo

---

[23] RIO GRANDE DO SUL. Tribunal de Justiça. Disponível em: http://www.tj.rs.gov.br. Acesso em: 2 jan. 2006.

[24] RIO GRANDE DO SUL. Tribunal de Justiça. Disponível em: http://www.tj.rs.gov.br. Acesso em: 2 jan. 2006.

[25] RIO GRANDE DO SUL. Tribunal de Justiça. Disponível em: http://www.tj.rs.gov.br. Acesso em: 2 jan. 2006.

AÇÕES DE DIREITO DE FAMÍLIA

moderno – da Era da Globalização – que, gostemos ou não, concordemos ou não, entra em nossas vidas sem pedir licença.

Negar essa realidade é, sem sombra de dúvidas, condenar-se ao passado e ao ostracismo. Por outro lado, não se quer fazer tábua rasa do instituto da coisa julgada, ou seja, não se quer descaracterizar o instituto. Pelo contrário, quer-se valorizar a coisa julgada no sentido de que ela existirá quando não for contrária à lei e à Constituição, visão esta de interpretação e aplicação das leis conforme a Constituição e o Estado Democrático de Direito.

Assim, em se tratando de Direito de Família, em especial o estado de filiação, defende-se a relativização da coisa soberanamente julgada (aquela onde já fluiu o prazo de 02 anos para a sua rescindibilidade) quando a sentença ou acórdão julgar improcedente a paternidade, ou excluí-la, sem a realização do exame genético do DNA. Este será sempre obrigatório nesta espécie de demanda.

Ad argumentandum tantum, o título executivo judicial que foi fundamentado em uma determinada lei, a qual foi supervenientemente declarada inconstitucional pelo STF, pode ser considerado inexeqüível com fundamento no art. 741, parágrafo único, do CPC.

Nesse sentido, os remédios processuais cabíveis para rescindir a coisa julgada seriam os seguintes:

a) a ação rescisória até o prazo de 02 (dois) anos contados do trânsito em julgado da sentença;

b) ação declaratória de nulidade da sentença soberanamente transitada em julgado, sem prazo para interposição.

Negar esse entendimento jurídico é, em última *ratio*, negar-se a cidadania plena, pois o mundo do Século XXI não permite que os juristas fiquem adstritos à mentalidade jurídica do século passado, completamente obsoleta no mundo atual de massa e de relações múltiplas intersubjetivas e transindividuais.

Bibliografia

ALMEIDA, Maria Christina de. *DNA e estado de filiação à luz da dignidade humana.* Porto Alegre: Livraria do Advogado, 2003.

BANDEIRA DE MELLO, Celso Antônio. *Elementos de Direito Administrativo.* São Paulo: RT, 1980.

BRANDÃO, Fabrício dos Reis. *Coisa julgada.* São Paulo: MP Editora, 2005.

BRASIL. *Código de Processo Civil:* Obra coletiva de autoria da Editora Saraiva com a colaboração de Antônio Luiz Teledo Pinto, Márcia Cristina Vaz dos Santos Windt e Lívia Céspedes. 33. ed. São Paulo: Saraiva, 2003.

———. Superior Tribunal de Justiça. Disponível em: http://www.stj.gov.br. Acesso em: 10 dez. 2005.

FREITAS, Juarez. *A interpretação sistemática do Direito*. 4. ed. revista e ampliada, São Paulo: Malheiros, 2004.

LEITE, Eduardo de Oliveira (Coord.). *Grandes temas da atualidade: DNA como meio de prova da filiação*. Rio de Janeiro: Forense, 2000.

MORAES, Alexandre de. *Direito constitucional*. 18. ed. São Paulo: Atlas, 2005.

NASCIMENTO, Carlos Valder do (Coord.). *Coisa julgada inconstitucional*. Rio de Janeiro: América Jurídica, 2002.

PORTO, Sérgio Gilberto. *Coisa julgada civil* (análise, crítica e atualização). 2. ed. Rio de Janeiro: AIDE, 1998.

RIO GRANDE DO SUL. Tribunal de Justiça. Disponível em: http://www.tj.rs.gov.br. Acesso em: 02 jan. 2006.

SILVA, José Afonso da. *Curso de Direito Constitucional positivo*. 7. ed. São Paulo: RT, 1991.

TALAMINI, Eduardo. *Coisa julgada e sua revisão*. São Paulo: Revista dos Tribunais, 2005.

WAMBIER, Teresa Arruda Alvim; MEDINA, José Miguel Garcia. *O dogma da coisa julgada*: hipóteses de relativização. São Paulo: Revista dos Tribunais, 2003.

10. O registro civil e o apelido de casada

FLÁVIA DO CANTO PEREIRA
Advogada, Especialista em Direito Processual Civil pela PUCRS, Mestranda em Direito Processual Civil pela PUCRS.

Sumário: I. Direito ao nome; II. A inovação do artigo 1565, § 1°, do Código Civil; III. Perda do patronímico por culpa na separação; IV. Conclusão; Bibliografia.

I. Direito ao Nome

Com o advento do atual Código Civil, o direito ao nome (atributo da personalidade) veio elencado no artigo 16,[1] sendo o nome um direito de toda pessoa, nele compreendidos o prenome e o sobrenome. A terminologia a respeito do nome e seus elementos é controversa na doutrina, e a própria Lei dos Registros Públicos é imprecisa. Nome é a expressão genérica, sendo o conjunto de apelidos que recebe a pessoa; já quanto às espécies existe: prenome e o sobrenome, este sendo constituído pelo patronímico do pai ou da mãe. O sobrenome adquire-se por filiação, nascimento, adoção, pelo casamento, por designação administrativa ou pelo uso.[2]

A princípio, a Lei dos Registros Públicos (Lei n° 6.015/73), em seu artigo 58, previa que o prenome é imutável; entretanto, o advento da Lei 9.708/98 deu nova redação a esse dispositivo: *"O prenome será definitivo, admitindo-se, todavia, a sua substituição por apelidos públicos notórios"*, podendo, em casos excepcionais, o titular do nome modificá-lo judicial ou extrajudicialmente. A modificação poderá ser feita extrajudicialmente

---

[1] Art. 16: "Toda pessoa tem direito ao nome, nele compreendidos o prenome e o sobrenome".

[2] Conforme FIUZA, César. Direito Civil Curso Completo. 5ª ed., Belo Horizonte: Del Rey, 2002, p. 143, "o sobrenome adquiri-se de pleno direito, isto é, ipso iure, e pela prática de ato jurídico. Ipso iure será a aquisição por nascimento ou reconhecimento de paternidade. Pela prática de ato jurídico, adquiri-se o nome pela adoção, casamento, etc".

após um ano da maioridade civil completados pelo interessado, desde que não prejudique os apelidos de família. Esta modificação pode ser feita diretamente junto ao oficial do Registro Civil.[3]

Não é necessário que o menor espere atingir a maioridade civil para alterar o nome, pois poderá fazer assistido ou representado, se for o caso. O interessado poderá acrescer novos nomes secundários, como por exemplo, a inclusão de apelido usado freqüentemente, como personalidades conhecidas no meio social já o fizeram, Lula, Xuxa, Pelé. Para isso, tem o prazo decadencial de um ano após ter atingido a maioridade civil; após esse prazo, a modificação é efetuada por exceção e motivadamente, mediante sentença. A retificação de registro civil é bem comum quando há erro gráfico evidente; esse tipo de erro pode ser alterado via administrativa, mediante o cartório dos registros civis onde se encontra o assento, conforme artigo 110 da Lei nº 6.015/73.[4]

Além dos erros de grafia evidentes, outro causador de inúmeras demandas judiciais para alteração de nome é o de apelidos exóticos ou ridículos. A princípio, esse registro não é feito pelo oficial do cartório, mas se os pais não se conformarem com a recusa do oficial, ele irá submeter por escrito os motivos e à decisão do juiz competente, podendo no futuro ser modificado.[5]

Outro típico exemplo é a homonímia, ou seja, a relação entre duas ou mais palavras que, apesar de possuírem significados diferentes, têm a mesma estrutura fonológica (homônimos). Nessa esteira, foi julgado pelo Tribunal de Justiça do Rio Grande do Sul, na Apelação Cível.[6]

Esse julgado trata de homonímia causadora de problemas, podendo trazer à pessoa danos econômicos e morais, já que o requerente não consegue emprego e é confundido com outro sujeito condenado por tráfico de drogas. Em regra, é solucionado com a substituição de um prenome por outro ou pela adição de mais um prenome.

---

[3] "Art. 56 da Lei 6.015/73: O interessado, no primeiro ano após ter atingido a maioridade civil, poderá, pessoalmente ou por procurador bastante, alterar o nome, desde que não prejudique os apelidos de família, averbando-se a alteração que será publicada pela imprensa".

[4] "Art. 110. A correção de erros de grafia poderá ser processada no próprio cartório onde se encontrar o assentamento, mediante petição assinada pelo interessado, ou procurador, independentemente de pagamento de selos e taxas".

[5] Art. 55, § único. "Os oficiais do registro civil não registrarão prenomes suscetíveis de expor ao ridículo os seus portadores. Quando os pais não se conformarem com a recusa do oficial, este submeterá por escrito o caso, independente da cobrança de quaisquer emolumentos, à decisão do Juiz competente".

[6] REGISTRO PÚBLICO. SUBSTITUIÇÃO DO NOME DA FAMÍLIA DA MÃE PELO DA FAMÍLIA DA AVÓ MATERNA. Situação excepcional, justificada pela homonímia com pessoa condenada por tráfico de drogas, o que tem ocasionado sérios transtornos à atividade profissional do requerente. Deram Provimento. (Apelação Cível nº 70005393400, Sétima Câmara Cível, Tribunal de Justiça do RS, Relator: Luiz Felipe Brasil Santos, Julgado em 18/12/2002)

A jurisprudência abre possibilidades à imutabilidade do prenome determinada pela Lei dos Registros Públicos. Por inúmeras vezes já decidiu pela alteração do patronímico, mas as decisões dos Tribunais devem ser proferidas com certo cuidado, para evitar que se contrarie a lei, permitindo a alteração do nome por simples capricho. Para que o entendimento jurisprudencial prospere, o pedido do interessado tem que ser justificável e motivado para não contrariar o princípio da imutabilidade como função social já consagrado.[7]

---

[7] AÇÃO DE RETIFICAÇÃO DE REGISTRO CIVIL. Em se tratando de pedido de alteração de prenome, a regra é a imutabilidade (art. 58 da lei nº 9.708/98), com o que se busca assegurar a perfeita identificação da pessoa, propiciando segurança e estabilidade nas relações sociais. Somente em situações excepcionalíssimas, tais como erro gráfico, exposição ao ridículo e/ou proteção a testemunhas, admitem-se alterações. In casu, logrou êxito, a apelante, em demonstrar que seu atual prenome vem lhe ocasionando exposição ao ridículo. Ademais, comprovou que é conhecida pelo apelido, que pretende adotar como prenome. Recurso Provido. (Apelação Cível Nº 70010828192, Oitava Câmara Cível, Tribunal de Justiça do RS, Relator: Catarina Rita Krieger Martins, Julgado em 16/06/2005) REGISTRO CIVIL. ALTERAÇÃO DE PRENOME que gera constrangimentos e expõe ao ridículo o detentor. inocorrência de risco de prejuízo a terceiros. Possibilidade. respeito à dignidade da pessoa humana. A regra da imutabilidade do prenome cede diante da situação de constrangimento enfrentada pela parte, que carrega um nome esquisito, que a expõe ao ridículo, mormente se não há risco à segurança das relações jurídicas nem prejuízo a terceiros. Some-se, ainda, o fato de que a apelante é chamada e conhecida no meio familiar e social pelo prenome que adotou, em detrimento do prenome com o qual foi registrada. Deram Provimento. Unânime. (Apelação Cível Nº 70010282937, Sétima Câmara Cível, Tribunal de Justiça do RS, Relator: Luiz Felipe Brasil Santos, Julgado em 22/12/2004) REGISTRO CIVIL. ALTERAÇÃO DO REGISTRO DE NASCIMENTO. NOME E SEXO. Transexualismo. Sentença acolhendo o pedido de alteração do nome e do sexo, mas determinando segredo de justiça e vedando a extração de certidões referentes à situação anterior. Recurso do Ministério Público insurgindo-se contra a não publicidade do registro. Sentença mantida. Recurso Desprovido. (Segredo de Justiça) (Apelação Cível Nº 70006828321, Oitava Câmara Cível, Tribunal de Justiça do RS, Relator: Catarina Rita Krieger Martins, Julgado em 11/12/2003) RETIFICAÇÃO. REGISTRO CIVIL. PRENOME. ERRO NA GRAFIA. POSSIBILIDADE DE RETIFICAÇÃO. É de admitir-se alteração do prenome, desde que tal modificação não acarrete riscos às relações jurídicas e nem venha ocultar a identidade. Ademais, trata-se de uma criança de um ano de idade e a alteração pleiteada é a substituição de uma vogal por outra que constou erroneamente no registro. Apelação provida. (Apelação Cível Nº 70003830510, Segunda Câmara Especial Cível, Tribunal de Justiça do RS, Relator: Marilene Bonzanini Bernardi, Julgado em 09/05/2002) REGISTRO CIVIL. ALTERACAO DO NOME. PRENOME QUE ACARRETA CONSTRANGIMENTOS A PESSOA. Supressão possibilidade. É possível, segundo a lei dos registros públicos, que o prenome que cause constrangimentos a pessoa, que seguidamente é tratada como se do sexo masculino fosse, seja excluído de seu nome, a fim de que cesse a situação de ridículo a que é exposta. Apelação Provida.(5fls.) (Apelação Cível Nº 70002891869, Segunda Câmara Especial Cível, Tribunal de Justiça do RS, Relator: Jorge Luís Dall'Agnol, Julgado em 30/11/2001) REGISTRO CIVIL. PEDIDO DE RETIFICACAO DE NOME PARA ALTERACAO DO PRENOME E SUPRESSAO DE APELIDO DA FAMILIA MATERNA. impossibilidade. nos termos do art.56 da lei nº 6.015/73, somente e possivel a alteracao do nome no primeiro ano apos ter o interessado atingido a maioridade civil. passado esse momento, a lei faculta a alteração do nome apenas por "exceção" e "motivadamente", a teor do art. 57 do mesmo diploma legal. assim, não tendo sido demonstrada qualquer exceção, nem sendo os motivos apontados de ordem legal, descabe a alteração pretendida. Apelo Desprovido. 5 fls. (Apelação Cível Nº 70001470046, Sétima Câmara Cível, Tribunal de Justiça do RS, Relator: José Carlos Teixeira Giorgis, Julgado em 08/11/2000)

II. A inovação do artigo 1565, § 1º do Código Civil.

Esta é mais uma inovação insculpida no Código Civil de 2002, dispondo em seu artigo 1.565, §1º, que qualquer dos nubentes, querendo, poderá acrescer ao seu o sobrenome do outro. Inovação, que antes mesmo da Lei 10.406/2002, já era um direito garantido pela Constituição Federal consagrado pelo princípio da igualdade (art. 5º, *caput*) e da dignidade da pessoa humana (art. 1º, III, CF).

Essa possibilidade trazida pelo Código Civil não demonstra qualquer impedimento quanto à hipótese de os cônjuges trocarem o nome, podendo cada um excluir o seu nome de família e acrescer o sobrenome do outro. Não há qualquer vedação legal, mas isso traz inúmeras discussões jurisprudenciais, pois a exclusão do nome de família acaba com o núcleo familiar e a própria identificação, trazendo também prejuízo ao filhos havidos na constância do casamento.

Antes mesmo do atual Código Civil, Silmara Chinelato e Almeida[8] afirmava que "a técnica do direito de o homem adotar o nome da mulher encontra obstáculos no preconceito e nos costumes que vigeram durante séculos, no sentido de ser expressão do poder de um sobre o outro a adoção do apelido de família ou patronímico. Assim o foi quanto ao poder marital".

Como a autora salienta, "é sintomático que homens não queiram adotar o nome de família da mulher", e apesar de todo o preconceito existente na sociedade, o Código Civil de 2002 trouxe essa novidade com base no princípio da igualdade entre os cônjuges, previsto na Constituição Federal de 1988, diferentemente do que previa o Código Civil de 1916, no artigo 240, parágrafo único,[9] que por sua vez, somente a mulher poderá acrescer aos seus os apelidos do marido.

Essa disposição legal consagrada no Código Civil diz respeito somente ao casamento, não fazendo menção à união estável. Entretanto, a Lei dos Registros Públicos[10] permite que a mulher solteira, viúva ou separada judicialmente e que conviva com seu companheiro solteiro, viúvo ou separado ou que possua filhos com ele, poderá averbar no Cartório de Registros Públicos a adição do patronímico do companheiro. Há outros requisitos que devem ser seguidos para a averbação do patronímico do companheiro, como a motivação e que sejam separados de fato ou judicialmente, bem como que o ex-cônjuge não utilize mais o sobrenome do varão.

---

[8] ALMEIDA, Silmara Juny de A. Chinelato e. Do nome da mulher casada: direito de família e direitos da personalidade. Rio de Janeiro: Forense Universitária, 2001, p. 93.

[9] "Art. 240, parágrafo único, Lei nº 3.071/1916: A mulher poderá acrescer aos seus os apelidos do marido".

[10] Art. 57 da Lei 6.015/73.

Salienta Maria Berenice Dias que "os requisitos da Lei dos Registros Públicos não mais se justificam. Basta a comprovação da união estável para que seja autorizada a mudança. Trata-se de procedimento de jurisdição voluntária perante o Juízo das Varas do Registro Público, sendo dispensável prévia demanda de reconhecimento da existência da união".[11]

A relação existente entre um homem e uma mulher sem serem casados há muito tempo é conhecida, ainda mais nos dias atuais, onde mudaram os conceitos sociais, e a união estável, representada pela união dos companheiros sem serem casados legalmente, rompeu a barreira do tempo, sendo uma verdadeira entidade familiar. E tendo em vista esse reconhecimento protegido pela Constituição Federal, há a possibilidade de qualquer dos companheiros adotar o sobrenome do outro

III – Perda do patronímico por culpa na separação

Nos termos do art. 17 da Lei do Divórcio (Lei nº 6.515/77), a mulher vencida na ação de separação judicial voltará a usar o nome de solteira. Com o advento do Código Civil de 2002 e com a previsão legal do artigo 1.565, § 1º, não se aplica mais somente à mulher, mas também ao marido, já que ambos os nubentes, querendo, poderão adotar o patronímico do outro. Ou seja, o marido vencido na ação de separação também voltará a usar o nome de solteiro, tendo em vista a inovação trazida pela redação do atual Código.

Institui o artigo 1.578 do Código Civil que o "cônjuge declarado culpado na ação de separação judicial perde o direito de usar o sobrenome do outro, desde que expressamente requerido pelo cônjuge inocente e se a alteração não acarretar": a) evidente prejuízo para sua identificação; b) manifesta distinção entre seu nome de família e o dos filhos havidos da união dissolvida; c) dano grave reconhecido na decisão judicial.

Observa-se que com a redação do atual Código Civil, qualquer dos cônjuges poderá perder o sobrenome do outro se for culpado na ação de separação judicial, em virtude do artigo 1.565, § 1º que determinou a possibilidade de adoção do patronímico de qualquer dos cônjuges. É importante destacar, que a mudança de nome para quem foi declarado culpado na separação poderá acarretar em uma efetiva perda de identidade e uma repercussão negativa quanto a determinado trabalho já realizado. O dano acontece quando a pessoa já é conhecida por inúmeros trabalhos como artigos escritos, livros, descobertas resultando em grave prejuízo, assim, é justo que se mantenha o patronímico de casado.

---

[11] DIAS, Maria Berenice. *Manual de Direito das Famílias*. Porto Alegre: Livraria do Advogado, 2005, p. 130.

Em se tratando de separação amigável, cabe ao cônjuge optar em conservar ou não o nome de casado, tal qual dispõe o art. 1.578, § 2º, permitindo a lei à opção de acordo com a vontade dos cônjuges. Por ocasião da conversão da separação judicial em divórcio, se ainda não foi definida na separação o uso do nome de casado, esta decisão poderá ser feita por ocasião do divórcio, permitindo a lei a permanência do nome, conforme artigo 1571, § 2º.[12]

Importante observar, o art. 1.578, § 1º institui ao cônjuge inocente o direito a renunciar, a qualquer momento, o uso do sobrenome do outro, mesmo que conste na separação a opção pela manutenção do nome de casado, ficando a ele reservado o direito a continuar ou não a usar o sobrenome.

Yussef Said Cahali, citado por Arnaldo Rizzardo, diz que "pelo sistema da Lei do Divórcio, a questão do nome da mulher já se encontra resolvida no juízo da separação, quando se busca a conversão desta em divórcio. Se a faculdade deferida à mulher, no juízo precedente, não foi renunciada, deverá ser mantida, caso lhe aprouver. Se lhe foi reconhecida , na separação judicial, a faculdade de manter aos seus os apelidos do marido, esta faculdade não será por ela perdida, ainda que tenha sido sua iniciativa do pedido de conversão".[13] [14]

---

[12] Art. 1571, § 2º: "Dissolvido o casamento pelo divórcio direto ou por conversão, o cônjuge poderá manter o nome de casado; salvo, no segundo caso, dispondo em contrário a sentença de separação judicial".

[13] RIZZARDO, Arnaldo. *Direito de Família*. 2002, p. 274.

[14] DIVÓRCIO DIRETO. USO DO NOME DO MARIDO. DIREITO DA MULHER. Sendo do embargante a iniciativa da ação de divórcio direto fundado na separação de fato, ainda que vencida na ação, conserva a embargada o direito de continuar usando o nome do ex-marido, porque dele utiliza-se há vinte anos, já tendo incorporado a sua identidade o patronímico dele. Embargos infringentes desacolhidos, por maioria.(Embargos Infringentes nº 70000477489, Quarto Grupo de Câmaras Cíveis, Tribunal de Justiça do RS, relator: Des. José Ataídes Siqueira Trindade, julgado em 14/04/00)
DIVÓRCIO POR CONVERSÃO. O acordo quanto a partilha de bens, não cumprido por uma das partes, não dá motivo para o desacolhimento da conversão, estando comprovado o requisito do decurso do tempo desde a separação. USO DO NOME. Havendo manifesta diferença entre o nome da divorciada e o de sua prole – eis que os filhos não contam na composição de seu nome com nenhuma partícula do sobrenome materno – incide o art. 25, p. único, inc. II, da lei 6515/77. Deram parcial provimento. (Apelação Cível nº 70000862193, Sétima Câmara Cível, Tribunal de Justiça do RS, relator: Des. Luiz Felipe Brasil Santos, julgado em 10/05/00)
CONVERSÃO DA SEPARAÇÃO JUDICIAL EM DIVÓRCIO. CONSENSUAL. NOME DA MULHER. Havendo expresso assentimento dos cônjuges para que a mulher continue com o patronímico do marido, já incorporado como direito da personalidade em vista do uso por praticamente 40 anos, identificando-se, ademais, com o nome dos filhos, não há razões morais ou legais que justifiquem a supressão, notadamente por que o casamento se deu em época na qual se impunha o acréscimo desse mesmo patronímico. Apelação provida. (Apelação Cível Nº 70002095354, Segunda Câmara Especial Cível, Tribunal de Justiça do RS, Relator: Marilene Bonzanini Bernardi, Julgado em 28/03/2001)
CONVERSAO DE SEPARACAO JUDICIAL EM DIVORCIO. RETORNO AO USO DO NOME DE CASADA quando adotado, por ocasião da separação, o nome de solteira. Inadmissibilidade. Incabível, em sede de pedido de conversão de separação voltar em divorcio, a apreciação da pretensão de voltar a divorcianda a usar o nome de casada, se optara pelo uso do nome de solteira quando da separação

Mas há consideráveis razões para a modificação do nome após a separação, mesmo diante da possibilidade de reconstrução da sociedade conjugal, como faz ver Arnaldo Rizzardo ao referir haver "uma ruptura de laços entre os cônjuges, e isto quer de ordem patrimonial, quer de ordem afetiva. Não subsistem mais laços afetivos, nem comunhão de vida, de pensamentos e emoções, de modo que, por mero comodismo, ou por não precisar alterar documentos, não se justifica levar no futuro resíduos indeléveis do casamento, ainda que futuramente possam ser modificados. Exceto em casos especiais, como de já ser idoso o cônjuge e em vista das inconveniências práticas que resultarem".

Como se observa em muitas separações e divórcios é a comodidade de ambos os cônjuges em não retirar o sobrenome do outro, em não fazer novos documentos que faz com que o patronímico permaneça. E aí não vejo motivo para carregar por anos o apelido daquela pessoa que já não faz parte mais da relação, mas se o patronímico já designa a família que durante o casamento tiveram filhos, e se o cônjuge já é conhecido no seu meio social e em seus trabalhos, podendo acarretar danos a esta pessoa, creio que não se deve retirar o direito ao uso do sobrenome.

Como ao seu modo pensa Rolf Madaleno em transcrição à citação de Cahali, que a *ablação de nome já incorporado ao patrimônio ético do portador caracteriza violência degradante, cuja experiência dolorosa, como privação forçada de um bem que se enraíza na misteriosa intimidade da pessoa humana,* pois o nome é direito do cidadão e está intimamente ligado à sua personalidade e identidade social, tendo qualquer dos nubentes o direito a usá-lo.

O nome é um direito individual da pessoa e integra a sua personalidade como fator de identificação e individualização, e sua abstração é, sem dúvida, capaz de causar demasiado sacrifício a uma mulher que, depois de usar o patronímico do marido por anos, lhe é exigido que volte ao nome de solteira, causando evidente prejuízo de sua identificação.

O nome identifica a própria pessoa e a sua personalidade, sua família, sua origem e é o elemento que o singulariza no meio social, pelo nome há o reconhecimento, enfim, ele se incorpora e se torna um atributo essencial da pessoa, assim, agrega valor ao cidadão e como tal se insere no conceito de dignidade da pessoa humana.[15]

---

judicial, impondo-se seja formulado pedido de retificação do nome, em ação própria. embora a irrelevância para a elucidação do caso presente, o disposto no artigo 25, da lei n. 6.515/77, não ampara a pretensão da divorcianda. Recurso Provido. (5 fls) (Apelação Cível Nº 70000244392, Oitava Câmara Cível, Tribunal de Justiça do RS, Relator: Alzir Felippe Schmitz, Julgado em 11/11/1999).

[15] DIAS, Maria Berenice. *Manual de Direito das Famílias*. Porto Alegre: Livraria do Advogado, 2005, p. 121.

IV – Conclusão

É inegável a importância do nome atribuído à pessoa. O nome é um dos principais direitos da personalidade. Quando nascemos, recebemos um nome e o conservamos por toda vida até depois da morte. É pelo nome que a pessoa fica conhecida no meio social em que vive e na sua família.

Diante dessa importância, a Lei protege a permanência dele através do princípio da imutabilidade. Nessa esteira, creio que o patronímico só pode ser modificado em virtude de uma prévia justificação e motivação e que fique demonstrado o objetivo para a alteração do registro civil e nos casos já citados como: erro gráfico, homonímia, nomes exóticos ou ridículos, adoção e relação concubinária.

Já quanto ao patronímico dos cônjuges após a separação judicial ou divórcio, deve este ser conservado, para aquele que ao longo dos anos constituiu família ou em virtude do sobrenome fixou uma carreira sólida no trabalho e por este é conhecida, trazendo inúmeros prejuízos ao cônjuge com a sua retirada.

Em verdade, o que ocorre atualmente é que quando as pessoas casam ou simplesmente vão morar junto, estabelecendo uma união estável, estão apaixonadas e só pensam em viver aquele momento intensamente, sem, é claro, pensar no futuro. E, infelizmente, pensar no futuro pode ser pensar na possibilidade de esse amor não durar para sempre e vir à tona a separação judicial. Diante disso, o momento é de se decidir, pela continuação daquele patronímico de casado ou pela simples retirada.

Logo, com o advento do atual Código Civil e com a inovação do art. 1665, § 1º que destaca o princípio da igualdade dos cônjuges e salienta a importância de ambos os nubentes optarem por acrescer ou não ao seu o sobrenome do outro, me faz refletir e afirmar que neste momento a melhor opção é conservar o nome de família, de solteiro, e não acrescer o do outro, evitando problemas futuros.

Mas, em suma, cabe a cada um individualmente amadurecer a idéia e verificar o que é melhor, assim como cabe ao cônjuge-varão pensar na inovação trazida pelo atual Código Civil e quebrar as barreiras do preconceito, aceitar que não só a mulher poderá acrescer o sobrenome do marido, mas que também o marido poderá acrescer o sobrenome da mulher.

Bibliografia

ALMEIDA, Silmara Juny de A. Chinelato e. *Do nome da mulher casada: direito de família e direitos da personalidade.* Rio de Janeiro: Forense Universitária, 2001.

CAHALI, Yussef Said. *Divórcio e Separação.* 11ª ed., São Paulo: Revista dos Tribunais, 2005.

BITTAR, Carlos Alberto. *Os direitos da personalidade*. 5ª ed., Rio de Janeiro: Forense Universitária, 2001.

DIAS, Maria Berenice. *Manual de direito das famílias*. Porto Alegre: Livraria do Advogado, 2005.

FIUZA, César. *Direito civil curso completo*. 5ª ed., Belo Horizonte: Del Rey, 2002.

MADALENO, Rolf Hanssen. *Direito de família: Aspectos Polêmicos*. 2ª ed., Porto Alegre: Livraria do Advogado, 1999.

NERY JUNIOR, Nelson. *Código de Processo Civil Comentado: e legislação extravagante*, 8ª ed., São Paulo: Revista dos Tribunais, 2004.

RIZZARDO, Arnaldo. *Direito de família*, 3ª ed., Rio de Janeiro: Forense, 2005.

RODRIGUES, Silvio. *Direito civil: Parte Geral*, vol. 1, São Paulo: Saraiva, 2003.

VENOSA, Silvio de Salvo. *Direito civil: Parte Geral*, 4ª ed., São Paulo: Atlas, 2004.

11. Prova ilícita na ação de destituição do poder familiar – uma investigação à luz da hermenêutica constitucional

DOUGLAS FISCHER

Mestrando em Instituições de Direito de Estado na PUCRS.

Sumário: 1. Tema a ser abordado. Considerações Iniciais; 2. Hermenêutica Constitucional, princípios e suas eventuais colisões; 3. Princípio da Proporcionalidade; 3.1. Proporcionalidade e Razoabilidade; 3.2. Subprincípio da Adequação entre Meios e Fins. 3.3. Subprincípio da Necessidade; 3.4. Subprincípio da Proporcionalidade em Sentido Estrito; 4. Da prova. Conceito e Critérios. Entendimento doutrinário; 4.1. Da prova ilícita; 4.2. Prova ilícita à luz da jurisprudência; 5. Da ação de destituição do poder familiar; 6. Prova ilícita em ações de destituição do poder familiar; 7. Considerações finais; Referências bibliográficas.

1. Tema a ser abordado. Considerações Iniciais.

O tema do presente estudo é a proibição da prova ilícita e o Princípio da Proporcionalidade[1] no âmbito do Processo Civil à luz das disposições constitucionais e legais, nas hipóteses em que ajuizadas ações de destituição do poder familiar,[2] fundadas especialmente nas previsões do artigo

---

[1] Segundo Paulo Bonavides (*Curso de Direito Constitucional*, p. 434), o princípio da proporcionalidade "trata-se daquilo que há de mais novo, abrangente e relevante em toda a teoria do constitucionalismo contemporâneo; princípio cuja vocação se move sobretudo no sentido de compatibilizar a consideração das realidades não captadas pelo formalismo jurídico, ou por este marginalizadas com as necessidades atualizadoras de um Direito Constitucional projetado sobre a vida concreta e dotado da mais larga esfera possível de incidência – fora, portanto, das regiões teóricas, puramente formais e abstratas".

[2] Consoante preconizado no artigo 1.630 do Código Civil, "os filhos estão sujeitos ao poder familiar, enquanto menores". Euclides Benedito de Oliveira (Direito de Família no Novo Código Civil, http://www.advocaciaconsultoria.com.br/dirfamilia/familiancc3.htm, acesso em 02/09/2005) afirma que a utilização da expressão *poder familiar* decorreu do intuito do legislador em afastar conotação patriarcalista intrínseca à expressão *pátrio poder*, embora pondere que "(...) a denominação Poder

1.638 do Código Civil e dos artigos 6°, 15, 129, X, 155 e 156 do Estatuto da Criança e do Adolescente.

A Constituição da República dispõe em seu artigo 5°, LIV e LVI, respectivamente, que "ninguém será privado da liberdade ou de seus bens sem o devido processo legal" e que "são inadmissíveis, no processo, as provas obtidas por meios ilícitos". Por seu turno, o Código de Processo Civil, em seu artigo 332, prescreve que "todos os meios legais, bem como os moralmente legítimos, ainda que não especificados neste Código, são hábeis para provar a verdade dos fatos, em que se funda a ação ou a defesa".

O ponto de partida da presente investigação centra-se no caráter absoluto, ou não, das regras supramencionadas e, em caso negativo, na possibilidade de que sejam relativizadas a ponto de se permitir a utilização de prova em processo civil – especificamente nas ações de destituição do poder familiar – que se saiba ser ilícita, pois, consoante também preconizado no texto constitucional, em seu artigo 227, *caput*, "é dever da família, da sociedade e do Estado assegurar à criança e ao adolescente, com absoluta prioridade, o direito à vida, à saúde, à alimentação, à educação, ao lazer, à profissionalização, à cultura, à dignidade, ao respeito, à liberdade e à convivência familiar e comunitária, além de colocá-los a salvo de toda forma de negligência, discriminação, exploração, violência, crueldade e opressão", e, igualmente, nos termos do seu § 4°, "a lei punirá severamente o abuso, a violência e a exploração sexual da criança e do adolescente".

Como regra – salvo as exceções legais –, quando verificado litígio entre partes, havendo a provocação devida, cabe ao Estado resolver esses conflitos. Para tanto, restou positivado, também em nível constitucional, que "aos litigantes, em processo judicial ou administrativo, e aos acusados em geral são assegurados o contraditório e a ampla defesa, com os meios e recursos a ela inerentes" (art. 5°, LV).

Familiar ainda conserva uma carga de supremacia e comando que não se coaduna com o seu verdadeiro sentido, já que os pais têm, com relação aos filhos, não só poder, mas um complexo e relevante conjunto de deveres relativos a guarda, sustento e educação. Em vez de poder, melhor seria denominar essa relação paterno-filial de 'Autoridade Parental', como consta, dentre outros, do Código Civil Francês." Este também a posição de Silmara Juny Chinelato (http://www.saraivajur.com.br/doutrinaEntrevistasDetalhe.cfm?cod=133, acessado em 02/09/2005), ao sustentar que "(...) Seria melhor a expressão do direito francês "autoridade parental", que melhor reflete o poder-dever ínsito na autoridade dos pais. A lei francesa, seguindo a Doutrina, representa uma evolução na relação pai-filho, abandonando o caráter absoluto do poder paternal em favor de limitações no interesse dos filhos". Gustavo Tepedino (*A disciplina da guarda e a autoridade parental na ordem civil-constitucional*, p. 7) igualmente sustenta que instituto da autoridade parental é designado como poder familiar pelos arts. 1.630 e seguintes do Código Civil de 2002. E acrescenta que " (...) a crítica justamente oposta por parte da doutrina mais atenta à utilização da expressão poder inserida na dicção do Código Civil de 2002, tanto na noção de pátrio poder como na de poder familiar, adotando-se, ao revés, a perspectiva da autoridade parental como um múnus, significado que transcende o interesse pessoal (...)" (p. 9-10). Registra-se, por fim, que no *site* do Tribunal de Justiça do Rio Grande do Sul (www.tj.rs.gov.br) não se encontrou nenhum precedente jurisprudencial com referência à expressão "autoridade parental", senão apenas ao "poder familiar".

Tem-se como pressuposto que a prestação jurisdicional não pode ser apenas de natureza formal. Deve ser efetiva, garantindo-se às partes um acesso maximizado à tutela jurisdicional. Como reconhece José Carlos Barbosa Moreira,[3] deve-se assegurar aos litigantes a iniciativa no que tange à busca e à apresentação de elementos capazes de contribuir para a formação do convencimento do órgão jurisdicional.

Vinculadas às garantias constitucionais do contraditório e da ampla defesa, em especial a esta, bem assim frente ao denominado *due process of law,*[4] é que o tema proposto ganha destaque, para se perquirir sobre os limites desta prova a ser produzida pelas partes para o convencimento do Juízo, e, inclusive, sobre os limites do juízo para determinar a realização das provas *ex officio,* com a finalidade de prestação da jurisdição justa. Estão em pauta, pois, os limites da amplitude – especialmente – do disposto nos artigos 332 e 131 do CPC, quando necessários para a solução das demandas ajuizadas com fundamento nas regras que tratam da perda do poder familiar.

2. Hermentêutica Constitucional, princípios e suas eventuais colisões

Na elaboração e na aplicação do direito, necessita-se recorrer a juízos de valor.[5] Como já se destacou em outra oportunidade,[6] entende-se que a análise também aqui proposta se deva dar a partir de uma leitura constitucional do sistema jurídico. Adota-se o conceito de sistema jurídico como "uma rede axiológica e hierarquizável de princípios fundamentais, de normas estritas (ou regras) e de valores jurídicos, cuja função é a de, evitando ou superando antinomias em sentido lato, dar cumprimento aos objetivos justificantes do Estado Democrático, assim como se encontram consubstanciados, expressa ou implicitamente, na Constituição".[7]

---

[3] A Constituição e as provas ilicitamente adquiridas. *Revista da AJURIS*, n. 68, p. 23.

[4] Nas palavras do Ministro Celso de Mello, em excerto de seu voto proferido na Ação Penal n. 307-3-DF: "A cláusula constitucional do *due process of law* – que se destina a garantir a pessoa do acusado contra ações eventualmente abusivas do Poder Público – tem, no dogma da inadmissibilidade das provas ilícitas, uma de suas projeções concretizadoras mais expressivas, na medida em que o réu tem o impostergável direito de não ser denunciado, de não ser julgado e de não ser condenado com apoio em elementos instrutórios obtidos ou produzidos de forma incompatível com os limites impostos pelo ordenamento jurídico, ao poder persecutório e ao poder investigatório do Estado".

[5] Chaïm Perelman, *Ética e Direito*, p. 408.

[6] A Violação do Princípio da Proporcionalidade por regras que extinguem a punibilidade em crimes econômico-tributários, *Revista de Interesse Público* n. 28, Janeiro/2005.

[7] Freitas, Juarez. A *Interpretação Sistemática do Direito*. 3ª ed. São Paulo: Malheiros, 2002, p. 272.

Deste modo, no momento em que se faz uma análise principiológica e sistêmica,[8] temos por relevante se ter como ponto de referência de que o norte do raciocínio deve ser desenvolvido a partir de uma argumentação aberta, diante de todas as circunstâncias possíveis, demonstrando-se qual é a melhor solução para o caso concreto.

Juarez Freitas leciona[9] que "cada um dos princípios vale à proporção em que se insere na enriquecedora totalidade dialética (em acepção nobre e forte do termo) do ordenamento democrático", pois os princípios "se constituem mutuamente e não se excluem, vale dizer, não se eliminam jamais, não merecendo prosperar abordagens calcadas na lógica do tudo ou nada, ainda quando se aparente não pretender utilizá-la". Isto porque "um direito deve suprimir inteiramente o outro na colisão. Apenas pode e deve preponderar conforme as circunstâncias".[10] [11] De uma forma até mais enfática, por não existir princípio absoluto, diz que esta tensão "acarreta (ou deve acarretar) o fortalecimento mútuo dos princípios".[12]

Em outras palavras, complementarmente, é o escólio de Humberto Ávila, ao reconhecer que "a caracterização dos princípios como deveres de otimização implica regras de colisão, cujo estabelecimento depende de uma ponderação. É que se há dois princípios em relação de tensão, a solução escolhida deve ser aquela que melhor realize ambos os princípios. Isso só será possível se a solução adotada for adequada e necessária à realização do fim perseguido".[13]

Essa ponderação de princípios decorre de uma verdadeira *Constituição Aberta*,[14] na medida em que, como também refere Daniel Sarmento,[15] permite haja um convívio de valores e princípios antagônicos, preservando-se a base plural sobre a qual se sustenta o ordenamento constitucional.

---

[8] Confira-se, também, o excelente trabalho Ontem, os Códigos; Hoje, as Constituições: o papel da Hermenêutica na Superação do Positivismo pelo Neoconstitucionalismo, de Lenio Luiz Streck, *in Direito Constitucional Contemporâneo, Estudos em Homenagem ao Professor Paulo Bonavides*, p. 521/561.

[9] *Controle dos Atos Administrativos*, 3 ed., 2004, p. 33.

[10] Op. cit. , p. 39.

[11] Consoante decidiu o E. STJ, e.g., no julgamento do HC. 7.216, em 25/05/1998, "(...) Pelo Princípio da Proporcionalidade, as normas constitucionais se articulam num sistema, cuja harmonia impõe que, em certa medida, tolere-se o detrimento a alguns direitos por ela conferidos, no caso, o direito à intimidade. (...)".

[12] Op. cit., p. 31.

[13] São as palavras de Alexy, em Epílogo *A La Teoria de los Derechos Fundamentales*, p. 26: "Los derechos fundamentales, como mandatos de optimización, sólo admiten aquellas soluciones para las colisiones que representen la máxima realización posible de todos los bienes iusfundamentales implicados."

[14] Paulo Bonavides, *A Constituição Aberta*.

[15] *A Ponderação de Interesses na Constituição Federal*, p. 139-140.

Na ponderação de interesses, essencial recorrer-se ao pensamento tópico-argumentativo (não há verdades apodíticas), pois não há uma única solução correta para cada caso,[16] mas sim respostas mais ou menos razoáveis para o problema enfrentado, que devem ser buscadas pela lógica do razoável.

3. Princípio da Proporcionalidade

O Princípio da Proporcionalidade[17] tem seu campo mais amplo de atuação na seara dos direitos fundamentais,[18] [19]tanto para valorar as restrições que se possam impor aos cidadãos pelo Estado, como para a consecução de seus fins.[20] Em outras palavras, como ensina Juarez Freitas,[21] e destacado por Ingo W. Sarlet,[22] "o princípio da proporcionalidade quer significar que o Estado não deve agir com demasia, tampouco de modo insuficiente na consecução de seus objetivos. Exageros, para mais ou para menos, configuram irretorquíveis violações ao princípio".

É fundamental ter-se como premissa que o Princípio da Proporcionalidade, na esteira dos ensinamentos de Robert Alexy,[23] não conduz a um único resultado possível correto, a uma resposta única correta, porque se trata – já dito alhures – de um procedimento aberto.

Há três subprincípios, que devem ser analisados em ordem seqüencial e de forma subsidiária, de cuja confluência depende a aprovação no teste

---

[16] Hans Kelsen, em sua *Teoria Pura do Direito*, p. 390-392, reconhece que "se por interpretação se entende a fixação por via cognoscitiva do sentido do objeto a interpretar, o resultado de uma interpretação jurídica somente pode ser a fixação da moldura que representa o Direito a interpretar, e, conseqüentemente, o conhecimento das várias possibilidades que dentro desta moldura existem. Sendo assim, a interpretação de uma lei não deve necessariamente conduzir a uma única solução como sendo a única correta, mas possivelmente a várias soluções que – na medida em que apenas sejam aferidas pela lei a aplicar – têm igual valor ... Todos os métodos de interpretação até o presente elaborados conduzem sempre a um resultado apenas possível, nunca a um resultado que seja o único correto".

[17] Humberto Bergmann Ávila, em *A Distinção entre regras e princípios* (...), afirma que "o dever de proporcionalidade não é um princípio ou norma-princípio", mas "o dever de proporcionalidade consiste num postulado normativo aplicativo" (p. 169-170).

[18] Luís Virgílio Afonso da Silva, op. cit., p. 43, sustenta que "a exigibilidade da regra da proporcionalidade para a solução de colisões entre direitos fundamentais não decorre deste ou daquele dispositivo constitucional, mas da própria estrutura dos direitos fundamentais (...)".

[19] Como destaca Wilson Antonio Steinmetz, *Colisão de Direitos Fundamentais e o Princípio da Proporcionalidade*, p. 140, "A aplicação do método da ponderação foi inaugurada pelo Tribunal Constitucional Alemão na sentença Lüth (15 de janeiro de 1958) na qual examinou-se e decidiu-se sobre a constituição de restrição a direito fundamental".

[20] Gomes, Mariângela Gama de Magalhães. *O Princípio da Proporcionalidade no Direito Penal*, p. 35.

[21] Cfr. Juarez Freitas. *O controle dos atos administrativos e os princípios fundamentais*. São Paulo: Malheiros, 1997, p. 56-57.

[22] *Constituição e proporcionalidade* ..., p. 111.

[23] *Teoria de los derechos fundamentales*, citado por Wilson Steinmetz, op. cit., p. 215.

da proporcionalidade.[24] [25] [26] Todavia, para que se constate a violação ao *princípio-mor*, não é necessária a violação aos três subprincípios. A violação a apenas um deles já basta para a violação da regra maior.[27]

3.1. Proporcionalidade e Razoabilidade

Luís Virgílio Afonso da Silva[28] sustenta que "proporcionalidade, em sentido técnico-jurídico, não é sinônimo de razoabilidade ...", e que "o termo mais apropriado, então, é *regra de proporcionalidade*".

Distinguindo-os, Humberto Ávila[29] refere que mediante o postulado da proporcionalidade[30] há de se escolher, para a realização de seus fins, os meios adequados, necessários e proporcionais, afirmando que "a aplicação da proporcionalidade exige a relação de causalidade entre meio e fim, de tal sorte que, adotando-se o meio, promove-se o fim".[31] Já a razoabilidade, sustenta, "não faz referência a uma relação de causalidade

---

[24] Confira-se escólio de Juarez Freitas, Abate-Teto e Reforma Previdenciária, *Revista de Interesse Público* n. 24, p. 63-64.

[25] Outrossim, segundo destacado por Wilson Steinmetz, op cit., p. 148: "assentou-se que o princípio da proporcionalidade em sentido amplo e a proibição de excesso (übermassverbot) referem-se à uma mesma coisa e que ambos os princípios compreendem os princípios parciais da adequação, da necessidade e da proporcionalidade em sentido estrito."

[26] Segundo Alexy, in *Epílogo* ...: "Los principios son normas que ordenan que algo sea realizado en la mayor medida posible, de acuerdo con las posibilidades fácticas y jurídicas. Una de las tesis fundamentales expuestas en la Teoria de los Derechos Fundamentales es que esa definición implica el principio de proporcionalidad con sus tres subprincípios: idoneidad, necesidad y proporcionalidad en sentido estricto, y viceversa: que el carácter de principios de los derechos fundamentales se sigue lógicamente del principio de proporcionalidad".

[27] "A análise da adequação precede a da necessidade, que, por sua vez, precede a da proporcionalidade em sentido estrito. A real importância dessa ordem fica patente quando se tem em mente que a aplicação da regra da proporcionalidade nem sempre implica a análise de todas as suas três sub-regras. Pode-se dizer que tais sub-regras relacionam-se de forma subsidiária entre si. A impressão que muitas vezes se tem, quando se mencionam as três sub-regras da proporcionalidade, é que o juiz deve sempre proceder à análise de todas elas, quando do controle do ato considerado abusivo. Não é correto, contudo, este pensamento. É justamente na relação de subsidiariedade acima mencionada que reside a razão de ser da divisão em sub-regras. Em termos claros e concretos, com subsidiariedade quer-se dizer que a análise da necessidade só é exigível se, e somente se, o caso já não tiver sido resolvido com a análise da adequação; e a análise da proporcionalidade em sentido estrito só é imprescindível, se o problema já não tiver sido solucionado com as análises da adequação e da necessidade. ..." Luis Virgílio Afonso da Silva, *O Proporcional e o Razoável*, p. 34.

[28] *O Proporcional e o Razoável.*

[29] *Teoria dos Princípios*, p. 101-102.

[30] Embora não se pretenda desenvolver a temática neste estudo, há de se reiterar que o autor, nas considerações introdutórias de sua obra, refere que "enquanto a doutrina refere-se à proporcionalidade e à razoabilidade ora como princípios, ora como regras, este trabalho critica essas concepções e, aprofundando trabalho anterior, propõe uma nova categoria, denominada de categoria dos postulados normativos aplicativos".

[31] Confira-se, também, seu ensaio *A distinção entre princípios e regras e a redefinição do dever de proporcionalidade.*

entre um meio e um fim (...)". Em seu entendimento, a razoabilidade pauta-se pelos deveres de eqüidade e de congruência, não havendo colisão de princípios, nem relação de causalidade entre meio e fim. Sustenta, em conclusão, ser possível enquadrar a proibição de excesso e a razoabilidade no exame da proporcionalidade em sentido estrito, com a observação no sentido de que "se a proporcionalidade em sentido estrito for compreendida como amplo dever de ponderação de bens, princípios e valores, em que a promoção de um não pode implicar a aniquilação de outro, a proibição de excesso será incluída no exame da proporcionalidade. Se a proporcionalidade em sentido estrito compreender a ponderação dos vários interesses em conflito, inclusive dos interesses pessoais dos titulares dos direitos fundamentais restringidos, a razoabilidade como eqüidade será incluída no exame da proporcionalidade".[32]

Wilson Steinmetz entende[33] que no direito pátrio, atualmente, há uma clara tendência de consolidação do princípio do *due process of law* como justificação do princípio da proporcionalidade,[34] complementando que existe um traço comum em grande parte dos autores nacionais em reconhecer uma intercambialidade entre os princípios da proporcionalidade (de origem germânica) e o da razoabilidade (de origem norte-americana), sendo que, na prática, já vêm sendo concebidos como de mesma finalidade.

Não sendo objeto central da presente investigação aferir minuciosamente a distinção entre tais posicionamentos – no máximo, apenas referi-los –, há de se consignar que em inúmeros julgados o Supremo Tribunal Federal se tem manifestado, tratando ambos os princípios como de igual conotação,[35] desde o julgamento da ADI n° 855-2.[36]

---

[32] Op. cit., 103.

[33] Op. cit., p. 166.

[34] Apenas a título exemplificativo, confira-se excerto de decisão do Supremo Tribunal Federal no julgamento do Agravo Regimental no Recurso Extraordinário n° 196.336-1-RS (Rel. Min. Celso de Mello, 2ª Turma, unânime, julgado em 25/06/2002, DJU 08/04/2005): "(...) O Estado não pode legislar abusivamente, eis que todas as normas emanadas do Poder Público – tratando-se, ou não, de matéria tributária – devem ajustar-se à cláusula que consagra, em sua dimensão material, o princípio do "substantive due process of law" (CF, art. 5°, LIV). O postulado da proporcionalidade qualifica-se como parâmetro de aferição da própria constitucionalidade material dos atos estatais. Hipótese em que a legislação tributária reveste-se do necessário coeficiente de razoabilidade. Precedentes."

[35] Confira-se, inclusive, Luís Roberto Barroso (*Interpretação e Aplicação da Constituição*, p. 229), quando sustenta que "o princípio da razoabilidade ou da proporcionalidade sempre teve seu campo de incidência mais tradicional no âmbito da atuação do Poder Executivo".

[36] "Gás liquefeito de petróleo: lei estadual que determina a pesagem de botijões entregues ou recebidos para substituição à vista do consumidor, com pagamento imediato da eventual diferença a menor: argüição de inconstitucionalidade fundada nos arts. 22, IV e VI (energia e metrologia), 24 e parágrafos, 25, § 2°, e 238, além de violação ao princípio da proporcionalidade e razoabilidade das leis restritivas de direitos: plausibilidade jurídica da argumentação que aconselha a suspensão cautelar da lei impugnada, a fim de evitar danos irreparáveis à economia do setor, no caso de vir a declarar-se a inconstitucionalidade. Liminar deferida."

3.2. Subprincípio da Adequação entre Meios e Fins

Exige-se uma relação de pertinência entre os meios escolhidos pelo legislador e os fins colimados pela lei. Guardando parcial simetria com o princípio da proibição de excesso, a idéia é a de que a medida implementada pelo Poder Público tem de se evidenciar não apenas conforme os fins almejados, mas, também, deve ser apta a realizá-los. Como defende Luis Virgílio Afonso da Silva,[37] reportando-se a Borowski,[38] "uma medida somente pode ser considerada inadequada se sua utilização não contribuir em nada para fomentar a realização do objetivo pretendido". Ou, como diz o próprio Borowski,[39] "si la acción ejecutada se encuadra dentro de la clase de las acciones que el Estado puede considerar plausiblemente como médios para cumplir el deber, debe estimarse que el derecho fundamental de protección ha sido satisfecho; de outra manera, no". Wilson Steinmetz,[40] em nosso sentir, traz um resumo bastante lógico de como se procede a tal exame no Tribunal Constitucional Alemão:

> (...) A resposta é dada pelo TCF alemão, tanto na formulação negativa, quanto na positiva do princípio, embora de forma mais clara nesta do que naquela. Segundo a fórmula negativa, uma medida é não-idônea se o for completamente. Significa que, do ponto de vista do controle de constitucionalidade da restrição por meio do princípio da adequação, nem sempre há um único meio idôneo, mas que pode haver vários. Ou seja, o Tribunal admite que pode haver vários meios para se atingir o objetivo ou finalidade pretendida. Nesse sentido, o juízo de adequação nada diz sobre qual dos meios idôneos deve prevalecer, pois não diz qual é mais ou menos eficaz. Apenas diz se um determinado meio é ou não idôneo, útil, apto, apropriado. Assim, tomando como exemplo uma restrição legislativa a direito fundamental, o TCF, para declaração de inconstitucionalidade, examina se ela (a restrição, o meio) é plenamente inadequada. A fórmula positiva do princípio de adequação diz que um meio é adequado quando com ele é possível alcançar o resultado perseguido.

3.3. Subprincípio da Necessidade

O objetivo pode ser traduzido por uma máxima bastante difundida: "dos males, o menor". Ou seja, quando há muitas alternativas, o Estado (*lato sensu*) deve optar em favor daquela que afete o menos possível os interesses e as liberdades em jogo. Alguns doutrinadores se referem a este subprincípio como sendo um princípio de exigibilidade, de indispensabilidade, da menor ingerência possível, ou ainda, como sustentam mais incisivamente outros, o princípio da intervenção mínima. Juan Carlos

---

[37] Op. cit., p. 37.

[38] Na definição de Martin Borowski, "uma medida estatal é adequada quando o seu emprego faz com que "o objetivo legítimo pretendido seja alcançado ou pelo menos fomentado".

[39] Op. cit, p. 163, em nota de rodapé.

[40] Op. cit., p. 149-150.

Gavara de Cara[41] informa que "... el Tribunal Constitucional alemán há estabelecido que una medida legislativa es necesaria cuando no puede ser elegida outra medida igualmente efectiva que limite menos el derecho fundamental o que suponga una menor carga para el titular".

3.4. Subprincípio da Proporcionalidade em Sentido Estrito

A cláusula da proporcionalidade *stricto sensu* decorre do reconhecimento de que os meios podem ser idôneos para atingir o fim; entretanto desproporcionais em relação ao chamado custo/benefício. Os meios escolhidos devem manter uma relação razoável com o resultado pretendido. É o princípio da justa medida.

Como adverte Daniel Sarmento,[42] o Egrégio Supremo Tribunal Federal só veio a reconhecer, de forma explícita, a aplicabilidade do princípio da proporcionalidade na decisão liminar na ADI nº 855-2, em que se discutia a constitucionalidade de lei do Estado do Paraná que criara a obrigação de pesagem de botijões de gás.[43] Mas o que importa, destaca o mesmo autor mais adiante em sua obra, é que "a partir sobretudo do advento da Constituição de 1988, o STF vem reconhecendo o princípio da proporcionalidade/razoabilidade no direito brasileiro, localizando a sua sede na cláusula do devido processo legal, albergada no artigo 5º, LIV, do texto fundamental".[44]

4. Da prova. Conceito e critérios. Entendimento doutrinário.

Quando se fala da vedação constitucional do uso da prova ilícita no processo, para melhor compreensão do tema, faz-se mister delimitar o que vem a ser prova ilícita. E mais, que lhe antecede: o que é prova?

O conceito de prova não é unívoco. Como ponto de partida, fundamental uma conceituação mínima, mesmo que não se esgote o tema, até porque não é este o propósito do estudo. Assim, como referido por Carlos Alberto Baptista,[45] a prova processual é todo meio lícito e suscetível de convencer o juiz da verdade de uma alegação da parte. Na senda de

---

[41] Em sua obra *Derechos Fundamentales e desarrollo legislativo*: la garantia del contenido esencial de los derechos fundamentales en la Ley Fundamental de Bonn, citado por Wilson Steinmetz, op. cit., p. 151.

[42] Op. cit., p. 93.

[43] Decisão esta criticada por Luis Virgílio Afonso da Silva – pois a Corte Suprema entendeu como desproporcional a exigência da pesagem dos botijões de gás –, para quem "a medida pode ser considerada adequada para promover a defesa do consumidor, porque fomenta a realização dos fins visados".

[44] Op. cit., p. 95.

[45] A Vedação Constitucional da Prova Ilícita. *Revista Jurídica*, Porto Alegre, ano 50, n. 300, outubro de 2002, p. 79.

Tornaghi,[46] constitui-se no conjunto de atos praticados pelas partes – em que se funda a ação ou a defesa – , por terceiros que atuem no processo e até pelo juiz,[47] para averiguar a verdade e formar a convicção desse último. Para José Frederico Marques,[48] "constitui meio e modo de que usam os litigantes para convencer o juiz da verdade da afirmação de um fato – bem como o meio e modo de que se serve o juiz para formar sua convicção sobre os fatos que constituem a base empírica da lide".

Gustavo Paim afirma[49] que a busca dessa verdade não pode ser incondicionada, encontrando-se, no ordenamento jurídico, inúmeras limitações a essa persecução da reconstrução da realidade.[50] [51] Assim, não é possível a utilização de meios ilícitos para atingir um fim ideal, pois o próprio ordenamento jurídico não permite a prova de fatos em sacrifício de outros valores superiores, juridicamente tutelados. Ao tempo em que propugna pela desconsideração da prova ilícita, ainda que em prejuízo da apuração da verdade – a regra, portanto – , assevera ao final que não se deve compreender a vedação à prova ilícita como um obstáculo absoluto e sempre intransponível na busca de uma tutela mais justa, concluindo que sua utilização "comporta uma relativização".

Sérgio Porto[52] refere que "os fatos alegados só poderão ser considerados legitimamente provados se a demonstração da veracidade destes for obtida por meio imposto ou admitido pela lei". Tal assertiva, pensa-se, não inviabiliza a discussão acerca da possibilidade ou não da valoração da prova ilícita pelo juiz, mas, em verdade, traz substancial contribuição quando, na seqüência, assenta: "Desta imposição, decorre divisão sistemático-lógica que apresenta a prova através de critérios objetivos e subjeti-

---

[46] *Curso de Processo Penal*, 10. ed., São Paulo: Saraiva, 1997, p. 289.

[47] "Art. 130, CPC. Caberá ao juiz, de ofício ou a requerimento da parte, determinar as provas necessárias à instrução do processo, indeferindo as diligências inúteis ou meramente protelatórias."

[48] *Manual do Direito Processual Civil*. São Paulo: Saraiva, 1974, v. 2, p. 175, citado em Prova: Teoria e Aspectos Gerais no Processo Civil.

[49] *A Garantia da Licitude das Provas e o Princípio da Proporcionalidade no Direito Brasileiro, As Garantias do Cidadão no Processo Civil*. Porto Alegre: Livraria do Advogado, 2003, p. 172-173.

[50] Carlos Alberto Batista doutrina (op. cit, p. 81): " (...) Toda formação probatória feita pelas partes propicia tão-somente o alcance relativo da verdade através de processos indutivos (verdade fática) e de processos dedutivos (verdade jurídica). Tanto numa como noutra, a verdade alcançada não é absoluta, pois o juiz faz a reconstrução fática, não sendo testemunha ocular desta, através da produção probatória nos autos, a qual nunca reflete em sua inteireza o mundo fenomênico, como também dada a vagueza de preceitos jurídicos sobre os quais o julgador desenvolve seu raciocínio".

[51] Sérgio Porto (*Prova: Teoria e Aspectos Gerais no Processo Civil*), em complemento, destaca que "o juiz, com a finalidade de afastar a incerteza que o assola, examina e verifica a existência dos fatos alegados. Posteriormente, aprecia-os; porém, desta feita, conduzido por uma certeza de convencimento, face à demonstração concreta dos fatos pelas partes, ou face à investigação procedida, de ofício, na busca da verdade. Deve, pois, o juiz, nesta busca da verdade, procurar reconstruir o fato com a finalidade de alcançar a certeza. ..."

[52] *Prova: Teoria e Aspectos Gerais no Processo Civil*, p. 70.

vos. Os critérios objetivos dizem respeito ao meio, através do qual a verdade chega a quem aprecia; são verdadeiros métodos de demonstração da verdade dos fatos. Ao passo que os critérios subjetivos dizem respeito à certeza criada no íntimo do julgador sobre os fatos alegados, em outras palavras, a convicção".

De fato, é imprescindível essa dicotomia no que pertine à prova, malgrado essencial a presença de ambos os requisitos, que integram e formam a prova em sentido técnico-jurídico. Daí por que assentimos com sua conclusão no sentido de que prova judicial "é a reunião dos meios aptos a demonstrar (critério objetivo) e dos meios aptos a convencer o espírito de quem julga (critério subjetivo)".[53]

4.1. Da prova ilícita

Ricardo Raboneze,[54] reportando-se a Hernando Davis Echandia,[55] identifica cinco momentos nos quais se produz prova que possa ser caracterizada de modo ilícito. Em primeiro lugar, reconhece a ilicitude pelo procedimento utilizado para a prova (v.g. confissão obtida por meio de tortura); em segundo lugar, aponta a ilicitude da própria prova, ainda que o meio procedimental de prova seja correto (v.g. reconstituição em caso de crime de estupro); em terceiro lugar, destaca a proibição imposta pela lei para se utilizar meios de prova em determinadas situações (v.g. testemunho que importe em violação de sigilo profissional); em quarto, menciona a proibição legal para investigar determinado fato; e, por fim, em quinto, a utilização de meios de prova não incluídos dentre aqueles autorizados por lei (v.g. interceptação telefônica para crimes apenados com detenção).

A par destas classificações, pode-se hialinamente identificar que as provas vedadas violam regras procedimentais (processuais) ou regras de direito material. Em outras palavras, também segundo entendimento majoritário da doutrina, a prova ilícita diz respeito ao seu momento formativo, enquanto prova ilegítima é aquela que diz com o momento introdutório no processo.[56]

Quanto às provas ilegítimas, pondera Carlos Alberto Baptista,[57] não se apresentam – salvo melhor juízo – maiores problemas quanto à sua admissibilidade, pois, uma vez identificada, a sanção aplicável será aquela

---

[53] *Prova: Teoria e Aspectos Gerais no Processo Civil*, p. 72.

[54] Provas obtidas por meios ilícitos, p. 13-14, *apud* também em *A vedação constitucional da prova ilícita*, Carlos Alberto Batista.

[55] Pruebas Ilícitas, *Revista de Processo* 32/82.

[56] Gustavo Bohrer Paim, *op. cit.*, p. 176; Carlos Alberto Baptista, op. cit., p. 84.

[57] Op. cit., p. 84.

prevista no texto processual, podendo ser até sua nulidade. No que pertine às provas ilícitas, prossegue, "existe muita controvérsia doutrinária e jurisprudencial decorrente do antagonismo de princípios de proteção de bens jurídicos de valores essenciais. Surgem duas situações diversas para o problema das provas ilícitas: o primeiro, de natureza substancial, referente à constatação do ato ilícito; o segundo, de natureza processual, referente à admissibilidade e à utilização, uma vez já no processo, da prova ilícita".

Ao abordar o tema acerca das soluções para esta antinomia, Barbosa Moreira[58] sintetiza que, sob os olhos da primeira tese, deve prevalecer em qualquer caso o interesse da Justiça no descobrimento da verdade. Eventual ilicitude na obtenção da prova não pode afastar o valor da prova para formar o convencimento do juízo. Ou seja, a prova deve ser admitida, punindo-se, porém, na seara própria, o autor da produção ilícita da prova. Para a outra corrente, prossegue, não há como o direito prestigiar o comportamento antijurídico; conseqüentemente o Poder Judiciário não poderá dar qualquer eficácia à prova ilegitimamente obtida.

Gustavo Paim[59] revela, de forma sintética, as teorias doutrinárias acerca da prova ilícita: a) a primeira (rejeitada pela doutrina moderna) não permite a prova ilegítima, por violação das regras do ordenamento processual, mas admite a prova ilícita validamente introduzida no processo, devendo-se punir, contudo, aquele que produziu (materialmente) a prova ilícita, pois agiu contra o direito; b) a segunda não admite jamais a prova ilícita em razão da visão unitária do ordenamento jurídico; c) a terceira igualmente não admite as provas obtidas ilicitamente, mas fundamenta sua rejeição na vedação constitucional; d) e a quarta, que, como regra, não admite a prova ilícita, admitindo-a, sempre excepcionalmente, quando se fizer necessária a aplicação do princípio da proporcionalidade. Em outras palavras, como pontua ainda Paim, "abranda-se a proibição em casos excepcionalmente graves e quando a prova ilícita for a única a ser produzida com o objetivo de tutelar outros direitos constitucionalmente valorados, verificando-se a proporcionalidade entre a infringência à norma e os valores que a produção da prova possa proteger pela via processual".

A doutrina realmente não apresenta consenso. Analisam-se alguns posicionamentos, a título ilustrativo.

José Carlos Barbosa Moreira, enfrentando a questão do Princípio da Garantia da Intimidade diante das regras de Processo Civil,[60] reconhece que o "problema que se articula com o examinado neste trabalho, sem com ele confundir-se, é o das provas ilegitimamente adquiridas", e, assentando

---

[58] *Temas de Direito Processual*, p. 109.

[59] Op. cit, p. 176/177.

[60] Processo Civil e direito à preservação da intimidade, *in Temas de Direito Processual*, Segunda Série. São Paulo: Saraiva, 1980, p. 3-20.

seu entendimento pela viabilidade da utilização da prova ilícita, conclui que, em princípio, não se deve sacrificar sistematicamente todos os valores com que porventura se ponha em conflito. Há de se utilizar o princípio da proporcionalidade, de modo que não se pode pretender que a "publicidade seja sempre, sob quaisquer circunstâncias, exigência absoluta de reta administração da Justiça, e cumpre determinar, mediante cuidadosa valoração de interesses, em que medida vale a pena fazê-la prevalecer a despeito dos eventuais inconvenientes ou, vice-versa, impor-lhe restrições indispensáveis ao resguardo de outros bens jurídicos – não apenas a intimidade, vale observar, mas também os bons costumes, a ordem, a segurança do Estado etc.".

No mesmo diapasão, Vicente Greco Filho, para quem a regra que não admite a prova ilícita não é absoluta – porque nenhuma regra máxima o seria – , na medida em que necessita conviver com outras regras e princípios estampados em mesmo nível. Em suas palavras, "(...) continuará a ser necessário o confronto ou peso entre os bens jurídicos, desde que constitucionalmente garantidos, a fim de se admitir, ou não, a prova obtida por meio ilícito".[61]

Luís Roberto Barroso defende a natureza absoluta e incontornável da vedação ao uso da prova ilícita,[62] sustentando que "a Constituição Brasileira, por disposição expressa, retirou a matéria da discricionariedade do julgar e vedou a possibilidade de ponderação de bens e valores em jogo. Elegeu ela própria o valor mais elevado: a segurança das relações sociais pela proscrição da prova ilícita".

Ada Pellegrini Grinover, Antônio Scarance Fernandes e Antônio Magalhães Gomes Filho também são contrários à utilização da prova ilícita,[63] descabendo, segundo eles, o recurso à proporcionalidade, salvo quando utilizada a favor do réu.

Antônio Scarance Fernandes, em outra obra,[64] refere que "a prova obtida por meios ilícitos não pode ser admitida no processo (art. 5°, LVI), sendo destituída de eficácia jurídica. (...) Assim, a prova ilícita não pode ser produzida ou deve ser excluída", embora afirme, em tópico anterior,[65] que "a norma constitucional que veda a utilização no processo de prova obtida por meio ilícito deve ser analisada à luz do princípio da proporcionalidade, devendo o juiz, em cada caso, sopesar se outra norma, também constitucional, de ordem processual ou material, não supera em valor aquela que estaria sendo violada".

---

[61] *Manual de Processo Penal*. 3ª ed. São Paulo: Saraiva, p. 178.

[62] Confira-se, a propósito, e.g., Daniel Sarmento, op. cit., p. 179-180.

[63] *As Nulidades no Processo Penal*, p. 118-127.

[64] Processo Penal Constitucional, tópico A repercussão processual da prova obtida por meio ilícito, p. 90.

[65] *A prova ilícita na Constituição Federal*, p. 263.

Nelson Nery Junior e Rosa Maria de Andra Nery[66] defendem que uma tese intermediária é a que mais se amolda às hipóteses da proporcionalidade, de modo que não devem ser aceitos extremos: "nem a negativa peremptória de emprestar-se validade e eficácia à prova obtida sem o conhecimento do protagonista da gravação sub-reptícia, nem a admissão pura e simples de qualquer gravação fonográfica ou televisiva".

Abordando o tema da ilicitude de uso de documentos e cartas para ações de divórcio e separação, Yussef Said Cahali[67] é enfático ao admitir de modo irrestrito tal modalidade de prova, sendo irrelevante qualquer distinção quanto a saber se a missiva foi ou não obtida por meios ilícitos ou desleais, ou se interceptada por mera causalidade pelo cônjuge inocente. Acompanhando o magistério de Cunha Gonçalves, o juiz deve decidir segundo as provas que lhe são apresentadas, não lhe competindo investigar o modo de sua obtenção, cabendo apenas, se for o caso, a punição do infrator na seara criminal.[68] Sintetiza seu pensamento ao assentar que "a carta, como documento, ainda que pertencente ao destinatário, continua representando meio hábil de prova, moralmente legítimo; não a afeta, como meio apto à formação do convencimento do processo de separação judicial o fato de ter sido obtida através de interceptação ou violação de correspondência, matéria que extravasa o âmbito do processo civil".[69]

Tratando do uso de gravações telefônicas, sonoras e cênicas, mesmo após o advento da regra do inciso XII do artigo 5º da Constituição Federal de 1988, reafirma entendimento no sentido da "incondicional admissibilidade dessa prova em sede de separação litigiosa".[70] Segundo nossa compreensão, analisando os fundamentos declinados por Cahali nesta parte, o autor admite a prova ilícita, mas mediante verdadeira ponderação de valores, na medida em que, diante de um caso específico (no qual a esposa usara de gravação telefônica ilícita para embasar ação de separação), doutrina que "o valor ético e jurídico do interesse da mulher, no caso, supera, em muito, o do marido".[71] Para o aùtor, o que a lei veda e proíbe é a indevida divulgação da gravação a terceiros.[72]

---

[66] *Código de Processo Civil Comentado*, p. 692.

[67] *Divórcio e Separação*, p. 745.

[68] "(...) se o ato for ilegal, como invasão de domicílio ou violação do decantado direito à privacidade, então que o infrator seja responsável civil e, até, criminalmente, por seu ato ilícito e delituoso, conforme o ordenamento aplicável." (Op. cit., p. 757)

[69] *Divórcio e Separação*, p. 746.

[70] Op. cit., p. 750.

[71] Op. cit., p. 754.

[72] Há se destacar que, no caso, Cahali trata das chamadas "gravações clandestinas", e não propriamente de interceptações telefônicas. Aquelas são marcadas pelo fato de serem produzidas por um dos interlocutores da conversa, embora sem o conhecimento do outro. Estas são realizadas sem o conhecimento de nenhuma das partes que participam do diálogo, e efetivamente, em ocorrendo, violam o dispositivo constitucional.

4.2. Prova ilícita à luz da jurisprudência

Na pesquisa efetuada para embasar o presente estudo, assenta-se que não foi encontrado nenhum precedente jurisprudencial que trate especificamente sobre a possibilidade, ou não, da utilização de prova ilícita em se tratando de ação para destituição do poder familiar.

No âmbito civil, o Supremo Tribunal Federal – a partir do precedente já referido na ADI nº 855-2 – tem várias manifestações envolvendo a questão da proporcionalidade. Talvez um dos mais instigantes havidos até o momento, pensa-se, diz com o exame de DNA e investigações de paternidade, tema afeto também ao Direito de Família. Embora tratando de questões cíveis, os meios utilizados para questionar junto à Corte Suprema a obrigatoriedade – portanto, da validade probatória – do exame foram *habeas corpus*, *writs* de natureza predominantemente penal, sob o pálio de estar ocorrendo uma violação à intangibilidade do corpo humano (fornecimento de sangue).

No julgamento do HC. nº 71.374,[73] decidiu a Corte Suprema, por seis votos favoráveis e quatro contra, que o réu da ação civil não poderia ser conduzido para o exame do DNA, aresto que ficou assim ementado:

INVESTIGAÇÃO DE PATERNIDADE. EXAME DE DNA. CONDUÇÃO DO RÉU DEBAIXO DE VARA. DISCREPA A MAIS NÃO PODER, DE GARANTIAS CONSTITUCIONAIS IMPLÍCITAS E EXPLÍCITAS. Preservação da dignidade humana, da intimidade, da intangibilidade do corpo humano, do império da lei e da inexecução específica e direta de obrigação de fazer – provimento judicial que, em ação civil de paternidade, implique em determinação no sentido de o réu ser conduzido ao laboratório, "debaixo de vara", para coleta do material indispensável à feitura do exame DNA. A recusa resolve-se no plano jurídico-instrumental, consideradas a dogmática, a doutrina e a jurisprudência, no que voltadas ao deslinde das questões ligadas à prova dos fatos.[74]

Demonstrando que o tema realmente reclama uma ponderação necessária no caso específico, traz-se à colação outra decisão da Corte Suprema, agora tomada por unanimidade de votos, em sentido contrário à obrigatoriedade do exame de DNA. O fato originário era completamente diverso.

---

[73] Impetrado contra decisão da 8ª Câmara Cível do TJRS, que determinara a condução do paciente para a realização de exame de DNA em ação de investigação de paternidade.

[74] Impende citar que o voto-condutor da divergência havida neste julgamento, da lavra do então Ministro Francisco Rezek, ao usar da ponderação entre o direito à incolumidade física do réu e o direito do menor ao conhecimento do seu verdadeiro genitor, assentou: "(...) vale destacar que o direito ao próprio corpo não é absoluto ou ilimitado. Por vezes, a incolumidade corporal deve ceder espaço a um interesse preponderante, como no caso da vacinação, em nome da saúde pública. Na disciplina civil da família o corpo é, por vezes, objeto de direitos. Estou em que o princípio da intangibilidade do corpo humano, que protege um interesse privado, deve dar lugar ao direito à identidade, que salvaguarda, em última análise, um interesse também público ...O sacrifício imposto à integridade física do paciente é risível quando confrontado com o interesse do investigante bem assim a certeza que a prova pericial pode proporcionar ao magistrado".

AÇÕES DE DIREITO DE FAMÍLIA

195

Reportando-se novamente à obra de Daniel Sarmento,[75] refere-se que o fato decorreu de ação na qual um terceiro pretendia a retificação do registro civil de menor, concebido na constância do casamento do paciente, sob a alegação de que o menor era seu filho natural. O alegado constrangimento ilegal seria decorrente da ordem de colheita de sangue do paciente – pai presumido da criança, com a finalidade de comprovar que o mesmo não era o genitor do menor. Extrai-se do voto do Ministro Sepúlveda Pertence:

> (...) O que, entretanto, não parece resistir, que mais não seja, ao confronto do princípio da razoabilidade ou da proporcionalidade – de fundamental importância para o deslinde constitucional da colisão de direitos fundamentais – é que se pretenda constranger fisicamente o pai presumido ao fornecimento de uma prova de reforço contra a presunção de que é titular ...

> Segue-se daí a prescindibilidade, em regra, de ordenação da coação do paciente ao exame hematológico, à busca de exclusão da sua paternidade presumida, quando a evidência positiva da alegada paternidade genética do autor da demanda pode ser investigada sem a participação do réu.[76]

Há de se referir que, apreciando questão em que se discutia a validade de fitas gravadas mediante gravação clandestina por um dos cônjuges traídos,[77] a Corte Suprema – em 11/11/1977, sob a vigência do ordenamento constitucional anterior – reconheceu como ilícita a prova, determinando seu desentranhamento dos autos.[78]

O Tribunal de Justiça do Estado do Rio Grande do Sul tem admitido – excepcionalmente – a utilização de prova ilícita no Processo Civil:

> Prova Ilícita. Interceptação, escuta e gravação telefônicas e ambientais. Princípio da Proporcionalidade. Encobrimento da própria torpeza. Compra e venda com dação em pagamento. Verdade processualizada. Doutrina e jurisprudência.

> 1 – Prova Ilícita é a que viola normas de direito material ou os direitos fundamentais, verificável no momento de sua obtenção. Prova ilegítima é a que viola as normas instrumentais, verificável no momento de sua processualização. Enquanto a ilegalidade advinda da ilegitimidade produz a nulidade do ato e a ineficácia da decisão, a ilicitude comporta um importante dissídio acerca de sua admissibilidade ou não, o que vai desde a sua inadmissibilidade, passando da admissibilidade à utilização do princípio da proporcionalidade.

> 2 – O princípio da proporcionalidade, que se extrai dos artigos 1° e 5° da Constituição Federal, se aplica quando duas garantias se contrapõem. A Lei 9.296/96 veda, sem autorização judicial, a interceptação e a escuta telefônica, mas não a gravação, ou seja, quando um dos interlocutores grava a própria conversa. A aplicação há de ser

---

[75] Op. cit., p. 186-188.

[76] HC. n. 76.606-SC, Rel. Min. Sepúlveda Pertence.

[77] Confira-se *A aplicabilidade do Princípio da Inadmissibilidade das provas obtidas por meio ilícito no Processo Civil*, p. 236.

[78] Recurso Extraordinário n. 85.439-RJ, Rel. Min. Xavier de Albuquerque, 2ª Turma, DJU 02/12/1977.

uniforme ao processo civil, em face da comunicação entre os dois ramos processuais, mormente dos efeitos de uma sentença penal condenatória no juízo cível e da prova emprestada.
3 – A garantia da intimidade, de forte conteúdo ético, não se destina à proteção da torpeza, da ilicitude, mesmo que se trate de um ilícito civil...[79]
SEPARAÇÃO JUDICIAL. PROVA. GRAVAÇÃO DE CONVERSA ENTRE MARIDO E MULHER. JUNTADA. PROVA DE DEFRAUDAÇÃO DO PATRIMÔNIO COMUM. DECISÃO QUE DETERMINA O DESENTRANHAMENTO DA DEGRAVAÇÃO. DESCABIMENTO. APLICAÇÃO DO PRINCÍPIO DA PROPORCIONALIDADE. PONDERAÇÃO DO DIREITO À PROVA. LIMITAÇÃO QUE CEDE À PROVA RELEVANTE. INTERESSES DA BUSCA DA VERDADE E DA SEGURANÇA JURÍDICA QUE SACRIFICAM, NO CASO CONCRETO, A TUTELA DA INTIMIDADE. RESTRIÇÃO CONSTITUCIONAL SUPERADA PELA ORIGINALIDADE DA PROVA PARA A DESCOBERTA DA VERDADE. É razoável a utilização de gravação de conversa entre marido e mulher, mesmo que um dos interlocutores desconheça a impressão sônica feita pelo outro, quando esta for pertinente à demanda e não restar comprovada a ilegalidade. A preservação da garantia constitucional da privacidade, por não ser absoluta, não pode servir para cometimento de injustiça, nem obstáculo invencível que venha a favorecer quem violou o direito material que alicerça a pretensão contraposta, cabendo ao juiz dar valor ao conteúdo da prova, independente do meio com que foi obtida, ainda que com superação de certos direitos consignados na Lei Magna ou na legislação ordinária. No âmbito do Direito de Família a prova tem singularidades que impõem um tratamento específico diversamente dos outros campos jurídicos, e que decorrem da natureza da relação conjugal, onde as violações do dever são clandestinas, embaraçando a sua visibilidade e constatação. O direito à intimidade, como qualquer outro, não pode sobrepor-se de maneira absoluta a outros dignos da tutela judiciária, podendo submeter-se ao direito à prova, também constitucionalmente assegurado, aplicando-se o princípio da proporcionalidade, aqui se ponderando favoravelmente os interesses ligados à reta administração da justiça e sacrificando-se a privacidade. O direito à prova é o direito da parte em utilizar todas as provas de que dispõe para demonstrar a veracidade dos fatos em que se funda a pretensão e que seria inútil se não se vinculasse ao direito de aquisição da prova, desde que admissíveis e relevantes. Assim, o objeto do direito à prova é o direito da parte à prova relevante, que cede aos direitos fundamentais, desde que ela não detenha outra forma de comprovação. Desta forma, prevalecem os interesses da verdade e da segurança jurídica, restando à coletividade assegurar-se contra a obtenção ilícita com o manejo da responsabilidade civil ou penal para o autor que malferiu a moral. É razoável a produção de prova oriunda de gravação de conversa entre marido e mulher, em que se utilizaram meios comuns, mesmo que um deles desconheça a existência da impressão sônica, uma vez que não há quebra da privacidade. Agravo provido, para autorizar a produção do clichê sônico. (Segredo de Justiça).[80]

---

[79] Apelação Cível n. 70004590683, Rel. Desembargador Nereu Giacomolli, 2ª Câmara Especial Cível, julgado em 09/12/2002.
[80] Agravo de Instrumento nº 70005967740, Sétima Câmara Cível, Tribunal de Justiça do RS, Relator: José Carlos Teixeira Giorgis, julgado em 28/05/2003.

A título complementar, mister se dizer que, na seara do Direito Penal, o Supremo Tribunal Federal já externou posicionamentos[81] – bastante claros – no sentido da inviabilidade da utilização do Princípio da Proporcionalidade para justificar a utilização de prova ilícita com a finalidade de servir como embasamento para a condenação. Mas em um precedente – salvo melhor juízo, o único – reconheceu como válida prova obtida mediante violação da privacidade epistolar de agente recolhido em presídio.[82] Tem-no aplicado, entretanto, quando a prova – mesmo ilícita – servir para absolver o acusado.[83]

Já o Superior Tribunal de Justiça, em sentido contrário,[84] reconheceu a viabilidade da utilização de prova ilícita em desfavor de réu em ação penal:[85]

---

[81] V.g. HC. 82.354-8-PR, Rel. Min. Sepúlveda Pertence, unânime, julgado em 10/08/2004, DJU 24/09/2004, p. 42; HC. 82.354-8-PR, Rel. Min. Sepúlveda Pertence, unânime, julgado em 10/08/2004, DJU 24/09/2004, p. 42; RE. nº 251.445-GO, Rel. Min. Celso de Mello; HC nº 79.512-9, Rel. Min. Sepúlveda Pertence, Plenário, Superior Tribunal de Justiça, julgado em 16/12/1999, DJU 16/05/2003, p. 92.

[82] "*HABEAS CORPUS* – ESTRUTURA FORMAL DA SENTENÇA E DO ACÓRDÃO – OBSERVÂNCIA – ALEGAÇÃO DE INTERCEPTAÇÃO CRIMINOSA DE CARTA MISSIVA REMETIDA POR SENTENCIADO – UTILIZAÇÃO DE CÓPIAS XEROGRÁFICAS NÃO AUTENTICADAS – PRETENDIDA ANALISE DA PROVA – PEDIDO INDEFERIDO. (...) – A administração penitenciária, com fundamento em razões de segurança publica, de disciplina prisional ou de preservação da ordem jurídica, pode, sempre excepcionalmente, e desde que respeitada a norma inscrita no art. 41, parágrafo único, da Lei n. 7.210/84, proceder a interceptação da correspondência remetida pelos sentenciados, eis que a cláusula tutelar da inviolabilidade do sigilo epistolar não pode constituir instrumento de salvaguarda de práticas ilícitas. (...). (HC 70.814-5, Rel. Min. Celso de Mello, 1ª Turma, unânime, julgado em 1º/03/1994, DJU 24/06/1994) – grifou-se. Neste feito, onde o paciente fora condenado pelo delito previsto no artigo 288, CP, dentre outros argumentos, sustentava-se a ilicitude da interceptação de correspondência remetida pelo réu, que se encontrava preso, a terceiro que se encontrava em regime aberto. No voto-condutor, restou explícito que a prova tida por ilícita não era a única existente nos autos.

[83] Esta última situação, pensa-se, na esteira de parte da doutrina, não importa em ponderação de interesses ou princípios constitucionais – em especial do da proporcionalidade –, já que a colheita da prova pelo réu, com violação de normas legais, ocorre em verdadeiro estado de necessidade ou até de legítima defesa, circunstâncias estas que excluem a tipicidade do agir.

[84] HC. nº 3.982-RJ, Rel. Min. Adhemar Maciel, 6ª Turma, julgado em 05/12/95, DJU 26/02/96, p. 4.084. ·Compreenda-se o caso: paciente se encontrava preso e fora acusado do delito de corrupção ativa (art. 333, CP) porque, mediante propina, teria corrompido funcionários públicos, os quais lhe permitiam desfrutar de benesses indevidas na carceragem. A acusação de corrupção foi toda baseada em procedimento de interceptação telefônica, mas, à época, ainda não existia legislação regulamentando o tema consoante preconizado na CF/88. (Destaca-se: O Supremo Tribunal Federal, conforme se infere, v.g, do HC n. 75.545-3, STF, 1ª Turma, Relator Ministro Sepúlveda Pertence, decisão 17/02/1998, DJU 09/04/1999, p. 2; HC n. 69912-RS, DJU de 26/11/93; HC n. 73.351-SP, Rel. Min. Ilmar Galvão, 10/5/96, tem entendimento de que toda a prova coletada mediante interceptação telefônica, mesmo com autorização judicial, antes da edição da Lei 9.296/96, é ilícita). A justificar seu entendimento, assentou o relator no voto-condutor, lastreado no disposto no inciso XV do artigo 41 da Lei de Execuções Penais :
"(...) Não se pode dizer que a escuta telefônica, no caso concreto, tenha violado direitos fundamentais do impetrante. Ele, repita-se, não se achava em seu domicílio ou coisa que o valha. Estava encarcerado em estabelecimento penal, sujeito a regime de vigilância pública constante.

O inciso LVI do art. 5º da Constituição, que fala que "são inadmissíveis ... as provas obtidas por meio ilícito" não tem conotação absoluta. Há sempre um substrato ético a orientar o exegeta na busca de valores maiores na construção da sociedade. A própria Constituição Federal Brasileira, que é dirigente e programática, oferece ao juiz através da "atualização constitucional" ... base para o entendimento de que a cláusula constitucional invocada é relativa. A jurisprudência americana, mencionada em precedente do Supremo Tribunal Federal, não é tranqüila. Sempre é invocável o princípio da "razoabilidade" (*reasonableness*). O princípio da exclusão das provas ilicitamente obtidas (Exclusionary Rule) também pede temperamentos.

Em caso posterior, o Superior Tribunal de Justiça, também por sua composição da 6ª Turma, tratando especificamente de demanda envolvendo Direito de Família, pronunciou-se, por maioria, pela ilicitude de prova obtida por intermédio de gravação clandestina por marido que vinha sendo traído por sua esposa. O caso tem especial relevo para o tema ora abordado porque envolvia também a situação das filhas menores. Consta do julgado:[86]

O impetrante/paciente transcreve a ementa da lavra do Min. Pertence no HC n. 69912-RJ, bem como voto do Min. Celso de Mello, quando se invocou a máxima do *Fruits of the Poisonous Tree*, ou seja, da contaminação das provas licitamente conseguidas, mas que tiveram sua gênese numa prova tida por ilícita pelo ordenamento jurídico.

Esse entendimento, como já disse e já se repetiu, não teria aplicação no caso concreto, pois o paciente não é um homem livre. Ao contrário, está pagando pelo crime cometido e se acha acusado de outro. Mas, como o tema é interessante e será agitado aqui por mais vezes, como já o foi antes, vou tecer aligeiradas considerações sobre o tema.

A jurisprudência norte-americana não tem sido unânime em torno da denominada *Exclusionary Rule*, isto é, da regra ou princípio da exclusão do processo de prova obtida ilicitamente. Inclina-se, como bem observa Ada Pellegrini Grinover, pela 'razoabilidade' (*reasonableness*).

A *Exclusionary Rule* se desenvolveu sobretudo na interpretação da Emenda Constitucional n. IV, que veda buscas e apreensões arbitrárias. O escopo inicial do provimento constitucional foi proteger a propriedade do cidadão contra buscas e apreensões desarrazoadas. ... Numa análise apressada da jurisprudência americana anterior a 1987, pode-se constatar que a *Exclusionary Rule* não é tomada em termos absolutos. Como em termos absolutos não é tomada na Alemanha, e não deve ser no Brasil. Além de casos gritantes de proteção individual, pode haver, do outro prato da balança, o peso do interesse público a ser preservado e protegido. Na própria Alemanha, como ainda noticia a Professora Ada Pellegrini Grinover, as provas ilícitas não são sempre afastadas de plano. Sua contaminação é, assim, relativa. Adota-se o *Princípio da Proporcionalidade ou Relatividade ...*".

[85] Convém destacar precedente (salvo melhor juízo, o único neste sentido, não considerando como ilícita a prova) do Egrégio Supremo Tribunal Federal:
HABEAS CORPUS – ESTRUTURA FORMAL DA SENTENÇA E DO ACÓRDÃO – OBSERVÂNCIA – ALEGAÇÃO DE INTERCEPTAÇÃO CRIMINOSA DE CARTA MISSIVA REMETIDA POR SENTENCIADO – ... – A administração penitenciária, com fundamento em razões de segurança publica, de disciplina prisional ou de preservação da ordem jurídica, pode, sempre excepcionalmente, e desde que respeitada a norma inscrita no art. 41, parágrafo único, da Lei n. 7.210/84, proceder à interceptação da correspondência remetida pelos sentenciados, eis que a cláusula tutelar da inviolabilidade do sigilo epistolar não pode constituir instrumento de salvaguarda de práticas ilícitas.
– O reexame da prova produzida no processo penal condenatório não tem lugar na ação sumaríssima de habeas-corpus. (H.C. n. 70.814-5, STF, 1ª Turma, Relator Min. Celso de Mello, Data da decisão 01/03/1994, DJU 24/06/1994, p. 16650).

[86] RMS n. 5.352-GO, Rel. Ministro Luiz Vicente Cernicchiaro, Relator para o acórdão Ministro Adhemar Maciel, julgado em 27/05/1996, DJU 25/11/1996, RSTJ n. 90/359.

AÇÕES DE DIREITO DE FAMÍLIA

CONSTITUCIONAL E PROCESSUAL CIVIL. MANDADO DE SEGURANÇA. ESCUTA TELEFÔNICA. GRAVAÇÃO FEITA POR MARIDO TRAÍDO. DESENTRANHAMENTO DA PROVA REQUERIDO PELA ESPOSA: VIABILIDADE, UMA VEZ QUE SE TRATA DE PROVA ILEGALMENTE OBTIDA, COM VIOLAÇÃO DA INTIMIDADE INDIVI-DUAL. RECURSO ORDINÁRIO PROVIDO.

I. A impetrante/recorrente tinha marido, duas filhas menores e um amante médico. Quando o esposo viajava, para facilitar seu relacionamento espúrio, ela ministrava "lexotan" às meninas. O marido, já suspeitoso, gravou a conversa telefônica entre sua mulher e o amante. A esposa foi penalmente denunciada (tóxico). Ajuizou, então, ação de mandado de segurança, intentando o desentranhamento da decodificação da fita magnética.

II. Embora esta turma já se tenha manifestado pela relatividade do inc. XII (última parte) do art. 5º da CF/88 (HC. nº 3.982, Rel. Min. Adhemar Maciel, DJU de 26.02.1996), no caso concreto o marido não poderia ter gravado a conversa ao arrepio de seu cônjuge. Ainda que impulsionado por motivo relevante, acabou por violar a intimidade individual de sua esposa, direito garantido constitucionalmente (art. 5º, X). Ademais, o STF tem considerado ilegal a gravação telefônica, mesmo com autorização judicial (o que não foi o caso), por falta de lei ordinária regulamen-tadora (RE 85.439-RJ, Min. Xavier de Albuquerque e HC 69.912/RS, Min. Pertence). Recurso ordinário provido.

5. Da ação de destituição do poder familiar.

O tema aqui tratado, com ressalva de eventuais opiniões em contrá-rio, é de extrema gravidade. Pertinente a observação de Antônio Cezar Lima da Fonseca, Procurador de Justiça no Estado do Rio Grande do Sul:[87] "a destituição do pátrio poder é uma das sanções do Estado imposta aos pais, ou a apenas um deles, relativamente ao pátrio poder a destituição (perda) de pátrio poder é uma solução amarga, porque atinge em cheio o pátrio poder. Assim, deve ser utilizada apenas em casos muito especiais (...)".

O Código Civil em vigor – Lei 10.406, de 10 de janeiro de 2002 – dispõe em seu artigo 1.638:[88]

Art. 1.638. Perderá por ato judicial o poder familiar o pai ou a mãe que:

I – castigar imoderadamente o filho;

II – deixar o filho em abandono;[89]

III – praticar atos contrários à moral e aos bons costumes;

IV – incidir, reiteradamente, nas faltas previstas no artigo antecedente.

---

[87] A Ação de Destituição do Pátrio Poder, p. 263 e 265.

[88] A redação do artigo 395 do revogado Código Civil era praticamente idêntica, salvo quanto ao inciso IV, que foi acrescido.

[89] José Raimundo Gomes da Cruz (Destituição do Pátrio Poder) reconhece que "em nossa atividade de órgão do MP do Estado de São Paulo, de modo geral, só temos visto pedidos de destituição do pátrio poder sem que o menor interessado esteja em real estado de abandono".

A matéria também é tratada no Estatuto da Criança e do Adolescente. São várias as disposições; algumas, que se têm por mais relevantes, merecem transcrição

> Art. 6º. Na interpretação desta Lei levar-se-ão em conta os fins sociais a que ela se dirige, as exigências do bem comum, os direitos e deveres individuais e coletivos, e a condição peculiar da criança e do adolescente como pessoas em desenvolvimento.
> Art. 15. A criança e o adolescente têm direito à liberdade, ao respeito e à dignidade como pessoas humanas em processo de desenvolvimento e como sujeitos de direitos civis, humanos e sociais garantidos na Constituição e nas leis.
> Art. 129. São medidas aplicáveis aos pais ou responsável: [...]
> X – suspensão ou destituição do pátrio poder.
> Parágrafo único. Na aplicação das medidas previstas nos incisos IX e X deste artigo, observar-se-á o disposto nos arts. 23 e 24.
> Art. 155. O procedimento para a perda ou a suspensão do pátrio poder terá início por provocação do Ministério Público ou de quem tenha legítimo interesse.

Observação: embora com características diversas, não há exclusão entre as regras do Código Civil e do Estatuto da Criança e do Adolescente. Ao contrário: elas se interpenetram e se complementam.[90] Por esta trilha, pois, há de se pautar a interpretação de seus comandos.

Em face de expressa disposição do artigo 82, II, do Código de Processo Civil,[91] bem assim da previsão do artigo 127 da Constituição Federal – o tema aqui tratado envolve direitos individuais indisponíveis –, a atuação do Ministério Público em casos deste jaez é obrigatória. Firme-se: é o Ministério Público, no exercício deste *munus*, o principal autor da ação de destituição do poder familiar.[92]

A ação revela situação grave, cuja adoção – como dito – deve-se dar sempre de modo excepcional, extraordinário. De modo bastante simples, pode-se afirmar que se contrapõem dois direitos: dos pais, no exercício do direito/dever de (melhor) cuidar de seus filhos;[93] [94] [95] e destes, de terem respeitados seus direitos constitucionalmente assegurados.

---

[90] Cfr. Antonio Cezar Lima da Fonseca, A ação de destituição do pátrio poder, *Revista de Informação Legislativa*, p. 268.

[91] "Art. 82. Compete ao Ministério Público intervir: ... II – nas causas concernentes ao estado da pessoa, pátrio poder ...."

[92] Antonio Cezar Lima da Fonseca, op. cit., p. 277, assenta: "O Promotor de Justiça, no Juízo de Família, Cível ou da Infância e da Juventude, é o grande interveniente e autor das ações de perda do pátrio poder".

[93] Está explicitamente previsto no artigo 229 da Constituição Federal: "Os pais têm o dever de assistir, criar e educar os filhos menores (...)".

[94] José Raimundo Gomes da Cruz enfatiza (op. cit.): "(...) o pátrio poder cada vez mais se afirma como complexo de deveres jurídicos dos seus titulares para com seus filhos menores, aos quais são devidas, em síntese, assistência material e moral e vigilância."

[95] Adauto Alonso S. Suannes, Considerações em torno da suspensão e destituição do pátrio poder, *Justitia*, v. 83, 1973, p. 79-80, já referia: "Por pátrio poder queremos entender aqui aquela soma de direitos e deveres decorrentes da paternidade, seja ela ex natura ou ex lege, relativos à pessoa e aos bens do filho, enquanto menor, com vistas à sua proteção material, moral e intelectual".

AÇÕES DE DIREITO DE FAMÍLIA

Para onde pender a solução, havendo colisão, em caso de inviabilidade de conciliação de ambos ?

Utilizam-se, uma vez mais, as percucientes ponderações de Antonio Cezar Lima da Fonseca:[96] "as normas de pátrio poder têm caráter protetivo à criança e ao adolescente, ou seja, visamos seu melhor interesse. No conflito entre direitos de pátrio poder, entre os pais, ou entre eles e o melhor interesse da criança, este sempre prevalece". Ou, como reconhece Heloísa Helena Barboza,[97] "razoável, por conseguinte, afirmar-se que a doutrina da proteção integral, de maior abrangência, não só ratificou o princípio do melhor interesse da criança como critério hermenêutico, como também lhe conferiu natureza constitucional, como cláusula genérica que em parte se traduz através dos direitos fundamentais da criança e do adolescente expressos no texto da Constituição Federal".

A conclusão supra pode ensejar eventuais críticas – pelo absolutismo do advérbio "sempre" –, mas aqui, se efetivamente restar inconciliável o exercício do poder familiar (por um ou ambos os genitores)[98] com a proteção da criança e do adolescente, ousa-se afirmar, sem embargo de eventual demonstração em contrário, da correção da assertiva, que deve ser norteadora para a solução conflituosa. Tem razão José Raimundo Gomes da Cruz: "a destituição aparece como sanção com eficácia plena para remover situação de fato contrária aos interesses do menor".[99]

Os fundamentos constitucionais e legais que dão espeque a tal conclusão são, respectiva e primordialmente, os artigos 1°, III, 5° e 6° da Constituição Federal,[100] e os artigos 1°, 3°, 4°, 6°, 15 e 18 do Estatuto da

---

[96] Op. cit., p. 264.

[97] Estatuto da Criança e do Adolescente e a Disciplina da Filiação no Código Civil, p. 115 (in *O Melhor interesse da Criança: um debate Interdisciplinar*, Rio de Janeiro, Renovar, 2000, Tânia da Silva Pereira – org.), referido também por Gustavo Tepedino, *A disciplina da guarda e a autoridade parental na ordem civil-constitucional*, p. 3.

[98] Como regra: os genitores. José Raimundo Gomes da Cruz (*Destituição do pátrio poder*), reportando-se a Guy Raymond (*Droit de lEnfance*, Paris, Litec, 1979, p. 112), pontua: "Os casos de destituição ... podem abranger, também, ascendentes, além do pai e da mãe do menor, conforme as situações seguintes: a) quando pai e mãe forem condenados como autores ou cúmplices de crime cometido contra a pessoa do seu filho. Assim, os pais ou avós ... poderão ser destituídos se cometerem ou deixaram que fossem cometidos maus-tratos ou atentado ao pudor contra o menor; b) quando pai e mãe forem condenados como co-autores de crime cometido pelo filho. Assim, pais e avós poderão ser destituídos, se participaram com o menor na realização de um furto; c) quando pai e mãe puserem em perigo a saúde, a segurança ou a moralidade do filho, por maus-tratos, exemplos perniciosos de embriaguez habitual, má, conduta notória, delinqüência, por falta de cuidados e de orientação; d) quando, após uma medida de assistência educativa, pai e mãe não tiverem utilizado as prerrogativas da autoridade paterna que o juiz lhes tenha permitido, durante dois anos".

[99] *Destituição do pátrio poder*, p. 117.

[100] Art. 1° – A República Federativa do Brasil, formada pela união indissolúvel dos Estados e Municípios e do Distrito Federal, constitui-se em Estado Democrático de Direito e tem como fundamentos: (...) III – a dignidade da pessoa humana;
Art. 5° – Todos são iguais perante a lei, sem distinção de qualquer natureza, garantindo-se aos brasileiros e aos estrangeiros residentes no País a inviolabilidade do direito à vida, à liberdade, à

Criança e do Adolescente,[101] que determinam seja observada a proteção integral dos menores.[102]

6. Prova ilícita em ações de destituição do poder familiar

A partir das hipóteses legais que justifiquem a perda do poder familiar – especialmente aquelas previstas de modo mais explícito no Código Civil –, na grande maioria das vezes as ações próprias são ajuizadas pelo Ministério Público.

Não se pode perder a visão de que (notadamente) as condutas elencadas no inciso III do artigo 1.638 do Código Civil são praticadas dentro do lar, na intimidade intrínseca aos aposentos do domicílio, longe da vista dos demais familiares ou terceiros.

---

igualdade, à segurança e à propriedade, nos termos seguintes: (...) XXXV – a lei não excluirá da apreciação do Poder Judiciário lesão ou ameaça a direito;
Art. 6º – São direitos sociais a educação, a saúde, o trabalho, a moradia, o lazer, a segurança, a previdência social, a proteção à maternidade e à infância, a assistência aos desamparados, na forma desta Constituição.

[101] Art. 1º – Esta Lei dispõe sobre a proteção integral à criança e ao adolescente.
Art. 3º – A criança e o adolescente gozam de todos os direitos fundamentais inerentes à pessoa humana, sem prejuízo da proteção integral de que trata esta Lei, assegurando-se-lhes, por lei ou por outros meios, todas as oportunidades e facilidades, a fim de lhes facultar o desenvolvimento físico, mental, moral, espiritual e social, em condições de liberdade e de dignidade.
Art. 4º – É dever da família, da comunidade, da sociedade em geral e do poder público assegurar, com absoluta prioridade, a efetivação dos direitos referentes à vida, à saúde, à alimentação, à educação, ao esporte, ao lazer, à profissionalização, à cultura, à dignidade, ao respeito, à liberdade e à convivência familiar e comunitária.
Art. 6º – Na interpretação desta Lei levar-se-ão em conta os fins sociais a que ela se dirige, as exigências do bem comum, os direitos e deveres individuais e coletivos, e a condição peculiar da criança e do adolescente como pessoas em desenvolvimento.
Art. 15 – A criança e o adolescente têm direito à liberdade, ao respeito e à dignidade como pessoas humanas em processo de desenvolvimento e como sujeitos de direitos civis, humanos e sociais garantidos na Constituição e nas leis.
Art. 18 – É dever de todos velar pela dignidade da criança e do adolescente, pondo-os a salvo de qualquer tratamento desumano, violento, aterrorizante, vexatório ou constrangedor. que determinam seja observada a proteção integral dos menores.

[102] Exemplificativamente, é o que se verifica no julgamento dos seguintes precedentes pelo Tribunal de Justiça do Rio Grande do Sul:
"ECA. DESTITUIÇÃO DE PODER FAMILIAR. A adoção da doutrina da proteção integral, pelo Estatuto da Criança e do Adolescente (art. 1º da Lei nº 8.069/90) fortaleceu o princípio do melhor interesse da criança, que deve ser observado em quaisquer circunstâncias, inclusive nas relações familiares e nos casos relativos á filiação. Tratando o feito de crianças e adolescentes vítimas de maus tratos, cujo pai faz uso reiterado de bebidas alcoólicas e a mãe é omissa em relação aos cuidados necessários à prole, impõe-se a destituição do poder familiar. Apelo desprovido." (Apelação Cível n. 70007745003, 7ª Câmara Cível, Rel. Desembargadora Maria Berenice Dias, julgado em 18/02/2004)
"ECA. DESTITUIÇÃO DE PODER FAMILIAR. DESINTERESSE DA GENITORA. RESIDÊNCIA INAPROPRIADA DA AVÓ MATERNA. Nestas espécies de demanda, deve-se primar sempre para o melhor interesse da criança, que se encontra em local inapropriado para o seu saudável desenvolvimento. ..." (Agravo de Instrumento n. 70009032285, 7ª Câmara Cível, Desembargador José Carlos Teixeira Giorgis, julgado em 18/08/2004)

Como há de proceder o órgão ministerial em situações em que a demonstração de castigos exagerados ou a prática de atos contrários à moral e aos bons costumes somente puder ser feita a partir de elementos probatórios colhidos de forma ilícita? Se gravações de vídeo ou de voz – em decorrência de interceptação ou de gravação clandestina – forem as únicas provas existentes a embasar referido pleito de destituição do poder familiar, não será possível dar trânsito à pretensão em juízo? Como atender, como destacado exordialmente, ao disposto nos artigos 332 e 131 do CPC, e no artigo 5°, LVI, da Constituição Federal? Podem a prova ilícita e todas dela derivadas preencher a moldura da regra do inciso IV do artigo 156 do ECA? Como provar abusos sexuais que não deixem vestígios? Atos imorais? Atos depravados praticados na presença dos filhos? O uso de drogas, pelos pais, na presença dos filhos?[103]

Os questionamentos acima elencados são apenas demonstração de tantos que podem surgir.

Como reconhece Fernanda Soares Pinheiro,[104] a proporcionalidade pode ser utilizada "quando a inadmissibilidade da prova ilícita traria um prejuízo muito maior aos direitos fundamentais conflitantes do que a sua admissibilidade".

Na linha de pensamento de Adalberto Guedes Xavier de Andrade,[105] "provas conseguidas com invasão da intimidade e da vida privada constituem a tônica nas ações que envolvem questões de Direito de Família". Nestas circunstâncias, prossegue, procedem as críticas formuladas por Luiz Guilherme Marinoni e Sérgio Cruz Arenhart ao precedente do Superior Tribunal de Justiça no julgamento do Recurso em Mandado de Segurança n. 5.352-GO[106] – retromencionado – , na medida em que "... os direitos e interesses dos menores é que, como sabido, devem prevalecer sobre os interesses de seus genitores (...)",[107] pois "não se pode deslembrar, é dever do Estado, com absoluta prioridade, zelar pelo atendimento dos interesses das crianças e dos adolescentes (art. 227 da CF/88)",[108] motivo pelo qual a Corte Superior deveria ter tomado decisão em sentido oposto "(...) ao menos para fazer valer os direitos e interesses das filhas

---

[103] São destas situações, exemplificativamente, que nos lembra Antônio Cezar Lima da Fonseca, *A ação de destituição do pátrio poder*, p. 269.

[104] *Princípio da Proibição da Prova Ilícita no Processo Civil*, p. 148.

[105] *A Aplicabilidade do Princípio da Inadmissibilidade das Provas obtidas por meio ilícito no Processo Civil*, p. 243.

[106] *Comentários ao Código de Processo Civil*, vol. 5. Tomo I. São Paulo: RT, 2000.

[107] *A Aplicabilidade do Princípio da Inadmissibilidade das Provas obtidas por meio ilícito no Processo Civil*, p. 240.

[108] Op. cit., p. 241.

do casal, que seriam, insista-se, alvo direto das conseqüências emanadas de sentença proferida em ação de separação litigiosa".[109]

De fato, a partir de todas as considerações já alinhavadas, levando-se em conta o princípio primaz da dignidade da pessoa humana, a proteção dos menores traz consigo, em princípio, peso maior e superior do que o direito de privacidade de seus genitores, donde é forçoso reconhecer que se for a única prova existente[110] ou apta a convencer o Judiciário da necessidade da destituição do poder familiar, há se dar valor à prova ilícita.[111]

Uma observação final: a ponderação admitida somente poderá surtir seus efeitos na órbita civil – destituição do poder familiar – , não se podendo trasladá-la para o âmbito criminal – como prova "emprestada" – com a finalidade de obter eventual condenação dos pais por conduta criminosa, se assim se caracterizar a infração civil que embasou a ação cível. Na hipótese de ação criminal, entende-se, imprescindível "nova ponderação" de valores, devendo-se preservar a incolumidade da liberdade, pois, na senda da lição de Heinrich Scholler,[112] "no caso de um conflito entre objetivos constitucionais, há que proceder, no que diz com a relação entre meios e fins, a uma cuidadosa ponderação dos bens em pauta, devendo ser priorizada, na avaliação da medida restritiva, a posição jurídico-constitucional mais importante".

7. Considerações finais

Diante da vedação constitucional, como regra – porque não se trata de um paradigma principiológico absoluto – , não se pode utilizar a prova ilícita no processo.

No âmbito penal, com respeito a posições doutrinárias em contrário, impossível a utilização do Princípio da Proporcionalidade para justificar

---

[109] Op. cit., p. 241.

[110] No julgamento da Apelação Cível n. 70006974711, em 17/12/2003 – em questão envolvendo Direito de Família, especificamente indenização por perdas e danos em decorrência de infidelidade de companheiro em união estável – , o TJ/RS reconheceu não caber "valer-se do critério da proporcionalidade no intuito de aproveitamento desta, uma vez que não consistia no único meio capaz de demonstrar a transgressão do companheiro (...)".

[111] Embora entenda que as provas ilícitas não devam ser consideradas, por ausência de eficácia, Ada Pellegrini Grinover (*O Processo em Evolução*, p. 49) reconhece que "a teoria hoje dominante da inadmissibilidade processual das provas ilícitas, colhidas com infringência a princípios ou normas constitucionais, vem, porém, atenuada por outra tendência, que visa a corrigir possíveis distorções que a rigidez da exclusão poderia levar em casos de excepcional gravidade. Trata-se do denominado Verhaltnismassigkeitsprinzip, ou seja, de um critério de proporcionalidade, pelo qual os tribunais da Alemanha Federal, sempre em caráter excepcional e em casos extremamente graves, têm admitido a prova ilícita, baseando-se no princípio do equilíbrio entre valores fundamentais contrastantes (...)".

[112] Op. cit., p. 106.

a utilização da prova ilícita para condenação do réu. Com maior sustentação está, uma vez mais, Daniel Sarmento,[113] ao afirmar que "os valores constitucionais que regem o direito penal e processual penal são de evidente teor garantista e não parece compatível com a filosofia que se entrevê na obra do constituinte a flexibilização de normas cogentes, que cingem a atividade persecutória do Estado ao estrito respeito dos direitos fundamentais do acusado".

Já no âmbito do Direito Civil, mormente no tema aqui tratado, ação de destituição do poder familiar, tem-se que, em situações extremas, de imprescindibilidade – diante de um princípio que proteja direito de maior envergadura, o caráter protetivo em nível máximo da criança e do adolescente –, viável se utilizar o Princípio da Proporcionalidade para justificar a possibilidade de valoração, pelo juiz, da prova considerada ilícita no caso concreto.

Referências bibliográficas

ALEXY, Robert. *Teoria de los Derechos Fundamentales.* Madrid: Centro de Estudios Constitucionales, 1997.

——. *Epílogo a La Teoria de Los Derechos Fundamentales.* Revista Española de Derecho Constitucional, Ano 22, n. 66, Setembro-Dezembro/2002, págs. 13/65.

ANDRADE, Adalberto Guedes Xavier de. *A aplicabilidade do Princípio da Inadmissibilidade das provas obtidas por meio ilícito no Processo Civil.* Revista de Processo, n. 126, agosto de 2005.

ÁVILA, Humberto Bergmann. *A Distinção entre Princípios e Regras e a Redefinição do Dever de Proporcionalidade.* Revista de Direito Administrativo, n. 215. Rio de Janeiro, Jan/Mar 1999.

——. *Teoria dos Princípios.* São Paulo: Malheiros, 2003.

BAPTISTA, Carlos Alberto. *A Vedação Constitucional da Prova Ilícita.* Porto Alegre: Revista Jurídica, ano 50, n. 300, out.2002.

BARCELLOS, Ana Paula de. *A Eficácia Jurídica dos Princípios Constitucionais.* Rio de Janeiro: Renovar, 2004.

BARROS, Suzana de Toledo. *O Princípio da Proporcionalidade e o Controle de Constitucionalidade das Leis Restritivas de Direitos Fundamentais.* 3 ed. Brasília: Brasília Jurídica, 2003.

BARROSO, Luis Roberto. *Os Princípios da Razoabilidade e da Proporcionalidade no Direito Constitucional.* Cadernos de Direito Constitucional e Ciência Política, RT, 1998, p. 64.

——. *Interpretação e Aplicação da Constituição.* 5 ed.São Paulo: Saraiva, 2003.

BONAVIDES, Paulo. *A Constituição Aberta.* São Paulo: Malheiros. 2004.

——. *Curso de Direito Constitucional.* 14 ed. São Paulo: Malheiros, 2004.

BOROWSKI, Martin. *La Estructura de los derechos fundamentales.* Colombia: Universidad Externado de Colombia, Tradução de Carlos Bernal Pulido, 2003.

---

[113] Op. cit., p. 182.

CAHALI, Yussef Said. *Divórcio e Separação*. 8 ed, revista e ampliada. Tomo 1. São Paulo: Revista dos Tribunais, 2005.

CORREA, Teresa Aguado. *El Principio de Proporcionalidad en Derecho Penal*. Madrid: Edersa, 1999.

CRUZ, José Raimundo Gomes da. *Destituição de Pátrio Poder*. São Paulo: Revista dos Tribunais, 1986.

FERNANDES, Antonio Scarance. *Processo Penal Constitucional*. São Paulo. Revista dos Tribunais: 2002.

FONSECA, Antonio Cezar Lima da. *A ação de destituição do pátrio poder*, Revista de Informação Legislativa, a. 37, n. 146. abr/jun 2000.

FREITAS, Juarez. *A Interpretação Sistemática do Direito*. 3. ed. São Paulo. Malheiros, revista e ampliada. 2002.

———. *O Controle dos Atos Administrativos*. 3 ed. São Paulo. Malheiros, atualizada e ampliada. 2004.

GOMES, Mariângela Gama de Magalhães. *O Princípio da Proporcionalidade no Direito Penal*. São Paulo: Revista dos Tribunais: 2003.

GRINOVER, Ada Pellegrini, e outros. *As Nulidades no Processo Penal*. 5 ed. São Paulo. Malheiros: 1996.

———. *O Processo em Evolução*. Rio de Janeiro: Forense Universitária, 1996.

KELSEN, Hans. *Teoria Pura do Direito*. São Paulo: Martins Fontes. Tradução de João Baptista Machado, 2000.

MENDES, Gilmar Ferreira. *O Princípio da Proporcionalidade na Jurisprudência do Supremo Tribunal Federal: novas leituras*. Repertório IOB de Jurisprudência, julho de 2000, p. 372 e seguintes.

MOREIRA, José Carlos Barbosa. *A Constituição e as provas ilicitamente adquiridas*. Revista da Ajuris, n° 68, p. 23.

———. *Temas de Direito Processual*. 6 ed. São Paulo: Saraiva.

NERY JÚNIOR, Nelson. *Princípios do Processo Civil na Constituição Federal*. 8 ed. São Paulo: Revista dos Tribunais, 2004.

———; NERY, Rosa. *Código de Processo Civil Comentado*. 6 ed. revista e atualizada. São Paulo: Revista dos Tribunais, 2002.

OLIVEIRA, C. A Álvaro (org.). *Processo e Constituição*. Rio de Janeiro: Forense, 2004.

PINHEIRO, Fernanda Letícia Soares. *Princípio da Proibição da Prova Ilícita no Processo Civil*. Curitiba: Juruá, 2004.

PORTO, Sérgio Gilberto (org.). *As Garantias do Cidadão no Processo Civil*. Porto Alegre: Livraria do Advogado, 2003.

———. *Prova: Teoria e Aspectos Gerais no Processo Civil*. Revista Ministério Público nova Fase, 1 (17), págs. 68/89.

RABONEZE, Ricardo. *Provas obtidas por meios ilícitos*. Porto Alegre: Síntese, 1998.

ROCHA, Fernando Luiz Ximenes. MORAES, Filomeno (org). *Direito Constitucional Contemporâneo. Estudos em Homenagem ao Professor Paulo Bonavides*. Belo Horizonte: Del Rey, 2005.

SARLET, Ingo Wolfgang. *A Eficacia dos Direitos Fundamentais*. 2 ed., revista e ampliada, Porto Alegre: Livraria do Advogado. 2001.

———. *A Dignidade da Pessoa Humana e Direitos Fundamentais*. 2 ed., revista e ampliada, Porto Alegre: Livraria do Advogado. 2002.

AÇÕES DE DIREITO DE FAMÍLIA

————. *Constituição e Proporcionalidade: O Direito Penal e os Direitos Fundamentais entre Proibição de Excesso e de Insuficiência*. Revista de Estudos Criminais, Porto Alegre, v. 3, n. 12, p. 86-120, 2003.

SARMENTO, Daniel. *A Ponderação de Interesses na Constituição Federal*. 3 ed. Rio de Janeiro: Lúmen Júris, 2003.

SCHOLLER, Henrich. *O Princípio da Proporcionalidade no Direito Constitucional e Administrativo da Alemanha*. Tradução de Ingo Wolfgang Sarlet. Revista de Interesse Público n. 2, 1999.

SUANNES, Adauto Alonso S. *Considerações em torno da suspensão e destituição do pátrio poder*. Justitia, v. 83, 1973, p. 80-92.

SILVA, Luís Virgílio Afonso da. *O Proporcional e o Razoável*. Revista dos Tribunais, São Paulo, n. 798, abril de 2002.

STEINMETZ, Wilson Antônio. *Colisão de Direitos Fundamentais e o Princípio da Proporcionalidade*. Porto Alegre: Livraria do Advogado, 2001.

TORNAGHI, Hélio. *Curso de Processo Penal*. 10 ed. São Paulo: Saraiva, 1997.

TEPEDINO, Gustavo. *A disciplina da guarda e a autoridade parental na ordem civil-constitucional*. Revista Trimestral de direito Civil – RTDC, vol. 17, ano 5, jan/mar 2004, Ed. Padma, p. 33-49.

TESHEINER, José Maria Rosa. *Jurisdição voluntária*. Rio de Janeiro: Aide, 1992.

12. As uniões homoafetivas e seus aspectos patrimoniais

ANA CRISTINA BRENNER

Bacharel em Ciências Jurídicas e Sociais pela UFRGS, Especialista em Processo Civil – Processo e Constituição – pela UFRGS, Mestranda em Processo Civil pela PUCRS, Procuradora do Estado, em exercício na Procuradoria de Pessoal, em Porto Alegre.

Sumário: Introdução; 1. As uniões homoafetivas à luz da legislação brasileira: distinção entre união estável, concubinato e sociedade de fato; 2. As uniões homoafetivas e o princípio da igualdade; 3 Aspectos patrimoniais; 3.1. Meação; 3.2. Alimentos; 3.3. Direitos sucessórios; 4 Projetos de lei em andamento para disciplinar a união civil entre pessoas do mesmo sexo: visão crítica. Considerações finais. Referências.

Introdução

O ordenamento jurídico brasileiro não regula, de modo específico, as uniões homoafetivas, ou seja, aquelas estabelecidas entre pessoas do mesmo sexo. Sua disciplina legal refoge ao Direito de Família, sendo tratada pelo Código Civil, na parte relativa ao Direito de Empresa, onde os princípios de direito associativo servem àqueles que celebram contrato de sociedade.

O Código Civil de 2002 repete, em linhas gerais, com alguma mudança de redação, o disposto no art. 1.363 do Código de 1916.[1]

A Constituição Federal, por seu turno, no artigo 226, considera como família apenas a união nascida de entre um homem e uma mulher, não reconhecendo direitos de natureza familiar aos enlaces entre pessoas do mesmo sexo.

---

[1] "Art. 981. Celebram contrato de sociedade as pessoas que reciprocamente se obrigam a contribuir, com bens ou serviços, para o exercício de atividade econômica e a partilha, entre si, dos resultados".

A tímida jurisprudência sobre o tema propõe a mesma solução que antes era preconizada para os companheiros que viviam juntos como se casados fossem: reconhece que essas uniões configuram uma sociedade de fato, de forma que lhes é aplicável a Súmula 380 do STF.[2]

Nessa perspectiva, estudiosos do Direito de Família vêm propondo alguns questionamentos acerca do tema, notadamente no que toca às razões para esse tratamento diferenciado por parte do legislador. Seria possível – indagam – considerar as relações homoafetivas análogas às uniões estáveis para fins de concessão de alimentos, direitos sucessórios e previdenciários? As Leis nºs 8.971/94 e 9.278/96 – aplicáveis às entidades familiares – poderiam ser invocadas no caso de dissolução da união homoafetiva? Poder-se-ia afirmar que o legislador constitucional, ao estabelecer como requisito essencial para a formação de uma entidade familiar a diversidade de sexos, teria infringido o princípio da igualdade?

Essas são algumas das tormentosas dúvidas que o presente estudo tentará responder, ainda que sem pretensões de abordar com profundidade o tema, dados os estreitos limites deste artigo.

Para tanto, em breve síntese, serão apresentadas as distinções entre a união estável, o concubinato e a relação homossexual, para demonstrar, afinal, porque razão tais institutos não vêm recebendo tratamento uniforme por parte do legislador.

Afastada a possibilidade de emoldurar a união homoafetiva ou homoerótica (na concepção mais moderna) como comunidade familiar, merecerão destaque algumas considerações acerca da posição que vem ganhando corpo em um segmento da doutrina, no sentido da inconstitucionalidade da regra do artigo 226, § 3º, por afronta ao princípio da igualdade. Partindo da idéia de que a lei desempenha o papel de critério de distinções e que engloba as desigualdades aceitáveis ou não, a questão a ser enfrentada neste tópico versará especificamente sobre os limites dessa tolerância.

Outrossim, considerando que as sociedades homoafetivas poderão constituir patrimônio, muito têm discutido os doutrinadores acerca da natureza jurídica do acervo amealhado pelo casal, sendo de suma importância a posição a ser adotada diante desta celeuma, principalmente quando é preciso investigar que direitos patrimoniais decorrem no momento do desfazimento dessa união.

A solução, a toda evidência, é difícil e desafiadora. Mas caminha rumo à transformação social e legislativa, sobretudo porque já existem iniciativas de positivar no ordenamento jurídico brasileiro a união civil entre pessoas do mesmo sexo, por meio de um projeto de lei da ex-depu-

---

[2] "Comprovada a existência da sociedade de fato entre os concubinos, é cabível a sua dissolução judicial com a partilha do patrimônio adquirido pelo esforço comum".

tada federal Marta Suplicy e de outro esboço de projeto sobre o mesmo tema, redigido por juristas de diversos Estados brasileiros. Essas duas iniciativas também serão, ao fim e ao cabo desta exposição teórica, objeto de análise crítica.

1. As uniões homoafetivas à luz da legislação brasileira: distinção entre união estável, concubinato e sociedade de fato

São bastante imprecisos os conceitos doutrinários e jurisprudenciais a respeito do que se deva entender por união estável, concubinato e sociedade de fato.

Para o enfrentamento do tema aqui proposto, necessário traçar as distinções entre essas diversas sociedades afetivas, porquanto diferentes os seus pressupostos e, por via de conseqüência, os seus efeitos.

Assim, tem-se que a união estável é aquela que não concorre com o casamento, ou seja, "é aquela união livre de forma expressa em lei, em que um homem e uma mulher desimpedidos para se casar civilmente unem-se, com a finalidade de constituir uma família (ainda que formadas apenas pelos dois membros)".[3]

Essa definição consta do artigo 1.723 do Código Civil, que, inspirado na Constituição Federal, consagra como união estável a entidade familiar entre homem e mulher, configurada na convivência pública, contínua e duradoura com o objetivo de constituição de família (*affectio conjugalis*). Antes da Carta Magna de 1988, não havia regramento específico para essas uniões, atualmente denominadas de "uniões estáveis", de sorte que a jurisprudência, à época, enquadrava-as como "sociedade de fato", conceito pertencente ao campo obrigacional (arts. 1.363 e ss. do Código Civil de 1916). Em decorrência, uma vez "provada a colaboração entre os parceiros para a formação do patrimônio – plasmada, aí sim, pela *affectio societatis* –, conferia direito à partilha dos bens havidos em sua constância, muitas vezes em quinhões díspares, proporcionais à contribuição de cada integrante".[4] Tal orientação jurisprudencial acabou dando origem ao já referido enunciado sumular nº 380 do STF.

Agora, a partir do advento da Constituição Federal de 1988, as uniões estáveis, definidas pelo legislador constituinte no artigo 226, § 3º, do texto, tiveram seu regramento deslocado para o âmbito do Direito de

---

[3] BIRCHAL, Alice de Souza. As sociedades afetivas e a meação: Alguns efeitos no procedimento de execução por quantia certa. *Revista brasileira de Direito de Família*, n. 22, p. 128-150, 2004, p. 132.
[4] Voto proferido pelo Des. Luiz Felipe Brasil Santos nos embargos Infringentes nº 70003967676, j. 09.Mai.2003. In: DIAS, Maria Berenice. União estável homoafetiva. *Revista brasileira de Direito de Família*, nº 20, p. 45-106, 2003, p. 80.

Família, distanciando-se, quanto ao seu tratamento, da noção de "sociedade de fato".

O casamento não é requisito essencial para a existência da união estável. A expressão "entidade familiar" significa "como se família fosse", mas sem ser realmente uma. Por ter natureza familiar, a união estável rege-se por princípios e normas do Direito de Família, não reclamando prova de qualquer contribuição dos parceiros para a formação do patrimônio, já que, a teor do art. 5º da Lei 9.278/96,[5] tal contribuição é presumida. Basta, nas situações assim qualificadas, a simples comprovação da relação.

O Código Civil de 2002, além de definir a união estável, também a distingue do concubinato, que são "as relações não eventuais entre o homem e a mulher, impedidos de casar" (art. 1.727). Neste caso, os conviventes não preenchem os requisitos da união estável, isto é, fidelidade recíproca, vida em comum no domicílio conjugal, mútua assistência, sustento, guarda e educação dos filhos, respeito e consideração mútuos (incisos I a V do artigo 1.566 do CC) e art. 2º da Lei 9.278/96. Enfim, não vivem um comportamento de marido e mulher, comungando apenas do leito para encontros carnais freqüentes. Não há vida "modo uxório", mas vidas independentes.

Ademais, outro traço que distingue o concubinato das uniões estáveis é que naquele os conviventes não são solteiros, viúvos, divorciados, separados judicialmente ou de fato, mas possuem alguma espécie de impedimento para o casamento.

Em apertada síntese, pode-se dizer que união estável não se confunde com concubinato, na medida em que na união estável há aparência de casamento, ao passo que no concubinato há mera sociedade de fato, que é dissolvida como as sociedades em geral pelo Direito Obrigacional. Indispensável, aqui, a comprovação da contribuição para formação do patrimônio.

Estabelecidos esses traços distintivos, cumpre adentrar no foco deste trabalho, que são as relações homoafetivas. Então, surge o seguinte questionamento: seria possível equipará-las às uniões estáveis, para dar-lhes tratamento eqüitativo, por analogia?

Como já mencionado anteriormente, os requisitos da união estável, segundo o artigo 1º da Lei nº 9.278/96 – que regulamentou o art. 226, § 3º, da C. F –, são: 1) dualidade de sexos; 2) a convivência duradoura; 3) a continuidade da relação; 4) publicidade, além, é claro, da intenção de constituir família (requisito de ordem subjetiva).

---

[5] "Art. 5º. Os bens móveis e imóveis adquiridos por um ou por ambos os conviventes, na constância da união estável e a título oneroso, são considerados fruto do trabalho e da colaboração comum, passando a pertencer a ambos, em condomínio e em partes iguais, salvo estipulação contrária em contrato escrito".

Em decorrência, a primeira condição que se impõe para a caracterização da união estável é a diversidade de sexos. E isso porque duas pessoas do mesmo sexo não podem assumir, uma perante a outra, as funções de marido e esposa, ou de pai e mãe em face de eventuais filhos. A união sexual entre pessoas do mesmo sexo, nessa perspectiva, jamais se caracteriza como entidade familiar, porquanto não tem aptidão para formar um núcleo de procriação humana, ou em condições de, ao menos potencialmente, constituir uma família.

Agrega-se a isso um outro argumento. Nas famílias monoparentais (comunidades formadas por qualquer dos pais e seus descendentes, tal como a define o artigo 226, § 4º, da C. F.) se o ascendente que está na companhia do filho resolve ter uma relação com terceiro do mesmo sexo, ainda que de forma continuada, isso não implica, juridicamente, trazer esse terceiro para dentro da noção de família, mesmo que haja moradia comum, pois família continua sendo, no caso, o ascendentes e seu filho, excluído o parceiro do mesmo sexo daquele.

Como bem assinala Thiago Hauptmann Borelli Thomaz:[6]

> O Direito de Família tutela os direitos, obrigações, relações pessoais, econômicas e patrimoniais, a relação entre pais e filhos, o vínculo do parentesco e a dissolução da família, mas das famílias matrimonial, monoparental e concubinária. A união entre homossexuais, juridicamente, não constitui nem tem o objetivo de constituir família, porque não pode existir pelo casamento, nem pela união estável.

Evidentemente – e isso é objeto de ressalva pelo articulista –, havendo vida em comum, laços afetivos e divisão de despesas entre os conviventes, não há como negar efeitos jurídicos à união homossexual.

Todavia, com a devida vênia dos que sustentam entendimento contrário, o ordenamento jurídico, quer constitucional, quer infraconstitucional, não autoriza, ainda, o reconhecimento dessas uniões ditas homoafetivas como se de união estável se tratasse.

Se é verdade que o conceito de família na área sociológica é por demais amplo e varia em todas as épocas, não menos certo é que o conceito jurídico, respaldado não somente nos textos legais, mas na majoritária jurisprudência de nossos Tribunais,[7] pelo menos por ora, não amparam a pretensão de reconhecimento da união estável como se família fosse.

---

[6] União Homossexual – Reflexões jurídicas. *Revista dos Tribunais*, n. 807, p. 82-102, 2003, p. 95.

[7] A jurisprudência (reiteração uniforme das decisões dos órgãos jurisdicionais resultantes da aplicação da norma a casos semelhantes) é também fonte formal do direito, atuando como norma aplicável a todos os casos que caírem sob sua égide, enquanto não houver nova lei ou modificação na orientação jurisprudencial. "É fonte não só porque influi na produção de normas jurídicas individuais (sentença, p. ex), mas também porque participa no fenômeno de produção do direito normativo, desempenhando relevante papel, apesar de sua maleabilidade". (DINIZ, Maria Helena. *Compêndio de introdução à ciência do Direito*. São Paulo: Saraiva. 1988, p. 269).

Mesmo que no plano fático a união homossexual possa ser encarada como entidade familiar, no plano jurídico há de ser tida como sociedade de fato,[8] pois a característica básica, cifrada na dualidade de sexos, não se perfaz, na espécie.

Portanto, é admissível, nessa linha de raciocínio, o reconhecimento judicial de uma sociedade de fato entre os parceiros homossexuais, se o patrimônio adquirido em nome de um deles resultou da cooperação comprovada de ambos, sendo a questão de direito obrigacional, nada tem a ver com família. Tais aspectos de ordem patrimonial merecerão tópico a parte, cabendo, por ora, essa simples referência.

2. As uniões homoafetivas e o princípio da igualdade

As uniões homoafetivas não estão à margem do ordenamento jurídico, muito embora tenham proteção distinta daquela conferida às uniões estáveis. Como já foi dito em outra passagem deste estudo, a Constituição Federal, fora da hipótese de casamento, albergou no conceito de família apenas as entidades constituídas por parentes (monoparental e a união estável). Se é assim, poder-se-ia cogitar, como sustentam alguns, que a norma do artigo 226, § 3º, da Carta Constitucional, padeceria de inconstitucionalidade, por ferir o princípio da isonomia?

Pensamos que a melhor resposta, dentre as tantas possíveis,[9] é aquela que nega a aventada inconstitucionalidade. O princípio da igualdade consiste em assegurar regramento uniforme às pessoas e às situações que não sejam em si diferenciáveis por razões lógicas.

Mas, no caso, há nítida distinção entre relações hétero e as relações homossexuais, motivo pelo qual não são tuteladas de igual modo. Senão vejamos. Família, no sentido jurídico, é o agrupamento de pessoas formado exclusivamente pela consangüinidade, pela afinidade, pela filiação (incluindo-se aí o vínculo puramente civil da adoção), pelo casamento e, por força da Constituição Federal de 1988, pela união estável. À luz da Constituição, esta enumeração é imutável, pelo menos no que tange à possibilidade de uniões homossexuais poderem formar entidade familiar.

A edificação de garantias para relações sociais específicas se justifica pelo interesse da coletividade em estabilizar sua própria existência. Alu-

---

[8] É reconhecida uma sociedade de fato quando pessoas mutuamente se obrigam a combinar seus esforços ou recursos para lograr um fim comum (art. 1.363 do CC/1916; art. 981 do novo CC).

[9] Como bem assinala Juarez Freitas, "no sistema democrático, não há, a rigor, solução única correta – ainda que irrenunciável a procura da melhor interpretação – assim como inexiste princípio jurídico absoluto" (*Revista Latino-Americana de Estudos Constitucionais*, n. 2, p. 279-316, jul./dez., 2003, p. 313).

de-se aqui à teoria das garantias institucionais, formulada pela doutrina alemã.[10] A proteção a uma instituição consagrada em uma determinada sociedade se atém à irredutibilidade de seu núcleo essencial. Isto significa que não é permitido desnaturar sua destinação, restringindo ou ampliando o alcance da mesma, dentro de uma dada realidade social. Através disto, veda-se, por exemplo, a positivação, dentro do ordenamento pátrio, do casamento poligâmico. Pelo mesmo motivo, a Constituição veda a possibilidade de equiparar relações homossexuais às heterossexuais ao determinar que somente através da união estável e do casamento se gera família. Esta vedação, implícita, se baseia na capacidade (potencialidade) de o homem e a mulher formarem sobre a entidade familiar constituída por eles outros vínculos através dos filhos (naturais ou adotados). Esta situação é impossível para homossexuais, pois uma mesma pessoa não pode, juridicamente, ter dois pais ou duas mães. Logo, não é admissível a equiparação das uniões heterossexuais às uniões homossexuais. Todo e qualquer amparo dado exclusivamente à família está *vedado para as* relações homossexuais, o que não impede, contudo, que outras proteções sejam estabelecidas.[11]

Impõe-se, portanto, que se distinga a proteção dada exclusivamente à família daquela que poderá vir a ser dada às uniões homossexuais, sem que se afronte a Constituição.

Ademais, não se deve perder de vista, inicialmente, que a norma restritiva (que veda, implicitamente, a equiparação entre as uniões homoafetivas e as uniões estáveis) está posta na própria Constituição (art. 226, § 3°), onde se encontra judicializado o princípio da igualdade. Então, em aceitando a tese de que havia inconstitucionalidade na norma constitucional invocada, por violar os princípios da dignidade humana e da igualdade, estar-se-ia admitindo a existência de hierarquia entre normas constitucionais originárias, o que, com a vênia dos que pensam em contrário,[12]

---

[10] BONAVIDES, Paulo. *Curso de Direito Constitucional*, 16ª ed., São Paulo: Malheiros, 2005, p. 545.

[11] SARDAS, Marcela; MEIRELLES, Júlio César da Costa. *A Parceria civil registrada – Regulamentação das relações homossexuais*. Disponível em: http://www.direito2uerj.br Acesso em 08 de dezembro de 2005.

[12] Estamos nos referindo a Roger Raupp Rios que, a respeito do tema em foco, tem o seguinte entendimento: "...a dimensão material do princípio da igualdade torna inconstitucional qualquer discriminação que utilize preconceito ou lance mão de juízos malfundamentados a respeito da homossexualidade. Vale dizer, em cada uma das questões onde surgir a indagação sobre a possibilidade da equiparação ou da diferenciação em função da orientação sexual, é de rigor a igualdade de tratamento, a não ser que fundamentos racionais possam demonstrar suficientemente a necessidade de tratamento desigual, cujo ônus de argumentação será tanto maior quanto mais intensa for a distinção examinada". (*A homossexualidade no Direito*. Porto Alegre: Livraria do Advogado: Esmafe, 2001, p. 79-80).

AÇÕES DE DIREITO DE FAMÍLIA

revela-se incompatível com o sistema de Constituição rígida, além de afrontar o princípio da unidade constitucional.[13]

Como apropriadamente leciona Jorge Miranda,[14] todas as normas constitucionais originárias retiram seu fundamento de validade do Poder Constituinte originário, e não das normas que, também integrantes Constituição, tornariam direito positivo o direito suprapositivo[15] que o constituinte originário integrou à Constituição ao lado das demais e sem fazer qualquer distinção entre estas ou aquelas. É o que, em outros termos, leciona, *in verbis*:

> No interior da mesma Constituição originária, obra do mesmo poder constituinte (originário), não divisamos como possam surgir normas inconstitucionais. Nem vemos como órgãos de fiscalização instituídos por esse poder seriam competentes para apreciar e não aplicar, com base na Constituição, qualquer das suas normas. É um princípio de identidade ou de não contradição que o impede. Pode haver inconstitucionalidade por oposição entre normas constitucionais preexistentes e normas constitucionais supervenientes, na medida em que a validade destas decorre daquelas; não por oposição entre normas feitas ao mesmo tempo por uma mesma autoridade jurídica. Pode haver inconstitucionalidade da revisão constitucional, porque a revisão funda-se, formal e materialmente, na Constituição; não pode haver inconstitucionalidade da Constituição.

A propósito, vale referir que a Excelsa Corte, na ADIn nº 815/RS,[16] já se pronunciou sobre esse tema, afirmando que a tese (inconstitucionalidade de normas constitucionais) viola o princípio da unidade da Constituição. E o fez alicerçada nos seguintes fundamentos.

O Supremo Tribunal Federal – guardião da Lei Maior (artigo 102, *caput*) – exerce sua competência para impedir que se desrespeite a Constituição como um todo, e não para, com relação a ela, exercer o papel de fiscal do Poder Constituinte originário, a fim de verificar se este teria ou não violado os princípios do direito suprapositivo que ele próprio havia incluído no texto da mesma Constituição. Por esse prisma, o voto condutor do acórdão, citando Bachof (Normas Constitucionais Inconstitucionais) a partir da referência feita na obra de Jorge Miranda,[17] consigna que:

---

[13] O princípio da unidade da ordem jurídica considera a Constituição como o contexto superior das demais normas, devendo as leis e normas secundárias serem interpretadas em consonância com ela, configurando a perspectiva uma subdivisão da chamada interpretação sistemática. (In: DIAS, Maria ·Berenice. União Estável Homoafetiva. *Revista brasileira de Direito de Família*, nº 20, p. 45-106, 2003, p. 58).

[14] *Manual de Direito Constitucional*, 2ª ed., v. II, Coimbra, 1983, p. 291.

[15] Há os que admitem a possibilidade da inconstitucionalidade das leis constitucionais originárias por estar o constituinte originário subordinado à observância de um direito suprapositivo (em última análise, um direito natural). A inconstitucionalidade ocorreria quando as normas constitucionais originárias violassem outras normas da própria constituição que, incorporando direito suprapositivo (e. g. igualdade) seriam, por isso, de grau hierárquico superior.

[16] Relator Min. Moreira Alves, j. 28.93.96.

[17] Ob. cit., p. 290.

"Se uma norma *constitucional* infringir uma outra norma da Constituição, positivadora de direito supralegal, tal norma será, em qualquer caso, *contrária ao direito natural*", o que, em última análise, implica dizer que ela é inválida, não por violar a "norma da constituição positivadora de direito supralegal", mas, sim, por não ter o constituinte originário se submetido a esse direito suprapositivo que lhe impõe limites. Essa violação não importa questão de inconstitucionalidade, mas questão de ilegitimidade da Constituição no tocante a esse dispositivo, e para resolvê-la não tem o Supremo Tribunal Federal – ainda quando se admita a existência desse direito suprapositivo – competência.

Então, admitindo-se que o constituinte originário tenha liberdade de determinar quais as normas constitucionais que encerrarão os valores da constituição (princípios), evidentemente que poderá igualmente estabelecer as exceções a elas, no próprio dispositivo que as encerra ou em outro, salvo se essas exceções forem arbitrárias. Quem é livre para fixar um princípio o é também para impor-lhe as exceções.

Se a própria constituição, no artigo 5, I, limita o princípio da igualdade, não se pode sustentar que a norma do artigo 226, § 3º, representando a exceção, estaria violando essa mesma Constituição.

Mas, afora essa questão de ordem preliminar, o tema ainda comporta exame sob outro enfoque. Necessário indagar qual o exato sentido da aludida garantia constitucional, ou melhor, qual o conteúdo do princípio isonômico.

Segundo Celso Antônio Bandeira de Mello, o preceito magno da igualdade é voltado tanto para o legislador quanto para o aplicador da lei. O Professor cita Hans Kelsen para enfatizar que a igualdade perante a lei não possuiria significação peculiar alguma. "O sentido relevante do princípio isonômico está na obrigação da igualdade 'na' própria lei, vale dizer, entendida como limite para a lei".[18]

Da mesma forma a Profa. Lúcia Valle Figueiredo ressalta essa distinção:[19]

(...) igualdade na lei e igualdade perante a lei são coisas diferentes. O aplicador poderá, ao aplicar a lei, estar aplicando-a igualmente, estando aplicando-a sem discriminações, mas pode, ao aplicar a lei, estar violando o texto constitucional, na medida em que a lei tem que se aferida pela Constituição.

Entretanto, eleger-se abstratamente o critério da isonomia substancial não resolve nem encerra a questão, haja vista a falta de fundamentação suficiente que se apresenta, muitas vezes, na doutrina e na jurisprudência, para invocar a inconstitucionalidade de determinado preceito legal sob o argumento de ofensa à isonomia material, permitindo, na maior parte dos casos, a defesa de posições antagônicas.

---

[18] *O conteúdo jurídico do Princípio da Igualdade*. 3ª ed.. São Paulo: Malheiros, 1995, p. 10.

[19] Os princípios constitucionais do processo. *Revista trimestral de Direito Público*, n. 2, São Paulo: Malheiros, 1993, p. 258.

Desde o postulado Aristotélico acerca de deferir-se tratamento igualitário aos iguais, desigualando os desiguais, a dúvida persiste em se saber quem são os iguais e quem são os desiguais.[20] Ou, ainda, quais os critérios e fundamentos para aferir-se o tratamento paritário.

Consoante o renomado autor, a lei deve revestir-se de algumas características a fim de que seu conteúdo não malfira a isonomia constitucionalmente garantida.

O primeiro destes caracteres é o da existência de um vínculo lógico entre a discriminação estabelecida e o objeto colimado pela lei diante das situações fáticas. Deve haver alguma vinculação de modo que não se abrigue um critério totalmente alheio a peculiaridades concretas. É lógico e aceitável, como bem observa Luis Renato Ferreira da Silva,[21] "que se use do critério estatura e porte físico para seleção dos membros da guarda de honra de algum dignitário, pois esta escolha, embora desiguale os indivíduos, tem pertinência com o que se objetiva, a saber, um pelotão uniforme". Não obstante, prossegue o citado autor, o mesmo critério adotado para seleção de candidato ao cargo de juiz é inaceitável, na medida em que a estatura física não torna ninguém mais ou menos apto para o exercício da magistratura.

Outro elemento a ser levado em conta nesse campo diz respeito à aceitação constitucional do critério, ou seja, sua conformidade com o sistema constitucional. Melhor explicitando: são objetivos fundamentais da República Federativa do Brasil promover o bem de todos, sem preconceitos de origem, raça etc. (art. 3º, IV). Assim, a origem e a raça, apenas a título de exemplo, não podem ser elementos consagrados como critério de distinção, eis que expressamente repudiados pela Constituição. No exemplo da guarda do dignitário, aceitava-se o porte físico dos componentes, mas não se aceitará que a seleção leve em conta a origem dos membros (quer seja social, cultural ou econômica) ou a sua raça.[22]

Por fim, agrega-se aos demais um terceiro critério. As distinções devem manter a generalidade e a abstração próprias dos atos legislativos. "O nexo lógico diferenciador, além de não estar proibido, não pode minudenciar de tal forma as peculiaridades discriminadas que acaba por se endereçar a só uma pessoa".[23] É bastante elucidativo o exemplo trazido pelo referido articulista:

> Suponha-se a seleção de professores para uma cadeira da Universidade. Mantém a vinculação lógica que se excluam os docentes que não tenham curso de mestrado,

---

[20] MELLO, *O conteúdo jurídico* ...., p. 11.

[21] O Princípio da Igualdade e o Código de Defesa do Consumidor. *Revista de Direito do Consumidor*, v. 8, p. 156-156, 1993, p. 152.

[22] Idem, ibidem.

[23] Idem, p. 153.

doutorado ou pós-doutorado. Há logicidade nestas condições e elas não são hostilizadas pela Constituição Federal. Ao contrário, há previsão de que elas existam. Agora, imagine-se que o edital detalhe o discrímen e exija, para provimento do cargo, que o candidato possua pós-doutorado na Universidade "X", concluído no ano tal, como os conceitos "a", "b" e "c". Ora, estas minudências, ainda que vinculadas a requisitos lógicos e constitucionais, reduzem o universo dos candidatos de uma maneira tão escancarada que possivelmente encontre-se dentro das condições pré-estabelecidas só um caso. Aniquila-se, desta forma, a generalidade e a abstração que os atos legislativos devem manter para que se coadunem com o princípio da isonomia.

Portanto, deve haver uma fundamentação racional e suficiente para o tratamento diferenciado, ou melhor dizendo, razão qualificada para a distinção, como a que ocorre entre uniões homoeróticas e uniões estáveis.[24]

3. Aspectos patrimonais

Como já referido alhures, havendo vida em comum, laços afetivos e divisão de despesas, não há como negar efeitos jurídicos à união homossexual. Não se cuida de estabelecer a existência de uma família entre parceiros. Como se defendeu, não há família. Por isso mesmo não se pode aplicar o art. 5º da Lei 9.728/96.[25] Não há presunção de condomínio. É essencial a prova de que houve colaboração, com dinheiro ou trabalho, na formação do patrimônio do outro. Presentes estes elementos, pode-se configurar uma sociedade de fato, que, por ora, escapa da tutela do Direito de Família, sendo objeto de proteção pelo Direito das Obrigações.

3.1. Meação

Reconhecida a sociedade de fato, deve haver partilha dos bens amealhados pelo esforço comum, quando dissolvida essa sociedade, seja por separação, seja por morte. Em outros termos, havendo contribuição para formação do patrimônio comum e verificado o término da sociedade homossexual, deve haver distribuição desse patrimônio, na proporção da colaboração prestada por cada um na aquisição do patrimônio.

Nesse sentido, trazemos à colação trecho do voto do Min. Ruy Rosado de Aguiar, no REsp 148.897-MG, que, pronunciando-se sobre a matéria, assim proferiu:

---

[24] Maria Berenice Dias filia-se a outro entendimento, sustentando que "não assegurar qualquer garantia nem outorgar quaisquer direitos às uniões homoeróticas infringe o princípio da igualdade e revela discriminação sexual". (*União homossexual, o preconceito, a justiça*. Porto Alegre: Livraria do Advogado, 2000, p. 77).

[25] "Os bens móveis e imóveis adquiridos por um ou por ambos os conviventes, na constância da união estável e a título oneroso, são considerados fruto do trabalho e da colaboração comum, passando a pertencer a ambos, em condomínio e em partes iguais, salvo estipulação contrária em contrato escrito".

AÇÕES DE DIREITO DE FAMÍLIA

(...) do fato de duas pessoas do mesmo sexo dividirem o mesmo teto, não importa por quanto tempo, não resulta direito algum e não cria laço senão o de amizade. Porém, se em razão dessa amizade os parceiros praticam atos da vida civil e adotam reiterado comportamento a demonstrar o propósito de constituírem uma sociedade com os pressupostos de fato enumerados no art. 1.363 do CC, um de natureza objetiva (combinação de esforços) e outro subjetivo (fim comum), impende avaliar essa realidade jurídica e lhe atribuir efeitos que a lei consagra. É certo que o legislador do início do século XX não mirou para um caso como o dos autos, mas não pode o juiz de hoje desconhecer a realidade e negar que duas pessoas do mesmo sexo podem reunir esforços, nas circunstâncias descritas nos autos, na tentativa de realizarem um projeto de vida em comum. Com tal propósito, é possível amealharem um patrimônio resultante dessa conjugação, e por isso mesmo comum. O comportamento sexual deles pode ou não estar de acordo com a moral vigente, mas a sociedade civil entre eles resultou de um ato lícito, a reunião de recursos não está vedada na lei e a formação do patrimônio comum é conseqüência daquela sociedade. Na sua dissolução, cumpre partilhar os bens.[26]

O direito à meação, nesses casos, é para evitar o enriquecimento ilícito de uma das partes quando os bens tiverem sido adquiridos na constância da sociedade de fato.

Aliás, o artigo 884 do Código Civil contempla o enriquecimento sem causa, prescrevendo que "aquele que, sem justa causa, se enriquecer à custa de outrem, será obrigado a restituir o indevidamente auferido...". Donde se concluí adequada a solução preconizada pela jurisprudência para resolver as contendas estabelecidas entre os parceiros, nessa seara.

3.2. Alimentos

Alimentos constituem-se em prestação de caráter assistencial, e devem levar em conta a necessidade de quem reclama e a capacidade da pessoa obrigada (CC, art. 1.694, § 1º). Podem ser fixados: a) na ação de alimentos em decorrência do parentesco, entre pais e filhos e parentes em linha reta e colateral até 2º grau (CC, art. 1.694, combinado com os arts. 1.696 e 1697; Lei nº 5.478/68, art. 4º); b) na ação de separação judicial, de divórcio, de anulação de casamento e de dissolução da união estável, reciprocamente aos cônjuges ou conviventes e aos filhos (CC art. 1.694, combinado com os arts. 1.703 e 1.704); e c) na ação de reparação para ressarcir a vítima por ato ilícito (CC, arts. 948, II, e 950).

A união homossexual, por não ter amparo no Direito de Família, não gera direito a alimentos (ressalvada a hipótese de existência de testamento).

---

[26] 4ª Turma, j. 10.02.98; Boletim AASP 2057, de 1º a 07.06.98, p. 585.

Em síntese, então, poder-se-ia dizer que a obrigação alimentar pode resultar: a) da lei, pelo fato de existir entre pessoas determinadas um vínculo de família; b) de testamento, mediante legado; c) de sentença judicial condenatória do pagamento de indenização para ressarcir danos provenientes de ato ilícito; e d) de contrato.

Portanto, não cabe a ação de alimentos na dissolução, mesmo consensual, de uma sociedade de fato, do tipo homossexual, através do Direito de Família. Resta aos parceiros, porém, socorrerem-se do Direito das Obrigações para tutelarem os efeitos jurídicos decorrentes dessa união.

3.3. Direitos sucessórios

Relativamente aos direitos sucessórios, o parceiro homossexual não é herdeiro legítimo, pois não possui condição de cônjuge, nem de convivente. Mas nada impede, como já foi dito em outra passagem desta exposição, que seja herdeiro testamentário ou legatário.

Nesse sentido:

Apelação. Relacionamento homossexual. Inexistência de união estável. Impossibilidade do sobrevivente se beneficiar da herança do falecido nos termos do artigo 2º, inciso III, da Lei 8.971/94. O relacionamento homossexual de dois homens, não se constitui em união estável para os efeitos do § 3º, do artigo 226, da Constituição Federal e Leis 8.971/94 e 9.278/96. A união estável, para ser reconhecida como entidade familiar, exige a convivência duradoura, pública e contínua de um homem e uma mulher, estabelecida com objetivo de constituição de família, inclusive com a possibilidade de sua conversão em casamento. As outras espécies de uniões informais, que não se encaixem na noção de companheirismo, inclusive entre pessoas do mesmo sexo, estão abrangidas pela súmula 380, do Supremo Tribunal Federal.[27]

4. Projetos de lei em andamento para disciplinar a união entre pessoas do mesmo sexo: visão crítica

Em 26 de outubro de 1995, foi apresentado ao plenário da Câmara dos Deputados o Projeto de Parceria Civil Registrada entre pessoas do mesmo sexo, o qual representa um importante marco para a discussão da homossexualidade no país. No entanto, após sofrer tormentoso ataque naquela Casa legislativa, não teve seguimento, tendo sido retirado de pauta, em 31 de maio de 2001.

De acordo com o Projeto da então deputada Marta Suplicy, na redação dada pelo substitutivo apresentado em 10 de dezembro de 1996, seria reconhecida, civilmente, a união entre duas pessoas do mesmo sexo para

---

[27] TJRS, Apelação cível n° 599348562, 8ª Câmara Cível, Relator: Antônio Carlos Stangler Pereira, j. em 11/10/2001.

assegurar os direitos inerentes à propriedade, à sucessão, dentre outros ali mencionados, como direitos, deveres e obrigações mútuas.

A validade do instrumento contratual estaria condicionada ao registro em Cartório de Registro das Pessoas Naturais (art. 2º), em livro próprio, bem como ao atendimento das seguintes exigências: a) prova de serem os interessados pessoas solteiras, viúvas ou divorciadas (art. 2º, §1º, I); b) de estarem em gozo de plena capacidade civil; c) da impossibilidade de alteração do estado civil enquanto durar o contrato de união homoafetiva (art. 2º, § 2º).

O artigo 9º, por sua vez, cria o bem de família, estabelecendo impenhorabilidade do imóvel dos parceiros, que estaria sob os auspícios da Lei 8.009/90. Já os artigos 10 e 11 estabelecem, respectivamente, o direito à inscrição do parceiro como beneficiário do Regime Geral de Previdência Social, na qualidade de dependente, e como beneficiário de pensão, nos moldes da Lei nº 8.112.90.[28]

Tal projeto vem sendo duramente criticado por um determinado segmento da doutrina sob o aspecto de sua constitucionalidade, pois estaria criando um novo estado civil, cuja desconstituição só seria possível judicialmente. Segundo essa corrente de pensamento,[29] o texto legislativo estaria pretendo criar um "casamento camuflado", o que somente seria possível por meio de uma emenda constitucional que reconhecesse as uniões afetivas como casamento, união estável ou entidade familiar. Seria, em última análise, uma desnaturação do instituto do casamento, "uma vez que a lei não apenas reconhece a união estável entre pessoas do mesmo sexo, como também garante a elas o direito de realizar um tipo de união civil sem previsão constitucional.[30]

Aponta-se, também, a respeito dessa iniciativa da ex-Deputada Marta Suplicy, que o tipo de registro de parceria previsto no projeto ofereceria espaço para simulações de natureza patrimonial, na medida em que não se exige tempo mínimo de duração da união, nem soma de esforços dos parceiros. Daí que quaisquer duplas masculinas ou femininas se encaixarão no texto para gozar, pela fraude, os importantes direitos que prodigaliza. Usarão dessa parceria para satisfazer interesses subalternos, e não como retribuição natural e legal da própria dedicação, ou como reciprocidade compensadora de longo e continuado suprimento de carências afetivas e sexuais. Bastará aos que jamais foram gays ou pretenderam conviver

---

[28] AZEVEDO, Álvaro Villaça. União Homoafetiva. *Revista Jurídica Consulex*, n. 181, p. 41- 44, 2004, p. 44.

[29] SANTIAGO, Mariana Ribeiro. A União Homoafetiva na Legislação Brasileira: natureza jurídica. *Revista de Direito Privado*, n. 20, p. 300-306, 2004, p. 305.

[30] FREITAS, Tiago Batista. *União Homoafetiva e Regime de Bens* [on line]. Disponível em http://www.1.jus.com.br/doutrina/texto. Acesso em 20.11.2005.

se autodenominarem parceiros civis e assim se registrarem, aproveitando da redação simplista: "é assegurado a duas pessoas do mesmo sexo o reconhecimento de sua parceria civil registrada, visando à proteção dos direitos de propriedade, à sucessão e aos demais regulados nesta Lei".[31]

Outro aspecto que merece ser aqui considerado é o de que o artigo 1º do projeto assegura o direito à sucessão, quando, sabidamente, somente o cônjuge ou companheiro é que entram na ordem da vocação hereditária. Assim, ao estender esse direito às relações entre pessoas do mesmo sexo, estar-se-ia, sem dúvida alguma, equiparando as duas instituições, oferecendo os mesmos direitos que nascem quando do casamento às relações homoafetivas.

A equiparação com o casamento, ainda que sob outra denominação (parceria civil registrada), resta evidente.

Outrossim, cumpre registrar que há também um esboço de projeto de lei sobre o mesmo tema, cujo texto foi redigido em abril de 2002 pelos juristas Fernando Malheiros Filho (RS); Paulo Lins e Silva (RJ); Roberto Rodrigues Alves (DF); Segismundo Gontijo (MG) e Sérgio Marques da Cruz Filho (SP), a pedido da Deputada Laura Carneiro, Presidente da Comissão de Família e Seguridade Social da Câmara Federal, como substitutivo a outros projetos sobre a matéria, em tramitação na Casa. Segundo Tiago Bastista Freitas,[32] o texto apresenta uma propriedade técnica muitíssimo superior ao primeiro e não confere caráter familiar a uniões homossexuais, mas apenas de união civil, atribuindo competência às Varas Cíveis para o julgamento de matérias relativas a estas. Equipara a união homoafetiva à união estável, em todos os direitos e obrigações, inclusive no que se refere à cobrança judicial de alimentos (art. 8º). Mantém, no entanto, a discriminação, ao não conferir à união homoafetiva caráter familiar, mas apenas civil, respeitando assim, o § 3º do art. 226 da Constituição Federal.

Considerações finais

O conceito de família, historicamente associado a casamento e filhos, supõe sempre uma relação heterossexual.

Não obstante, as relações homoafetivas são uma realidade que se impõe, estando a reclamar tutela jurídica.

Nessa perspectiva, é de se esperar que a doutrina e a jurisprudência, no atinente ao tema, venham ditar novas linhas de orientação, de feição mais avançada e adaptadas aos novos tempos, para regular tais uniões,

---

[31] GONTIJO, Segismundo. *COAD Informativo*. Boletim Semanal, n. 19, maio 1997, p. 242.
[32] *União Homoafetiva....*

AÇÕES DE DIREITO DE FAMÍLIA

assim como ocorreu quando foi editada a Súmula 380 do STF, reconhecendo efeitos patrimoniais ao concubinato.

O Direito não pode isolar-se do ambiente em que vigora, deixar de atender às outras manifestações da vida social e econômica; e esta não há de corresponder imutavelmente às regras formuladas pelos legisladores. Se as normas positivas não se alteraram à proporção que evolui a coletividade, consciente ou inconscientemente, a magistratura adapta o texto preciso às condições emergentes, imprevistas.[33]

A ciência jurídica necessita acompanhar os cotejos sociais, e suas respostas devem positivar ou regulamentar as fricções existentes. Necessário, desta feita, reavaliar determinados conceitos em Direito de Família, o que vem ao encontro das iniciativas legislativas que tentam dar proteção jurídica às uniões entre pessoas do mesmo sexo.

Referências

AZEVEDO, Álvaro Villaça. União homoafetiva. *Revista Jurídica Consulex*, n. 181, p. 41-44, 2004.

BIRCHAL, Alice de Souza. As sociedades afetivas e a meação: Alguns efeitos no procedimento de execução por quantia certa. *Revista brasileira de Direito de Família*, n. 22, p. 128-150, 2004.

BONAVIDES, Paulo. *Curso de Direito Constitucional*, 16ª ed., São Paulo: Malheiros, 2005.

DIAS, Maria Berenice. União estável homoafetiva. *Revista brasileira de Direito de Família*, nº 20, p. 45-106, 2003.

——. *União homossexual, o preconceito, a justiça*. Porto Alegre: Livraria do Advogado, 2000.

DINIZ, Maria Helena. *Curso de Direito Civil Brasileiro: Direito de Família*. 17ª ed. São Paulo: Saraiva, 2002, vol. 5.

——. *Compêndio de introdução à ciência do Direito*. São Paulo: Saraiva. 1988.

FREITAS, Juarez. *Revista Latino-Americana de Estudos Constitucionais*, n. 2, p. 279-316, jul./dez., 2003.

FREITAS, Tiago Batista. *União homoafetiva e regime de bens* [on line]. Disponível em http://www1.jus.com.br/doutrina/texto. Acesso em 20.11.2005.

FIGUEIREDO, Lúcia Valle. Os princípios constitucionais do processo. *Revista trimestral de Direito Público*, n. 2, São Paulo: Malheiros, 1993.

GOMES, ORLANDO. *Direito de Família*. 11ª ed., rev. e atual. Rio de Janeiro: Forense, 1999.

GONTIJO, Segismundo. *COAD Informativo*. Boletim Semanal, n. 19, maio 1997.

MAXIMILIANO, Carlos. *Hermenêutica e aplicação do Direito*. 16ª ed. Rio de Janeiro: Forense. 1996.

---

[33] MAXIMILIANO, Carlos. *Hermenêutica e aplicação do direito*. 16ª ed. Rio de Janeiro: Forense. 1996, p. 157.

MELLO, Celso Antonio Bandeira de. *O conteúdo jurídico do Princípio da Igualdade*. 3ª ed.. São Paulo: Malheiros, 1995.

MIRANDA, Jorge. *Manual de Direito Constitucional*, 2ª ed., v. II, Coimbra, 1983.

MIRANDA, Pontes de. *Tratado de Direito de Família – Direito matrimonial*. 3ª ed. São Paulo: Max Limonad, 1947, vol. 1.

RIOS, Roger Raupp. *A homossexualidade no Direito*. Porto Alegre: Livraria do Advogado: Esmafe, 2001.

SANTIAGO, Mariana Ribeiro. A União homoafetiva na legislação brasileira: natureza jurídica. *Revista de Direito Privado*, n. 20, p. 300-306, 2004.

SARDAS, Marcela; MEIRELLES, Júlio César da Costa. *A parceria civil registrada – regulamentação das relações homossexuais*. Disponível em http://www.direito2uerj.br. Acesso em 08 de dezembro de 2005.

SILVA, Luis Renato Ferreira. O Princípio da Igualdade e o Código de Defesa do Consumidor. *Revista de Direito do Consumidor*, v. 8, p. 146-156, 1993.

THOMAZ, Thiago Hauptmann Borelli. União homossexual – Reflexões jurídicas. *Revista dos Tribunais*, n. 807, p. 82-102, 2003.

WALD, Arnoldo. *O novo Direito de Família*. 14ª ed. rev., atual. e ampl. São Paulo: Saraiva, 2002.

13. Execução contra o companheiro na união estável

FELIPE JAKOBSON LERRER

Advogado. Especialista em Direito da Economia e da Empresa pela Fundação Getúlio Vargas – FGV. Especializando em Direito Processual Civil pela PUCRS. Mestrando em Direito Processual Civil pela PUCRS.

Sumário: I. Considerações preliminares sobre a união estável no Direito brasileiro – Aspectos legais e doutrinários; II. Responsabilidade patrimonial do companheiro na união estável em processo de execução; III. Conclusões IV. Bibliografia.

I. Considerações preliminares sobre a união estável no Direito brasileiro – Aspectos legais e doutrinários

Uma das grandes mudanças introduzidas pelo Código Civil de 2002 foi a inclusão da união estável em seu texto, em decorrência do § 3º do artigo 226 da Constituição Federal de 1988[1] e do disposto nas Leis 8.971/94 e 9.278/96, regulando o instituto nos artigos 1.723 a 1.727. Embora não tenha revogado essas leis, o Código Civil trata da união estável sob os aspectos pessoais e patrimoniais, deixando as questões relativas à sucessão e aos alimentos para os livros correspondentes.

Por ser difícil, na atualidade, conceituar família, não é simples definir união estável, tarefa que se apresenta como um dos maiores desafios do Direito de Família contemporâneo. Isto porque família deixou de ser, essencialmente, o núcleo econômico e de reprodução para ser espaço de afeto e de amor, tendo surgido novas representações para ela além do casamento, que seriam a união estável ou qualquer dos pais que viva com seus descendentes.

---

[1] Art 226, § 3º: "Para efeito da proteção do Estado, é reconhecida a união estável entre o homem e a mulher como entidade familiar, devendo a lei facilitar sua conversão em casamento".

Rodrigo da Cunha Pereira menciona ainda outros casos, como irmãos que vivem juntos, um avô ou avó com neto(s), além das relações homoafetivas estáveis, que começam a ser reconhecidas como entidade familiar, como já decidiu o Tribunal de Justiça do Rio Grande do Sul em reiteradas oportunidades, dentre as quais o Autor destaca a Apelação Cível n. 70001388982, Sétima Câmara Cível, Rel. Des. José Carlos Teixeira Georgis, julgada em 14.3.2001.[2]

Na busca do conceito de união estável, deve-se procurar os elementos que caracterizam o núcleo familiar, ou seja, é preciso verificar se daquela relação se originou uma entidade familiar. Tais elementos seriam os determinados pela doutrina e pela jurisprudência após o advento da Constituição Federal de 1988: durabilidade, estabilidade, convivência sob o mesmo teto, prole e relação de dependência econômica, frisando que a falta de um deles não implica descaracterização da união estável.[3]

No Código Civil brasileiro, o instituto vem conceituado no artigo 1.723, que determina: "É reconhecida como entidade familiar a união estável entre o homem e a mulher, configurada na convivência pública, contínua e duradoura e estabelecida com o objetivo de constituição de família." Este dispositivo, a exemplo do que já fizera a Lei n. 9.278/96, eliminou a exigência contida na Lei n. 8.971/94 de um tempo determinado para que se pudesse caracterizar a união estável, permitindo ainda, no § 1º, que mesmo as pessoas que mantenham o estado civil de casadas, mas estejam separadas de fato, constituam união estável.

Embora não seja esse o tema deste estudo, entendemos acertada a manutenção, pelo artigo 1.723, da eliminação do requisito temporal para permitir a caracterização da união estável, pois uma relação não precisa ter duração de mais de cinco anos, como exigia a Lei n. 8.971/94, para configurar uma entidade familiar, da mesma forma que uma relação de décadas pode ser um simples namoro, e nada mais. Portanto, a caracterização de uma relação como união estável exige continuidade que a diferencie de uma união passageira. A eliminação da exigência de período determinado afastou, assim, o risco de se reconhecer a união estável onde ela não existe, ou de negá-la onde estiver realmente configurada.

O artigo 1.724 do Código Civil diz que as relações pessoais entre os companheiros obedecerão aos deveres de lealdade, respeito e assistência, e de guarda, sustento e educação dos filhos.

Para Arnaldo Rizzardo, a palavra *união* expressa ligação, convivência, junção, adesão, ao passo que o vocábulo *estável* traduz permanência

---

[2] PEREIRA, Rodrigo Cunha. Da União Estável. *In* DIAS, Maria Berenice; PEREIRA, Rodrigo Cunha (coords). *Direito de Família e o Novo Código Civil*. 4ª edição. Belo Horizonte: Del Rey, 2005, p. 220.
[3] Idem, ibidem.

e durabilidade. Sustenta que a união estável alcançou tamanha importância nos últimos tempos, que não mais se coloca em inferioridade ao casamento, circunstância que a Constituição Federal e o Código Civil tornam clara nos dispositivos já transcritos. Em verdade, família, já dizia de longa data Virgílio de Sá Pereira, "é um fato natural. Não o cria o homem, mas a natureza. Quando um homem e uma mulher se reúnem sob o mesmo teto, em torno de um pequenino ser, ali está uma família. Passou por lá o juiz com sua lei, ou o padre com seu sacramento? Que importa isso? O acidente convencional não tem força de apagar o fato natural".[4] [5]

Tem-se visto uma evolução na Lei, na doutrina e na jurisprudência acerca do assunto. Até o advento da Constituição de 1988 afirmava-se que a ordem jurídica ignorava a existência do concubinato,[6] seconhecendo-se apenas uma sociedade de fato entre os concubinos que visava a garantir a meação da companheira quando o falecido era solteiro, viúvo ou desquitado.[7]

Naquele tempo, a simples qualidade de concubina não bastava para conferir à companheira a qualidade de sócia ou meeira, muito embora se permitisse que os concubinos estabelecessem entre si uma sociedade de fato.[8] Posteriormente, passou-se a admitir a dissolução e a liquidação da sociedade de fato existente entre homem e mulher concubinados que adquiriram patrimônio mediante comunhão de esforços, como no julgamento do RE 44.103, ocorrido em 24/07/1960, pela Segunda Turma do STF.[9]

Como se vê, até 1988, entendia-se que a simples existência do concubinato não implicava presunção da existência de uma sociedade de fato, ou seja, a concubina tinha de fazer prova da existência destes dois elementos para postular qualquer direito patrimonial. Para Wald, a Constituição atual protegeu as famílias de fato ou naturais, sem equipará-las àquelas constituídas pelo matrimônio, tanto que o § 3º do art. 226 diz que a lei deverá facilitar a conversão das uniões estáveis em casamento.[10]

Tem a união estável, assim, origem no desejo de convivência livre, no afeto, através da comunhão de vidas e de patrimônios, e não de interesses obrigacionais. Na verdade, este instituto não deveria ter sido tão minudentemente normatizado, pois conceitos mais genéricos dariam aos intérpretes e aos aplicadores do Direito possibilidade de avaliar a união

---

[4] *O Concubinato no Direito*, vol I, ob. cit., p. 41.

[5] RIZZARDO, Arnaldo. *Direito de Família*. Rio de Janeiro: Forense, 2004, p. 885/887.

[6] Supremo Tribunal Federal, Acórdão de 1947, Rel. Min. Hahnemann Guimarães, RF 112/147.

[7] WALD, Arnoldo. *O Novo Direito de Família*. 15ª ed. São Paulo: Saraiva, 2004, p. 221.

[8] RF 109/413.

[9] Idem, p. 226.

[10] Idem, p. 228.

estável casuisticamente, através de princípios e normas previstas para situações semelhantes, como o casamento, evitando a intervenção do Estado no projeto de vida amorosa dos companheiros.[11]

Para Maria Berenice Dias, o fato de a Constituição mencionar primeiramente o casamento, depois a união estável e após a família monoparental, não sugere ordem de grandeza ou preferência entre elas. Sustenta que "a Constituição acabou por reconhecer juridicidade ao *afeto*, ao elevar as uniões constituídas pelo vínculo de afetividade à categoria de entidade familiar". A desembargadora gaúcha fala na necessidade de se afastar o que chama de "*baixa constitucionalidade* que se quer emprestar à união estável, a desigualando do casamento".[12]

Maria Berenice destaca que, aos poucos, a união estável vai deixando de ser uma união livre para ser uma união amarrada às regras impostas pelo Estado, realidade que traz como paradoxal, pois quando se pretende manter o Estado à margem das relações mais íntimas, acaba por se buscar sua interferência para lhe dar legitimidade e proteger a parte economicamente mais frágil.[13]

Exemplo de proteção pode ser buscado no âmbito do Direito das Sucessões, onde o Código Civil de 2002 determina que o companheiro ou a companheira participará da sucessão do outro, quanto aos bens adquiridos a título oneroso na duração da união estável. Se concorrer com filhos comuns, terá direito a uma quota equivalente à que por lei for atribuída ao filho. Concorrendo com os descendentes só do autor da herança, caber-lhe-á a metade do que couber a cada um daqueles. Se concorrer com outros parentes sucessíveis, terá direito a um terço da herança. Na inexistência de parentes sucessíveis, tocar-lhe-á a totalidade da herança (art. 1.790).

Portanto, vive a sociedade brasileira novo panorama da união estável, cujo instituto assegura direitos, como a alimentos, herança e benefícios previdenciários, mas também acarreta deveres, capazes de gerarem efeitos na esfera patrimonial dos conviventes.

Este estudo tem por finalidade analisar a responsabilidade dos conviventes pelas dívidas contraídas por seu companheiro, e como a doutrina e os tribunais brasileiros vêm lidando com o assunto.

---

[11] GUIMARÃES, Marilene. "O patrimônio na união estável – na constância da união e na sucessão". In WELTER, Belmiro Pedro; MADALENO, Rolf (Coord.). *Direitos Fundamentais e Direito de Família*. Porto Alegre: Livraria do Advogado, 2004, p. 298.

[12] DIAS, Maria Berenice. *Manual do Direito das Famílias*. Porto Alegre: Livraria do Advogado, 2005, p. 163.

[13] Idem, p. 164.

II. Responsabilidade patrimonial do companheiro na união estável em processo de execução

A responsabilidade patrimonial do devedor pode ser primária, nos casos elencados no artigo 591 do Código de Processo Civil, que determina que "O devedor responde, para o cumprimento de suas obrigações, com todos os seus bens presentes e futuros, salvo as restrições estabelecidas em lei".

Há também a responsabilidade patrimonial secundária, nos casos em que patrimônio de outrem responde por dívida alheia. O artigo 592 do Código de Processo Civil diz, em seu inciso IV, que "ficam sujeitos à execução os bens do cônjuge, nos casos em que os seus bens próprios, reservados ou de sua meação respondem pela dívida", constituindo o que Luiz Fux chama de "legitimação extraordinária para a excussão dos bens", que ocorreria quando a obrigação contraída por um dos cônjuges reverter em benefício da família e o cônjuge obrigado não dispuser de patrimônio suficiente para cumpri-la.[14]

No caso específico do cônjuge, de regra, a meação de um não responde pelas dívidas contraídas separadamente pelo outro. Assim, se um dos cônjuges outorga aval em título de crédito, somente os seus bens responderão pela execução, devendo ser preservada a meação do outro. Há situações, no entanto, em que apenas um dos cônjuges contrai dívida, mas é claro o benefício trazido para o casal. Nesses casos, não haverá o resguardo da meação, que responderá pelo débito.

Enquanto no casamento os noivos escolhem um dos regimes de bens previstos no Código Civil (artigos 1.658 e seguintes), na união estável os companheiros podem firmar um contrato de convivência, tratado no artigo 1.725.[15] [16] Contudo, diante do seu silêncio, nada decidindo a respeito cônjuges e conviventes, aplica-se-lhes o regime da comunhão parcial de bens (artigos 1.658[17] a 1.666), com as ressalvas dos art. 1.725 do Código Civil, que inclui um conceito aberto ao determinar que se aplica à união estável, "no que couber", as mesmas regras do casamento pela comunhão parcial de bens.

---

[14] FUX, Luiz. *Curso de Direito Processual Civil*. 3ª ed. Rio de Janeiro: Editora Forense. 2005, p. 1288.

[15] Art. 1.725 CC/2002: "Na união estável, salvo contrato escrito entre os companheiros, aplica-se às relações patrimoniais, no que couber, o regime da comunhão parcial de bens."

[16] Maria Berenice Dias, em *Manual do Direito das Famílias*, p. 173, diz que, ainda que a união estável não se confunda com o casamento, *gera um quase casamento na identificação de seus efeitos*, pois têm regras patrimoniais idênticas.

[17] Art. 1.658 CC/2002: "Pelo casamento, homem e mulher assumem mutuamente a condição de consortes, companheiros e responsáveis pelos encargos da família."

Neste particular, importante mencionarmos o entendimento de Guilherme Calmon Nogueira da Gama acerca do regime legal de bens na união estável, sustentando que a ela não se aplicariam nenhum dos regimes legais relacionados ao casamento. Diz que "há presunção de comunhão em partes idênticas nas aquisições de bens, de forma onerosa, durante o convívio dos companheiros, aplicando-se, por analogia, o disposto no art. 1.660, inciso I, do novo CC", mas que não há como equiparar o regime de bens a que alude o art. 1.725 ao regime da comunhão parcial, pois os bens elencados no art. 1.659 não se comunicariam ao regime legal de bens do companheirismo, o mesmo ocorrendo com aqueles previstos nos incisos II, IV e V do art. 1.660.[18] [19]

Conforme a doutrina acima citada, além dos bens adquiridos anteriormente à união, os adquiridos durante o companheirismo a título gratuito, entre outros elencados no art. 1.659, também não se comunicam bens adquiridos por fato eventual, com ou sem concurso do trabalho ou despesa anterior, além das benfeitorias em bens particulares de cada companheiro e seus respectivos frutos percebidos na constância do companheirismo ou pendentes no momento da dissolução da união. Entende que o regime de bens do companheirismo seria o da comunhão de aqüestros.

Contudo, a questão encontra divergências. Sílvio Rodrigues sustenta que, quanto aos efeitos patrimoniais, por força da disposição contida no art. 1.725 do CC, os companheiros passam a partilhar todo o patrimônio adquirido na constância da união, como se casados fossem. Diz que a forma proposta é mais abrangente que o regime até então vigente, de condomínio sobre o patrimônio adquirido a título oneroso, e que passariam a integrar o acervo comum os bens adquiridos por fato eventual, com ou sem o concurso do trabalho ou despesa anterior, e o fruto dos bens particulares, de acordo com o art. 1.660.[20]

Na mesma esteira, Marilene Silveira Guimarães defende que a equiparação permite invocar todas as disposições contidas nos artigos 1.658 a 1.666, de modo que se comunicriam entre os companheiros os bens móveis

---

[18] Art. 1.660. Entram na comunhão:
(...)
II – os bens adquiridos por fato eventual, com ou sem o concurso de trabalho ou despesa anterior;
(...)
IV – as benfeitorias em bens particulares de cada cônjuge;
V – os frutos dos bens comuns, ou dos particulares de cada cônjuge, percebidos na constância do casamento, ou pendentes ao tempo de cessar a comunhão.

[19] NOGUEIRA DA GAMA, Guilherme Calmon. "Regime legal de bens no companheirismo: o paradigma do regime da comunhão parcial de bens". In Delgado, Mário Luiz e Jones Figueirêdo Alves (coords). *Questões Controvertidas no Direito de Família e das Sucessões*. São Paulo: Método., 2004, p. 356-357.

[20] RODRIGUES, Sílvio. *Direito Civil. Direito de Família*,. Vol 6. 27ª ed. São Paulo: Saraiva, 2002, p. 310.

e imóveis adquiridos na constância da união de forma onerosa, além dos adquiridos por fato eventual, como prêmios de loteria, bem como frutos dos bens comuns e particulares percebidos durante a união, excluindo-se da comunhão apenas os bens particulares de cada um, adquiridos antes do início da união e aqueles recebidos por herança ou doação a apenas um companheiro. Diz também que não se comunicam os bens adquiridos em sub-rogação a bens particulares e os bens de uso pessoal.[21]

É que para o casamento, com base no artigo 1.659 do Código Civil, não se comunicam: a) os bens que cada um possuir ao estabelecer a união estável, e os que, sua vigência, lhe sobrevierem, por doação ou sucessão, e os sub-rogados em seu lugar; b) os bens adquiridos com valores exclusivamente pertencentes a um dos companheiros em sub-rogação dos bens particulares; c) as obrigações anteriores à união estável; d) as obrigações provenientes de atos ilícitos, salvo caso de reversão em proveito de ambos; e) os de uso pessoal, os livros e instrumentos de profissão, proventos do trabalho pessoal de cada um dos companheiros; f) as pensões, meios-soldos, montepios e outras rendas semelhantes.

Já pelo o artigo 1.660, entram na comunhão a) os bens adquiridos na constância da união estável por título oneroso, ainda que só em nome de um dos companheiros; b) os bens adquiridos por fato eventual, com ou sem o concurso de trabalho ou despesa anterior; c) os bens adquiridos por doação, herança ou legado, em favor de ambos os companheiros; d) as benfeitorias em bens particulares de cada companheiro; e) os frutos dos bens comuns, ou dos particulares de cada um, percebidos na constância da união estável, ou pendentes ao tempo de cessar a comunhão.

Ultrapassada a controvérsia acerca do regime de bens aplicável ao companheirismo, por não ser o objeto central deste estudo, o fato é que a interpretação desses dispositivos em conexão com o texto da Constituição Federal, que equiparam a certa medida o casamento e a união estável, não ficam dúvidas sobre a solidariedade dos cônjuges casados pelo regime da comunhão parcial de bens, pelas obrigações por um deles contraídas em proveito de ambos. O presente desafio está em verificar se o mesmo efeito se estende aos companheiros da união estável.

O disposto no artigo 1.643 do Código Civil e seus incisos também incidem na união estável, pois permitem aos companheiros, independentemente de autorização um do outro, realizar compras a crédito de coisas necessárias à economia doméstica, bem como a obter, por emprés-

---

[21] GUIMARÃES, Marilene. "O patrimônio na união estável – na constância da união e na sucessão". In WELTER, Belmiro Pedro; MADALENO, Rolf (Coord.). *Direitos Fundamentais e Direito de Família*. Porto Alegre: Livraria do Advogado, 2004, p. 305-306.

timo, quantias que a aquisição dessas coisas possa exigir.[22] O artigo 1.644 diz expressamente que essas dívidas obrigam solidariamente os cônjuges, logo, em tese, de igual obrigam solidariamente os conviventes.

Não mais subsiste aquela idéia de que, durante a convivência, a um cônjuge no casamento, e, por conseguinte, a um companheiro, na união estável, cabe a responsabilidade pelas despesas com o custeio do lar. Não é mais aceita a idéia de que a opção de manter a vida em comum implica dever de sustento a somente um dos conviventes, como se defendia até há poucos anos.[23]

Maria Berenice Dias diz que, na moderna concepção jurídica, se instala um condomínio entre os conviventes:

> Portanto, quem vive em união estável e adquire algum bem, ainda que em nome próprio, não é o seu titular exclusivo. O fato de o patrimônio figurar como de propriedade de um não afasta a co-titularidade do outro. A presunção de propriedade do titular aparente no registro não é mais absoluta, e o companheiro é patrimonialmente equiparado ao cônjuge.[24] Adquirido um bem por um, transforma-se em propriedade comum, devendo ser partilhado por metade na hipótese de dissolução do vínculo.[25]

Contudo, a meação de um não responde pelas dívidas contraídas separadamente pelo outro, de modo que, se um dos companheiros prestar aval em título de crédito, somente os bens deste responderão por eventual execução, preservando-se a meação do outro.

A partir do momento em que a união estável gera um condomínio dos bens adquiridos durante sua existência, e não havendo previsão legal no Código Civil ou na Lei dos Registros Públicos (Lei n. 6.015/73) que imponha seu registro, não seria demasia afirmar que o fato de um imóvel estar escriturado e averbado apenas em nome de um dos companheiros não macula ou tampouco invalida seu registro.

Toda dificuldade surge da ausência de registro prévio da relação, e, como se vê, a inexistência de regulamentação sobre as obrigações advindas da união estável pode gerar incertezas no mundo jurídico, seja para o companheiro, executado ou não, seja para terceiros. Afinal, o credor ou o adquirente de um bem qualquer não pode ser prejudicado pela ausência do nome de um dos proprietários na matrícula de um imóvel.

Exemplo clássico pode ser vislumbrado no caso de um companheiro, cujo nome não consta na matrícula do imóvel do registro competente, circunstância que retiraria a publicidade do condomínio, dificultando eventual defesa em embargos de terceiro incidentais a ação de execução

---

[22] RIZZARDO. *Op. cit.*, p. 917.

[23] Idem, p. 918.

[24] GUIMARÃES, Marilene Silveira. *A necessidade de outorga...*, 298.

[25] DIAS, Maria Berenice. *Manual do Direito das Famílias*, p. 173.

promovida contra seu par em decorrência de dívidas por este contraída, dada a dificuldade em fazer prova de sua condição de possuidor do bem.

Outra possibilidade pode surgir de uma aquisição de boa-fé na qual o adquirente perde a propriedade do bem que pensava ter comprado de forma legítima, livre e desembaraçada, em virtude de dívida de terceiro, cujo nome sequer constava da matrícula, justamente quando se sabe que uma das principais finalidades da publicidade dos registros é exatamente a garantia e a segurança jurídica para conhecimento de terceiros.

Por sua vez, o artigo 1.647 do Código Civil proíbe a um cônjuge a alienação, o gravame de bens ou que preste fiança sem o consentimento do outro. Embora nada seja referido acerca da união estável, diante da sua equiparação constitucional ao casamento no Direito Brasileiro, não resta dúvida quanto à extensão da exigência da outorga uxória à união estável, como forma de proteger o patrimônio do companheiro e o terceiro de boa-fé.

Maria Berenice Dias defende a ineficácia do ato praticado sem a vênia do par, de modo a preservar o patrimônio de quem não firmou o compromisso. Assim, se um dos conviventes praticar sozinho qualquer dos atos elencados no artigo 1.647 como proibidos, ainda que não se decrete a sua nulidade, deve ser resguardada a meação do parceiro. Conclui que o ato dispositivo não atinge a metade do patrimônio comum, tornando-se ineficaz frente à metade do companheiro, cuja meação não se comunica, ficando o bem preservado, mencionando precedente neste sentido.[26] [27]

O Tribunal de Justiça do Rio Grande do Sul traz julgados, afastando a alegação de nulidade da garantia oferecida, mas garantindo a exclusão da meação de companheira que não prestou fiança:

LOCAÇÃO. EMBARGOS DE TERCEIRO. PENHORA DE IMÓVEL. FIANÇA. UNIÃO ESTÁVEL. Documentos trazidos aos autos que indicam que a fiadora/executada vive

---

[26] UNIÃO ESTÁVEL. FIANÇA. AUSÊNCIA DA OUTORGA MARITAL. VALIDADE DA GARANTIA. RESERVA DA MEAÇÃO. RESPONSABILIDADE DA COMPANEHIRA GARANTIDORA. MANTIDA A PENHORA ANTE O CARÁTER DE INDIVISIBILIDADE DO BEM CONSTRITO.
Considerando que a Constituição Federal, através do seu artigo 226, § 3º, conferiu o *status* de entidade familiar à união estável, a mesma deve ser equiparada ao casamento, sob pena de afrontar-se o princípio constitucional da igualdade. Desse modo, nenhum dos companheiros pode prestar fiança sem autorização do outro, nos ternos do artigo 1647, inciso III, do Código Civil.
A falta de consentimento do companheiro na prestação da fiança não constitui nulidade de pleno direito da garantia, implicando apenas na ineficácia em relação ao companheiro não anuente, cuja meação deverá ser resguardada.
Se o bem constrito judicialmente for indivisível, mantém-se a penhora sobre a totalidade do bem, devendo ser resguardado ao companheiro meeiro a metade do preço alcançado pela hasta pública.
RECURSO PROVIDO. (TJRGS – AC 70009315771 – 6ª C. Civ. – Rel. Des. Claudir Fiélis Faccenda – j. 18/08/2004).
[27] DIAS, Maria Berenice. *Manual do Direito das Famílias*, p. 175.

em união estável com o embargante, o que se mostra suficiente para o mesmo ter reservada a sua meação. O recorrente é companheiro da executada, que é a fiadora, e sua meação não responde pela dívida. BEM DE FAMÍLIA. Tratando-se de execução de débito decorrente de fiança locatícia, não se reconhece a impenhorabilidade do bem de família, exceto da parte reservada em face da união estável existente entre embargante e fiadora. Inteligência do artigo 3º, III, da Lei 8009/90. JURISPRUDÊNCIA DESTA CORTE E DO STJ. SUCUMBÊNCIA REDIMENSIONADA. RECURSO DE APELAÇÃO PARCIALMENTE PROVIDO.[28]

Neste caso, houve a exclusão da meação do companheiro que não prestara fiança, diante da comprovação da existência de união estável entre a fiadora e o terceiro embargante e face à aquisição de direitos sobre o bem na constância da união estável. Prepondera o entendimento de que a ausência de outorga do companheiro não invalida a garantia, contudo, exclui da penhora a meação.

Havendo penhora de bem cuja metade pertence ao companheiro, poderá este se opor à constrição através de embargos de terceiro, quando negará que a dívida tenha beneficiado o casal. Se o companheiro, porém, tiver sido citado para integrar a ação de execução, e caso o credor afirme desde logo que a dívida foi contraída em benefício da família, pretendendo por isso penhorar bens sem reserva da meação, a defesa deve surgir através de embargos de devedor, sustentando não ter sido a dívida contraída em benefício da família, além de discutir questões relativas ao título e ao valor cobrado.

Acerca da dupla legitimação do cônjuge, a Súmula 134 do Superior Tribunal de Justiça enuncia que "embora intimado da penhora em imóvel do casal, o cônjuge do executado pode opor embargos de terceiro para defender sua meação". Tal entendimento, pelas razões já alinhadas, certamente se estende à união estável.[29]

Teori Albino Zavascki ao tratar da responsabilidade patrimonial do cônjuge em processo de execução, sustenta que, enquanto durar a sociedade conjugal (e o mesmo vale para a união estável), presume-se que as dívidas contraídas por qualquer dos cônjuges beneficiaram o casal, diante do que, toca ao companheiro o ônus de provar o contrário. No mesmo sentido, Arnaldo Rizzardo afirma que a prova de "que a dívida não se destinara ao proveito do casal, ou para a formação do patrimônio comum,

---

[28] Tribunal de Justiça do Estado do Rio Grande do Sul. Décima Sexta Câmara Cível. Apelação Cível n. 70008075954. Relatora Dra. Ana Beatriz Iser. Julgado em 28.05.2004. Disponível em www.tj.rs.gov.br. Consulta em 25/09/2005.

[29] Execução. Cônjuge. Embargos de devedor e embargos de terceiro. Admissibilidade. Em consonância com os precedentes da Corte, o cônjuge que, intimado da penhora, opões embargos do devedor, não fica impedido de oferecer embargos de terceiro para defesa de sua meação. (Superior Tribunal de Justiça. 3ª Turma. AgRg nos Edcl no Resp 306465/ES. Julgado em 25/02/2004. Disponível em www.stj.gov.br. Consulta em 02/10/2005).

é ônus ou encargo que recai na pessoa do cônjuge que quer afastar a constrição judicial".[30]

Ademais, o artigo 1.663 do Código Civil, que regula a comunhão parcial de bens, diz que "a administração do patrimônio comum compete a qualquer dos cônjuges". O § 1º, por sua vez, diz que "as dívidas contraídas no exercício da administração obrigam os bens comuns e particulares do cônjuge que os administra, e os do outro na razão do proveito que houver auferido."

O mesmo ocorre no caso de aval prestado pelo companheiro à sociedade de que fizer parte como sócio, como mostra decisão proferida pelo Tribunal de Justiça do Rio Grande do Sul, sustentando ser ônus do companheiro provar que a dívida não beneficiou o casal:

> Embargos de terceiro. Caso concreto. Matéria de fato. União estável. Considerando que a constituição federal, através do seu artigo 226, § 3º, conferiu o *status* de entidade familiar à união estável, a mesma deve ser equiparada ao casamento, sob pena de afrontar-se o princípio constitucional da igualdade. Exclusão da meação. Ônus da prova da repercussão econômica. A meação da mulher responde pelas dívidas do companheiro, salvo se ela provar não terem sido assumidas em benefício da família, ônus do qual não se desincumbiu, conforme determina o art. 333, inciso I, do CPC. Apelo desprovido.[31]

No entanto, (i) sendo o aval prestado a sociedade estranha ao casal, (ii) decorrendo a dívida de ato ilícito praticado por um dos companheiros somente ou (iii) tratando-se de obrigação fiscal da sociedade, e a execução promovida contra o companheiro resultar de sua responsabilidade como sócio, o quadro se inverte, presumindo-se que a família não foi beneficiada, sendo ônus do credor demonstrar o contrário. Note-se que, no caso do aval concedido por companheiro em favor de empresa da qual figure o consorte como sócio, o benefício à entidade familiar se presume, como se vê pelo seguinte precedente:

> EMBARGOS DE TERCEIRO. MEAÇÃO. COMPANHEIRA. UNIÃO ESTÁVEL. AVAL PRESTADO PELO COMPANHEIRO. ÔNUS DA PROVA.
>
> A mulher tem legitimidade para opor embargos de terceiro em defesa de sua meação, na execução de título de crédito garantido por aval do companheiro, em favor de empresa da qual é sócio majoritário. Contudo, incumbe-lhe o ônus de provar que a garantia não reverteu em benefício da entidade familiar.
>
> SENTENÇA MANTIDA.[32]

---

[30] RIZZARDO. *Op. cit.*, p. 698.

[31] Tribunal de Justiça do Estado do Rio Grande do Sul. Décima Quinta Câmara Cível. Apelação Cível n. 70010898872. Relator Desembargador Vicente Barroco de Vasconcellos. Julgado em 24.04.2005. Disponível em www.tj.rs.gov.br. Consulta em 07.10.2005.

[32] Tribunal de Justiça do Estado do Rio Grande do Sul. Nona Câmara Cível. Apelação Cível n. 70002971265. Relatora Desembargadora Mara Larsen Chechi. Julgado em 30.02.2004. Disponível em www.tj.rs.gov.br.

AÇÕES DE DIREITO DE FAMÍLIA

O artigo 3º da Lei 4.121/62 (Estatuto da Mulher Casada) diz que "pelos títulos de qualquer natureza, firmados por um só dos cônjuges, ainda que casados pelo regime da comunhão universal, somente responderão os bens particulares do signatário e os comuns até o limite de sua meação." Contudo, os artigos 1.643, 1.644 e 1.663 do CC/2002 conduzem à conclusão de que os cônjuges (valendo o mesmo para os companheiros) se obrigam solidariamente pelas obrigações contraídas em proveito do casal.[33]

O Superior Tribunal de Justiça também reconhece a legitimidade da companheira para oferecer embargos de terceiro em caso de partilha dos bens da união estável, ainda que não homologada, porquanto possuidora mediata dos mesmos.[34]

Ao comentar o artigo 592 do Código de Processo Civil, Zavascki afirma predominar o entendimento de que a exclusão deve ser considerada em cada bem, e não na indiscriminada totalidade do patrimônio. Em caso de bem indivisível, procede-se à penhora e à alienação da totalidade do bem, entregando-se ao meeiro a metade do produto da venda judicial.[35]

Não se desconhece anterior entendimento sustentando a impossibilidade de se alienar o bem por inteiro, de modo que o direito do meeiro sobre um bem não poderia ser substituído pelo depósito de metade do valor arrecadado com a venda, circunstância que ensejaria a constrição e a venda apenas de fração ideal do bem, constituindo-se um condomínio sobre o companheiro e o adquirente do bem no leilão judicial.

Isso somente seria viável no caso de bens imóveis, pois, com relação aos móveis, não seria possível, por exemplo, vender parte de um veículo, hipótese em que, diante da provável ausência de licitantes, o bem se tornaria inalienável, com flagrante prejuízo ao credor, ou então a arrematação por preço vil, prejudicando o devedor ou até mesmo nulificando o ato.

---

[33] Encontramos precedente (Tribunal de Justiça do Estado do Rio Grande do Sul. Décima Primeira Câmara Cível. Apelação Cível n. 70005049762. Relator Dr. Jorge André Pereira Gailhard. Julgado em 19.11.2003. Disponível em www.tj.rs.gov.br. Consulta em 07.10.2005) sustentando que o disposto no Estatuto da Mulher Casada somente teria incidência no caso de prova inequívoca de que a dívida não reverteu em benefício da família.

[34] PROCESSO CIVIL – EMBARGOS DE TERCEIRO – COMPANHEIRA – PARTILHA DE BENS JÁ DEFINIDA (ARTS. 1.046 E 1.050 CPC).
1. É parte legítima para embargar a execução companheira que, garantida com partilha de bens já decretada, deles ainda não dispõe por falta de homologação da partilha. 2. Legitimidade ativa da possuidora mediata, garantida com a partilha, para fazer uso dos interditos, inclusive embargos de terceiro. 3. Recurso especial desprovido. Superior Tribunal de Justiça. 2ª Turma. Resp 426.239/RS. Relatora Ministra Eliana Calmos. Julgado em 04/05/2004. Disponível em www.stj.gov.br. Consulta em 02/10/2005).

[35] ZAVASCKI, Teori Albino. *Comentários ao Código de Processo Civil*, vol. 8. 2ª edi. São Paulo: RT, 2003, p. 258/259.

Em realidade prepondera a primeira posição, por melhor atender aos interesses do credor e do devedor, convindo buscar na lição de Arnaldo Rizzardo, quando cita precedente do Tribunal de Justiça do Rio Grande do Rio Grande do Sul,[36] onde foi reconhecida a legitimidade de filhos, credores de alimentos, a efetuarem a penhora sobre veículo registrado em nome da companheira do pai devedor para pagamento de débitos alimentares, sustentando ser aquele o usuário do bem e que somente ele teria condições de tê-lo adquirido.

Os embargos de terceiros oferecidos pela companheira do pai dos alimentandos foram julgados procedentes em primeiro grau, ao argumento de que a união estável seria diferente do casamento, e que o reconhecimento de quaisquer direitos, como o de meação, dependeria de pronunciamento judicial, cujo pleito caberia apenas aos conviventes, mas jamais a terceiros. O apelo interposto pelos credores embargados foi provido para o efeito de desconstituir a decisão monocrática que julgara a lide antecipadamente.

O relator, desembargador Paulo Heerdt, sustentou a possibilidade de o credor provar a existência da união estável através de fatos, como pretendiam fazer os credores-embargados ao longo da instrução, sendo cerceados neste desiderato pelo julgamento antecipado, proferido em primeiro grau, não para que obtivessem a declaração da união, mas sim, de que o registro do veículo em nome da companheira era um ardil, visando a fraudar credores.

A interpretação do tema evoluiu ao encontro do que sustenta Arnaldo Rizzardo, para se considerar a união estável como uma sociedade de fato manifesta, revestida de notoriedade, publicidade, produzindo sólida aparência de uma família constituída e de uma sociedade patrimonial que gera a convicção de terceiros de estarem negociando com aquela entidade, invocando a teoria da aparência. Assim, quem contrata com um dos integrantes da união presume estar negociando com ambos, à exceção daqueles negócios em que a lei exige a participação de ambos.[37]

Francisco José Cahali,[38] analisa a posição do terceiro em face da união estável e do contrato de convivência, externando entendimento mais conservador acerca do assunto, aduzindo que, em embargos de terceiros oferecidos pela mulher casada para a defesa de sua meação, bastaria-lhe apresentar certidão que atestasse tal condição. Contudo, pondera que, em caso de união estável, mesmo firmando os conviventes contrato registrado

---

[36] Apelação Cível n. 594 117 996, inserto na RJTJRGS n. 171, p. 327/330.

[37] RIZZARDO. *Op. cit.*, p. 918.

[38] CAHALI, Francisco José. *Contrato de convivência na união estável.* São Paulo: Saraiva, 2002, p. 189.

perante o Cartório de Títulos e Documentos ou apresentada escritura de declaração, o embargado poderia questionar a validade daquela situação jurídica, o que recomenda deva ser analisado com o devido equilíbrio cada caso concreto.

Conclui Cahali que o pacto "em nada, absolutamente nada, altera a relação dos conviventes com terceiros, no sentido de criar uma situação jurídica apta a ter repercussão *erga omnes*, ou impositiva da realidade nele retratada." e que, neste caso, a presunção seria *juris tantum*, podendo ceder diante do contexto probatório. Para Cahali, ao contrário do entendimento de Maria Berenice Dias, não haveria norma prevendo a oponibilidade *erga omnes* da união estável, e que o registro do contrato particular admitido na Lei dos Registros Públicos permitiria o conhecimento por terceiros de sua existência, mas não lhe revestiria de eficácia contra terceiros.[39]

Recentemente, o Tribunal de Justiça do Rio Grande do Sul julgou caso semelhante ao mencionado por Arnaldo Rizzardo, determinando a penhora de meação para garantir o pagamento de débitos alimentares do companheiro, em acórdão assim ementado:

> EMBARGOS DE TERCEIRO. UNIÃO ESTÁVEL ENTRE O DEVEDOR DE ALIMENTOS E A EMBARGANTE. PENHORA DE MEAÇÃO. HONORÁRIOS ADVOCATÍCIOS. 1. Comprovada a união estável entre a embargante e o devedor de alimentos, correta se afigura a penhora da meação do bem a fim de garantir o pagamento do débito alimentar. 2. A base de incidência dos honorários advocatícios fixados é o valor do bem questionado nos embargos de terceiro e não o valor da execução. Recurso provido em parte.[40]

O relator do acórdão, desembargador Sérgio Fernando de Vasconcellos Chaves, entendeu que, restando comprovada à saciedade a união estável havida entre a embargante e o devedor de alimentos, correta se mostra a penhora da meação do bem a fim de garantir o pagamento do débito alimentar. Portanto, independentemente de declaração, basta o reconhecimento no caso concreto da existência de união estável, para inviabilizar a tentativa de fraudar a execução.

Consta em trecho do voto condutor do acórdão:

> De início, é de ser afastada a necessidade de ser declarada, judicialmente, a existência da união estável, para possibilitar a determinação de penhora do patrimônio haurido pelos conviventes. Para tanto, não se vislumbra imperiosa a declaração de união estável, mas, sim, basta seja ela reconhecida para o fim especial de inviabilizar possíveis fraudes contra credores. Aliás, nesse sentido, bem andou o insigne Magistrado, quando assim decidiu, às fls. 162 dos autos da execução (01291033650).

---

[39] CAHALI, Francisco José. Op. cit., p. 191/192.

[40] Tribunal de Justiça do Estado do Rio Grande do Sul. Sétima Câmara Cível. Apelação Cível n. 70008576027. Relator Desembargador Sérgio Fernando de Vasconcellos Chaves. Julgado em 30.02.2004. Disponível em www.tj.rs.gov.br. Consulta em 25/09/2005.

Cabia, então, à embargante, nestes autos, demonstrar a inexistência da união estável. Contudo, apesar do esforço empreendido, a prova carreada, de maneira solar, consolida a decisão de reconhecimento da existência de união estável.

No precedente ora colacionado, a declaração de imposto de renda do executado, que negava a existência da união estável, indicava a companheira embargante como sua dependente. Entendemos que o tribunal decidiu a questão com acerto, não sendo razoável exigir o ajuizamento de ação judicial que declare a união estável, bastando a demonstração de sua existência em cada caso concreto, seja para garantia dos direitos do credor, seja para resguardar patrimônio de terceiro que não obteve qualquer proveito da dívida contraída pelo companheiro.

III. Conclusões

Diante das lições doutrinárias e dos precedentes jurisprudenciais analisados, não nos parece haver dúvidas acerca da igualdade existente entre a união estável e o casamento. Vimos que o Código Civil de 2002 regulou os aspectos pessoais e patrimoniais da união estável, dispondo sobre o regime de bens a ela aplicável nos mesmos moldes preconizados para o casamento, ressalvadas as divergências doutrinárias quanto a este ponto, especificamente.

Considerando os direitos à herança, a alimentos e a benefícios previdenciários que têm os conviventes em decorrência da equiparação com o casamento, pelos mesmos motivos se pode sustentar a sua responsabilidade patrimonial em processo de execução promovido contra o companheiro, nos termos do artigo 592 do Código de Processo Civil.

De acordo com o artigo 1.725 do Código Civil, nada dispondo a respeito os companheiros sobre seu regime de bens, aplica-se à união estável o regime da comunhão parcial de bens, razão pela qual, as obrigações contraídas por um, desde que aproveitem a ambos ou se destinem à manutenção do lar, acarreta responsabilidade solidária, ainda que pudessem exisitr pontuais dissonâncias entre o regime da comunhão parcial do casamento e de união estável, é certo que no campo dos deveres o terceiro não pode estar desprotegido e tampouco o parceiro que não foi beneficiado com a dívida contraída pelo seu companheiro.

Assim, o adquirente de um bem que mantenha união estável não ostenta sua titularidade com exclusividade, ainda que o registro do mesmo assim demonstre, circunstância que pode dificultar a defesa da meação através de embargos de terceiro nos casos de ação de execução promovida contra o companheiro, face à ausência de disposição legal que obrigue a averbação da união estável.

Verificamos preponderar o entendimento de que as obrigações contraídas durante a união estável beneficiam ao casal, circunstância que cria uma regra quanto ao ônus da prova, porquanto incumbe ao companheiro que pretenda preservar sua meação demonstrar não ter sido favorecido.

Contudo, a presunção seria contrária, cabendo ao credor demonstrar o benefício obtido pela entidade familiar (i) sendo o aval prestado a sociedade da qual não faça parte o companheiro, (ii) decorrendo a dívida de ato ilícito praticado por um dos companheiros somente ou (iii) tratando-se de obrigação fiscal da sociedade gerando execução contra o companheiro em decorrência de sua responsabilidade como sócio.

A preservação da meação se dá pela reserva de metade do produto da venda judicial, sendo possível a defesa processual através de embargos de terceiro ou de devedor, conforme figure ou não o companheiro como executado, sem prejuízo do ajuizamento de duas ações incidentais concomitantemente.

IV. Bibliografia

CAHALI, Francisco José. *Contrato de Convivência na União Estável*. São Paulo: Saraiva, 2002.

DIAS, Maria Berenice. *Manual do Direito das Famílias*. Porto Alegre: Livraria do Advogado, 2005.

FUX, Luiz. *Curso de Direito Processual Civil*. 3ª ed. Rio de Janeiro: Forense. 2005.

GUIMARÃES, Marilene. O patrimônio na união estável – na constância da união e na sucessão. *In Direitos Fundamentais e Direito de Família*. WELTER, Belmiro Pedro e MADALENO, Rolf Hansen (Coord.). Porto Alegre: Livraria do Advogado, 2004, p. 297-319.

PEREIRA, Rodrigo da Cunha. *Comentários ao Novo Código Civil*, vol. XX. Rio de Janeiro: Forense, 2003.

——. Da união estável. *In Direito de Família e o Novo Código Civil*. 4ª ed. DIAS, Maria Berenice e PEREIRA, Rodrigo da Cunha (coords). Belo Horizonte: Del Rey, 2005, p. 219-234.

NOGUEIRA DA GAMA, Guilherme Calmon. Regime legal de bens no companheirismo: o paradigma do regime da comunhão parcial de bens. *In Questões Controvertidas no Direito de Família e das Sucessões*. DELGADO, Mário Luiz e ALVES, Jones Figueirêdo (coords). São Paulo: Método, 2004, p. 335-358.

QUEIROGA, Antônio Elias de. *Curso de Direito Civil – Direito de Família*. Rio de Janeiro: Renovar. 2004.

RIZZARDO, Arnaldo. *Direito de Família*. Rio de Janeiro: Forense, 2004.

RODRIGUES, Sílvio. *Direito Civil. Direito de Família*, v. 6. 27ª ed. São Paulo: Saraiva, 2002.

WALD, Arnoldo. *O Novo Direito de Família*. 15ª edição. São Paulo: Saraiva, 2004.

ZAVASCKI, Teori Albino. *Processo de Execução*. Parte Geral. São Paulo: Revista dos Tribunais, 2004.

——. *Comentários ao Código de Processo Civil*, vol. 8. 2ª ed. São Paulo: Revista dos Tribunais, 2003.

14. Aspectos processuais da desconsideração da personalidade jurídica no Direito de Família

MARCELO SOARES VIANNA

Pós-graduado em Direito Civil e Processual Civil pelo Centro de Estudos Jurídicos e em Direito da Economia e da Empresa pela Fundação Getulio Vargas. Mestrando em Direito Processual Civil pela PUC/RS. Advogado em Porto Alegre, RS.

Sumário: 1. Introdução; 2. Breves considerações acerca do instituto; 2.1. Evolução doutrinária e legislativa; 2.2. Conceituação genérica e natureza jurídica; 2.3. Teoria subjetiva e objetiva; 2.4. Aplicabilidade ao Direito de Família – Teoria inversa; 3. Aspectos processuais do instituto aplicado ao Direito de Família; 3.1. Legitimidade ativa e possibilidade de concessão *ex officio*; 3.2. Legitimidade passiva; 3.3. Necessidade de ação judicial própria; 3.4. Momento processual; 3.4.1. *Disregard* no processo de conhecimento; 3.4.2. *Disregard* no processo de execução; 3.4.3. *Disregard* no processo cautelar; 3.5. Necessidade de contraditório; 3.6. A *disregard* e o direito intertemporal; 3.7. A *disregard* frente às operações de *off shore*; 4. Conclusões; Bibliografia.

1. Introdução

O uso indevido de pessoas jurídicas como instrumento de fraude aos direitos do cônjuge ou outro ente familiar é prática, infelizmente, não rara nos processos de dissolução da sociedade conjugal ou de tantas outras lides que envolvam Direito de Família; para tanto, vale-se o sócio da personificação societária para dissimular capacidade econômico-financeira, ocultando bens ou rendimentos devidos a partir da legislação aplicável.

O condenável expediente foi objeto de oportuna análise por parte de Rolf Madaleno, em seu livro *A Disregard e a sua Efetivação no Juízo de Família,*[1] prevendo sabiamente o autor, à época, o futuro regramento

---

[1] MADALENO, Rolf. *A "disregard" e a sua efetivação no Juízo de Família*. Porto Alegre: Livraria do Advogado, 1999.

oficial da matéria no novo Código Civil, o que de fato veio a ocorrer mediante o art. 50 da Lei 10.506/2002.

O tema da desconsideração da personalidade jurídica, conforme abordagem específica em item subseqüente, há muito já permeia o ordenamento jurídico nacional, tanto na doutrina quanto na jurisprudência, fazendo-se presente em diversos outros textos de Lei precedentes ao novo Diploma Civil, como o Código de Defesa do Consumidor, Lei Antitruste, dentre outros. Todavia, em todas as previsões legais, apesar de o direito material restar posto, sua efetiva aplicação não encontra maiores esclarecimentos, o que dá margem a inúmeros questionamentos de ordem processual.

O texto a seguir, nada obstante reforçar de forma circunstancial a aplicação episódica da teoria da Desconsideração da Personalidade Jurídica ou *Disregard*, buscará abordar os aspectos práticos de sua efetivação ao Direito de Família, na medida em que inegáveis os reflexos processuais daí decorrentes.

2. Breves considerações acerca do instituto

A abordagem dos aspectos processuais decorrentes da aplicabilidade da teoria da Desconsideração da Personalidade Jurídica exige, ainda que de forma sucinta, a prévia análise do instituto – suas origens, razões de existência e fundamentos –, assim como sua respectiva aplicabilidade ao Direito de Família, viabilizando assim a melhor compreensão do porquê das questões objeto do estudo.

2.1. Evolução doutrinária e legislativa

A preocupação com o desvio de finalidade da personalidade jurídica remonta ao início do século XIX, com a crescente utilização da pessoa jurídica na atividade industrial e comercial, tornando-se imprescindível sua devida proteção. Já em 1809, em resposta às novas necessidades decorrentes do capitalismo industrial, o direito norte-americano ensaiou as primeiras decisões a respeito,[2] surgindo assim a então incipiente doutrina denominada *disregard doctrine* ou *disregard of legal entity*. Desde então, muitas foram as iniciativas nesse sentido. No entanto, a sistematização do instituto veio da Alemanha, com a obra do Prof. Dr. Rolf Serick, precursor da teoria *Durchgriff – Teoria da Penetração da Pessoa Jurídica –*,[3] posteriormente absorvida por diversos países.

---

[2] WORMER, Maurice. *Piercin thei veil of corporate ententy*. Columbia Law Review, Columbia, 12: 496-518, 1912, p. 498.

[3] SERICK, Rolf. *Forma e realità della persona giuridica*. Traduzido por Marco Vitale. Tradução de *Rechsform und realità juristscher personen*. Milão: Giuffrè, 1966.

No Brasil, o primeiro a abordar o assunto foi Rubens Requião, em aula magna: *Abuso de direito e fraude através da personalidade jurídica.*[4] O instituto ganhou força na atualidade por Fábio Konder Comparato, Fábio Ulhôa Coelho, Marçal Justen Filho,[5] dentre outros tantos.

Com relação à legislação nacional, o instituto aparece (ainda que embrionariamente), em ordem cronológica, no Dec. 3.708/19 (Lei das Sociedades por Quotas de Responsabilidade Limitada), no Dec. 5.452/43 (CLT), no Dec.-Lei 7.661/45 (Lei de Falências), na Lei 5.172/66 (CTN), na Lei 6.404/76 (Lei das S.A.), na Lei 6.830/80 (Lei de Execução Fiscal) e na própria CF-88. De forma explícita, na Lei 8.078/90 (CDC), na Lei 8.884/94 (Lei Antitruste), na Lei 9.605/98 (Meio-Ambiente), na Lei 9.841/99 (Estatuto da Microempresa e da Empresa de Pequeno Porte)[6] e, mais recentemente, na Lei 10.406/02 (novo Código Civil).

---

[4] REQUIÃO, Rubens. *Abuso de direito e fraude através da personalidade jurídica – Disregard Doctrine.* São Paulo: RT, vol. 477, 1975, p. 12-27.

[5] COMPARATO, Fábio Konder. *O poder de controle na sociedade anônima.* São Paulo: RT, 1976; COELHO, Fábio Ulhôa. *Desconsideração da personalidade jurídica.* São Paulo: RT, 1989; JUSTEN FILHO, Marçal. *Desconsideração da Personalidade societária no direito brasileiro.* São Paulo: RT, 1987.

[6] Dec. 3.708/19 (Lei das Sociedades por Quotas de Responsabilidade Limitada): "Art. 10. Os sócios-gerentes ou que derem o nome à firma não respondem pessoalmente pelas obrigações contraídas em nome da sociedade, mas respondem para com esta e para com terceiros solidária e ilimitadamente pelo excesso de mandato e pelos atos praticados com violação do contrato ou da lei."
Dec. 5.452/43 (CLT): "Art.2° () §2° Sempre que uma ou mais empresas, tendo, embora, cada uma delas personalidade jurídica própria, estiverem sob a direção, controle ou administração uma da outra, constituindo grupo industrial, comercial ou de qualquer outra atividade econômica, serão, para os efeitos da relação de emprego, solidariamente responsáveis a empresa principal e cada uma das subordinadas".
Dec.-Lei 7.661/45 (Lei de Falências): "Art. 39. A falência compreende todos os bens do devedor, inclusive direitos e ações, tanto os existentes na época de sua declaração, como os que forem adquiridos no curso do processo."
Lei 5.172/66 (CTN): "Art. 135. São pessoalmente responsáveis pelos créditos correspondentes a obrigações tributárias resultantes de atos praticados com excesso de poderes ou infração de lei, contrato social ou estatutos: (...) II – Os mandatários, prepostos e empregados; III – os diretores, gerentes ou representantes de pessoas jurídicas de direito privado."
Lei 6.404/76 (Lei das S.A.): "Art. 117. O acionista controlador responde pelos danos causados por atos praticados com abuso de poder. (...) § 1.°. São modalidades de exercício abusivo do poder: (...) f) contratar com a companhia, diretamente ou através de outrem, ou de sociedade na qual tenha interesse, em condições de favorecimento ou não eqüitativas."
Lei 6.830/80 (Lei de Execução Fiscal): "Art. A execução fiscal poderá ser promovida contra: (...) V – o responsável, nos termos da lei, por dívidas, tributárias ou não de pessoas físicas ou pessoas jurídicas de direito privado. § 2.° À dívida ativa da Fazenda pública, de qualquer natureza, aplicam-se as normas relativas à responsabilidade prevista na legislação tributária, civil e comercial".
CF-88: "Art. 173. (...) §5°. A lei, sem prejuízo da responsabilidade individual dos dirigentes da pessoa jurídica, estabelecerá a responsabilidade desta, sujeitando-se às punições compatíveis com sua natureza, nos atos praticados contra a ordem econômica e financeira e contra a economia popular."
Lei 8.078/90 (CDC): "Art. O juiz poderá desconsiderar a personalidade jurídica da sociedade quando, em detrimento do consumidor, houver abuso de direito, excesso de poder, infração da lei, fato ou ato ilícito ou violação dos estatutos ou contrato social. A desconsideração também será efetivada quanto houver falência, estado de insolvência, encerramento ou inatividade da pessoa jurídica provocados

Há quem sustente com razoável propriedade que, em verdade, o instituto em sua essência teve sua primeira manifestação legislativa tãosomente com o Diploma Consumerista, seguido pelas Leis Antitruste e do Meio ambiente, tratando-se as demais hipóteses legais de responsabilidade direta.[7] De qualquer forma, inquestionável que a *disregard* consolidou-se definitivamente em nosso ordenamento jurídico a partir do art. 50 do novo Código Civil.[8]

O dispositivo, mediante conceitos abertos – a permitirem a devida interpretação sistemática com os princípios norteadores do novel Diploma Civil –, efetiva e definitivamente positivou a matéria, oferecendo, assim como para outros ramos do Direito (*sem prejuízo aos parâmetros até então existentes nos microssistemas legais e na construção jurídica sobre o tema*[9]), a devida fundamentação para eventual desconsideração da personalidade jurídica aplicada ao Direito de Família.

2.2. Conceituação genérica e natureza jurídica

Nas palavras de Marçal Justen Filho, a desconsideração da personalidade jurídica significa ignorar ou não aplicar, no caso concreto, o regime jurídico estabelecido como regra para situações de que participe uma sociedade personificada (pessoa jurídica).[10] Nesse sentido, oportuna a ob-

---

por má administração. (...) §2°. As sociedades integrantes dos grupos societários e as sociedades controladas, são solidariamente responsáveis pelas obrigações decorrentes deste código. (...) §5°. Também poderá ser desconsiderada a pessoa jurídica sempre que sua personalidade for, de alguma forma, obstáculo ao ressarcimento de prejuízos causados aos consumidores."
Lei 8.884/94 (Lei Antitruste): "Art.18. A personalidade jurídica do responsável por infração da ordem econômica poderá ser desconsiderada quando houver da parte deste abuso de direito, excesso de poder, infração da lei, fato ou ato ilícito ou violação dos estatutos ou contrato social. A desconsideração também será efetivada quanto houver falência, estado de insolvência, encerramento ou inatividade da pessoa jurídica provocados por má adminsitração."
Lei 9.605/98 (Meio Ambiente): "Art. 4°. Poderá ser desconsiderada a pessoa jurídica sempre que sua personalidade for obstáculo ao ressarcimento de prejuízos causados à qualidade do meio ambiente."
Lei 9.841/99 (Estatuto da Microempresa e da Empresa de Pequeno Porte): "Art. 25. É autorizada a constituição de sociedade de garantia solidária, constituída sob a forma de sociedade anônima, para a concessão de garantia a seus sócios participantes, mediante a celebração de contratos."

[7] Posicionamento extraído do texto da palestra proferida por Maurício Cunha Peixoto em seminário: *O Direito Societário Face ao Novo Código Civil* – Belo Horizonte/MG, em 27/3/2003. Disponível em http://www.revista.mcampos.br/artigos/artigodgdoc001.htm.

[8] Lei 10.406/2002 (novo Código Civil). "Art. 50. Em caso de abuso da personalidade jurídica, caracterizado pelo desvio de finalidade, ou pela confusão patrimonial, pode o juiz decidir, a requerimento da parte, ou do Ministério Público quando lhe couber intervir no processo, que os efeitos de certas e determinadas relações de obrigações sejam estendidos aos bens particulares dos administradores ou sócios da pessoa jurídica".

[9] Enunciado 51 do CEJ: "A teoria da desconsideração da personalidade jurídica – "disregard doctrine" – fica positivada no novo Código Civil, mantidos os parâmetros existentes nos microssistemas legais e na construção jurídica sobre o tema".

[10] JUSTEN, Filho, Marçal. *Desconsideração da personalidade societária no direito brasileiro*. São Paulo: Revista dos Tribunais, 1987, p. 67.

servação de Sidney Agostinho Beneti, em seu trabalho acerca do tema: "Curioso o mecanismo da desconsideração da pessoa jurídica. É um sutil mecanismo jurídico de contraficção, ou de desficção, pois, mediante ficção jurídica, nulifica-se, finge-se não existente uma ficção jurídica anterior, que é a própria pessoa jurídica".[11]

Não obstante, a questão mais relevante a ser analisada é que a desconsideração da personalidade jurídica visa a desconsiderar, episodicamente (ou seja, em determinado episódio face a determinadas circunstâncias), a ficção jurídica de que os bens pertencentes à sociedade não se confundem como os de seus sócios. Declara, portanto, tão-somente a *ineficácia* da personalidade jurídica em determinada situação *sub judice*; não atingindo o plano da *validade* estrutural da sociedade. Busca corrigir um defeito relativo à funcionalidade da pessoa jurídica que, no caso concreto, fugiu a sua finalidade legítima, razão pela qual se afasta *em caráter excepcional* o regime legal a ela previsto pelo ordenamento jurídico. É um instituto autônomo, que não alcança validade de outros atos de efeito próprio; e neste particular encontra sua maior qualidade,[12] pois não despersonifica a sociedade, permitindo a continuação de sua regular atividade para o alcance do fim social legítimo para o qual restou instituída.

2.3. Teoria subjetiva e objetiva

A partir dos critérios observados na aplicação da teoria da Desconsideração da Personalidade Jurídica, surgiram duas subteorias: a *objetiva* e a *subjetiva*, ambas com o devido amparo na doutrina, jurisprudência e legislação aplicáveis.

A teoria *subjetiva*, ou *maior*, exige uma atenta análise da vontade do agente de desvirtuar o fim legítimo da pessoa jurídica; há que se averiguar portanto, além do dano, a real *intenção* de lesar terceiros mediante a ficção da autonomia patrimonial, caracterizando um desvio intencional da finalidade legalmente prevista para a sociedade.

Este foi o sentido dado ao instituto pelo germânico Rolf Serick e por Rubens Requião: "Ora, diante do abuso de direito e da fraude no uso da personalidade jurídica, o juiz brasileiro tem o direito de indagar, em seu livre convencimento, se há de consagrar a fraude ou abuso de direito, ou se deva desprezar a personalidade jurídica, para, penetrando em seu âma-

---

[11] BENETI, Sidney Agostinho. *Aspectos polêmicos e atuais sobre os terceiros no processo civil (e assuntos afins)*/coordenação Fredie Didier Jr., Teresa Arruda Alvim Wanbier. São Paulo: Editora Revista dos Tribunais, 2004.
[12] DE FREITAS, Elizabeth Cristina Campos Martins. *Desconsideração da Personalidade Jurídica: Análise à Luz do Código de Defesa do Consumidor e do Novo Código Civil.* São Paulo: Atlas, 2004.

AÇÕES DE DIREITO DE FAMÍLIA

go, alcançar as pessoas e bens que dentro dela se escondem para fins ilícitos ou abusivos".[13]

A teoria *objetiva*, ou *menor*, correspondente à análise menos apurada na aplicação do instituto, excluindo-se desta a averiguação acerca da *intenção* do agente, bastando para tanto que a *confusão patrimonial*[14] gere obstáculos ao direito dos credores.

Tal entendimento é defendido por Fábio Konder Comparato em sua obra *O Poder de Controle na Sociedade Anônima*,[15] na qual conclui que, se o princípio da separação patrimonial é estabelecido na consecução do objeto social expresso no contrato ou estatuto, o sócio é o principal interessado em preservar tal dicotomia; se assim não o fez, permitindo a indevida confusão do patrimônio, inexiste razão para fazer valer contra terceiros a limitação de sua responsabilidade.

Elizabeth Cristina C. M. de Freitas,[16] na trilha do entendimento de Fabio Ulhôa Coelho,[17] dá um tratamento mais atual à fraude e ao abuso de direito; atribui menor relevância ao elemento subjetivo sem contudo ignorá-lo, reservando-lhe a importância que o contexto em que está inserido exigir, razão pela qual o instituto deve ser aplicado episodicamente, caso a caso.

Outrossim, saliente-se que o dispositivo aplicável à espécie constante no novo Código Civil prevê o *abuso* da personalidade jurídica a partir de ambos os critérios: o *subjetivo*, ao tipificar o *desvio de finalidade*, e o *objetivo*, ao prescrever a *confusão patrimonial*.

Não é por outro motivo que, da mesma forma, há precedentes jurisprudenciais aplicando ambas as teorias a partir das demais legislações

---

[13] REQUIÃO, Rubens. *Abuso de direito e fraude através da personalidade jurídica*. São Paulo: Revista dos Tribunais, p. 278.

[14] "Relativamente à confusão patrimonial, assinala que a confusão de esferas jurídicas se verifica quando, por inobservância das regras societárias, ou mesmo, por qualquer decorrência objetiva, não fica clara, na prática, a separação entre o patrimônio social e o do sócio ou dos sócios. Podem distinguir-se duas situações: a mistura de sujeitos de responsabilidade e a mistura de massas patrimoniais. Nos grupos econômicos, a mistura de sujeitos da responsabilidade ocorre havendo identidade dos membros da administração ou gerência de duas ou mais sociedades, desrespeito às formalidades sociais ou, ainda, utilização de uma única sede para a atuação de várias sociedades, com firmas e ramos de atuação assemelhados. Já a mistura de massas patrimoniais pode apresentar-se em várias configurações, desde a inexistência de separação patrimonial adequada na escrituração social até a situação em que, na prática, os patrimônios de ambos não são suficientemente diferenciados." (XAVIER, José Tadeu Neves. *A teoria da desconsideração da personalidade jurídica no novo Código Civil*. Revista da Ajuris, Porto Alegre (89): 169-84, março/2003)

[15] COMPARATO, Fábio Konder. *O poder de controle na sociedade anônima*. 3. ed. Rio de Janeiro: Forense, 1983.

[16] DE FREITAS, Elizabeth Cristina Campos Martins. *Desconsideração da Personalidade Jurídica: Análise à Luz do Código de Defesa do Consumidor e do Novo Código Civil*. São Paulo: Atlas, 2004, p. 102.

[17] COELHO, Fábio Ulhôa. *Desconsideração da Personalidade Jurídica*. São Paulo: Revista dos Tribunais, 1989.

aplicáveis à espécie. Nesse sentido, o entendimento do Superior Tribunal de Justiça em caso de repercussão nacional, envolvendo Direito do Consumidor:

Responsabilidade civil e Direito do consumidor. Recurso especial. Shopping Center de Osasco-SP. Explosão. Consumidores. Danos materiais e morais. Ministério Público. Legitimidade ativa. Pessoa jurídica. Desconsideração. *Teoria maior e teoria menor.* Limite de responsabilização dos sócios. Código de Defesa do Consumidor. Requisitos. Obstáculo ao ressarcimento de prejuízos causados aos consumidores. Art. 28, § 5º. (...)

– A *teoria maior* da desconsideração, regra geral no sistema jurídico brasileiro, não pode ser aplicada com a mera demonstração de estar a pessoa jurídica insolvente para o cumprimento de suas obrigações. Exige-se, aqui, para além da prova de insolvência, ou a demonstração de *desvio de finalidade* (*teoria subjetiva da desconsideração*), ou a demonstração de *confusão patrimonial* (*teoria objetiva da desconsideração*).

– A *teoria menor* da desconsideração, acolhida em nosso ordenamento jurídico excepcionalmente no Direito do Consumidor e no Direito Ambiental, *incide com a mera prova de insolvência da pessoa jurídica para o pagamento de suas obrigações, independentemente da existência de desvio de finalidade ou de confusão patrimonial.*

– Para a *teoria menor*, o risco empresarial normal às atividades econômicas não pode ser suportado pelo terceiro que contratou com a pessoa jurídica, mas pelos sócios e/ou administradores desta, ainda que estes demonstrem conduta administrativa proba, isto é, *mesmo que não exista qualquer prova capaz de identificar conduta culposa ou dolosa por parte dos sócios e/ou administradores da pessoa jurídica.*

– A aplicação da *teoria menor* da desconsideração às relações de consumo está calcada na exegese autônoma do *§ 5º do art. 28, do CDC*, porquanto a incidência desse dispositivo não se subordina à demonstração dos requisitos previstos no *caput* do artigo indicado, mas apenas à prova de causar, a mera existência da pessoa jurídica, obstáculo ao ressarcimento de prejuízos causados aos consumidores.

– Recursos especiais não conhecidos.[18] Destacou-se.

Claro, portanto, a partir da construção jurídica acerca do instituto, que ambas as teorias foram recepcionadas pelo ordenamento jurídico nacional, devendo a aplicação de uma ou de outra obedecer às circunstâncias do caso concreto.

2.4. Aplicabilidade ao Direito de Família – Teoria inversa

A partir de determinada e específica conduta de cônjuges, ou quaisquer outros entes familiares obrigados, que se empenham em ocultar capacidade econômico-financeira por detrás do véu de pessoa jurídica por

---

[18] STJ. Terceira Turma. Ministro Relator Ari Pargendler. Recurso Especial n.° 279273/SP. Data do julgamento: 4/12/2003. Data da publicação: 29/3/2004, DJ p. 230.

eles controlada, surge a oportunidade de aplicar-se a *disregard* ao Direito de Família.

O artifício em comento exige a aplicação do instituto em sentido inverso do que fora originalmente concebido, na medida em que se desconsidera a personalidade para alcançar bens ou rendimentos da sociedade, não mais de seu sócio, que a utilizou indevidamente como escudo protetor para ocultar sua condição econômico-financeira.

Essa peculiar aplicação do instituto, não restrita necessariamente ao Direito de Família,[19] tem sido denominada *teoria da desconsideração inversa*, ou *às avessas*, encontrando terreno fértil na jurisprudência dos Tribunais:[20]

---

[19] Recurso ordinário em mandado de segurança. Processual penal. Apropriação indébita. Hipoteca legal determinada sobre os bens do réu e de sua empresa, ora recorrente. Decisão fundamentada. Presença dos requisitos ensejadores da medida assecuratória e *confusão patrimonial*. Possibilidade. Direito líquido e certo não evidenciado. Inexistência de violação ao princípio da pessoalidade. Desconsideração da pessoa jurídica. Teoria não aplicada na espécie. Regularidade da constrição judicial dos bens da recorrente que deverá ser discutida em embargos de terceiros. (...)
3. No caso em tela, nada mais fez o juízo do feito do que assegurar o patrimônio do réu – constituído nas suas ações da empresa ora recorrente –, para satisfazer o ressarcimento dos possíveis danos ocasionados à vítima *do crime de apropriação indébita*, em ação civil *ex delicto*.
4. Não prospera a alegação de responsabilidade penal atribuída a terceiros da relação jurídica, a ponto de ensejar violação ao princípio da pessoalidade, já *que esse "terceiro", nada mais é do que a própria empresa do réu, que, conforme já ressaltado, confunde-se com o seu próprio patrimônio particular*.
5. Não restou caracterizada, em sua verdadeira essência, a aplicação da teoria da desconsideração da personalidade jurídica, uma vez que, na presente hipótese, houve apenas a determinação da hipoteca legal dos bens do réu, bem como dos bens de sua própria empresa (que, ressalte-se, confunde-se com o seu patrimônio particular), para a garantia do ressarcimento dos danos ocasionados à vítima do delito, denominado pelo tribunal *a quo* de *"Teoria da Desconsideração da Pessoa Jurídica, às avessas"* (fl. 488). (Superior Tribunal de Justiça. Quinta Turma. Ministra-Relatora Laurita Vaz. Recurso Ordinário em Mandado de Segurança n.º 13.675/PR. Data do julgamento: 26/4/2005. Data da publicação: 23/5/2005, DJ p. 307)

[20] APELAÇÃO. EMBARGOS DE TERCEIROS. DIREITO DE FAMÍLIA. DESCONSIDERAÇÃO DA PERSONALIDADE JURÍDICA. Correta a sentença que determina a desconsideração da personalidade jurídica da empresa, quando o devedor de alimentos vale-se dela para corcovear-se à responsabilidade alimentar. Por outro lado, correta a embargada ao requerer a condenação do embargante em custas e honorários, pois a sentença foi omissa neste ponto, servindo o recurso como meio idôneo a corrigir o erro. Condenação do embargante em custas e honorários, estes fixados em 10% sobre o valor dos embargos. Desprovimento do recurso principal e parcial provimento do adesivo. (TJRJ. 13º CC. Apelação n.º 2005.001.04823. Desembargador Relator Azevedo Pinto. Data do julgamento: 14/9/2005)
AGRAVO DE INSTRUMENTO. EXECUÇÃO PROPOSTA CONTRA PESSOA FÍSICA. DESCONSIDERAÇÃO INVERSA DA PERSONALIDADE JURÍDICA. PENHORA DE CRÉDITO DA SOCIEDADE COMERCIAL INTEGRADA PELO DEVEDOR. PRESSUPOSTOS NÃO COMPROVADOS. DECISÃO INSUBSISTENTE. RECLAMO RECURSAL ACOLHIDO. Na *desconsideração inversa* da personalidade jurídica de empresa comercial, afasta-se o princípio da autonomia patrimonial da pessoa jurídica, responsabilizando-se a sociedade por obrigação pessoal do sócio. Tal somente é admitido, entretanto, quando comprovado suficientemente ter havido desvio de bens, com o devedor transferindo seus bens à empresa da qual detém controle absoluto, continuando, todavia, deles a usufruir integralmente, conquanto não integrem eles o seu patrimônio particular, porquanto integrados ao patrimônio da pessoa jurídica controlada. Contudo, essa medida extrema torna absoluta a indispensabilidade de comprovação, pelo credor, de todos os pressupostos autoriza-

(...) dissolução de união estável. alimentos. responsabilidade da pessoa jurídica pelo adimplemento. possibilidade. aplicação da teoria da desconsideração da personalidade jurídica.

Em casos onde há confusão entre pessoa física e jurídica, não havendo como distinguir os patrimônios de ambas, a fim de evitar que o devedor, de forma ilícita, se exima da obrigação alimentar, cabível é a extensão dos efeitos de decisão judicial com o intuito de invasão no patrimônio de pessoa jurídica, com o fito de restar assegurado o respectivo adimplemento. Aplicação da teoria da desconsideração da personalidade jurídica.

Agravo improvido.

(...) Para tanto, porque pertinente e adequada, invoco a teoria da desconsideração da personalidade jurídica. (...)

Sobre o assunto, Sérgio Gilberto Porto, com propriedade, acentua:

O direito não cria a realidade, o direito, em verdade, serve a realidade e se esta aponta para a existência de estratagemas onde certa pessoa física foge de suas obrigações e busca guarida sob o manto de uma pessoa jurídica é imprescindível que se supere a existência de personalidade jurídica, aos efeitos de assegurar a justa aplicação do direito contra a pessoa física que procura se valer da condição, por exemplo, de sócio (inclusive oculto) de determinada empresa. É, pois, dever do profissional jurídico usar dos meios necessários para a satisfação do direito violado ou ameaçado e, dentre estes meios, evidentemente que uma arma eficaz contra a burla da realidade é exatamente a possibilidade da incidência da teoria da desconsideração da personalidade jurídica. (...) (*in Doutrina e Prática dos Alimentos*, 3ª ed. Revista dos Tribunais, 2003, p. 125). (...)

E, dessa forma, exsurge o suporte jurídico para a incidência da teoria da desconsideração da pessoa jurídica no âmbito do Direito de Família, em especial no âmbito dos alimentos.

---

tórios da *desconstituição inversa da personalidade jurídica da empresa comercial*, o que não ocorre quando, comprovadamente, o executado tem bens próprios, sendo passíveis de penhora, outrossim, as suas quotas sociais nas empresas por ele integradas.(TJSC. AI n.° 2000.018889-1. Rel. Des. Trindade dos Santos. Dj. 13/09/2001)
AÇÃO DE RECONHECIMENTO DE UNIÃO ESTÁVEL CUMULADA COM SEPARAÇÃO JUDICIAL, PEDIDO DE ALIMENTOS E PARTILHA DE BENS. PEDIDOS CAUTELARES APENSOS. 1. AGRAVO RETIDO CONTRA DECISÃO QUE DEFERIU ARROLAMENTO CAUTELAR DE BENS. (...) 8. DESCONSIDERAÇÃO DA PERSONALIDADE JURÍDICA. É de desconsiderar a pessoa jurídica enquanto tal e considerá-la como instrumento para afastar a incidência de normas jurídicas, para distorcer ou esconder a verdade, atingindo fins contrários ao Direito. Em face de veementes indícios de que isso teria ocorrido, deve o juiz corrigir os desvios da utilização da pessoa jurídica, para, ignorando a cortina que separa a pessoa jurídica das pessoas físicas que a compõem, enxergar a realidade, o que efetivamente ocorre. Parece correto considerarem-se dois fenômenos jurídicos como sendo aqueles em que se deve aplicar a *teoria da desconsideração da pessoa jurídica*: são as sociedades unipessoais e os grupos de sociedades. Em ambas as hipóteses, falta à sociedade autonomia de vida e de vontade e isso diz respeito também àquelas sociedades que não são rigorosamente unipessoais, mas que funcionam com o auxílio de testas-de-ferro do único sócio real. Situação que se configura no caso, onde o varão é detentor de 99% das cotas sociais, gerindo com exclusividade os bens da empresa, que, assim, confunde-se com sua pessoa física. (...) (TJRS. 7° CC. Apelação n.° 70007268816. Rel. Des. Luiz Felipe Brasil Santos. Dj. 19/2/2004)

Não se pode olvidar que o artigo 4º da Lei de Introdução ao Código Civil estabelece que, *quando a lei for omissa, o juiz decidirá o caso de acordo com a analogia, os costumes e os princípios gerais de direito.* Assim, e como bem acentua Sérgio Gilberto Porto, tendo em vista que nas questões de família, notadamente as que envolvam demandas alimentares, *às quais deve ser acrescida, com certeza, a garantia constitucional da dignidade da pessoa humana (art. 1.º, III, CF) que, por via reflexa, nos conduz aos suportes constitucionais da família (arts. 226, § § 7.º e 8.º, 227, 229, CF)* (op. cit. p. 126), a *aplicação da teoria da desconsideração da personalidade jurídica encontra guarida para a produção de efeitos.* Efeitos, os quais sem dúvida irão frustrar quaisquer tentativas que não atentem para o postulado mor da Carta Política de 1988: justamente a dignidade da pessoa humana.[21] Destacou-se.

Com efeito, uma vez consolidada a aplicação episódica da Teoria da Desconsideração da Personalidade Jurídica – notadamente a partir do novo Diploma Civil, mister analisar-se os aspectos processuais de sua efetivação no Direito de Família.

3. Aspectos processuais do instituto aplicado ao Direito de Família

3.1. Legitimidade ativa e possibilidade de concessão ex officio

A partir da redação do art. 50 da Lei 10.406/2002, e mesmo em face da construção jurídica até então existente, pacífico que, ordinariamente, a legitimidade ativa para requerer a superação da personalidade jurídica no Direito de Família recaia na figura do ente familiar titular (em tese ao menos) do direito material perseguido, consoante art. 6° do Código de Processo Civil.[22]

Contudo, o dispositivo prevê a possibilidade de o Ministério Público requerer a aplicação do instituto, hipótese condicionada aos casos em que couber sua intervenção no feito.

Destaque-se que, a *priori*, afastada a possibilidade de aplicação *ex officio* da desconsideração da personalidade jurídica; o novo texto cível prevê que *pode o juiz decidir, a requerimento da parte, ou do Ministério Público quando lhe couber intervir no processo, que os efeitos de certas e determinadas relações de obrigações sejam estendidos aos bens particulares dos administradores ou sócios da pessoa jurídica.* Veja-se que, diferentemente do teor do art. 28 do Código de Defesa do Consumidor (que ensejou polêmica ao deixar a questão em aberto), a Lei 10.406/2002

---

[21] Tribunal de Justiça do Rio Grande do Sul. Sétima Câmara Civel. Desembargador Relator José Carlos Teixeira Giorgis. Agravo de Instrumento n.° 70011424132. Data do julgamento: 13/7/2005. Data da Publicação: 29/7/2005.

[22] Art. 6°. Ninguém poderá pleitear, em nome próprio, direito alheio, salvo quando autorizado por lei.

fez expressa referência à necessidade de provocação ao magistrado para superação da personalidade jurídica.

Contudo, o Tribunal de Justiça do Rio Grande do Sul[23] entendeu de forma diversa ao deparar-se com caso em que o crime de fraude era explícito, mediante a emissão de cheques sem fundos, inexistindo razão para não se aplicar a *disregard* ainda que não requerido pelo credor, na medida em que a intenção de alcançar o crédito é presumível, não podendo o órgão julgador restar indiferente à responsabilidade do sócio da empresa pela prática criminosa.

A questão todavia exige cautela. Há que se ponderar, de um lado, o dever de tutela do Poder Judiciário diante da constatação de um crime e, de outro, a prerrogativa do credor de requerer, ou não, a aplicação do instituto com as conseqüências daí advindas. Levado o impasse ao Direito de Família, tal ponderação se faz ainda mais relevante, pois eventualmente estarão em debate outros valores que não somente o direito discutido na demanda; por exemplo, o eventual desinteresse por parte do credor de prejudicar a pessoa jurídica (empresas familiares *v.g.*) cuja finalidade fora excepcionalmente desvirtuada por seu familiar.

José Maria Tesheiner, ao abordar a possibilidade de concessão de alimentos *ex officio* bem refere:

---

[23] AÇÃO MONITÓRIA. CHEQUES EMITIDOS POR PESSOA JURÍDICA E PRESCRITOS. (I) LEGITIMIDADE DO AVALISTA, SÓCIO DA EMPRESA. DESCONSIDERAÇÃO DA PERSONA-LIDADE JURÍDICA.
Tratando-se de cheques prescritos, que perderam a força cambial, não pode o credor exigir o cumprimento por parte do avalista. Entretanto, é de aplicar, *in casu*, a teoria da desconsideração da personalidade jurídica, mesmo que não tenha o embargado levantado expressamente a questão, até porque o seu objetivo final é a obtenção do crédito. E, nesse sentido, não pode o Poder Judiciário, diante de evidentes elementos, como o dos autos, emissão de cheques sem fundos (tipificado como crime no Código Penal – art. 171, § 2º, VI), configurador de fraude, simplesmente desconhecer a responsabilidade do sócio da empresa. APELAÇÃO PROVIDA. (...)
A dois, entretanto, ao contrário do julgador monocrático, entende este colegiado ser o caso de aplicação da teoria da desconsideração da personalidade jurídica, *mesmo que não tenha o embargado levantado expressamente a questão*, até porque o seu objetivo final é a obtenção do crédito. E, nesse sentido, não pode o Poder Judiciário, diante de evidentes elementos, como o dos autos, emissão de cheques sem fundos (é tipificado como crime no Código Penal – art. 171, § 2º, VI), configurador de fraude, simplesmente desconhecer a responsabilidade do sócio da empresa. (...)
Portanto, a questão que envolve a prática de fraude pela emissão de cheque sem fundos, onde a ação penal é publica incondicionada permite a este colegiado conhecer, *mesmo de ofício a matéria*, razão pela qual orienta-se no sentido de declarar o réu Luís Roberto Pascotini como parte legítima passiva, até por força do art. 61 da Lei do Cheque, que não libera os demais obrigados. Registre-se, outrossim, que *in casu* o co-obrigado é nada mais nada menos que sócio-gerente da pessoa jurídica emitente dos cheques, dividindo a sociedade com sua mulher, que apenas figura como sócia cotista. Vale dizer, locupletou-se ele, à evidência, com o não-pagamento da dívida assumida, até porque se trata de empresa familiar. (Tribunal de Justiça do Rio Grande do Sul. Décima Sétima Câmara Cível. Apelação Cível n.º 70011114691. Desembargadora-Relatora Elaine Harzheim Macedo. Data do julgamento: 5/4/2005. Data da publicação: 15/4/2005).

Pode o juiz conceder, de ofício, alimentos provisórios? (...) não nos parece que o juiz deva concedê-los de ofício, sem pedido expresso ou implícito do autor, pois *nenhum juiz prestará a tutela jurisdicional senão quando a parte ou o interessado requerer* (CPC, art. 2º); *além do mais, o autor é o melhor árbitro de sua necessidade imediata, e se de qualquer forma não tiver manifestado interesse na medida, não pode o juiz sobrepor-lhe a vontade ou supri-la por ato de ofício* (...).[24] Destacou-se.

Ora, se descabida a concessão *ex officio* contra o próprio ente familiar devedor mesmo quando envolvido direito a alimentos, quiçá contra a pessoa jurídica da qual é sócio, ainda que presentes fortes indícios de mal uso da sociedade.

Todavia, a questão não é serena, permitindo inúmeras digressões; o que importa, contudo, é que a situação seja analisada pelo órgão julgador a partir do caso concreto, mediante a junção de todos os elementos hábeis a justificar excepcionalmente (em caráter ainda mais excepcional do que o instituto já o é por si próprio) a aplicação de ofício da *disregard, a priori*, descabida.

3.2. Legitimidade passiva

A questão da legitimidade passiva (assim como a ativa) para aplicação da *disregard* está intimamente vinculada ao momento processual em que requerida, razão pela qual tal aspecto será especificamente abordado em item a seguir. Não obstante, especificamente com relação ao Direito de Família – aplicação *inversa*, portanto – ainda que a superação busque os bens da sociedade indevidamente utilizada para ocultar situação econômico-financeira, no pólo passivo, necessariamente deverá figurar o ente familiar devedor da obrigação. Descabe o endereçamento da demanda tão-somente contra a pessoa jurídica.

Com relação à desconsideração prévia, ajuizando-se a demanda somente contra a pessoa cujos bens se busca alcançar, o Superior Tribunal de Justiça já se manifestou, desacolhendo as razões da súplica especial interposta contra aresto do Tribunal de Justiça do Rio de Janeiro:

PROCESSO CIVIL. PESSOA JURÍDICA. DESPERSONALIZAÇÃO. A despersonalização da pessoa jurídica é efeito da ação contra ela proposta; *o credor não pode, previamente, despersonalizá-la, endereçando a ação contra os sócios.* Recurso especial não conhecido. (...)

Sem razão.

Inexiste violação a tais dispositivos legais, visto que o Tribunal *a quo* se manifestou a respeito do tópico referente à desconsideração da personalidade jurídica nestes termos: (...)

---

[24] TESHEINER, José Maria Rosa. Notas sobre as ações de família à luz do novo Código Civil. Texto disponível em www.tex.pro.br.

A teoria da despersonalização da pessoa jurídica para atingir a de seus sócios, que vinha sendo admitida pelos Tribunais, foi acolhida pelo Código de Defesa do Consumidor. *Mas a ação deve ser proposta em face da pessoa jurídica, aplicando o Juiz a referida teoria, na fase de execução, se restar comprovado o esvaziamento de seu patrimônio, com fraude a credores.*

Em conseqüência, é a apelada Leny Correa Cabral *parte ilegítima passiva ad causam,* podendo seus bens, em fase de execução de sentença, serem executados; mas só nessa fase, se a fraude estiver positivada".

Em outras palavras, o acórdão decidiu que a ação deveria ter sido proposta contra a pessoa jurídica; evidenciando-se, no curso da execução da sentença, a incapacidade desta para satisfazer o débito, aplicar-se-ia, então, o artigo 28 do Código de Defesa do Consumidor.

Tal entendimento parece de fácil compreensão, na medida em que a legitimidade para causa está intimamente relacionada à causa de pedir que, por sua vez, condiciona-se ao direito material invocado; logo, desconsiderá-lo por completo e ajuizar a demanda – unicamente – contra pessoa jurídica que não é parte no conflito de interesses original acarretará um flagrante descompasso entre o sujeito passivo da lide familista e o da relação processual. Com efeito, a presença do ente familiar que descumpriu a obrigação no pólo passivo da demanda faz-se mister, portanto.

3.3. Necessidade de ação judicial própria

Importante aspecto a ser analisado é a necessidade de ajuizamento prévio de ação própria – tão-somente – contra a pessoa cujos bens ou rendimentos se deseja alcançar mediante a desconsideração da personalidade jurídica. Em síntese, os defensores da idéia buscam amparo na necessária observância dos princípios do devido processo legal, contraditório e ampla defesa, a exigirem prévia dilação probatória para reconhecer os pressupostos permissivos da aplicação do instituto; o que não pode ser declarado incidentalmente pelo magistrado por mera decisão interlocutória (de cognição restrita) em meio ao trâmite da demanda, fazendo-se mister a instauração de processo de conhecimento específico para tanto.

Não obstante, a partir da interpretação sistemática da legislação aplicável, este não tem sido o entendimento preponderante na doutrina e da jurisprudência acerca do tema.

A superação da personalidade jurídica, conforme já referido anteriormente, atua no campo da *ineficácia*,[25] e não da *validade* do ato, esta última sim a exigir prévia sentença em processo de conhecimento. Nesse sentido,

---

[25] "O plano da eficácia é a parte do mundo jurídico onde os fatos jurídicos produzem seus efeitos, criando as situações jurídicas, as relações jurídicas, com todo o seu conteúdo eficacial representado pelos direitos e deveres, pretensões e obrigações, ações e exceções, ou os extinguindo." MELLO, Marcos Bernardes de. *Teoria do Fato Jurídico: plano da existência.* 7ª ed.. São Paulo: Saraiva, 1995. p. 80.

o sistema jurídico preceitua, por exemplo, nos casos de *fraude contra credores*; ato anulável cuja invalidade deve ser declarada mediante prévio pronunciamento judicial. O mesmo não ocorre todavia na *fraude à execução* (art. 592, V, do Código de Processo Civil), em que, por se tratar de ato ineficaz, possível sua desconsideração sem prévia sentença a respeito.

Não se está, nesse primeiro momento ao menos, a se cogitar a aplicação do instituto para constrição de bens ou rendimentos sem a ciência da pessoa prejudicada. *A priori*, tal se faz necessário em respeito ao contraditório, ampla defesa e o devido processo legal. O que ora se afasta é a necessidade de ajuizamento de ação autônoma para constituir a ineficácia do ato, o que estaria em desacordo com a devida interpretação sistemática do instituto. Nas palavras de Marcos Bernardes de Mello, parece ser imprescindível que diante de problemas de validade e eficácia se tenham presentes *os princípios que nortearam o sistema jurídico a que se referem*, para que as soluções sejam alcançadas com a maior dose de coerência e veracidade possíveis.[26] (Destacou-se).

Portanto, interpretar a legislação aplicável de modo diverso, exigindo-se o ajuizamento de ação própria, é por certo afastar o instituto da real finalidade para o qual fora criado, pondo em risco a efetividade de seus resultados.

O Superior Tribunal de Justiça outrora já se manifestou acerca do assunto, entendendo como cabível a declaração incidental da *disregard* a partir da constatação de seus respectivos pressupostos, momento em que a pessoa atingida pela desconsideração passa a ser parte na demanda, cabendo-lhe todos os instrumentos processuais hábeis a sua defesa.[27]

Ao contrário de alguns entendimentos, a desnecessidade de ação autônoma não encontra origem na simples e pura busca pela efetividade e celeridade processuais; mas na devida observância da essência do instituto que, tanto em sua concepção original quanto na atual, não estabelece tal pressuposto.

---

[26] DE MELLO, Marcos Bernardes. *Teoria do Fato Jurídico: plano da existência*. 7° ed.. São Paulo: Saraiva, 1995, p. 83.

[27] Processo civil. Recurso ordinário em mandado de segurança. *Desconsideração da personalidade jurídica de sociedade empresária*. Sócios alcançados pelos efeitos da falência. Legitimidade recursal. – A aplicação da teoria da desconsideração da personalidade jurídica *dispensa a propositura de ação autônoma para tal*. Verificados os pressupostos de sua incidência, poderá o Juiz, incidentemente no próprio processo de execução (singular ou coletiva), levantar o véu da personalidade jurídica para que o ato de expropriação atinja os bens particulares de seus sócios, de forma a impedir a concretização de fraude à lei ou contra terceiros.
– O sócio alcançado pela desconsideração da personalidade jurídica da sociedade empresária torna-se parte no processo e *assim está legitimado a interpor, perante o Juízo de origem, os recursos tidos por cabíveis*, visando a defesa de seus direitos. Recurso ordinário em mandado de segurança a que se nega provimento. Grifou-se (Superior Tribunal de Justiça. Terceira Turma. Ministra-Relatora Nancy Andrighi. Recurso Ordinário n.° 16.674/SP. Data do julgamento: 19/8/2003. Data da publicação: 2/8/2004 . DJ p. 359.)

3.4. Momento processual

Superada a questão da necessidade de ação própria, há que se questionar qual o momento processual em que deverá ou poderá ser requerida a aplicação do instituto da *disregard*: no processo de conhecimento, execução ou cautelar? No ajuizamento ou incidentalmente?

Com efeito, buscar-se-á na seqüência encontrar a melhor resposta, mas por certo não a única,[28] para estes e outros questionamentos, abordando-se o tema à luz das ações de Direito de Família que, muitas vezes, por envolverem a tutela de direitos fundamentais relativos à dignidade da pessoal humana ou sua própria sobrevivência, apresentam peculiariedades merecedoras de devido estudo e compreensão.

3.4.1. Disregard no processo de conhecimento

A desconsideração da personalidade jurídica poderá ser requerida desde o ajuizamento da ação no processo de conhecimento, mediante litisconsórcio passivo do ente familiar devedor e a pessoa jurídica por ele utilizada para ocultar sua capacidade econômico-financeira. Deverá o autor, nessa hipótese, apresentar causa de pedir e pedido para a pretensão principal e para o requerimento de desconsideração da personalidade jurídica. O pedido, portanto, será cumulado, e a causa de pedir, complexa, na medida em que conterá, além das razões da ação principal, os fundamentos para aplicação do instituto.[29]

No âmbito do Direito de Família, plenamente aplicável às ações de alimentos, de separação judicial litigiosa, divórcio litigioso, dissolução de união estável, nulidade de casamento, investigatórias de paternidade, indenizatórias etc, devendo o familiar lesado cumular ao pedido principal o pleito de superação da personalidade jurídica.

Com relação à aplicação da *disregard* no processo cognitivo, o Tribunal gaúcho já se posicionou favoravelmente em precedente a seguir:

> Agravo de Instrumento. ação monitória. Não vinga a pretensão do recorrente ao efeito de vir *a ser de pronto excluído do pólo passivo da demanda* porque há elementos seguros a atestar dissolução irregular da sociedade de forma a consubstanciar a responsabilidade dos sócios pelas obrigações da sociedade, em face da despersonalização da pessoa jurídica. Agravo de Instrumento improvido. (...)
>
> É de ser improvido o presente recurso.

---

[28] FREITAS, Juarez. *A interpretação sistemática do direito*. 4º ed., São Paulo: Malheiros, 2004.

[29] BENETI, Sidney Agostinho. *Aspectos polêmicos e atuais sobre os terceiros no processo civil (e assuntos afins)*/coordenação Fredie Didier Jr., Teresa Arruda Alvim Wanbier. São Paulo: Editora Revista dos Tribunais, 2004, p. 1017.

O recorrente, *mantido na lide de conhecimento em trâmite na origem, qual seja, a monitória,* insurge-se em relação a esta providência. Entretanto, desmerece reparo a decisão atacada.

É que como bem pontuado pelo culto Julgador na origem, *há evidências palpáveis acerca da dissolução irregular da sociedade, circunstância que legitima a desperso-nalização da pessoa jurídica, de modo aos sócios responderem pelas obrigações da sociedade.* Ademais, a emissão dos cheques que lastrearam a monitória ocorreu antes da retirada do recorrente da sociedade, situação por ele mesmo reconhecida. *Admite, então, o agravante, como certa a aplicação do 'disregard doctrine.*

Assim e sopesando, igualmente, que a decisão atacada originária, data de abril do ano de 2002, com razoável probabilidade, já haja o feito neste passo sido instruído, estando prestes a ser julgado, elemento a mais a robustecer a inocuidade no sentido de eventual exclusão, no momento, do recorrente da lide. *Isto, por óbvio, sem pre-juízo de, ao fim da instrução e restando eventualmente caracterizada sua ilegitimi-dade, vir o feito a ser extinto em relação a ele* (...).[30] Destacou-se.

Há quem vá mais além, sustentando não só a *possibilidade,* mas a *obrigatoriedade* da participação no processo de conhecimento da pessoa utilizada para ocultar a condição econômico-financeira do devedor, de forma a assegurar a ampla defesa e todos os instrumentos a ela inerentes; segundo tal entendimento, o posterior direcionamento da execução caberá em face daqueles que foram parte no processo de conhecimento e, portan-to, figuraram no título judicial executado.[31]

Posicionamento em sentido inverso foi o do Tribunal de Justiça do Rio de Janeiro, decidindo pela aplicação do instituto tão-somente no pro-cesso de execução, não podendo a averiguação de seus pressupostos ocor-rer de forma perfunctória já na fase cognitiva.[32]

---

[30] Tribunal de Justiça do Rio Grande do Sul. Nona Câmara Cível. Agravo de instrumento n° 70009394958. Desembargadora-Relatora Marta Borges Ortiz. Data do julgamento: 1/12/2007. Data da publicação: 21/12/2004.

[31] Posicionamento extraído do texto da palestra proferida por Maurício Cunha Peixoto em seminário: *O Direito Societário Face ao Novo Código Civil* – Belo Horizonte/MG, em 27/3/2003. Disponível em http://www.revista.mcampos.br/artigos/artigodgdoc001.htm. Acesso em 18/11/2005.

[32] AGRAVO DE INSTRUMENTO. PESSOA JURÍDICA. DESCONSIDERAÇÃO DA PERSONA-LIDADE JURÍDICA. A *Disregard of Legal Entity Doctrine,* rompendo a tradicional separação entre a pessoa jurídica e a pessoa física do sócio, toma possível a extensão aos sócios das responsabilidades pelos atos praticados pela pessoa jurídica, sem anular, contudo, a personificação da sociedade, tornando-a apenas inoperante, em determinadas circunstâncias, responsabilizando, com isso, aqueles que tenham praticado os atos em nome da sociedade da qual fazem parte. *Daí porque a aplicação da teoria da despersonalização da pessoa jurídica não é possível em processo de conhecimento, mas, apenas, em processo de execução. A verificação dos pressupostos necessários à desconsideração da pessoa jurídica não pode ocorrer de forma perfunctória, por se tratar de matéria de prova, e, conseqüentemente, medida excepcional.* Logo, por ser medida extrema, que sabidamente apenas opera no campo da ineficácia, a desconsideração da personalidade jurídica há de ser fundamentado, com apoio nas regras impostas pelo devido processo *legal,* sob pena de se tomar nula. IMPROVIMENTO DO RECURSO. Destacou-se. (Tribunal de Justiça do Rio de Janeiro. Nona Câmara. Agravo de instrumento n.° 8.281/2003. Desembargador-Relator Maldonado de Carvalho. Data do julgamento: 14/10/2003).

Não obstante, trazendo a questão especificamente ao processo familista, mister concluir-se pela possibilidade de requerimento da superação da personalidade jurídica ainda na fase de conhecimento.

Na separação judicial litigiosa, por exemplo, a estratégia para lesar o cônjuge hipossuficiente, por diversas vezes, antecede ao ajuizamento da ação, sendo há muito arquitetada pela outra parte; com efeito, oportuna a aplicação do instituto já no processo de conhecimento, devendo o juiz, ou em sentença ou mesmo liminarmente (na hipótese de cumulação do pedido principal e com o cautelar),[33] desconsiderar os atos fraudulentos para alcançar o patrimônio da sociedade indevidamente utilizada pelo cônjuge fraudador. O mesmo pode-se dizer com relação ao divórcio litigioso, dissolução de união estável ou ação de alimentos, quando constatada a insolvência fraudulenta em prejuízo do familiar necessitado.

Nessa mesma linha de raciocínio, apesar dos entendimentos em sentido diverso, importante ressaltar a possibilidade de perícia técnica junto à sociedade da qual o familiar fraudador é sócio, não somente para apuração de seus efetivos rendimentos, como também para avaliação do capital da pessoa jurídica e de eventuais operações ilícitas tendentes a lesar o acervo de família.[34]

Portanto, quando levada a questão ao âmbito do Direito de Família, indiscutível a aplicabilidade do instituto no processo de conhecimento, sob pena de flagrante prejuízo aos direitos fundamentais envolvidos na lide.

3.4.2. *Disregard no processo de execução*

A fase executória é a menos controvertida no que se refere à possibilidade de aplicação da *disregard*. Diante de um título devidamente constituído e da efetiva possibilidade de ver seu patrimônio alcançado pela tutela jurisdicional, este é o momento no qual o devedor se torna mais propenso (e criativo...) às artimanhas para ocultar bens e rendimentos, razão pela qual oportuna a aplicação da desconsideração da personalidade jurídica para concretizar o direito do exeqüente; nesse sentido, inúmeros são os precedentes dos Tribunais.[35]

---

[33] "Sempre dentro do espírito de efetividade do processo, especialmente da demanda cautelar, de antemão deve ser consignada a possibilidade de cumulação do processo principal, dito satisfativo, com o pedido cautelar." MADALENO, Rolf. *A "disregard" e a sua efetivação no Juízo de Família.* Porto Alegre: Livraria do Advogado, 1999. p. 79 e 80.

[34] MADALENO, Rolf. *A "disregard" e a sua efetivação no Juízo de Família.* Porto Alegre: Livraria do Advogado, 1999, p. 94 e 95.

[35] STJ, recurso especial/SP n° 150.809, Min. Rel. Luiz Vicente Cernicchiaro, j. 2/6/1998; STJ, recurso especial/SP 140.564, Min. Rel. Barros Monteiro, j. 21/10/2004; STJ, recurso especial/SP n° 228.357, Min. Rel. Castro Filho, j. 9/12/2003; TJRS, agravo de Instrumento n° 70012377321, Rel. Des. Ana

Há que se atentar, todavia, a quais pessoas figuram no título executivo. Se presentes, a partir de prévio processo cognitivo, o ente familiar devedor e a pessoa jurídica por ele utilizada para ocultar sua capacidade econômico-financeira, contra ambos poderá ser ajuizada a execução (legitimidade *inicial*). Não obstante, caso conste no título unicamente a pessoa física devedora, somente contra ela caberá o ajuizamento da execução (legitimação *ulterior*), devendo a desconsideração da personalidade jurídica ser requerida para atingir a pessoa jurídica se constatada a insuficiência de renda ou patrimônio do ente familiar executado e, principalmente, se devidamente comprovadas as condições que fundamentam a aplicação episódica do instituto.

Acerca do tema, pontual o entendimento de Araken de Assis: "Em tais casos, a responsabilidade do sócio ou do administrador (art. 158 da Lei 6.404/76) pode ser apurada na ação condenatória, gerando, na ulterior demanda executória, legitimidade ordinária primária (retro, 56); ou, então, graças àquela redação ampla da lei civil, na própria demanda executória, aplicando-se o art. 592, II".[36]

Após penhora dos bens, tratando-se de legitimação *inicial,* poderá a pessoa jurídica apresentar embargos do devedor; quando se tratar de legitimação *ulterior*, caberá embargos de terceiros[37] (art. 1.046 do CPC), hipótese essa, cumpre ressaltar, admitida até mesmo em caráter preventivo antes da concretização de qualquer ato executório. A exceção de pré-executividade e embargos à arrematação e adjudicação (art. 476 do CPC) são cabíveis tanto na legitimação *inicial* quanto na *ulterior*.[38]

Demonstrando cautela na desestimação da personalidade jurídica, foi o entendimento da 8ª Câmara Civil do Tribunal de Justiça do Rio Grande do Sul, ao julgar agravo interno em ação de execução de alimentos promovida por filha menor em face do pai, requerendo a aplicação da *disregard* para atingir o patrimônio da empresa da qual o executado é sócio:[39]

Maria Nedel Scalzilli, j. 18/10/2005; TJRJ, apelação em embargos de terceiros n° 2001.001.27044, Rel. Des. Elizabeth Filizzola, j. 29/5/2002.

[36] ASSIS, Araken de. *Manual do Processo de Execução.* 8. ed. rev. atual. e ampl. São Paulo: Editora Revista dos Tribunais, 2002, p. 288.

[37] Processual civil. Embargos de terceiro. Legitimidade ativa de sociedade para opor embargos de terceiro. É legítima a sociedade comercial para opor embargos de terceiro visando desconstituir penhora incidente sobre cotas sociais. Recurso conhecido e provido. (3° T. do STJ, RExp. 67.059-PR, 17.10.95, Rel. Min. Cláudio Santos, DJU 04.12.95, p. 42.113.)

[38] BENETI, Sidney Agostinho. *Aspectos polêmicos e atuais sobre os terceiros no processo civil (e assuntos afins)*/coordenação Fredie Didier Jr., Teresa Arruda Alvim Wanbier. São Paulo: Editora Revista dos Tribunais, 2004, p. 1.029 e 1.030.

[39] TJRS. 8° CC. Agravo interno n.° 70013195466. Rel. Des. José S. Trindade. Data do julgamento: 27/10/2005.

Antes de tudo, assinalo estar plenamente justificada a aplicação do artigo 557 na espécie, na medida em que a decisão monocrática baseou-se na jurisprudência majoritária desta Corte e, sem que trazidos elementos hábeis à reforma pretendida pela agravante, estou em mantê-la por seus próprios e jurídicos fundamentos, aos quais me reporto como razões de decidir, (fls.81/83): (...)

Verifica-se da decisão hostilizada que, ao indeferir o arresto relativo à empresa (...), o juízo singular o fez com base nos fato de que dita empresa não é parte do feito, não podendo, portanto, sofrer constrição em seu patrimônio em decorrência de dívida de terceiro, ainda que eventualmente este terceiro seja um de seus sócios, haja vista possuírem personalidades jurídicas e patrimônios distintos. *Ao concluir consignou a Magistrada singular que:*

Caso pretenda a penhora das quotas sociais que o executado possui, deve trazer aos autos os atos constitutivos da empresa *(...) (fl. 66)*

Irretocável a decisão recorrida.

Ainda que nosso ordenamento jurídico viabilize a aplicação da doutrina da desconsideração da personalidade jurídica, haja vista a dicção do art. 50 do Código Civil, paralelamente, deve ser considerado que não é no juízo executivo dos alimentos, que tem procedimento específico, que se poderá aplicar a teoria do disregard.

Isto porque, esta temática somente encontra eco em situações excepcionalíssimas, em face de forte embasamento, perquirindo ampla cognição, especialmente em casos como este, onde não existe dados inequívocos das manobras fraudulentas do executado/sócio para frustrar o cumprimento da obrigação alimentar.

Este é exatamente o caso destes autos. Não há mínima prova das alegações da agravante, tanto que nem mesmo foi juntada cópia dos atos constitutivos da referida empresa ou mesmo qualquer outro documento que denote o propalado comportamento fraudulento do demandado. (...)

Importante referir também que o deferimento de tal pleito pode gerar conseqüências graves, *afinal se está focalizando patrimônio de pessoa jurídica que, a princípio, nada tem a ver com o caso em debate, bem como, em sede de cognição sumária não se detecta nenhum dos requisitos esculpidos no citado art. 50 do Código Civil, isto é, o desvio de finalidade ou confusão patrimonial.*

Por fim, como bem refere o Procurador de Justiça que promoveu às fls. 77/80: "(...) a recorrente não comprovou a ocorrência de quaisquer das hipóteses previstas no art. 813 do Código de Processo Civil para justificar a medida cautelar de arresto. (...) embora a agravante assinale que o agravado estaria "(...) mantendo seus bens registrados em nome de terceiros (...) para escusar-se ao pagamento dos alimentos, não há elementos probatórios que indiquem este artifício fraudulento, não bastando, para tanto, a mera afirmação de que as declarações prestadas pelo executado ao Oficial de Justiça – no sentido de que o imóvel em que ele reside é de

AÇÕES DE DIREITO DE FAMÍLIA   **261**

propriedade do pai de sua companheira (fl. 28) – não correspondem à verdade". Destacou-se.

Em outro julgado, no entanto, a 7º Câmara Cível do Tribunal Gaúcho entendeu: "Descabe escudar-se o devedor na personalidade jurídica da sociedade comercial, em que está investido todo o seu patrimônio, para esquivar-se do pagamento da dívida alimentar. *Impõe-se a adoção da disregard doctrine, admitindo-se a constrição de bens titulados em nome da pessoa jurídica para satisfazer o débito*".[40] Grifou-se.

Todavia, sem prejuízo à aplicação casuística do instituto – a permitir entendimentos diversos de acordo com as peculiaridade de cada situação em concreto –, inegável que, no processo de execução, é onde mais facilmente se apercebe a necessidade de superação da personalidade jurídica, na medida em que, via de regra, é nesse estágio processual que vêm à tona – com maior evidência – os óbices à efetivação do direito tutelado, razão pela qual se faz mister a utilização de mecanismos hábeis a superá-los.

Exemplo típico são os casos em que, após árdua batalha judicial, o autor obtém um título judicial concedendo-lhe o direito à verba alimentar e, por estratagemas societárias, o devedor dissimula sua real capacidade econômico-financeira, mantendo-a sob o manto de sociedade por ele controlada, mas da qual formalmente não é sócio, repassando o controle acionário para outrem de sua confiança (familiares, amigos etc.). Ora, inconcebível que tal expediente não mereça a aplicação do instituto.

O magistrado Jorge Luis Costa, em texto acerca do tema expõe:[41]

Rompendo com o absolutismo patrimonial que orna as sociedades mercantis, proclama Gerci Giareta, insigne magistrado riograndense, que *a penetração e desestimação deve ocorrer em todas as hipóteses em que a solução justa do caso concreto assim exigir*, concluindo, mais adiante, ser inconcebível que uma pessoa carente de alimentos ou credora de obrigações de natureza civil possa desmerecer a proteção do ordenamento jurídico vigente, só porque o seu devedor está sob a proteção da personalidade jurídica, sociedade a qual controla, desprovido, intencionalmente, de bens particulares.

Nessa linha, *não vislumbro óbice no arrolamento ou mesmo na penhora de bens que se encontram em nome da pessoa jurídica*, cuja integralização do capital restou deliberadamente efetuada com o patrimônio particular do alimentante, tudo com a inequívoca intenção de, com o anteparo da sociedade, ser encoberta a sua obrigação pessoal.

Com efeito, sem prejuízo à devida cautela que o instituto requer, por certo que sua aplicação no processo de execução é viável e, sobretudo, imprescindível, notadamente com relação a verbas alimentares, envolven-

---

[40] TJRS. 7º CC. Apelação n.º 598082162. Rel. Des. Maria Berenice Dias. Data do julgamento: 24/6/98.
[41] BEBER, Jorge Luis Costa. *Alimentos e desconsideração da pessoa jurídica*. Texto disponível em http://www.tj.sc.gov.br/cejur/artigos/doutrina/trabalhoiii.htm.

do, como antes já referido, direitos fundamentais relativos à dignidade da pessoa humana e à própria vida.

3.4.3. *Disregard no processo cautelar*

A desconsideração da personalidade jurídica no processo cautelar, em tese, observará as mesmas condições impostas às etapas processuais de cognição e execução, sendo cabível sua aplicação liminar quando possível comprovar, já em sede de urgência, os respectivos pressupostos para tanto.[42] Todavia, levada a questão à seara do Direito de Família que, em muitos casos, envolve a tutela de direitos fundamentais, a aplicação do instituto ganha terreno fértil quando sopesados os valores perseguidos na demanda com o direito à proteção da personalidade jurídica.

Exemplificativamente, dentre as cautelas mais freqüentes, está o *arrolamento de bens*: para delinear previamente (com foco na futura partilha) o acervo patrimonial em comum e a *produção antecipada de provas*: para evitar perecimento de registros que futuramente auxiliarão na análise do direito tutelado. Como cautelares atípicas, pode-se referir a *prévia averbação da lide no assento imobiliário*: no sentido de onerar os imóveis com o registro da disputa judicial que sobre eles recai, prevenindo a boa-fé de terceiros que se interessem em adquiri-los e, conforme sugere Rolf Madaleno, a *designação de inspetor judicial* (prevista no ordenamento jurídico argentino): para acompanhamento e observação (sem intervenção) do órgão de administração da sociedade, prevenindo o eventual desvio de seus fins sociais em proveito do sócio devedor.[43]

O Superior Tribunal de Justiça já abordou o tema relativo à desconsideração liminar da personalidade jurídica, conforme precedentes abaixo:

MEDIDA CAUTELAR. LIMINAR. RECURSO ESPECIAL. EFEITO SUSPENSIVO. DESCONSIDERAÇÃO DA PERSONALIDADE JURÍDICA. FRAUDE. GRUPO ECO-NÔMICO. PENHORA NO ROSTO DOS AUTOS DA FALÊNCIA. LEVANTAMENTO DE SALDO DA FALIDA. Liminar referendada porquanto as alegações trazidas pela requerente são bastante relevantes, pertinentes à *desconsideração da personalida-de jurídica*, à fraude envolvendo pessoas *jurídicas* do mesmo grupo, à solidariedade entre a devedora principal e a empresa que forneceu as garantias para a sustação de protesto, à existência de crédito de importância vultosa e à duvidosa solvabilidade da devedora.[44]

---

[42] BENETI, Sidney Agostinho. *Aspectos polêmicos e atuais sobre os terceiros no processo civil (e assuntos afins)*/coordenação Fredie Didier Jr., Teresa Arruda Alvim Wanbier. São Paulo: Editora Revista dos Tribunais, 2004. p. 1018.

[43] MADALENO, Rolf. *A "disregard" e a sua Efetivação no Juízo de Família*. Porto Alegre: Livraria do Advogado, 1999, p. 72-78.

[44] STJ. 3° Turma. Medida cautelar n° 7.287. Rel. Min. Carlos Alberto Menezes Direito. Dj. 18/11/2003. Dp. 19/4/2004, p. 187.

PROCESSUAL CIVIL. COMERCIAL. FALIMENTAR. RECURSO ESPECIAL. OFENSA À NORMA CONSTITUCIONAL. INTERESSE DE AGIR. PREQUESTIONAMENTO. DECISÃO. FUNDAMENTAÇÃO. REEXAME FÁTICO-PROBATÓRIO. FALÊNCIA. DESCONSIDERAÇÃO DA PERSONALIDADE JURÍDICA. Indisponibilidade de bens. Ex-diretor de sociedade anônima. Embargos de declaração. Omissão. Contradição. Inexistência. (...)

– Está correta a desconsideração da personalidade jurídica da Sociedade Anônima falida quando utilizada por sócios controladores, diretores e ex-diretores para fraudar credores. Nesse caso, o juiz falimentar pode determinar medida *cautelar* de indisponibilidade de bens daquelas pessoas, de ofício, na própria sentença declaratória de falência, presentes os requisitos do *fumus boni iuris* e os do *periculum in mora*.[45] Destacou-se.

Em sentido contrário, foi o entendimento do Tribunal carioca no julgado a seguir:

Agravo de Instrumento. Medida cautelar de arresto. Grupo societário. Inclusão do sócio no pólo passivo. Impossibilidade. Na medida cautelar, seja preparatória, seja incidental, não se pode admitir a inclusão do sócio do grupo societário supostamente responsável pelas reparações pleiteadas, sem a prévia desconsideração da personalidade jurídica desta, em processo de cognição plena. Hipótese de arresto de percentagem de renda da sócia, em que se impõe o devido processo legal, que não se confunde com a simples medida cautelar.

Todavia, no âmbito do Direito de Família, é de concluir-se pela possibilidade de superação da personalidade jurídica tanto no processo de conhecimento e execução, como no cautelar, desde que restem presentes (e devidamente comprovados) os pressupostos exigidos para aplicação liminar do instituto. Ou seja, não só os requisitos do *disregard* em si, mas também aqueles necessários à sua aplicação em sede de urgência. E nesse sentido, há que se considerar, nas lides familiares, o peso dos direitos envolvidos na demanda, o que faz sua utilização liminar possível sempre que, de alguma forma, o caso concreto reclamar a pronta resposta da jurisdição.[46]

3.5. Necessidade de contraditório

Ainda que, conforme já abordado em item anterior, se entenda como desnecessário o ajuizamento de ação autônoma para desconsiderar a personalidade jurídica, cabe indagar-se acerca da possibilidade do magistrado determinar a medida sem oportunidade para o contraditório.

---

[45] STJ. 3° Turma. Recurso Especial n.° 370068. Min. Rel. Nancy Andrighi. Dj. 16/12/2003. Dp. 14/3/2005, p. 218.

[46] OLIVEIRA, Carlos Alberto Alvaro de. *A tutela de urgência e o Direito de Família*, São Paulo, Saraiva, 1998, p. 1.

A questão foi outrora levantada por Elizabeth Cristina Campos Martins: "(...) discuti-se, por exemplo, se seria melhor que isso ocorresse após o juiz verificar a existência dos pressupostos legais, em uma decisão interlocutória, mesmo sendo cabível aí a interposição de agravo de instrumento que possui efeito suspensivo, ou, se o melhor caminho seria que o juiz determinasse o arresto (art. 596 do Código de Processo Civil), visando assim surpreender o devedor a fim de impossibilita-lo de frustrar cobrança".[47]

A oitiva da pessoa estranha à lide cujos bens ou rendimentos serão afetados em face da superação da personalidade jurídica parece, *a priori*, imprescindível; sob pena de futura nulidade do *decisum*.[48] Difícil vislumbrar que a valoração judicial acerca da prova hábil a tanto prescinda do contraditório.

Contudo, ao analisar o tema à luz do Direito de Família, a questão não parece tão serena, fazendo-se mister, conforme antes referido, a devida ponderação dos valores jurídicos envolvidos, dentre eles eventuais direitos indisponíveis cujos titulares são hipossuficientes na relação.

Rolf Madaleno, em texto acerca da fraude na união estável e conjugal, esclarece que:

> A utilização da desconsideração inversa ocorre no Direito de Família, de regra, *em momento anterior à separação judicial*, pois o marido empresário trata de ir marginalizando o patrimônio que, em tese, deveria integrar o processo de partilha dos bens comuns e comunicáveis. É neste momento que deve funcionar o poder discricionário do juiz na apreciação das provas que enfrenta no processo, pelo dever inerente que tem de buscar a verdade. No caso de lesão a direito do cônjuge ou companheiro também pelo uso abusivo da chancela societária, *deve o juiz formar a sua convicção em conformidade com a sua convicção em conformidade com a sua livre consciência*, acatando para tanto, todos os meios admissíveis de prova, sem limitações, incluindo os indícios e as presunções. (...)
>
> Por conta disso tudo, *o direito processual deve agir com presteza e efetividade, desconsiderando na própria ação de conhecimento a caminho da separação judicial ou da dissolução litigiosa da união estável, qualquer barreira oposta com os selos da fraude e da simulação.*[49] Destacou-se.

Não obstante, o quanto corretamente referido pelo autor deve ser compreendido com a devida precisão e cautela; repassar ao magistrado, de

---

[47] DE FREITAS, Elizabeth Cristina Campos Martins. *Desconsideração da Personalidade Jurídica: análise à luz do Código de Defesa do Consumidor e do novo Código Civil*. São Paulo: Atlas, 2004. p. 170.

[48] STJ. "A desconsideração da pessoa jurídica é medida excepcional que só pode ser decretada após o devido processo legal, o que torna a sua ocorrência em sede liminar, mesmo de forma implícita, passível de anulação."

[49] MADALENO, Rolf. *A fraude material na união estável e conjugal*. Texto disponível em 10/11/2005 no http://www.juristas.com.br/colunas.jsp?idColuna+673.

AÇÕES DE DIREITO DE FAMÍLIA

forma irrestrita, poder discricionário capaz de transpor quaisquer barreiras a partir do juízo prévio acerca de obstáculos ao direito do credor poderá, ao invés de contribuir com a maior efetividade e presteza processuais, abrir uma porta para eventuais injustiças. Não se pode esquecer que a criação da pessoa jurídica, com patrimônio distinto de seus sócios, foi e continuará sendo, por um bom tempo ao menos, importante incentivo ao empreendedorismo. Ameaçá-la, sem o devido resguardo, significa pôr em risco a atividade empresarial do país.

O Tribunal gaúcho manifestou-se em defesa da personalidade jurídica no precedente a seguir:

> *Apelação Cível. Ação de Cobrança.* A desconsideração da personalidade jurídica, por se tratar de medida *excepcional,* uma vez que pode acarretar *graves e irreversíveis prejuízos* ao patrimônio particular dos sócios, *não deve ser deferida sem um mínimo de prova convincente* do uso fraudulento do princípio da autonomia da separação patrimonial. A desconsideração da personalidade jurídica só será juridicamente admissível quando, *através do conjunto probatório,* for possível denotar-se a presença de elementos que levem à conclusão de terem os sócios agido com intenção dolosa, infringindo preceitos legais, ou se ficar comprovada a extinção irregular da empresa, a não integralização do capital, ou ainda nas hipóteses em que houver confusão entre a pessoa jurídica e a pessoa física dos sócios. No caso concreto, nada disso ocorreu, impondo-se o julgamento de improcedência do pedido do autor. Apelo desprovido.[50]

Com efeito, a superação da personalidade jurídica, conforme já referido anteriormente, deve ser excepcional e, principalmente, episódica; poderá até, em determinadas situações, prescindir do prévio contraditório de forma a garantir sua efetividade; contudo, tal hipótese deve ser reservada às situações ímpares em que, além de presentes fortes indícios acerca dos pressupostos necessários a sua aplicação, estejam envolvidos direitos fundamentais do credor e, ainda, não haja maiores prejuízos ao devedor. Do contrário, não merece guarida.

3.6. A disregard e o direito intertemporal

Encontrando seu principal fundamento no art. 50 da Lei 10.406, de 10/1/2002, cabe análise da aplicação da Teoria da Desconsideração da Personalidade Jurídica frente às relações constituídas ou extintas anteriormente à promulgação do novel Diploma.

Apesar da questão de direito intertemporal assumir significativa importância para inúmeras outras disposições constantes no novo regramento, o mesmo não se pode dizer com relação especificamente ao seu art. 50.

---

[50] Apelação Cível nº 70006536056, Sexta Câmara Cível, Tribunal de Justiça do RS, Relator: Ney Wiedemann Neto, Julgado em 06/04/2005.

Por positivar matéria já consolidada na doutrina e na jurisprudência nacional, as relações precedentes à sua publicação encontram fundamento no direito anteriormente aplicado.

Acerca do tema, assertiva a análise de Guilherme Rizzo Amaral em ensaio acerca do impacto no novo Código Civil nos processos pendentes:[51]

> Por já ser aplicada em casos semelhantes ao que prevê o novo código civil, não haverá maiores implicações de direito intertemporal nesta novidade legislativa. Atente-se apenas para a possibilidade de aplicação *imediata* do próprio *dispositivo* nos processo em curso, instaurados antes da vigência da nova codificação. Trata-se de um *poder* que é expressamente outorgado ao juiz (condicionado à provocação da parte ou do Ministério Público), e cuja utilização não atingirá situações processuais *já constituídas* ou *direitos processuais adquiridos*, mas, sim, implicará a constituição de *novas* situações jurídicas, já sob o abrigo da nova lei (o *ato* judicial que desconsiderar a personalidade jurídica será praticado ao abrigo da nova lei).

Claro, pois, que eventuais demandas familiares, cuja relação de direito material anteceda a entrada em vigor do novo Código Civil, encontrarão fundamento para aplicação da *Disregard* na farta doutrina e na jurisprudência até então produzida.

3.7. A disregard *frente às operações de* off shore

A mente humana, muitas vezes, é utilizada para alcançar objetivos dúbios, razão pela qual se faz oportuna esta breve referência às operações de *off shore* como apurada técnica para dissimular capacidade econômico-financeira de ente familiar devedor. Assim como o instituto da personalidade jurídica foi desviado dos fins para os quais fora originalmente concebido, as sociedades – *off shore* – criadas em *paraísos fiscais* (ou *tax havens*) também são freqüentemente, e com considerável eficácia, utilizadas com finalidades diversas e, quando escusas, reprimíveis.

Importante esclarecer que, não obstante tais operações carreguem uma conotação negativa à primeira vista, lembrando a prática de lavagem de dinheiro, sonegação fiscal etc., em verdade, a expressão inglesa *off shore* significa uma sociedade devidamente constituída no exterior, sujeita a um regime legal distinto de seus países e, *a priori*, mais benéfico. Nada a condenar, portanto.

Na atualidade, tais empresas são constituídas em *paraísos fiscais*; zonas privilegiadas situadas em determinados países como Uruguai, Suíça, Mônaco, Hong-Kong, Ilhas Cayman, Luxemburgo, Panamá, dentre outros, que, na busca de investimentos e/ou simplesmente em respeito aos costumes locais, oferecem às sociedades lá constituídas, em maior ou menor

---

[51] AMARAL, Guilherme Rizzo. *Ensaio acerca do impacto do Novo Código Civil sobre os processos pendentes.* Disponível em http://www.tex.pro.br/

AÇÕES DE DIREITO DE FAMÍLIA **267**

escala: a) baixa ou nenhuma tributação, b) estabilidade política (ao menos com relação aos estrangeiros), c) ausência de controles cambiais e, principalmente, d) confidencialidade e sigilo bancário com relação às operações e investimentos lá realizados.

Tais privilégios, por si só, não acarretam ilegalidade alguma, sendo excelentes opções para elisão fiscal ou outras engenharias societárias benéficas e legalmente permitidas para pessoas jurídicas ou físicas. Nada obstante, se desviadas de sua finalidade legítima, as operações de *off shore* representam um poderoso instrumento para prática de ilícitos, dentre eles, a evasão de divisas ou ocultação de patrimônio. Com efeito, não raros são os casos de utilização deste expediente para lesar o patrimônio de filhos e cônjuges, valendo-se o ente familiar das prerrogativas de tais estruturas para ocultar sua real capacidade econômico-financeira.

As operações podem ocorrer de diversas formas. O familiar devedor, por exemplo, poderá manter dinheiro em espécie mediante depósito em conta-corrente no nome da sociedade *off shore*, quando então, face ao sigilo, os valores restarão ocultos, na medida em que a propriedade da empresa é transmitida por ações ao portador. Poderá ainda, mediante *triangulação*, utilizar a *off shore* por ele controlada como proprietária de imóveis ou empresas em território nacional, ou mesmo no exterior. Enfim, inúmeras são as possibilidades e não se pretenderá esgotá-las nesta brevíssima análise, cujo escopo restringe-se a identificar possíveis aplicações da *disregard* em tais situações.

A questão é que este mecanismo, de fato, dificulta consideravelmente o alcance dos bens ou rendimentos ocultados. Veja-se no caso referido da remessa de divisas para exterior em nome da *off shore* (muitas vezes, mediante prestação de serviços ou empréstimos dissimulados);[52] praticamente inviabilizada resta a aplicação da *disregard* para alcançar tais valores, pois, salvo as ações transmitidas manual e anonimamente ao portador, inexistirá qualquer outro vínculo inequívoco entre o capital da *off shore* e o familiar que a controla.

Acerca do assunto, cabível trazer à baila trecho de decisão proferida em audiência pelo magistrado paulista Airton Pinheiro de Castro, em ação de reconhecimento e dissolução de sociedade de fato,[53] na qual o ex-companheiro, no curso do feito, argüiu que a ex-companheira havia se apossado de todo o patrimônio de sociedade por ambos constituída no exterior (e não declarada no início da demanda):

---

[52] DOS SANTOS, Cláudio Sinoé Ardenghy. *OFF SHORE – Uma possível técnica de fraude.* Texto disponível no http://www.tex.pro.br/.

[53] Processo n.º 03.143280-8. 2º Vara da Família e das Sucessões Central da Comarca de São Paulo, SP. 29/7/2004.

Ainda do ponto de vista da regularidade processual dos feitos, passo a analisar a insurgência de L.F.H. contra o pleito de F.C.R. relacionado com a empresa supostamente constituída pelo casal no exterior (...).

A ausência de referência oportuna de dado bem, por evidente, não retira o direito da parte sobre ele, de qual sorte que a postergação da apreciação da questão revelar-se-ia inócua, remetendo as partes para discussão em sede de sobrepartilha, o que seria contraproducente, afrontando o princípio da economia processual. Mas há que se fazer uma ressalva, dado o desvio de perspectiva da abordagem da questão por F.C.R, bem evidenciado na aludida manifestação de L.F.H.: O que pode ser objeto de discussão em termos de partilha, no presente feito, coisa outra não é que não a divisão da participação societária, e não dos ativos financeiros da aludida pessoa jurídica, do qual supostamente teria se apossado L.F.H.. *Esta questão apenas comporta discussão no âmbito societário, dada eventual caracterização, em tese, de abuso de L.F.H., no exercício de seus poderes, por desvio de finalidade, falecendo a este juízo, inclusive, competência para dirimir tal questão, certo que sediada a aludida empresa no estrangeiro; isso sem cogitar da circunstância de que a ser acolhida a pretensão de F.C.R., estar-se-ia desconsiderando por completo a dissociação da personalidade jurídica da empresa e dos sócios que a compõem, em hipótese que longe se encontra do enquadramento dos postulados da disregard doctrine.* Destacou-se.

Difícil, pois, vislumbrar-se a aplicabilidade do instituto em tais situações, o que por certo não exclui a utilização de outros mecanismos de busca do patrimônio desviado no exterior pelo familiar devedor; instrumentos talvez não tão céleres e eficazes quanto a *disregard*, mas possíveis de serem utilizados.

Já na hipótese de *triangulação*, quando o familiar possui bens ou administra sociedades em território nacional mediante *off shore* por ele controlada no exterior, a aplicação do instituto parece factível, bastando para tanto comprovar o vínculo do devedor com os bens ou empresas nacionais e os pressupostos para superação da personalidade jurídica (prova árdua muitas vezes). Todavia, ainda nessa hipótese, haveria a possibilidade de o familiar fazer uso de terceiros para intermediar tais operações, dificultando a apuração da fraude. Todavia, como os valores perseguidos encontram-se em território nacional, não há razão aparente para que, uma vez localizados, não se possa requerer a superação da personalidade jurídica para alcançá-los.

Com efeito, a questão das operações de *off shore* é complexa, a exigir análise casuística; todavia, face à eficácia e, infelizmente, regularidade em que utilizadas por familiares devedores para camuflar seu patrimônio ou rendimentos, mister fazer-se esta breve referência, destacando a eventual aplicação do instituto em análise como mecanismo de combate à repudiável prática.

4. Conclusões

1. O instituto da desconsideração da personalidade jurídica ou *disregard* há muito já foi recepcionado pelo ordenamento jurídico nacional, com larga aplicação no direito de família; não obstante, foi efetivamente positivado a partir do *art. 50 do novel Diploma Civil*, que disponibilizou o devido fundamento legal para sua argüição, prevendo em seu conteúdo pressupostos de ordem subjetiva (Teoria Maior) e objetiva (Teoria Menor), ambos já presentes na doutrina e na jurisprudência.

2. A *disregard* significa desconsiderar episodicamente a ficção de que o patrimônio de uma pessoa jurídica não se confunde com o de seus sócios; sua aplicação no direito de família, no entanto, será *inversa*, buscando-se alcançar os bens ou rendimentos do ente familiar que, indevidamente, se confundiram com os da sociedade da qual é sócio.

3. A *legitimidade ativa* para requerer a aplicação do instituto será do familiar lesado ou, incidentalmente, do Ministério Público. Embora não se encontre aparente fundamento na legislação aplicável, existem precedentes aplicando a *disregard ex officio*. Com relação à *legitimidade passiva*, não obstante os bens alcançados pertençam à sociedade indevidamente utilizada para lesar o autor da demanda, o familiar que lesou, necessariamente, deverá figurar no pólo passivo da demanda, em respeito à relação de direito material.

4. A partir da interpretação sistemática do instituto da *disregard*, desnecessário o ajuizamento de *ação própria* de conhecimento, na medida que sua aplicação é no campo da *ineficácia,* e não da *invalidade.*

5. Ainda que controvertidos os posicionamentos doutrinários e jurisprudenciais, a aplicação do instituto tem espaço no processo de *conhecimento, execução* ou *cautelar.* Poderá, quando envolvidos direitos fundamentais, prescindir do contraditório; todavia, somente em casos excepcionais em que estiverem em jogo direitos de maior envergadura e, ainda, desde que constatados fortes indícios dos pressupostos necessários a sua aplicação.

6. Irrelevante, frente ao direito intertemporal, a aplicação do art. 50 do novo Código Civil, na medida em que a desconsideração da personalidade jurídica há muito consagrou-se no ordenamento jurídico nacional.

7. As operações de *off shore*, lamentavelmente, são mecanismos bastante eficazes para ocultação de condição econômico-financeira do familiar devedor; todavia, possível ser combatida a partir da *disregard* quando o patrimônio ou rendimentos, uma vez identificados, estejam em território nacional sob o manto de empresas nacionais, ainda que controladas por uma *off shore.*

Bibliografia

AMARAL, Guilherme Rizzo. *Ensaio acerca do impacto do Novo Código Civil sobre os processos pendentes.* Disponível em http://www.tex.pro.br/

ASSIS, Araken de. *Manual do Processo de Execução.* 8. ed. rev. atual. e ampl. São Paulo: Editora Revista dos Tribunais, 2002.

BEBER, Jorge Luis Costa. *Alimentos e desconsideração da pessoa jurídica.* Disponível em http://www.tj.sc.gov.br/cejur/artigos/doutrina/trabalhoiii.htm.

BENETI, Sidney Agostinho. *Aspectos polêmicos e atuais sobre os terceiros no processo civil (e assuntos afins)/*coordenação Fredie Didier Jr., Teresa Arruda Alvim Wanbier. São Paulo: Editora Revista dos Tribunais, 2004.

COELHO, Fábio Ulhôa. *Desconsideração da personalidade jurídica.* São Paulo: RT, 1989.

COMPARATO, Fábio Konder. *O poder de controle na sociedade anônima.* São Paulo: RT, 1976.

FREITAS, Elizabeth Cristina Campos Martins de. *Desconsideração da Personalidade Jurídica: Análise à Luz do Código de Defesa do Consumidor e do Novo Código Civil.* São Paulo: Atlas, 2004.

FREITAS, Juarez. *A interpretação sistemática do direito.* 4ª ed., São Paulo: Malheiros, 2004.

JUSTEN FILHO, Marçal. *Desconsideração da Personalidade societária no direito brasileiro.* São Paulo: RT, 1987.

MADALENO, Rolf. *A "disregard" e a sua efetivação no Juízo de Família.* Porto Alegre: Livraria do Advogado, 1999.

OLIVEIRA, Carlos Alberto Alvaro de. *A tutela de urgência e o Direito de Família,* São Paulo, Saraiva, 1998.

REQUIÃO, Rubens. *Abuso de direito e fraude através da personalidade jurídica – Disregard Doctrine.* RT, São Paulo: RT, vol. 477, 1975.

SANTOS, Cláudio Sinoé Ardenghy dos. *OFF SHORE – Uma possível técnica de fraude.* Disponível no http://www.tex.pro.br/.

SERICK, Rolf. *Forma e realità della persona giuridica.* Traduzido por Marco Vitale. Tradução de *Rechsform und realità juristscher personen.* Milão: Giuffrè, 1966.

TESHEINER, José Maria Rosa. *Notas sobre as ações de família à luz do novo Código Civil.* Disponível em www.tex.pro.br.

WORMER, Maurice. *Piercin thei veil of corporate ententy.* Columbia Law Review, Columbia, 12: 496-518, 1912.

XAVIER, José Tadeu Neves. *A teoria da desconsideração da personalidade jurídica no novo Código Civil.* Revista da Ajuris, Porto Alegre (89): 169-84, março/2003).

15. A separação de corpos e o direito de estar só

ROLF MADALENO
Advogado e Professor de Direito de Família da PUC/RS, Diretor Nacional e sócio fundador do IBDFAM, Vice-Presidente do IARGS.

Sumário: 1. A origem da separação de corpos; 2. A natureza da separação de corpos; 3. A coabitação na separação de corpos; 4. O objeto da separação de corpos; 5. Separação de corpos como medida cautelar; 6. Caducidade da medida; 7. A tutela antecipada; 8. O princípio da fungibilidade; 9. A separação de corpos na jurisdição voluntária; 10. A conveniência na determinação da dignidade humana; 11. Bibliografia.

1. A origem da separação de corpos

A separação de corpos tem sua origem histórica associada ao longínquo *direito romano,* primeiro, numa época onde a personalidade da mulher era totalmente absorvida pelo chefe da família, assegurando a *potestas*, a supremacia do marido sobre a esposa, posição que perdurou durante séculos, sofrendo lento abrandamento, que no Brasil só alcançou a paridade legislativa com o advento da Carta Política de 1988, quando o artigo 226, § 5º, tratou de assegurar a igualdade de direitos referentes ao exercício da sociedade conjugal.

Como observa Eduardo de Oliveira Leite,[1] havia uma aceitação tácita do grupo social romano que, especialmente nas graves questões conjugais, como aquelas decorrentes do adultério feminino, o marido podia repudiar a sua esposa, ou até mesmo matá-la em caso de flagrante delito.

Mas o marido também podia repudiar a mulher por ser profanadora de sepulcros, homicida, plagiadora, por haver subtraído coisas de edifícios sagrados, por encobrir ladrões, por assistir a festas com homens estranhos

---

[1] LEITE, Eduardo de Oliveira. *Origem e evolução do casamento*, Curitiba: Juruá, vol. 1, 1991, p. 85.

sem o conhecimento ou contra a proibição do esposo, por pernoitar fora de casa contra a vontade do marido e sem escusa admissível, por assistir aos jogos dos circos, teatro ou espetáculos na arena, em que pese a proibição do esposo, por atentar contra a vida do marido com veneno, punhal ou outro modo semelhante, por cumplicidade com aqueles que conspiram contra o império, por crime de falsidade e até por haver levantado as mãos contra o esposo.[2]

Nenhuma formalidade maior era exigida para o repúdio, apesar disto eram utilizadas fórmulas orais variadas para comunicá-lo.[3]

Promulgada pelo imperador Augusto, a *lex Iulia de adulteriis*, as decisões sobre a sorte da esposa adúltera saíram do foro íntimo do marido e foram transferidas para a esfera pública, obrigando o marido enganado a repudiar a mulher adúltera, que era então condenada ao exílio.

Diante da total submissão da mulher romana, o repúdio sempre foi de larga utilização, vindo ela a poder exercer igual direito somente com o surgimento do Império, quando então desapareceu a necessidade de o homem e a mulher justificarem a sua separação.

Conforme lição de Eduardo de Oliveira Leite,[4] já no período da Realeza Romana, o homem só poderia repudiar sua esposa em quatro hipóteses: a) tentativa de envenenamento; b) utilização de chaves falsas; c) parto simulado e d) adultério, até que ao tempo do Baixo Império, com a forte influência da Igreja, o estado passa a intervir na dissolução do casamento, recaindo sua primeira ação sobre a noção de repúdio, que, "....a partir de então, produz os efeitos de uma simples *separação de corpos*, instituição que será organizada, mais tarde, pelo direito canônico clássico".[5]

Quando a vida em comum se tornava insuportável, escrevem Colin y Capitant, o Direito Canônico organizava a separação de corpos (*divortium quoad thorum et mensam*), dispensando os esposos por decisão judicial da jurisdição eclesiástica, do dever de coabitação e do débito conjugal, não obstante entre eles subsistisse o matrimônio, proibindo um segundo casamento. Era instituto visando, sobretudo, ao benefício da mulher, já que a ela era facultado pedir a separação de corpos por toda a sorte de motivos, enquanto ao marido, a sua concessão só decorria pelo adultério de seu consorte.[6]

---

[2] BELLUSCIO, Augusto C. *Derecho de Familia*, Tomo III, Buenos Aires: Depalma, 1981, p. 18.

[3] De acordo com BELLUSCIO, Augusto C. , ob. cit., p.17, eram verbalizadas as seguintes fórmulas:*"i foras", "vade foras", "tuas res tibi habeto", "tuas res tibo agito"* e também era freqüente participar ao outro cônjuge por escrito ou por meio de um emissário (*per nuntium*).

[4] LEITE, Eduardo de Oliveira, ob. cit., p. 96.

[5] Idem, p. 99.

[6] COLIN, Ambrosio y CAPITANT, Henry. *Curso elemental de Derecho Civil*, Madrid:Editorial Reus, Tomo 1º, 1961, p. 477.

Pontes de Miranda[7] escreve que o Direito Canônico passou para o Direito português e ao luso-brasileiro a *sequestratio* da mulher casada, a dispensá-la de comorar com o marido, desde que ela desse as razões para não mais querer manter relações sexuais com o esposo, confirmando as raízes da separação de corpos, nascida da aliança entre o Estado Romano e a Igreja, espalhando-se pelos direitos dos povos católicos e por influência portuguesa chegando ao Brasil.

Martinho Garcez Filho[8] refere que, no Direito Canônico, a mulher casada, desejando haver sua separação por sevícias do marido, deveria requerer ao juiz que a mandasse retirar do poder do esposo e depositá-la em *casa conveniente*.[9]

Cuidava então, o juiz, de proceder à sumária justificação sem a comunicação ao esposo e convencido das razões do pleito da mulher, ordenava o seu seqüestro da alcova conjugal e posterior citação do marido, a tudo assinado prazo para o ajuizamento da ação de divórcio.

No Direito argentino, a habitação comum em caso de separação de corpos era sempre atribuída ao varão, mesmo quando a propriedade do imóvel pertencesse à mulher, que era depositada em casa honesta, localizada nos limites da jurisdição. A orientação legal era perfeitamente justificada pelos costumes da época, de um lado porque a mulher raramente deixava o lar conjugal sem autorização judicial, e de outra parte, era fácil alojá-la com algum parente ou amigo nas espaçosas casas existentes na época.

Entretanto, os costumes e a situação econômica mudaram radicalmente, não mais se podendo falar em depósito da mulher, resolvendo-se a outorga da habitação a um dos cônjuges por critérios de eqüidade e de justiça.

2. A natureza da separação de corpos

O regramento da separação de corpos está dispersado em diferentes textos legislativos, a começar pelo art.1.562 do Código Civil, a dizer que:

---

[7] MIRANDA, Pontes de. *Comentários ao CPC*, Rio de Janeiro: Forense, Tomo XII, p.472, 1974.

[8] GARCEZ, Martinho Filho, *Direito de Família*, Officina Graphica Villas Boas, vol. 1, 1929, p. 220.

[9] No antigo Direito Civil argentino persistia semelhante disposição, colhida do Direito Canônico, sob cuja norma, depois alterada pela jurisprudência e definitivamente suprimida pela Lei 17.711, diz BORDA, Guilhermo A..*Tratado de Derecho Civil, Familia*, vol. I, Buenos Aires:Editorial Perrot, 1989, p. 449/450, que: Quando um dos cônjuges se dispunha a iniciar a ação de divórcio, a primeira medida que adotava era de sair do lar conjugal, sendo comum o afastamento da mulher, que pedia fosse *depositada em casa honesta*, implicando num inconcebível critério de pseudo supremacia masculina, que outorgava ao varão a preferência de se manter na vivenda nupcial. Interessante colher a origem da expressão *casa conveniente*, apanhada das legislações belga e francesa, como observa FULGENCIO, Tito. *Do desquite, theoria legal documentada – processo jurisprudência nacional*, Livraria Acadêmica Saraiva & Comp.- Editores, 1923, p.129, atribuindo sua razão ao fato da honra e dignidade do marido não poderem ser "postas ao abrigo do attentado (sic) que poderia resultar da escolha, pela mulher, de uma residência pouco conveniente."

"Antes de mover a ação de nulidade de casamento ou a de anulação, a de separação judicial, a de divórcio ou a de dissolução de união estável, poderá requerer a parte, comprovando sua necessidade, a separação de corpos, que será concedida pelo juiz com a possível brevidade."

Também há disposição contida no Código de Processo Civil, cujo inciso VI do art. 888 estabelece que: "O juiz poderá ordenar ou autorizar, na pendência da ação principal, ou, antes de sua propositura" ; inciso VI: "o afastamento temporário de um dos cônjuges da morada do casal."

Antes do atual Código Civil, a separação de corpos era regida pelo art.223 do Código Civil de 1916 e pelo art. 7º da Lei 6.515/73, que assim prescrevia: "A separação judicial importará na separação de corpos e na partilha de bens. § 1º A separação de corpos poderá ser determinada como medida cautelar (art. 796 do Código de Processo Civil)."

Para Vicente de Faria Coelho,[10] a separação de corpos é medida provisória, concedida pela justiça como preliminar da ação onde será pleiteada a dissolução da sociedade conjugal.

Não é assim que pensam Carlos Alberto Alvaro de Oliveira e Galeno Lacerda,[11] pois entendem existirem duas medidas claramente diferenciadas entre aquela recolhida do art. 223 do Código Civil de 1916, que agora respeita ao art. 1.562 do Código Civil de 2002 e a regulada pelo art. 888, VI, do CPC. Observam os autores que a resposta depende do conceito a ser emprestado à expressão *separação de corpos*, já que a regra preconizada pelo Código Civil teria conteúdo meramente jurídico, sem que com isto decorra obrigatoriamente a ordem judicial de material separação de corpos, gerando a disposição civil uma mera faculdade do exercício de um direito. Por sua vez, não gera qualquer dúvida o comando contido no inciso VI do art. 888 do Diploma Adjetivo Civil, cujo pleito processual tem por inequívoco escopo, buscar decreto jurídico de afastamento compulsório de um dos consortes da vivenda nupcial.

Sob a ótica histórica, não faltou razão a Vicente de Faria Coelho quando viu na separação de corpos uma medida judicial temporária e muito menos a Galeno Lacerda e Carlos Alberto Alvaro de Oliveira, quando atentam para a clara existência de duas ordens distintas de separações de corpos, muito embora, no plano processual não existam diferenças práticas que limitem o provimento judicial, porque a deserção foi pedida pelo próprio requerente que deseja sair do lar ou se a medida deve ser processada pela retirada compulsória do cônjuge demandado, do interior da alcova matrimonial.

---

[10] COELHO, Vicente de Faria. *O desquite na jurisprudência dos tribunais,* Rio de Janeiro:Editora Freitas Bastos, 1949, p. 162.

[11] OLIVEIRA, Carlos Alberto Alvaro de; LACERDA, Galeno. *Comentários ao CPC*, Vol. VIII, Tomo II, Rio de Janeiro: Forense, 1976, p. 645-646.

Também é pertinente o caráter provisório da medida cautelar, quando requerida em conjunto pelos matrimoniados, pelo fato de não terem completado ainda um ano mínimo de casamento, necessário para a obtenção da separação judicial consensual (art. 1.574) e por não estarem dispostos ao conflito processual preferem aguardar o advento do prazo necessário à separação amistosa, promovendo a prévia separação de corpos consensual.

Como também é juridicamente plausível a separação de corpos processada diante do precedente afastamento fático de um dos cônjuges da habitação nupcial, sendo perfeitamente compreensível o interesse no decreto judicial que converta a separação voluntária em separação de corpos judicial, não apenas para inibir o indesejado regresso, como para iniciar o prazo de contagem da separação judicial objetiva ou do divórcio direto.

3. A coabitação na separação de corpos

Nem sempre a separação de corpos regulada noutros países guarda semelhança e identidade com o Direito brasileiro, observando Jean Carbonnier,[12] importar a separação de corpos do sistema francês, na cessação legal do regime de bens adotado entre os esposos, pois não pode ser falado em verdadeiro regime matrimonial quando falta ao casamento, a convivência e a contribuição no aporte dos recursos familiares, geradores das aquisições materiais, mesmo que ainda subsista o vínculo conjugal.

A separação de corpos do Direito francês se identifica com a nossa separação judicial que também põe termo ao regime de bens, embora sem ainda dissolver o vínculo conjugal, que só termina com o divórcio ou com a morte.

Por meio destas comparações, mais se reforça a idéia inicial de efetiva provisoriedade da medida judicial de separação de corpos, porquanto ela atuaria, num primeiro momento, apenas em caráter temporário,[13] enquanto fossem processadas as medidas realmente ensejadoras da

---

[12] CARBONNIER, Jean. *Derecho Civil*, Tomo I, Vol. II, Barcelona: Casa Editorial Bosch, 1960, p. 220.

[13] SILVA, Ovídio A. Baptista da. *Curso de Processo Civil*, vol. III, Porto Alegre:Sergio Antonio Fabris Editor, 1993, p.38, invocando a lição de Calamandrei, seguida pela generalidade doutrinária, define a cautelaridade por sua condição de tutela *provisória*, cujo termo difere diametralmente da *temporariedade*, pois temporário seria tudo aquilo que não dura sempre, sobrevindo até a ocorrência de outro evento subseqüente que o substitua; e provisório, embora também destinado a não durar para sempre, está destinado a durar té que evento subseqüente o substitua e arremata para completa compreensão (p.39) que: "O provisório é sempre trocado por um definitivo." Contudo, Ovídio entende ao contrário de Calamandrei, que as medidas cautelares devem ser *temporárias* (p.42), pois devem durar até que o estado de perigo desapareça, e não até que emane providência definitiva que a substitua; além disso, elas consistem numa forma especial de tutela jurisdicional diversa da tutela satisfativa e se ela deve durar enquanto existir o estado de perigo, conseqüentemente, ela não cria uma situação fática definitiva – é limitada, temporária.

final separação do casal, quer pelo pleito da separação judicial, quer pelo divórcio.

Por isso, Vicente Coelho destaca a eficácia temporária da separação cautelar de corpos, já que necessita, em tese, da iniciativa suplementar e decadencial do processo principal do artigo 796 do CPC, não fazendo qualquer diferença que a ação cautelar anteriormente processada se trate de separação de corpos consensual ou litigiosa, e até meramente de fato,[14] pois quando a comunidade espiritual entre os esposos se deteriora a tal extremo, nenhuma ação guarda maior importância à medida capaz de separar corpos crepitando de ódio e reclamando por liberdade.

No Código de Processo Civil, a cautelar de afastamento temporário de um dos cônjuges da residência comum está arrolada como cautela específica e guarda, como todas as outras medidas cautelares esta provisoriedade,[15] não obstante doutrina e jurisprudência divirjam sensivelmente de opinião, entendendo muitos, tratar-se de cautela satisfativa.[16]

4. O objeto da separação de corpos

Para explicar o significado da separação de corpos, Alberto Trabucchi[17] começa dizendo que há separação de fato quando um cônjuge, sem qualquer procedimento judicial, se afasta de casa por conta própria, ao passo que a legal separação de corpos, consensual ou contenciosa, não dispensa o pronunciamento judicial, como é da essência dos direitos familiares, que são de ordem pública, e que os cônjuges não têm livre disposição sobre as suas relações conjugais.

A separação de fato se realiza quando os consortes apartam-se, um do outro, sem a intervenção do Poder Judiciário no processo competente,[18]

---

[14] MIRANDA, Pontes de. *Tratado de Direito Privado*, Rio de Janeiro:Editor Borsoi, Tomo VII, 1955, p. 427, também vê como existente a separação de corpos fática, que nomina de material e a jurídica.

[15] Dentre tantos outros, também nesse sentido ABREU, José. *O Divórcio no direito brasileiro*, São Paulo:Saraiva, 1992, com o escólio de TESHEINER. José Maria Rosa, sustenta que a postulação prévia da separação de corpos detém características tipicamente cautelares.

[16] LACERDA, Galeno. *Comentários ao CPC*, Rio de Janeiro: Forense, Tomo I, 1974, p. 158.

[17] TRABUCCHI, Alberto, *Instituzioni di Diritto Civile*, Cedam- Padova, 1985, p. 281.

[18] DINIZ, Maria Helena. *Curso de Direito Civil brasileiro*, 5º vol., Direito de Família, São Paulo:Saraiva, 1993, p. 33. Para quem a idéia de matrimônio é oposta à de contrato, já que a vontade dos nubentes não é suficiente para a constituição do matrimônio a exigir a obrigatória intervenção da autoridade civil ou eclesiástica para sancionar e homologar o acordo. No mesmo sentido, Silvio Rodrigues, *Direito Civil*, 6º volume, Saraiva, 1989, 16ª edição, p.18/19 e para quem a mera idéia de um contrato, a exemplo dos demais colhidos no direito privado, não basta para explicar o casamento, que configura um ato complexo, que mistura o elemento vontade ao elemento institucional. PEREIRA, Caio Mário da Silva. *Instituições de Direito Civil*, vol. V, 7ª edição, Rio de Janeiro:Forense, 1991, p.36, destaca a circunstância de não ser concedido a ninguém o direito de discutir com o celebrante do casamento o conteúdo dos direitos e deveres, as regras de dissolução da sociedade conjugal, nem impor regras ou condições para resolução do vínculo, o que destrói qualquer vínculo contratual.

sendo de direito quando provocado o Estado a concedê-la, até porque, não existe provimento legal a ordenar a coabitação contrária à vontade humana.

Visto o casamento pelo o prisma de instituição, inafastável a intervenção do Estado para regular também a sua dissolução quando esmorecem as causas motivadoras da primitiva união. Com a sacramentação civil do matrimônio, os esposos aderem às normas cogentes previamente instituídas, editadas com o propósito de regular a conduta conjugal e no interesse do grupo familiar que retira dos matrimoniados a autonomia da vontade.

Embora a lei não possa manter unidos casais desavindos em suas relações, seguramente pode e assim procede, avocar para si o poder concessório da separação de corpos, ora ordenando o afastamento compulsório, ora autorizando que o consorte requerente da medida deserde legalmente da habitação nupcial.

Fácil concluir, portanto, que o objeto da separação de corpos está em desobrigar os cônjuges e companheiros de viverem contrariados sob o mesmo teto, permitindo o afastamento judicial do requerente memida, para que não se caracterize abandono do lar o ato de deserção voluntária da habitação nupcial; ou para que seja ordenado o afastamento compulsório do parceiro acionado em tutela liminar.

Célebre exposição doutrinária fez Clóvis Beviláqua, ao afirmar que a separação de corpos estava prevista em lei:[19]

OLIVEIRA, José Lopes de. *Curso de Direito Civil*, 5º vol., Direito de Família, São Paulo:Sugestões Literárias, 1980, p. 10, recorda nesta mesma linha de pensamento, inexistir vínculo contratual que não se desfaça pelo mútuo consenso das partes e embora sua doutrina remonte ao tempo da vigência da Emenda Constitucional nº 9, de 28 de junho de 1977, que deu nova redação ao art. 175, § 1º, da antiga CF, que referia só ser possível dissolver o casamento nos casos expressos em lei, em nada restou alterada essa idéia que prossegue inteiramente atualizada, conquanto segue sendo a lei que dita as hipóteses e pressupostos de dissolução nupcial e não o casal. Existem autores, contudo, que vêem uma natureza eminentemente contratual do casamento, ainda que *sui generis*, especial do campo do Direito de Família e não uma instituição, ou uma natureza híbrida, como, por exemplo, BORGHI, Hélio. *Casamento nulidade por adultério e homicídio*, Rio de Janeiro:Edição Universitária de Direito, 1992, p.100. Defende Borghi o fato de que antes do advento do divórcio a vontade dos nubentes era insuficiente para dissolver o casamento, eis que só existente o desquite. No entanto, com o surgimento do divórcio, os cônjuges podem consertar a efetiva dissolução das núpcias.Este é, igualmente, o pensamento de DAIBERT, Jefferson. *Direito de Família*, Rio de Janeiro:Forense, 1980, p.28, quando afirma que: "a dissolubilidade do vínculo opera como se fora o distrato, razão por que ao consideramos o casamento um contrato – eis que resulta do consenso das partes –, estamos admitindo-o como um ato jurídico sujeito à extinção, daí que o divórcio seria por via de conseqüência, o distrato". Há que ser visto no entanto, que embora dissolúvel o casamento por desejo dos consorciados, não são eles que irão ditar os termos desse distrato, sujeitando-se ainda ao império da lei e sempre que também presentes os pressupostos de direito autorizadores do pleito divorcista, que de igual passa pelo crivo da autoridade judicial que representa o Estado.

[19] BEVILÁQUA, Clóvis. *Código Civil dos Estados Unidos do Brasil comentado*, Rio de Janeiro: Francisco Alves, 1928, II, p. 77.

Para que os cônjuges tenham liberdade de ação, para tirá-los da situação de constrangimento, em que se achariam, e ainda, para que a irritação não tenha, nos encontros inevitáveis de quem habita a mesma casa, motivo para recrudescer de demandar-se, é de razão que se separem, provisoriamente. E, para que não se veja, nesse movimento, um ato de rebeldia contra a prescrição legal e as exigências da sociedade, que impõem a vida em comum, aos que se uniram para a vida, o autor da ação de desquite deve pedir que se lhe permita deixar a habitação comum.

É certo dizer que a evolução legislativa pertinente ao casamento, notadamente por obra da Lei do Divórcio, permitiu afrouxar os laços, antes vitalícios, de um casamento infeliz e indissolúvel. Também ampliou as razões para o provimento da separação de corpos, como medida destinada a preencher no espaço, o tempo necessário para o ingresso de separação consensual entre esposos casados a menos de um ano (art.1.574 do CC), ou para a contagem de prazo necessário ao divórcio direto (art. 226, § 6º, parte final da CF e art.1.580 do CC).

Entrementes, a finalidade básica da separação de corpos ainda reside no desejo de legalizar o afastamento do consorte que requer autorização para se apartar da vivenda matrimonial e evitar, pela simples separação fática, seja cunhado de haver abandonado o lar, o seu enquadramento na figura do abandono do lar, disposto no art. 1.573, inciso IV, do CC, muito embora exista toda uma inclinação doutrinária e jurisprudencial, afastando qualquer pesquisa culposa da separação judicial.

A separação de corpos também tem a indiscutível eficácia de fazer cessar o recíproco dever de fidelidade, como pode ser conferido na abalizada doutrina de Luiz Murilo Fábregas,[20] muito embora surjam opiniões

---

[20] FÁBREGAS, Luiz Murilo. *O divórcio*, 2ª edição, Edições Trabalhistas S/A, 1983, p.71.Na mesma linha de pensamento seguem dentre outros, BITTAR, Carlos Alberto. *Direito de Família*, Rio de Janeiro:Forense Universitária, 1991, p.200, entendendo que dentre os efeitos da separação de corpos estão o da liberação dos deveres de fidelidade e de coabitação. Idem AZEVEDO, Álvaro Villaça. *Dever de coabitação*, p.232, ao aduzir que: "se o juiz declarar judicialmente a separação de corpos dos cônjuges, a partir deste decreto não se pode ver, principalmente, quebra do dever de fidelidade...". ABREU, José. *O divórcio no direito brasileiro*, São Paulo: Saraiva, 1992, p.61. Assim também FERREIRA, Eduardo Vaz *Tratado de la sociedad conyugal*, Buenos Aires:Editorial Astrea, 1979, p.166, ao obtemperar que a separação de corpos não dissolve o matrimônio, porém põe fim a vida em comum e faz cessar os deveres que eram sua conseqüência.Em sentido contrário e a sustentar a persistência do dever de fidelidade frente à existência judicial da separação de corpos, estão: CAHALI, Yussef Said. *Divórcio e separação*, 5ª edição, São Paulo:RT, 1986, p.299, que por seu turno, invoca a lição de SAMPAIO, Pedro para concluir que durante a vigência da separação de corpos, conquanto existente a desobrigação de comorar, o cônjuge terá que se abster sexualmente, sob pena de violar o dever de fidelidade. Embora na 11ª edição de sua obra, editada em 2005, refira Yussef Said Cahali "ser admissível, em tese, a separação cautelar de corpos tão apenas para interromper a prestação do *debitum conjugale*", mantendo, por evidente, íntegros os demais efeitos do casamento. GUSMÃO, Paulo Dourado de. *Dicionário de Direito de Família*, Rio de Janeiro: Forense, 1985, p.874, também vê a prática do adultério, no relacionamento sexual de qualquer dos cônjuges com terceiro no curso da separação de corpos, sendo inclusive, causa de desquite (separação judicial). No mesmo diapasão COLIN, A. e CAPITANT, H.. *Curso elemental de Derecho Civil*, Tomo I, Madrid:Editora Réus, 1961, p.474, entendendo subsistir com a separação de corpos o dever de fidelidade,

em contrário e que sustentam a continuidade do dever de fidelidade mesmo durante a fática separação, sob o risco de o seu infrator cometer, com o adultério, grave injúria conjugal ao ferir o mais fundamental dos deveres do casamento.

5. Separação de corpos como medida cautelar

Registram os anais jurídicos uma acalorada discussão travada na doutrina e na jurisprudência brasileiras, com vistas a esclarecer se a medida da separação de corpos seria do tipo satisfativa, ou somente preservativa de direitos, concluindo uma corrente de juristas por seu teor cautelar, sempre que fosse postulada para afastar compulsoriamente o outro cônjuge da vivenda nupcial, mas teria a roupagem de medida satisfativa se fosse pleiteada com fundamento unicamente no art. 223 do Código Civil de 1916, equivalente ao art.1.562 do Código Civil de 2002.

Para Ernane Fidélis dos Santos[21] não haveria nenhuma diferença se a medida cuidasse do afastamento voluntário do requerente ou forçado pela postulação unilateral do cônjuge, pois sua eficácia estava em adiantar a solução final da ação matrimonial, que sempre termina separando casais que se ressentem da necessária comunhão de vida, único sentido prático capaz de justificar a coabitação afetiva.

Antecipando a provável e desejada sentença favorável ao rompimento oficial das núpcias, este provimento provisional de separação de corpos não seria, a rigor, uma medida tipicamente cautelar, considerando que as cautelares têm justamente caráter provisório e não podem antecipar a prestação jurisdicional pleiteada no processo principal, pois equivaleria a lhes conferir um status de execução provisória de uma sentença que não existe.[22]

Para Basílio de Oliveira,[23] a medida cautelar se destaca pela sua *provisoriedade*, contudo, alerta que nem toda medida provisória é cautelar, apesar de seu caráter preventivo, seu escopo é o de procurar garantir o resultado útil do processo principal e não solucionar a pretensão material da parte.

---

obrigação surgida através do casamento.Também CESTAU, Saul D.. *Derecho de Familia y Familia*, Montevideo:Edición Fundación de Cultura Universitaria, 3ª edição, 1992, p. 210, ao asseverar que: "la separación de cuerpos cesa el deber de prestar el débito conyugal y subsiste el deber de fidelidad...".

[21] SANTOS, Ernane Fidélis dos. *Manual de Direito processual civil,,* vol. 2, 3ª edição, Rio de Janeiro: Forense, 1994, p. 394-395.

[22] RJTJSP 97/198.

[23] OLIVEIRA, José Francisco Basílio de. *Das medidas cautelares nas questões de família*, Rio de Janeiro: Freitas Bastos, 1995, p. 13-14.

A idéia da ação cautelar estava intimamente associada aos requisitos processuais de sua concessão, sintetizadas nas fórmulas clássicas do *fumus boni iuris* e do *periculum in mora*,[24] muito oportunos para a cultura do casamento vitalício, própria de uma instituição sacra e indissolúvel, sendo escassas as previsões legais de separação judicial e que reinaram soberanas até o advento do divórcio na década de setenta.

Naquela modelagem sociocultural, a separação de corpos era medida cautelar de exceção, movimentada pela inconveniência e até pelo perigo de continuarem sob o mesmo teto os cônjuges contendores de uma acirrada separação judicial, visando a coibir um mal maior, pelo afastamento forçado de um dos consortes, e desta forma, acautelando a integridade física e mental dos cônjuges.[25]

As demandas cautelares de separação de corpos para o afastamento compulsório do outro cônjuge prescindiam de razoável instrução sumária, tendente a provar que a sua concessão evitaria um mal maior, sendo hábito dos advogados instruírem as ações com ocorrências policiais e com exames de corpo de delito, sem descurarem da prévia justificação processual, com a audiência *inaudiatur et altera pars* de testemunhas.

Sobrevindo o divórcio e o afrouxamento natural das eternas amarras dos casamentos infelizes, os tribunais passaram a direcionar suas decisões para o aspecto prático da separação preliminar de corpos, tornando-se unicamente oportuno o exame da prova da existência do casamento ou da união estável, revelando-se impertinente qualquer discussão sobre o mérito da ação matrimonial, notadamente diante da tendência jurisprudencial da separação objetiva dos casais, abstraindo do processo qualquer pesquisa de razão causal.

Outro fato que contribuiu sobremaneira para o largo arbítrio do juiz na decisão da separação de corpos foi a proclamação constitucional de eqüidade dos sexos, passando a importar o exame do caso em concreto, em igualdade de oportunidades, afastadas preferências por imaginária fragilidade física e mental dos esposos, voltada a decisão judicial para a

---

[24] AGRAVO DE INSTRUMENTO – CAUTELAR DE SEPARAÇÃO DE CORPOS, ARROLAMENTO DE BENS E GUARDA E BUSCA E APREENSÃO DE MENOR – LIMINAR PARCIALMENTE DEFERIDA – AUSÊNCIA DOS REQUISITOS DO ART. 558 DO CPC – DECISÃO MANTIDA – AGRAVO DESPROVIDO."Para que a parte possa obter a tutela cautelar, no entanto, é preciso que comprove a existência da plausibilidade do direito por ela afirmado (*fumus boni iuris*) e a irreparabilidade ou difícil reparação desse direito (*periculum in mora*), caso se tenha de aguardar o trâmite normal do processo. Assim, a cautela visa assegurar a eficácia do processo de conhecimento ou do processo de execução" (in "Código de Processo Civil comentado e legislação processual civil extravagante em vigor", Nelson Nery Júnior e Rosa Maria Andrade Nery, Editora RT, 3ª edição, pág. 910)." Agravo de Instrumento nº 2002.019588-5 do TJSC, Rel. Des. José Volpato de Souza, j. em 19 de novembro de 2002.

[25] 5ª Câmara do TJRJ: " O afastamento compulsório do marido do lar conjugal é medida violenta, que só deve ser concedida em casos excepcionais e com muita prudência." RT 568/147.

282   *Rolf Madaleno*

pessoa do cônjuge, em detrimento da suplantada visão econômica do direito familiar.

Doravante, começaram juízes e tribunais por afastar de casa tanto o marido como a mulher, segundo as conveniências de cada caso, com compreensíveis inclinações para o fato de melhor cometer a mantença na casa do cônjuge que ficasse com os filhos, em socorro ao núcleo familiar mais numeroso, ou por vezes, optando pelo afastamento do marido, que desfruta de maior facilidade e de melhores recursos para organizar uma nova moradia.

Segundo anotações de Yussef Said Cahali,[26] também tem sido levado em consideração se o marido é que vem perturbando a vida do casal, com graves reflexos sobre a formação do caráter dos filhos, ou se a casa é de propriedade da mulher ou de seus parentes.

Também pesa na decisão judicial a existência de outra propriedade que possa ser ocupada pelo cônjuge a ser afastado do lar, sobretudo se houver forte tendência de a habitação conjugal ser computada na meação da mulher.

Não devendo ser olvidada a possibilidade cada vez mais larga da separação consensual de corpos, usada ordinariamente, para vencer o obstáculo criado pelo art. 1.574 do Código Civil, que só autoriza a separação por mútuo consentimento dos cônjuges casados há mais de um ano.

6. Caducidade da medida

Em sendo a separação de corpos típica demanda cautelar preventiva, estaria fadada à caducidade do art.806 do CPC, que obriga a parte a propor a ação principal no prazo de trinta dias, contados da data da efetivação da medida cautelar, sob pena de ver cessada a sua eficácia, o que representaria na separação de corpos, o indesejável e impensável retorno ao lar conjugal do consorte compulsoriamente afastado.

A barreira representada pela caducidade da medida cautelar, se não for ajuizada a ação principal até trinta dias após a concessão da separação de corpos liminar já vinha sendo superada pela jurisprudência gaúcha,[27] através do incidente de uniformização de jurisprudência nº 587028978, julgado em 11 de dezembro de 1987, pelas Câmaras Cíveis Reunidas do Tribunal de Justiça do Estado do Rio Grande do Sul, resultando na edição

---

[26] CAHALI, Yussef Said. *Divórcio e separação*, 11ª edição, São Paulo: RT, 2005, p. 450.

[27] "Agravo de instrumento. Ação de separação de corpos. Aplicabilidade da Súmula 10 do Tribunal de Justiça do Rio Grande do Sul. A separação de corpos não tem sua eficácia submetida ao prazo do art. 806 do Código de Processo Civil. Inaplicabilidade do art. 806 do Código de Processo Civil. Recurso desprovido." AI nº 70007767049, da 8ª CC do TJRS, j. em 04 de março de 2004, Rel. Des. Alfredo Guilherme Englert.

da sua Súmula n° 10,[28] ao assentar que a separação de corpos não perde a sua eficácia pelo transcurso do trintídio.

Posição antagônica, não visualiza para o Direito brasileiro uma separação de corpos como *pretensão autônoma*, subordinando a duração da medida cautelar à regra da caducidade do inciso I do art. 808 do CPC. Para esta corrente, não faria qualquer sentido dar caráter satisfativo à separação de corpos a que não se seguiu a ação principal de separação judicial ou de divórcio, eternizando no tempo a medida cautelar que terminaria substituindo a ação principal.

Yussef Said Cahali diz com ênfase não ser possível atribuir à separação de corpos os efeitos de uma separação judicial, a ponto de torná-la desnecessária,[29] importando a caducidade na preclusão da liminar, e no retorno ao *status quo*, devendo o cônjuge afastado voltar para o convívio conjugal, sob pena de configurar abandono do lar.

7. A tutela antecipada

De acordo com o art. 273 do Código de Processo Civil, "o juiz poderá, a requerimento da parte, antecipar, total ou parcialmente, os efeitos da tutela pretendida no pedido inicial, desde que, existindo prova inequívoca, se convença da verossimilhança da alegação."

Além disto, é necessário demonstrar o fundado receio de dano irreparável ou de difícil reparação, ou que fique caracterizado o abuso de direito, prestando-se o instituto da antecipação de tutela para dar efetividade ao pronunciamento judicial e, assim, reduzir os prejuízos causados pela demora da tutela judicial, pois o tempo geralmente interfere de maneira diversa nos interesses dos litigantes, não sendo ignorado que a morosidade da demanda é causa de angústia e de infelicidade, que usualmente recai sobre o autor.

Por sua vez, a tutela cautelar apenas objetiva assegurar a viabilidade da realização de um direito, ao passo que a tutela antecipada possibilita a imediata satisfação do direito afirmado, ou seja, o provimento judicial não protege o direito para o futuro, mas antes, antecipa a prestação jurisdicional para o presente.

No caso da separação de corpos, enquanto o provimento acautelatório era destinado a afastar corpos já refratários, na tutela antecipada, a parte adianta a própria prestação jurisdicional, antecedendo no tempo os efeitos

---

[28] Súmula n° 10: " O deferimento do pedido de separação de corpos não tem sua eficácia submetida ao prazo do art. 806 do CPC" *In* Revista de Jurisprudência do Tribunal de Justiça do Estado do Rio Grande do Sul, vol. 131, p. 289-306, dezembro de 1988.

[29] CAHALI, Yussef Said. Ob. cit., p. 462-463.

que só são aguardados com o decreto final de dissolução da sociedade conjugal.

Merece exame pontual o § 6º do art. 273 do CPC,[30] que cuida da antecipação de tutela da parte incontroversa da demanda, sendo absolutamente injusto forçar o autor da ação a esperar a realização de um direito absolutamente inquestionável, muito particularmente no caso da antecipação da separação dos corpos de um casal que busca a inequívoca ruptura das suas núpcias, só mostrando-se inviável o provimento liminar se for desejo de ambos os litigantes promoverem a sua reconciliação conjugal.

Mas, sendo irreversível a separação judicial, ainda que por opção unilateral, pouco importa ao julgador considerar se o feito foi ou não contestado, se há revelia, confissão ou reconhecimento de parte da pretensão deduzida na inicial, isto porque a vontade unilateral em preservar o casamento não terá nenhum poder de impedir a separação dos contraditores, quando pelo menos um dos esposos desejar a separação, prevalecendo o velho aforisma de que quando "um não quer dois não fazem". Afigura-se completamente ilógico manter duas pessoas coabitando contra a sua vontade, quando uma delas anseia pela ruptura oficial do seu matrimônio.

Como já assentado, somente a vontade manifestada por ambos os cônjuges de desistirem da separação, externando oficialmente a sua reconciliação, justificaria o indeferimento da tutela antecipada da separação de corpos, mas, neste caso, cuidarão os cônjuges de desistir de sua ação, motivados pelo reatamento da sua união.

Afora esta hipótese de reconciliação conjunta, é líquido e certo afirmar que o desejo separatório é a parte incontroversa da ação de separação judicial, pois ambos os cônjuges querem o fim de casamento, ainda que se valham do processo apenas para imputar culpas ou para discutir interesses materiais, mas estes questionamentos ainda são controvertidos e serão alvo da demanda judicial, não mais a separação, pois esta deixaram claro que almejam reciprocamente, vale dizer, incontroversamente.

E, embora fosse certo afirmar que no caso de direitos indisponíveis a confissão, a revelia e a ausência de contestação não produziriam quaisquer conseqüências desfavoráveis ao réu, qualquer uma destas ocorrências apenas demonstraria com mais intensidade o provimento antecipado da tutela de separação de corpos, servindo o descaso processual do réu como um silencioso prenúncio de que o seu casamento realmente chegou ao fim, não carecendo protelar no tempo a separação física de cônjuges que des-

---

[30] Art. 273 (...) § 6º A tutela antecipada também poderá ser concedida quando um ou mais dos pedidos cumulados, ou parcela deles, mostrar-se incontroverso.

conectaram a sua comunhão de vida. Àqueles que uma vez talvez tenham se amado intensamente, resta preservar seus valores mais caros e eternos, como o são a integridade física e psíquica, preservando por certo, apenas as boas lembranças do teto comum que abrigou o casal. São direitos fundamentais do ser humano e que só a imediata antecipação de tutela é capaz de preservar com o afastamento compulsório de um dos cônjuges da vivenda matrimonial.

A separação dos corpos nada mais representa do que o efeito final da sentença que irá decretar a separação judicial dos litigantes, especialmente quando consultados os cônjuges, expressam seu inegável desejo de levar adiante o projeto de separação.[31]

Não se trata, a toda evidência, de tutela cautelar para assegurar a futura satisfação de direitos, pretensões, ações ou exceções que se encontrem sob a ameaça de dano irreparável. Fosse a separação de corpos uma tutela efetivamente temporária, não perduraria após a sentença, até porque o seu deferimento liminar não tem o escopo de assegurar a execução da futura sentença.

Fosse a separação de corpos uma mera tutela de urgência satisfativa e ela só poderia ser deferida se demonstrados os pressupostos do perigo físico ou de sua ameaça decorrente da possível demora da ação de separação judicial.

O que deve ser levado em consideração na separação de corpos é apenas a circunstância inescusável, de que se trata de tutela satisfativa e de provimento antecipado, que busca afastar corações irreversivelmente partidos, não existindo qualquer chance de reconciliação dos litigantes, não há como considerar provisória a tutela que antecipa a separação de corpos que nunca mais irão se reunir.

Logo, será papel precípuo do decisor pesquisar unicamente as condições ideais de prévia e satisfativa separação dos corpos em fase de separação judicial, apenas verificando as condições ideais do caso concreto, como que a antecipar o resultado final da ação, deixando no lar o esposo que tende a receber a habitação nupcial no pagamento de sua meação, ou daquele que ficar na posse dos filhos.

---

[31] Cautelar. Separação de corpos. Nulidade. Possibilidade jurídica do pedido. 1. Não é nula a sentença que está fundamentada, ainda que de forma concisa. O que não se admite é decisão sem que os motivos sejam declinados pelo julgador. 2. Cabível a separação de corpos sempre que a parte acenar para a ruptura da vida em comum e apontar a intenção de promover a dissolução da sociedade conjugal, sendo irrelevante se o casal já está separado de fato, pois constitui marco inicial para o divórcio. Inteligência do art. 1.580 do NCCB. Prefacial rejeitada; recurso provido. Apelação Cível nº 70006081251, da 7ª Câmara Cível do TJRS, Rel. Des. Sergio Fernando de Vasconcellos Chaves, j. em 24 de setembro de 2003.

8. O princípio da fungibilidade

Considerando a inserção do § 7º ao art. 273 do CPC, pela Lei nº 10.444/02, não passa de inútil discussão acadêmica desvendar a natureza da separação de corpos.[32]

Este novo parágrafo permite aplicar o princípio da fungibilidade nas tutelas de urgência, no interesse do bom direito e do rápido processo, substituindo um provimento de urgência de natureza cautelar por outra modalidade de tutela emergencial.

A dicotomia procedimental vira preciosismo doutrinário quando a postulação judicial tem o único escopo de proteger a dignidade da pessoa e antecipar o seu direito de voltar a estar só quando o casamento ou a união padecem da comunhão plena de vida.

A separação de corpos é provimento de nítido propósito definitivo, que só poderia ser revertida pela reconciliação conjunta dos cônjuges ou companheiros dissidentes, embora a medida não seja exauriente, pois inadequada para a promoção da regulação definitiva da lide, que depende da sentença de mérito.

Mas, para o adiantamento de uma imprescindível separação de corpos cujos, espíritos já se encontram distanciados, desimporta nominar de tutela cautelar, ou de tutela antecipada, porque a única diretriz é buscar proteger os direitos individuais, e reestruturar a vida dos separandos, já que a felicidade pessoal não está apenas projetada no casamento, mas também está direcionada para a eventual separação do casal que já não mais encontra no matrimônio a sua realização pessoal.

9. A separação de corpos na jurisdição voluntária

Para alguns autores, a jurisdição voluntária guardaria uma função eminentemente administrativa, e não jurisdicional, dando origem a um *procedimento*, e não a um processo.[33] Contudo, os juristas ainda não conseguiram estabelecer os nítidos contornos que separaram a jurisdição voluntária da contenciosa.

Cândido Dinamarco não vislumbra qualquer diferença ontológica entre a jurisdição voluntária e a contenciosa, isto porque as duas espécies integram um único contexto, o da *tutela jurisdicional*, sendo imperioso reconhecer que as atividades de jurisdição voluntária também se constituem em atos de exercício do poder.[34]

---

[32] Art. 273 (...) § 7º Se o autor, a título de antecipação de tutela, requerer providência de natureza cautelar, poderá o juiz, quando presentes os respectivos pressupostos, deferir a medida cautelar em caráter incidental do processo ajuizado.

[33] MARCATO, Antonio Carlos. *Procedimentos especiais*, São Paulo:Malheiros, 5ª e., 1993, p. 20.

[34] DINAMARCO, Cândido R . *A instrumentalidade do processo*, São Paulo: RT, 1987, p. 173 e 176.

AÇÕES DE DIREITO DE FAMÍLIA

Versando sobre a separação de corpos consensual, José Maria Rosa Tesheiner a classifica como um negócio jurídico de Direito de Família e, conseqüentemente, deve ser retirada do âmbito da jurisdição contenciosa e apropriadamente enquadrada no círculo da jurisdição voluntária.[35]

É que, ao tratar dos procedimentos especiais de jurisdição voluntária, dispõe o art.1.109 do CPC,[36] que o juiz não é obrigado a observar o critério de legalidade estrita, podendo adotar em cada caso a solução que reputar mais conveniente ou oportuna.Amplia este dispositivo de lei a discricionariedade do juiz, que sem fugir da legalidade, decide por questão de conveniência ou oportunidade.

Na decisão judicial que ordena o afastamento compulsório de um dos cônjuges da habitação matrimonial deve existir certa dose de arbitrariedade do magistrado, pois nem sempre ele irá se deparar com situações estanques, de agressão física e conseqüente remoção do agressor, surgindo de amiúde, situações altamente subjetivas, a serem enfocadas exclusivamente pelo critério de conveniência e de oportunidades do art. 1.109[37] do CPC, sem que precise o julgador ficar preso ao critério de legalidade, até porque, conforme dispõe o art. 125 do Diploma Adjetivo Civil,[38] o juiz deve dirigir o processo e velar pela rápida solução do litígio, assim como

---

[35] TESHEINER, José Maria Rosa. *Jurisdição voluntária*, Rio de Janeiro: Aide,1992, p. 140-141.

[36] Art. 1.109 do CPC – O juiz decidirá o pedido no prazo de 10 (dez) dias; não é, porém, obrigado a observar critério de legalidade estrita, podendo adotar em cada caso a solução que reputar mais conveniente ou oportuna.

[37] EMENTA: JURISDIÇÃO VOLUNTÁRIA – SEPARAÇÃO DE CORPOS – ALVARÁ – POSSIBILIDADE – CONCESSÃO. Nos termos do art. 1.109 do CPC, não está o juiz obrigado a observar o critério da legalidade estrita relativamente à atividade processual nos procedimentos de jurisdição voluntária. É possível a concessão de alvará de separação de corpos, não obstante já se encontrar o casal separado de fato. Apelação Cível nº 000.253.373-500. Comarca de Varginha. Relator Des. Silas Vieira, 8ª Câmara Cível do TJMG, unânime, julgado em 10 de junho de 2002.
DIREITO PROCESSUAL CIVIL E DIREITO DE FAMÍLIA – JURISDIÇÃO VOLUNTÁRIA – CONVERSÃO CONSENSUAL DE SEPARAÇÃO JUDICIAL EM DIVÓRCIO – CAUTELAR DE SEPARAÇÃO DE CORPOS – INTERPRETAÇÃO DO ART. 1.580 DO NOVO CÓDIGO CIVIL. Na jurisdição voluntária, por se tratar de atividade materialmente administrativa e não jurisdicional, os limites rígidos referentes à estabilização da demanda devem ser abandonados em nome da conveniência da adoção de critérios flexíveis, o que é autorizado pelo art. 1.109 do Código de Processo Civil. Diante das peculiaridades de cada caso, não se deve sacrificar o direito material e o interesse dos requerentes por mero apego às regras de rigidez legal. Havendo decorrido o prazo legal de um ano da concessão da cautelar de separação de corpos, e sendo tal medida consensual, como também é consensual o pedido de conversão em divórcio, tal medida deve ser concedida. Apelação Cível nº1.0000.00.351838-8/000-Comarca de Juiz de Fora. Apelante: Ministério Público do Estado de Minas Gerais, PJ. 2ª Vara de Família de Juiz de Fora. Rel. Des. Sergio Braga, TJMG, j. em 30 de outubro de 2003.

[38] Art. 125 do CPC – O juiz dirigirá o processo conforme as disposições deste Código, competindo-lhe:
I – assegurar às partes igualdade de tratamento; II – velar pela rápida solução do litígio; III – prevenir ou reprimir qualquer ato contrário à dignidade da Justiça; IV – tentar, a qualquer tempo, conciliar as partes.

tem o dever de prevenir ou reprimir qualquer ato contrário à dignidade da justiça.

Como refere Eduardo Melo de Mesquita, "o poder discricionário do juiz não se explica somente no aplicar a lei substantiva para a decisão da controvérsia, mas também na atividade processual que prepara a sentença ou assegura a sua execução".[39]

Por isto, diz Tesheiner, com sobrada razão, pertencer a separação de corpos ao âmbito da jurisdição voluntária, pois não se trata de tutelar direitos subjetivos. O julgador, quando decide pelo afastamento coercitivo de um dos cônjuges da vivenda nupcial, pode adotar critérios de conveniência ou de oportunidade, ainda que a sentença final possa modificar a sua decisão inicial. Assim o juiz procede quando expulsa o marido do lar e concede à mulher o uso exclusivo da habitação, mesmo que o varão seja o proprietário do imóvel.[40]

Aliás, na atualidade, a atribuição judicial da moradia conjugal a um dos cônjuges resulta, de regra, das circunstâncias peculiares de cada caso, já importando muito pouco a superada visão da separação de corpos servir apenas para resguardar a integridade física do consorte mais frágil e vulnerável, e que, invariavelmente, importava na cultura processual da prova da agressão física, ou de potencial ameaça da ofensa material.

Foi justamente esta a vertente que deu nascimento à Súmula nº 10 do TJRS, muito claramente delineada no voto do então desembargador Ruy Rosado de Aguiar Júnior, quando acompanhou a maioria dos julgadores, dizendo reconhecer no ordenamento jurídico brasileiro a existência do direito potestativo do cônjuge em obter a separação de corpos por uma exigência de razão, e não apenas pelo critério legal, pois prevalece a idéia matriz, consubstanciada na impossibilidade de obrigar os cônjuges a uma convivência forçada e que agride a sua dignidade pessoal.[41]

Versando sobre valores humanos, direitos considerados personalíssimos, questiona Tesheiner, se à custa destas riquezas morais poderia ser exigida a coabitação?[42] E a toda evidência que se trata de medidas que refogem ao direito material, antes, concernem ao direto natural e ao fundamental direito de alguém infeliz no casamento poder voltar a viver e estar só, não parecendo possa a Justiça postergar ou impedir esta necessidade de que se reveste a pessoa de recuperar a sua individualidade e reencontrar a sua felicidade pessoal. Tem o aplicador da lei na separação de corpos do art. 1.562 do Código Civil, não um poder, mas um dever

---

[39] MESQUITA, Eduardo Melo de. *As tutelas cautelar e antecipada*, São Paulo: RT, 2002, p. 362.

[40] Idem, p. 48-49.

[41] *Apud* TESHEINER, José Maria Rosa. *Jurisdição voluntária*, ob. cit., p. 142.

[42] Idem, ob. cit., p. 143.

discricionário,[43] a ser posto imediatamente em prática, com decisões que sejam funcionais e atendam às rápidas exigências da vida social, gerando com presteza o necessário apaziguamento das almas que procuram em juízo, o direito de romper a sua relação.

A jurisdição voluntária não é estranha ao Direito de Família, dela fazendo referência o art. 44 da antiga Lei do Divórcio,[44] que autorizava contar o prazo de separação judicial para a sua conversão em divórcio, de decisão judicial proferida inclusive em processo de jurisdição voluntária.

A jurisprudência tem assentado algumas pautas para o reconhecimento da preferência de outorgar a habitação a um cônjuge em detrimento do outro, valendo-se de critérios objetivos e não mais tutelando direitos subjetivos, o que justamente na jurisdição voluntária o magistrado não está obrigado a observar (art.1.109 do CPC).

Assim, como embasamento fundamental, tem prevalecido a defesa dos interesses dos filhos, conferindo proteção ao núcleo familiar e permanecendo na casa o cônjuge que melhor convive com a prole. Há situações em que, ausente prole, pesa sobre a decisão o argumento da propriedade do imóvel no qual o casal está radicado, sobremodo se o casamento é de curta duração. Igualmente se o cônjuge a ser afastado possui outros imóveis para onde possa deslocar-se.

E se ambos têm condições de se instalarem em outra moradia, pode significar a diferença na decisão judicial o fato de um dos consortes exercer no imóvel a sua profissão, nela mantendo consultório ou escritório ou o núcleo de sua atividade profissional.

---

[43] CIVIL – FAMÍLIA – SEPARAÇÃO JUDICIAL LITIGIOSA COM CAUSA CULPOSA – IMPOSSIBILIDADE DE INDIVIDUALIZAÇÃO DA CONDUTA DOS CONSORTES – PRESUNÇÃO DE RECIPROCIDADE DE CULPAS – RETORNO DA MULHER À ANTIGA RESIDÊNCIA DO CASAL – ADMISSIBILIDADE – ABANDONO JUSTIFICADO PELAS SÉRIAS DESAVENÇAS COM O VARÃO – ALIMENTOS – IMPROPRIEDADE DA PREVISÃO DE LIMITE TEMPORAL – CRITÉRIO DE FIXAÇÃO – EXEGESE DO ART. 400 DO CÓDIGO CIVIL . Na ação de separação judicial litigiosa com causa culposa, não sendo possível a individualização precisa da conduta desonrosa imputada a cada qual dos consortes quanto à grave violação dos deveres do casamento, tornando insuportável a vida em comum, é de concluir-se que ambos contribuíram, na mesma medida, para a dissolução da sociedade conjugal, configurando a reciprocidade de culpas. À falta de provas de quem tenha dado causa exclusiva à separação do casal, deve-se optar, em regra, pela permanência da mulher no lar conjugal, ou pelo seu retorno a ele se teve de sair em razão das sérias e constantes desavenças com o varão, mormente quando detém ela a guarda da prole e o marido desfruta de maior facilidade para obtenção de uma nova moradia. Ademais, a legislação confere larga discricionariedade ao juiz para decidir qual dos cônjuges deve ser afastado da residência do casal, diante das peculiaridades do caso concreto. (Apelação Cível 2002.010108-2, Rel. Des. Luiz Carlos Freyesleben, do TJSC, j. em 07 de novembro de 2002).

[44] Art. 44 da LD. Contar-se-á o prazo de separação judicial a partir da data em que, por decisão judicial proferida em qualquer processo, mesmo nos de jurisdição voluntária, for determinada ou presumida a separação dos cônjuges.

Por igual, funcionam como critério de avaliação as restrições surgidas de fatores como a idade ou a saúde do cônjuge, que possam impedir deslocamentos mais longos e, na hipótese de o consorte já haver se afastado do lar, certamente este gesto será considerado na decisão que irá examinar o seu pedido de retorno, especialmente se já transcorreu um razoável espaço de tempo desde a sua voluntária deserção.

Como por fim, na falta de outra pauta aplicável, têm forte repercussão as condições financeiras dos cônjuges, porque a costumeira disponibilidade de recursos do homem permite-lhe, via de regra, solucionar os obstáculos materiais para a obtenção de um novo alojamento.

Isto quando os cônjuges não promovem a separação consensual de corpos com o único objetivo de resguardar o consorte que se afasta do domicílio, da acusação de deserção imotivada do lar.

Por todas estas razões foi que as Câmaras Cíveis Reunidas do Tribunal de Justiça do Estado do Rio Grande do Sul, em dezembro de 1987, diz Tesheiner,[45] "conceberam a ocupação da morada comum, por um ou outro dos cônjuges desavindos, não como direito subjetivo de qualquer deles, mas como um conflito de interesses," que devem ser resolvidos com suporte nos critérios de conveniência e de oportunidade, como vem procedendo a jurisprudência nos últimos tempos, para dar efetividade ao comando do art. 1.562 do Código Civil, ao ordenar a concessão da separação de corpos *com a possível brevidade*.[46]

10. A conveniência na determinação da dignidade humana

É direito de cada um decidir sobre o seu destino e como deseja determinar a sua vida pessoal, sem quaisquer direcionamentos de ordem pública ou privada, sempre respeitados os direitos de terceiros.

Na condução da vida afetiva de casais e conviventes, a codificação brasileira ressalta em texto expresso, ser defeso a qualquer pessoa de direito público ou privado, interferir na comunhão da vida familiar.[47]

É o respeito da lei à vida em comunhão familiar, o respeito à vontade e à liberdade das pessoas conduzirem suas vidas e seus sentimentos. Cada pessoa tem o direito de dispor livremente sobre a sua personalidade e de conquistar na esfera privada de sua existência, a sua natural felicidade, sem a intervenção do Estado e da sociedade. Cada indivíduo decide a

---

[45] TESHEINER, José Maria Rosa. Ob. cit., p. 145.

[46] Art. 1.562 do CC – Antes de mover a ação de nulidade do casamento, a de anulação, a de separação judicial, a de divórcio direto ou a de dissolução de união estável, poderá requerer a parte, comprovando sua necessidade, a separação de corpos, *que será concedida pelo juiz com a possível brevidade.*

[47] Art. 1.513 do CC. É defeso a qualquer pessoa, de direito público ou privado, interferir na comunhão de vida instituída pela família.

maneira como quer guiar a sua vida, porque só a ele pertence o direito de ordenar concretamente o conteúdo, o significado e o rumo de sua dignidade pessoal.

Prevalece sempre a autonomia do ser humano, pois é dele a liberdade de escolha dos desígnios de sua vida na busca incessante de sua superior felicidade, sempre sem qualquer interferência alheia, porque esta representaria ferir a dignidade da pessoa, seria – "atentar contra a constituição da própria sociedade e do Estado Democrático".[48]

Dignidade é única, é valor absoluto de cada pessoa, não sendo função do Estado tarifá-la, como deixa bem claro o art. 1.513 do Código Civil. Cada cidadão constrói e estabelece ao longo de sua existência o conteúdo de sua dignidade, podendo concretizar a sua felicidade em certa passagem da vida, talvez pelo ninho do casamento, quem sabe pela formação de uma união estável, com igual proteção da lei. O lar geralmente é o refúgio da felicidade familiar, mas também pode ser o refúgio da liberdade pessoal quando o amor termina. A casa é o espaço físico essencial à promoção da felicidade de dois, como deve ser o espaço físico da felicidade de um, dependendo sempre da estabilidade do amor.

É que só existe união onde houver comunhão plena de vida,[49] não devendo o Estado, sob qualquer pretexto, interferir na consciência e nos sentimentos da pessoa humana, até porque, o indivíduo não fica desprotegido pelo Estado quando a sua união termina.

A felicidade está inexoravelmente ligada ao livre exercício da consciência humana e que inspira razões, valores e convicções que serão a fonte de sustentação de toda a sua existência e de sua circunstancial convivência afetiva.

E não se deve olvidar que o casamento nem sempre é sinônimo de felicidade, como tampouco é a única forma de alguém ser feliz.

Findo o amor, a consideração, a admiração e sobrevindo o desejo de romper pela separação judicial, é dever do Estado respeitar o direito que tem a pessoa de voltar a ficar só e de refazer a sua vida em nova dimensão de sua dignidade pessoal.

Nas relações afetivas, o cônjuge ou o parceiro, são os sujeitos de direitos que devem dizer o que consideram como vida digna, sem qualquer restrição do Estado pretendendo impor ou estender comunhão de vida por absoluta ficção. Qualquer tentativa de perpetuar no espaço físico e no tempo, uma união já desfeita na esfera afetiva dos cônjuges ou

---

[48] BORGES, Roxana Cardoso Brasileiro. *Disponibilidade dos direitos de personalidade e autonomia privada*, São Paulo: Saraiva, 2005, p. 140.

[49] Art. 1.511. O casamento estabelece comunhão plena de vida, com base na igualdade de direitos e deveres dos cônjuges.

conviventes fere de morte a dignidade de quem já decidiu desconstruir a sua parceria conjugal. A lei previu a separação e o direito de a pessoa casada estar novamente só, pela separação judicial, pelo divórcio ou pela dissolução da união estável, sem nenhuma ordem de limitações, isto porque "o Estado Democrático destina-se a assegurar o exercício dos direitos sociais e individuais, a liberdade, o bem-estar, a igualdade e a justiça como valores supremos de uma sociedade fraterna, pluralista e sem preconceitos".[50]

Portanto, o imediato e efetivo deferimento da separação de corpos pela ação cautelar, por tutela antecipada, ou pela eleição processual da jurisdição voluntária, salvo que o afastamento ameace em maior ponderação a integridade pessoal do cônjuge que está sendo afastado, deve ser sempre deferido pelo critério da conveniência.[51] Decide o juiz sem maiores delongas pela preliminar separação de corpos, avaliando na ponderação dos valores de cada caso em concreto, quem deixará antecipadamente o lar conjugal, pois como refere Carlos Roberto Gonçalves,[52] a lei confere um certo arbítrio ao juiz para decidir qual dos cônjuges deve ser afastado da residência do casal e ele deverá sempre decidir motivado apenas pela certeza da irreversível ruptura do relacionamento e pelo dever que tem de respeitar a dignidade e a liberdade de cada integrante da entidade familiar, não sendo nada prudente e tampouco digno, manter no mesmo espaço físico duas pessoas que já não se amam mais.

O casamento e a estável união terminam quando desaparece o afeto e a comunhão plena de vida e não quando o juiz decreta em sua sentença a extinção desta relação. Em verdade, o decisor apenas declara o que já terminou não sendo prudente represar a felicidade que a própria Constituição Federal garante ao contemplar o instituto da dissolução do vínculo conjugal.

---

[50] FARIAS, Cristiano Chaves de. Direito constitucional à família, *In Revista Brasileira de Direito de Família*, IBDFAM-Síntese: São Paulo, vol. 23, abr-maio 2004, p. 10.

[51] "Separação de corpos. Ausência de nulidade. Na decisão que afastou o autor do lar comum. Imóvel adquirido antes do casamento. Discussão a respeito de união estável. Em se tratando de separação de corpos, assiste ao julgador a discroição sobre qual dos cônjuges deve ser afastado da residência comum, ainda que a decisão venha em benefício do réu e não do autor. O bem juridicamente protegido na espécie é a vida, a integridade física e psicológica dos litigantes, e não o patrimônio, seja ele comum ou exclusivo de um dos consortes. *In casu*, exsurge dos autos a superioridade financeira do varão. Ademais, não bastassem esses elementos, as partes ainda discutem sobre a existência de prévia união estável ao casamento, período no qual foi adquirido o imóvel residencial. Diante dessas circunstâncias, é de ser mantida a decisão que concedeu à virgago o direito de permanecer no referido patrimônio. Negado provimento ao agravo." (AI nº 70012401253, 7ª CC do TJRS, rel. Desa. Maria Berenice Dias, j. 14/9/2005)

[52] GONÇALVES, Carlos Roberto. *Direito Civil brasileiro, Direito de Família*, vol. VI, São Paulo: Saraiva, 2005, p. 234.

11. Bibliografia

ABREU, José. *O Divórcio no direito brasileiro*, São Paulo: Saraiva, 1992.

BELLUSCIO, Augusto C. .*Derecho de Familia*, Tomo III, Buenos Aires: Depalma, 1981.

BEVILÁQUA, Clóvis. *Código Civil dos Estados Unidos do Brasil comentado*, Rio de Janeiro: Francisco Alves, Tomo II, 1928.

BITTAR, Carlos Alberto. *Direito de Família*, Rio de Janeiro:Forense Universitária, 1991.

BORDA, Guilhermo A.. *Tratado de Derecho Civil, Familia*, vol. I, Buenos Aires:Editorial Perrot, 1989.

BORGES, Roxana Cardoso Brasileiro. *Disponibilidade dos direitos de personalidade e autonomia privada*, São Paulo: Saraiva, 2005.

BORGHI, Hélio. *Casamento nulidade por adultério e homicídio*, Rio de Janeiro:Edição Universitária de Direito, 1992.

CAHALI, Yussef Said. *Divórcio e separação*, 5ª edição, São Paulo:RT, 1986.

——. *Divórcio e separação*, 11ª edição, São Paulo:RT, 2005.

CARBONNIER, Jean. *Derecho Civil*, Tomo I, Vol. II, Barcelona:Casa Editorial Bosch, 1960.

CESTAU, Saul D. *Derecho de Familia y Familia*, Montevideo: Edición Fundación de Cultura Universitaria, 3ª edição, 1992.

COELHO, Vicente de Faria. *O desquite na jurisprudência dos tribunais,* Rio de Janeiro: Freitas Bastos, 1949.

COLIN, Ambrosio y CAPITANT, Henry. *Curso elemental de Derecho Civil*, Madrid: Editorial Reus, Tomo 1º, 1961.

DAIBERT, Jefferson. *Direito de Família*, Rio de Janeiro: Forense, 1980.

DINAMARCO, Cândido R.. *A instrumentalidade do processo*, São Paulo: RT, 1987.

DINIZ, Maria Helena. *Curso de Direito Civil brasileiro*, 5º vol., Direito de Família, São Paulo: Saraiva, 1993.

FARIAS, Cristiano Chaves de. Direito constitucional à família, *In* Revista Brasileira de Direito de Família, IBDFAM-Síntese: São Paulo, vol. 23, abr-maio 2004.

FÁBREGAS, Luiz Murilo. *O divórcio*, 2ª edição, Edições Trabalhistas S/A, 1983.

FERREIRA, Eduardo Vaz *Tratado de la sociedad conyugal*, Buenos Aires: Editorial Astrea, 1979.

FULGENCIO, Tito. *Do desquite, theoria legal documentada – processo jurisprudência nacional*, Livraria Acadêmica Saraiva & Comp.- Editores, 1923.

GARCEZ, Martinho Filho, *Direito de Família*, Officina Graphica Villas Boas & Cia, vol. 1, 1929.

GONÇALVES, Carlos Roberto. *Direito Civil brasileiro, Direito de Família*, vol. VI, São Paulo: Saraiva, 2005.

GUSMÃO, Paulo Dourado de. *Dicionário de Direito de Família*, Rio de Janeiro: Forense, 1985.

LEITE, Eduardo de Oliveira. *Origem e evolução do casamento*, Curitiba:Juruá, vol. 1, 1991.

MARCATO, Antonio Carlos. *Procedimentos especiais*, São Paulo:Malheiros, 5ª e., 1993.

MESQUITA, Eduardo Melo de. *As tutelas cautelar e antecipada*, São Paulo:RT, 2002.

MIRANDA, Pontes de. *Comentários ao CPC*, Rio de Janeiro: Forense, Tomo XII, p. 472, 1974.

——. *Tratado de Direito Privado*, Rio de Janeiro:Editor Borsoi, Tomo VII, 1955.

OLIVEIRA, Carlos Alberto Alvaro de & LACERDA, Galeno. *Comentários ao CPC*, Vol. VIII, Tomo II, Rio de Janeiro: Forense, 1976.

OLIVEIRA, José Francisco Basílio de. *Das medidas cautelares nas questões de família*, Rio de Janeiro: Freitas Bastos, 1995.

OLIVEIRA, José Lopes de. *Curso de Direito Civil*, 5° vol., Direito de Família, São Paulo: Sugestões Literárias, 1980.

PEREIRA, Caio Mário da Silva. *Instituições de Direito Civil*, vol. V, 7ª edição, Rio de Janeiro: Forense, 1991.

SANTOS, Ernane Fidélis dos. *Manual de Direito processual civil,,* vol. 2, 3ª edição, Rio de Janeiro: Forense, 1994.

SILVA, Ovídio A. Baptista da. *Curso de Processo Civil*, vol. III, Porto Alegre: Sergio Antonio Fabris Editor, 1993.

TESHEINER, José Maria Rosa. *Jurisdição voluntária*, Rio de Janeiro: Aide,1992.

TRABUCCHI, Alberto, *Instituzioni di Diritto Civile*, Cedam-Padova, 1985.

Impressão:
Evangraf
Rua Waldomiro Schapke, 77 - P. Alegre, RS
Fone: (51) 3336.2466 - Fax: (51) 3336.0422
E-mail: evangraf.adm@terra.com.br